KB090786

산업혁명과 융합

Industrial Revolution and Convergence

이병욱 지음

21세기사

PREFACE

세상을 바꾸는 힘은 무엇인가? 세상을 바꾸는 힘은 여러 가지가 있지만 가장 중요한 것이 기술이라고 생각한다. 매우 큰 변화를 의미하는 코페르니쿠스적 변화도 천문 기술이 바탕이다. 페니실린이 나와서 세상을 바꾸었고, 자동차와 반도체 컴퓨터 등이 세상을 바꾸었다. 기술이 바뀌면 곧 이어 새로운 제품들이 생산되어 시장과 경제를 크게 바꾸었고, 경제가 바뀌면 경제 흐름을 따라 정치가 바뀌었으며 정치가 바뀌면 이어서 세상의 문화와 삶이 바뀌었다. 따라서 기술이 세상을 바꾸는 중요한 원천이라고 생각한다. 그러나 현대 사회에서는 여러 분야의 학문과 기술들이 오랫동안 성숙하여 더 이상 큰 변화와 도약을 기대하기 어려운 단계에 이르렀다. 따라서 선진국일수록 융합으로 새로운 차원의 기술 혁신을 추진하고 있다.

2021년 시가총액이 세계 10위 안에 드는 회사 중에 애플, MS, 아마존, 구글, 페이스북, 알리바바 등 6개가 벤처기업이다. 이들은 대부분 외국에서 미국으로 이민 온 가정의 젊은이들이 빈손으로 시작한 기업들이다. 애플이 스마트폰을 만들어 세계를 석권했을 때 애플이 발명한 새로운 기술은 특별한 것이 없었다. 애플의 스티브 잡스는 기존에 개발된 컴퓨터, 운영체제, 통신, 디스플레이 등의 기본적인 기술들을 잘 활용하고 융합하여 제품을 만들었을 뿐이다. 새로운 기술이 좋기는 하지만 검증 시간이 짧으므로 신뢰성에 위험이 있는 반면에 기존 기술들은 안정되었으므로 신뢰할 수 있다. 애플 성공의 핵심은 융합에 있다. 새로운 시대에 부응하기 위하여 다양한 아이디어와 디자인을 기존 모바일 전화기에 융합하고 새로운 비즈니스 모델과 연계하여 만든 결과 세계인들의 마음을 사로잡았다. 애플은 앱스토어라는 플랫폼을 가지고 휴대폰 사용자들에게 소비자이면서 생산자 역할을 할 수 있는 프로슈머라는 비즈니스모델을 제공하여 큰 호응을 얻었다. 이와 같이 전혀 다른 분야들의 융합은 새로운 발명보다도 더 큰 성과를 이룰 수 있다.

요즈음 4차 산업혁명과 융합이라는 단어가 유행하고 있다. 또한 새로운 도구와 개념들이 수없이 등장하고 있다. 사람들이 새로운 것들을 쫓아가기 어렵고 바쁠 정도이다. 문맹과 컴맹에 이어서 디지털 격차라는 말이 나왔다. 기술이 발전할수록 디지털 격차가 커진다. 디지털

을 잘 활용하는 사람은 지식과 함께 소득이 늘어나지만 그렇지 못한 사람들은 발전하지 못하고 사회에서 소외되기 쉽다. 디지털 격차는 정보 격차로 끝나지 않고 소득의 격차, 감정의 격차, 문화의 격차까지 가져온다. 경쟁이 치열한 나라일수록 디지털 격차가 점차 사회 문제가 된다.

산업화가 진전될수록 산업혁명과 융합에 대한 이해가 더욱 필요하다. 나아가 둘 사이의 관계도 명쾌하게 이해할 필요가 있다. 산업혁명이 과연 무엇인지, 어떻게 추진되었는지, 왜 추진해야 하는지에 대해 알 필요가 있다. 또한 융합이 무엇인지, 어떻게 해야 하는지, 왜 해야 하는지에 대한 이해도 필요하다. 이런 것들이 디지털 격차를 줄이고 이 시대를 살아가는 요령이 될 것이다. 기본을 잘 이해하면 디지털 시대에 적응하기 쉽다. 선진국이 되려는 것은 잘살기 위한 것뿐만 아니라 우리가 몸담고 있는 나라가 다른 나라에 뒤쳐지지 않고 생존하기 위해서이다. 이를 위해 산업혁명을 해야 하고 산업혁명을 하기 위해서는 융합을 해야 한다.

우리 사회도 융합을 위해 많은 노력을 기울이고 있다. 대학에서는 융합 관련 대학과 학과를 개설하고 있으며, 관련 연구소와 기업들도 많이 생기고 있다. 융합을 위해 노력하는 것이 확실하지만 과연 내실 있는 노력을 하고 있을까? 기존 학과와 대학과 연구소의 명칭에 융합이라는 글자 하나만 집어넣은 것이 아닌지? 관련 교수와 연구원들이 충원되지 않고, 교과과정과 연구 과제, 연구비에 별다른 투자 없이 그저 명칭만 바꾸는 것은 아닌지 의문이 든다.

융합을 잘 하려면 우선적으로 세 가지가 선행되어야 한다. 첫째 융합을 하려는 대상 학문과 기술력이 탄탄해야 한다. 융합을 하려는 대상 학문과 기술의 내용이 빈약하다면 융합할 이유가 없다. 둘째 여러 대상들을 분석하고 종합할 수 있는 인지력이 충분해야 한다. 그러기 위해서는 인지과학에 대한 이해와 실력이 갖추어져야 한다. 셋째 융합을 하려면 서로 다른 분야의 사람들이 자유롭게 대화하고, 소통을 해야 하는데 이것은 기본적으로 민주주의가 발전되어야 한다. 나이, 성별, 직위, 신분에 관계없이 서로 존중하고 대화하며 타협할 수 있는 민주적인 분위기가 확보되어야 한다. 예를 들어, 제품을 설계하는 디자이너와 제품을 제작하는 기술자는 우선순위 문제로 의견이 대립할 수 있다. 의견이 대립될 때 잘 대화하고 절충하는 것이 민주 사회의 실력이다. 산업혁명을 하려면 민주혁명도 같이 병행해야 한다. 민주혁명 없이 산업혁명을 지속하기는 어렵다.

4차 산업혁명을 추진하려면 지식정보사회의 근간인 지식과 디지털이 숙성되어야 한다. 지식은 교육과 독서를 통하여 향상할 수 있으므로 학교와 도서관의 역할이 중요하고, 디지털은 인터넷 통신망 컴퓨터 등 전자 장비 보급과 교육이 선행되어야 한다. 학생 1인당 교육비를 늘려 교육의 질을 높이고, 독서를 진흥하도록 교육 환경을 개선하고, 융합을 진흥하도록 인지과학 교육을 강화해야 한다. 산업혁명을 지속하기 위해 지식정보사회의 기반을 튼튼하게 하는 것이 앞으로 우리 사회가 나아갈 길이다.

이 책을 출판하는데 힘을 써 주신 21세기사에 감사드리고 원고를 모두 읽고 반복적으로 교열에 힘써준 아내에게 감사한다.

이병욱

CONTENTS

CHAPTER 1
개요

인터넷이 보급되면서 지구가 점차 하나의 세계로 바뀌었다. 예전과 달리 모든 국가들이 전 세계를 상대로 교류하면서 치열한 경쟁을 벌이고 있다. 역사에서 보듯이 산업화에 성공한 나라들이 제국주의가 되어 가난한 나라들을 지배하였다. 산업혁명에 성공하면 선진국이 되고 못하면 후진국이 된다. 산업혁명을 한다는 것은 지속적으로 산업을 혁신하며 발전시키는 것으로 산업혁명의 핵심은 융합에 있다. 산업사회는 생물처럼 조금씩 변화하면서 진화의 법칙을 따라 계속 진화한다. 산업혁명을 성공하려면 융합부터 성공해야 한다.

융합은 연결로 시작되며, 서로 다른 종류들을 녹여서 하나로 만드는 일이다. 공업 기술이 농업과 연결되고, 농업이 상업과 연결되고, 예술과 상업이 연결되는 등 각 분야가 서로 연결하고 융합해야 발전할 수 있다. 융합에는 세 가지 전제가 필요하다. 첫째 융합의 대상인 지식 기반이 튼튼해야 한다. 지식이 빈약하면 융합할 일이 없다. 둘째 민주화가 선행되어야 한다. 서로 다른 분야를 융합하기 위해서는 나이, 성별, 신분에 관계없이 자유롭게 대화하고 타협할 수 있어야 한다. 셋째 융합을 추진할 수 있는 인지력이 요구된다. 융합은 다양한 정보를 분석하고 종합해야 하기 때문에 인지력이 뒷받침되어야 한다.

1.1 산업혁명

우리가 역사를 분류할 때 인류 사회는 크게 4개의 사회로 구분할 수 있다. 인류 역사 400만년의 대부분은 [그림 1.1]에서 보는 바와 같이 수렵과 채집으로 생존에 급급한 수렵사회였다. 신석기 시대가 시작된 약 1만 년 전부터 인류는 토지와 인력을 중심으로 농경사회를 시작하였다. 19세기에 이르러 약 200년 전부터 공업화가 진행되어 생산중심의 산업사회가 시작되었다. 약 50년 전부터 정보와 지식이 산업을 주도하는 후기산업사회가 시작되었다. 컴퓨터를 이용하는 정보산업의 중요성이 부각되고 산업과 사회전반에 걸쳐서 정보화가 진행된다.

후기산업사회에서는 경제력의 향상으로 제품의 고급화와 함께 소비자들의 개인화가 촉진된다. 소비자들은 자신만의 제품을 갖고 싶어 하므로 공급자들은 개인화 서비스를 제공한다. 따라서 제품의 기능과 성능을 넘어서 제품의 개성과 디자인에 더욱 관심을 갖게 된다. 산업화 과정이 지속되어 공업기술이 평준화됨에 따라서 제품의 기능과 성능은 큰 차이가 없어지고 소비자들은 제품의 개성과 디자인에 따라서 구매를 결정하게 된다. 경우에 따라서는 성능이 부족해도 사용하는데 큰 지장이 없다면 디자인이 좋은 제품을 구매하는 경향이 있다.

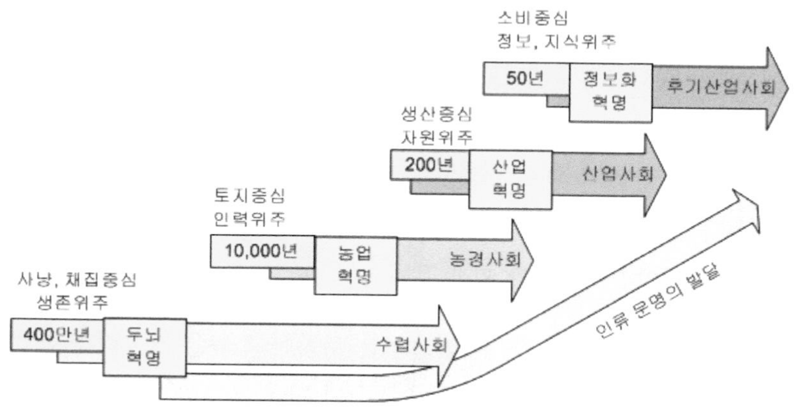

[그림 1.1] 문명의 발전과 사회 혁명

인류의 생태 변화를 기준으로 역사를 분류할 때 인류는 크게 4차례의 혁명을 거치면서 문명을 발전시켜왔다. [그림 1.1]과 같이 1차 혁명은 두뇌의 크기가 오스트랄로피테쿠스[1]의 500CC에서 현생 인류의 1,500CC 이상으로 확장되면서 이성이 발달하게 되어 문명을 구축하기 시작하였다. 2차 혁명은 신석기 시대에 돌로 도구를 만들고 농사를 지으며 농경지에 정착 생활을 하면서 농업혁명(신석기혁명)을 시작하였다. 3차 혁명은 산업혁명으로 산업화를 추진하면서 빈곤에서 탈출하기 시작하였다. 4차 혁명은 정보화 혁명으로 컴퓨터에 의하여 산업구조를 고도화하면서 후기산업사회를 시작하였다. 사회 전반에 걸쳐서 아날로그 생활 방식에서 디지털 방식으로 변화하기 시작하였다. 우리는 정보화 혁명 시대에 살면서 동시에 4차 산업혁명 시대로 진입하는 사회에 살고 있다. 따라서 두 개의 혁명이 함께 진행되고 있는 가운데 살고 있기 때문에 다른 어느 시대보다 정신적으로 매우 혼란을 겪고 있는 상태라고 할 수 있다.

앨빈토플러[2]는 '제3의 물결'에서 인류의 역사를 앞에서와 달리 3개의 물결(혁명)로 분류하였다.

1 Australopithecus: 1924년 남아프리카에서 발견된 인류의 조상.

2 Alvin Toffler(1928~2016): 미국 미래학자, 문명 비평가, 뉴욕대 교수. '미래의 충격'과 '제3의 물결'의 저자.

1차 물결은 10,000년 전에 시작된 농업 혁명(신석기 혁명)이 일어난 농업사회이며, 2차 물결은 19세기에 시작된 산업혁명으로 공업화가 일어난 산업사회이다. 3차 물결은 20세기 후반에 시작된 정보화 혁명이며 산업이 고도로 발전한 후기산업사회라고 주장하였다. 다른 미래학자들은 인류의 탄생이 두뇌가 발달하면서 시작된 인지 능력을 중요하게 파악했기 때문에 여기에 두뇌 혁명을 추가하기도 한다. 인간의 인지능력의 진화가 문명의 발달을 가져왔으며 계속 산업혁명을 발전시키고 있기 때문이다.

좋은 제품을 만들려면 공업 기술력만으로는 부족하고 높은 기술력과 함께 좋은 디자인이 뒷받침되어야 한다. 과거에는 기술자들이 주축이 되어 우수한 기술을 이용하여 제품을 개발하고 공급하였다. 그러나 이제는 기술자들이 주축이 되어 기술 중심으로 제품을 개발하면 소비자들로부터 외면당하기 쉽다. 제품의 개발 초기부터 시장의 요구가 무엇인지를 파악하고 시장성 있는 제품을 개발해야 시장의 관심을 끌 수 있다.

고객의 소비와 구매 심리를 파악하여, 고객의 요구를 충족시킬 수 있는 제품을 마케팅하고 디자인하고 개발하고 생산하는 과정은 종합적인 작품이다. 자연과학뿐만 아니라 인문과학, 사회과학, 예술 등이 경계를 허물고 협동해야 가능한 일이다. [그림 1.1]의 후기산업사회에 살고 있는 현대인들은 4백만 년 동안 수렵사회에서 형성된 의식으로 살아가기 때문에 50년 역사의 현대 사회를 이해하려면 수렵사회의 의식구조를 알아야 한다. 오랜 역사를 가진 인간을 이해하려면 자연과학, 인문과학, 사회과학, 예술 등을 다양하게 이해하고 연구하는 지혜가 있어야 한다.

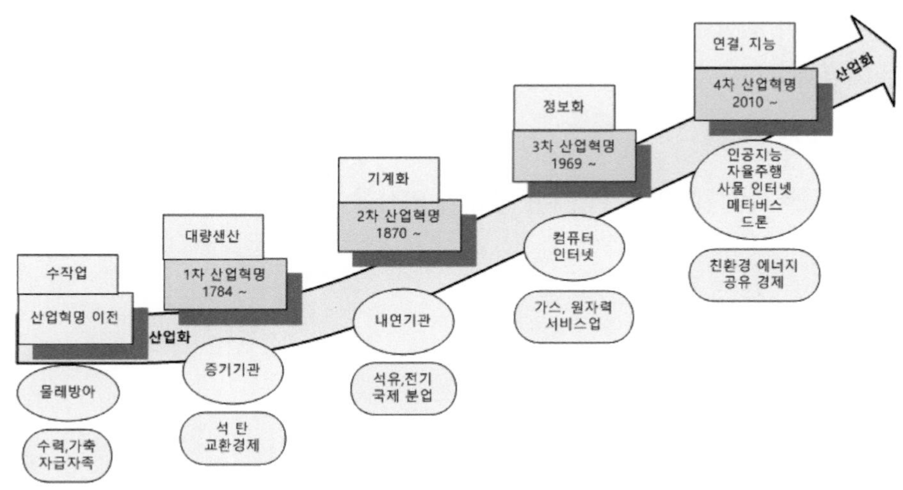

[그림 1.2] 산업혁명 과정

산업혁명(industrial revolution)이라는 말은 아놀드 토인비[3]가 처음 사용한 말이다. 산업혁명이란 산업의 구조와 주체가 급격하게 변화하여 새로운 체제로 이동하는 것을 의미한다. 인류 역사에서 산업혁명은 [그림 1.2]와 같이 크게 3차례 진행되었고 이제 막 제4차 산업혁명을 시작하는 단계에 와있다.

T·I·P 산업혁명 발전 단계

1차 산업혁명(1st Industrial revolution)

1차 산업혁명의 핵심은 석탄과 증기기관이다. 석탄과 증기기관은 교통과 공장의 혁신을 가져왔다. 증기 기관차는 철도로 원거리를 이동하였으므로 결과적으로 지역을 연결하고 통합하였다. 증기기관 덕분에 공장에서 제품을 대량생산하였고, 원료 생산지와 소비지를 연결하였다. 석탄은 산업에너지의 원천이 되었다. 농촌 중심의 자급자족 경제가 시장 중심의 교환경제체제로 바뀌었다. 교환경제는 화폐 경제와 이에 따르는 신용사회를 촉발하였다.

2차 산업혁명(2nd Industrial revolution)

2차 산업혁명의 핵심은 석유와 전기다. 전기는 산업뿐만 아니라 인간 생활 자체에 큰 변화를 가져왔다. 전등은 야간 활동을 가능하게 하였다. 전기로 돌아가는 공장은 공급지역과 소비지역을 쉽게 선택할 수 있게 만들었다. 전기통신은 원격지의 소식을 빠르게 전달하였다. 다양한 지역과 교류가 증대되었으며 권력자들의 정보 독점체제도 무너지게 되었다. 석유를 사용하는 내연기관은 공업과 교통을 더욱 발전시켰다. 교통의 발달은 산업 환경을 국제 분업체제로 바꾸어 나갔다.

3차 산업혁명(3rd Industrial revolution)

3차 산업혁명의 핵심은 컴퓨터와 인터넷이다. 컴퓨터는 사무 노동에서 인간을 해방시켜주었고 산업을 고도화하였다. 인터넷은 세계를 하나로 묶는 통신 혁명을 가져왔다. 세계의 직장과 가정이 하나의 네트워크로 연결되어 실시간으로 정보를 주고받게 되었다. 원자력 발전은 전기의 활용도를 더욱 증가시켰다. 그 결과 산업의 중심을 정보사회로 이동하게 하였다. 제조업 중심에서 금융, 교육, 물류, 교역 등의 서비스업 중심으로 바뀌었다.

4차 산업혁명(4th Industrial revolution)

4차 산업혁명의 핵심은 초 연결과 초 지능에 있다. 모든 사물에 인터넷이 연결되어 사물 인터넷(IOT, Internet of Thing)이 보편화되고 있다. 물리세계, 디지털세계, 그리고 생물 세계가 하나로 융합되고 있다. 수소차량 등 친환경 에너지가 개발되고, 자원을 함께 사용하는 공유 경제가 추진되고 있다. 블록체인의 도입으로 화폐, 상품, 서비스 등이 안전하고 신속하게 처리되고 있다.

---

3 Toynbee, Arnold Joseph(1889~1975): 영국의 역사가. 문학 비평가, 문명 비평가. 외무성, 런던대 교수. '역사의 연구' 집필. 사회의 진보 대신에 탄생, 성장, 쇠퇴, 붕괴라는 단계를 거치는 역사의 순환을 주장.

산업혁명은 [그림 1.2]와 같이 에너지 자원이 수력과 가축에서 석탄, 석유, 원자력, 친환경 에너지로 진화하고 있는 것을 기반으로 생산 수단이 물레방아, 증기기관, 내연기관, 컴퓨터와 인터넷, 사물 인터넷과 클라우드 그리고 인공지능으로 발전하였다. 경제는 자급자족에서 교환경제, 국제 분업과 신용경제, 서비스업 그리고 공유경제로 진화하고 있다. 산업혁명의 원동력은 수작업에서 시작하여 기계화, 대량생산, 정보화 그리고 연결과 인공지능으로 변화하고 있다. 발생 시기와 지역을 보면 1차 산업혁명은 18세기에 영국에서 시작되었지만 2차와 3차, 4차 산업혁명은 모두 미국에서 추진되었다. 미래의 산업혁명도 미국에서 일어날지 아니면 다른 지역으로 바뀔 것인지 주목된다.

산업혁명 이전과 이후의 차이는 기계화에 있다. 산업혁명 이전에는 모든 일이 사람이나 가축의 힘을 이용하든지 아니면 자연의 힘(수력, 풍력 등)을 이용하였으나 산업혁명 이후에는 증기기관 등의 동력을 이용하였다. 18세기에 시작된 제1차 산업혁명은 현재 4차 산업혁명으로 발전하고 있다. 1차 산업혁명에서는 석탄이 에너지원이 되어 교환경제가 시작되었고, 2차 산업혁명에서는 석유와 전기가 에너지 원이 되어 국제 분업이 시작되었다. 3차 산업혁명에서는 가스와 원자력이 에너지 원에 추가 되어 서비스업이 시작되었고, 4차 산업혁명에서는 친환경 에너지가 사용되기 시작하였고 자율주행과 함께 공유경제가 시작되었다.

전 세계 국가들을 둘로 나눈다면 산업혁명에 성공한 나라와 그렇지 못한 나라로 구분할 수 있다. 전자를 선진국이라 부르고 후자를 후진국이라 부른다. 제2차 세계대전 때까지 선진국들은 후진국들을 식민지로 삼거나 강제로 지배하였다. 지금도 세계 각국은 산업혁명을 지속하기 위하여 국가의 명운을 걸고 경쟁하고 있다.

1.2 융합

산업혁명을 지속하려면 여러 분야에서 높은 수준의 기술과 지식을 축적해야 한다. 현대 사회는 여러 분야가 융합할 수 있어야 높은 수준의 산업능력을 유지할 수 있다. 융합(融合, convertgence)이란 서로 뿌리가 다른 두 개 이상의 분야가 하나로 통합되어 물리적으로 분리될 수 없는 상태로 결합하는 것을 말한다. 산업화 진행 과정에서는 기술력이 낮아서 개별적인 기술부터 개발하고 발전시켜야 했기 때문에 기술들을 융합할 여유가 적었다. 융합이라는 말이 사용되기 시작한 것은 적어도 산업화가 어느 정도 진행된 선진국에서의 일이다.

산업혁명 이래 산업사회의 중요한 과제는 제품을 대량생산하는 일이었다. 산업체가 열악하여 만성적인 생산부족을 겪으므로 제품을 많이 생산하여 시장에 공급하는 일이 우선시 되었다. 공급자가 시장을 주도하는 사회에서는 제품의 품질보다 물량 이 더 중요하므로 소품종 대량생산체제가 유지된다. 그러나 산업이 발전하여 후기산업사회[4]로 넘어가면 시장의 주도권이 소비자로 바뀐다. 어느 정도 생산체제가 갖추어지면 오히려 만성적인 공급과잉과 함께 경기 불황이 발생하여 수요자가 시장을 주도하게 된다. 이때부터는 제품의 성능 못지않게 제품의 개성과 디자인이 중요하게 된다. 소비자들이 원하는 다양한 제품을 공급해야하므로 다품종 소량생산체제로 바뀐다.

〈표 1.1〉 융합의 유형

구분	명칭	내역	실례
통합	묶음(번들)	동일한 상품의 물리적인 묶음	계란, 라면, 형광등
	패키지	상이한 상품을 묶어서 판매	여행권(항공+호텔+금융)
융합	하이브리드	독립된 기능의 제품을 결합	스마트폰(전화+컴퓨터)
	퓨전	상반되는 개념의 상품을 결합	동서양 음식
	융합	다른 개념의 상품을 화학적으로 결합	내비게이션(길안내+라디오+금융)

1.2.1 융합의 기원

융합의 사전적 의미는 '다른 종류의 것이 녹아서 하나로 합해지는 것'이고 일반적으로 '두 개 이상의 상이한 요소들이 하나의 요소로 수렴되는 현상'이라고 표현한다. 이전부터 비슷한 의미로 사용되기 시작한 용어들은 묶음(번들), 패키지, 하이브리드, 퓨전 등이 있으며, 그 의미는 <표 1.1>과 같다.

묶음(bundle)에서 퓨전으로 갈수록 물리적 결합에서 화학적 결합으로 융합의 강도가 강해진다. 번들과 패키지는 통합이라고 하고, 하이브리드와 퓨전은 융합이라고 부르기도 한다. 최근에는 기술이 결합하는 추세에 따라 이종 기술간 화학적 결합에서 학문과 산업의 결합까지 폭

4 후기산업사회(post-industrial society): 산업이 고도로 발전하여 정보산업이 경제의 중심이 된 사회. 산업사회 이후를 가리키므로 탈산업사회 또는 정보사회라고도 함.

넓게 정의되고 있다. NT(nano technology), BT(bio technology), IT(information technology) 등의 신기술 간 또는 기존 산업과 학문 간의 결합을 통해 새로운 가치를 창출함으로써 사회 변화를 주도하는 기술이 되고 있다

T·I·P 통합과 융합

물리적인 통합

1800년대 말 미국의 한 소년이 그림을 그릴 때 지우개가 없어지는 것을 막기 위하여 연필 끝에 지우개를 연결하여 사용하였다. 그는 이 아이디어를 활용하여 '지우개 달린 연필'로 특허를 내어 큰돈을 벌었다. 연필과 지우개를 하나로 묶어서 지우개 달린 연필을 만든 것은 물리적 결합에 해당한다. 자전거에 모터를 달아서 필요에 따라서 다리 힘으로 가기도 하고 모터 힘으로도 가게 하는 모페드(moped) 역시 물리적 결합에 해당한다. 우유에 초콜릿을 섞어 만든 초코 우유, 볼펜에 작은 전구를 달아서 만든 라이트 펜은 모두 물리적인 통합에 해당한다. 통합된 사물의 특징은 물리적으로 쉽게 분해할 수 있다는 점이다.

화학적인 융합

컴퓨터용 프린터와 복사기를 하나로 묶어서 만든 기계를 복합기라고 한다. 프린터와 복사기를 모두 갖출 수 없는 좁은 공간에서 경제적인 가격으로 복합기를 이용하는 것은 매우 편리한 일이다. 더 나아가서 이제는 복합기에 팩시밀리가 추가되었으며, 스캐너도 추가되어 그림 등을 자유롭게 파일로 읽을 수 있게 되었다. 복합기에는 프린터를 제어하는 전자회로와 복사기를 제어하는 전자회로가 하나의 기판으로 제작되었다. 따라서 물리적으로 단순하게 분리하거나 두 개의 상품을 쉽게 한 개로 묶을 수 있는 수준이 아니므로 융합이라고 말할 수 있다.

융합은 이미 오래전부터 최종 소비자들의 요구에 의하여 다양한 방법으로 시도되었다. 융합을 간단하게 설명하면 '과학기술 발전과 함께 경제적 요구에 의하여 다양한 기술이 하나의 제품이나 서비스로 통합되는 현상'이다. 융합은 매우 간단한 물리적인 결합으로 시작하여 복잡한 화학적 결합으로 발전한 것이라고 볼 수 있다. 일차적으로는 두 개의 사물을 단순히 통합하는 것이고 이차적으로는 두 개의 사물을 완전히 분해하여 하나의 완벽한 사물로 재탄생시키는 것이다. 더 나아가 여러 개의 사물들을 물리적으로 또는 화학적으로 분해한 다음에, 다시 복잡한 하나의 새로운 사물로 창조할 수 있다. 이동전화에 DMB(digital multimedia broadcasting), 카메라, 네비게이션, 게임 그리고 인터넷을 자유롭게 사용할 수 있게 융합한 제품이 스마트폰이다. 이렇게 융합된 사물은 물리적으로 쉽게 분해하여 원래의 사물로 돌아가기가 어렵다.

T·I·P 융합의 유형

묶음(bundle)

같은 제품을 여러 개씩 묶어서 하나의 상품 단위로 판매한다. 계란을 15개씩 포장하거나 라면을 5개씩 묶음으로 판매한다.

패키지(package)

종류가 다른 상품들을 하나의 상품 단위로 묶어서 판매한다. 여행 패키지는 '렌터카, 호텔, 기차표, 항공권, 관광지 가이드, 여행자 보험'들의 묶음이다. 통신사에서 휴대폰, 인터넷, 케이블 방송, 유선 전화를 가족 단위로 묶어서 파는 것도 패키지 상품이다.

하이브리드(hybrid)

특징이 다른 기능들을 하나의 제품에 결합하여 판매한다. 스마트폰은 PDA와 핸드폰의 하이브리드 제품이다. 하이브리드 자전거는 산악용 MTB 기능과 싸이클 기능을 함께 가진 제품이다.

퓨전(fusion)

상반되는 개념으로 판매되는 제품이나 서비스로부터 제공받던 기능들을 합쳐 새로운 상품 가치를 제공한다. 예를 들어, MP3[5]는 음악과 자료 저장장치의 퓨전 상품이다.

융합(convergence)

다른 상품이나 서비스로 제공되는 것을 화학적으로 결합하여 새로운 상품으로 만드는 것이다. 내비게이션은 통행료를 지불하는 금융 서비스와 길안내 등의 관광 서비스와 라디오 TV 등의 방송 서비스를 하나로 융합한 것이다.

융합은 기존 기술이나 제품을 창조적으로 재조합하는 작업이다. 소비자들의 고급화된 욕구에 맞는 제품을 만들기 위해서는 자연과학, 예술, 인문학, 사회과학 등이 모두 벽을 허물고 조화를 이루어야 한다. 자연과학에서 고급 기술이 나오고, 인문학에서 스토리가 나오고, 예술에서 디자인이 나오고, 사회과학에서 제품 시장을 위한 마케팅이 나오는 통합이야말로 진정한 융합이라 할 수 있다.

1.2.2 융합의 조건

융합을 하려면 지식, 민주화, 인지력 등 3가지 조건이 전제되어야 한다. 지식은 산업혁명의 기반이자 융합의 대상이며, 민주화는 다양한 분야의 사람들이 지위에 관계없이 자유롭게 대화하고 타협할 수 있는 사회적 환경이며, 인지력은 다양한 분야를 분석하고 융합할 수 있는

5 MPEG-1 Audio Layer-3: 영상압축 표준인 MPEG 기술 가운데 오디오 부분만으로 만든 컴퓨터 파일.

종합적인 정신 능력으로 인지과학을 기반으로 한다. 융합을 하기 위해서는 다른 영역과의 소통이 전제되어야 한다. 더구나 소통을 하기 이전에 서로 상대방을 인정하는 마음의 자세가 필요하다. 소통을 하려면 대화를 해야 하는데 대화란 서로 벽을 허물고 나의 주장을 설명하고 상대방의 주장을 이해하기 위하여 의견을 교환하는 것이다. 상대방을 설득하기 위하여 이야기하는 것은 대화가 아니고 강요가 된다. 융합은 서로의 벽을 허물고 하나가 되는 것이기 때문에 상대방의 주장을 적극적으로 받아들여야 하고, 상대방도 나의 주장을 적극적으로 받아들일 준비가 되어 있어야 한다. 논쟁을 하는 것은 상대방을 이기려는 것이고 설득하려는

T·I·P 유태인과 한국인의 공부법

유태인

유태인들은 국제사회에서 평균 IQ가 낮은 반면에 연구 실적이 매우 높다. 특히 노벨상에서 큰 성과를 보이고 있다. 그 이유는 무엇일까? 이 질문에 대한 답은 공부하는 방식에 있다. 유태인들은 여럿이 모여서 큰 소리로 떠들며 수없이 질문과 답변을 통하여 자신의 생각과 타인의 생각을 교류하며 공부한다. 질문과 답변 과정에서 유태인들은 자신이 무엇을 모르는지 무엇을 잘 아는지를 알 수 있다. 유태인의 도서관(예시바)은 여러 명이 서로 떠들고 질문하고 답변할 수 있는 구조이다. 내 생각과 남의 생각을 교류함으로써 생각의 깊이를 더 할뿐만 아니라 민주주의를 경험하고 융합의 효과를 얻을 수 있다.

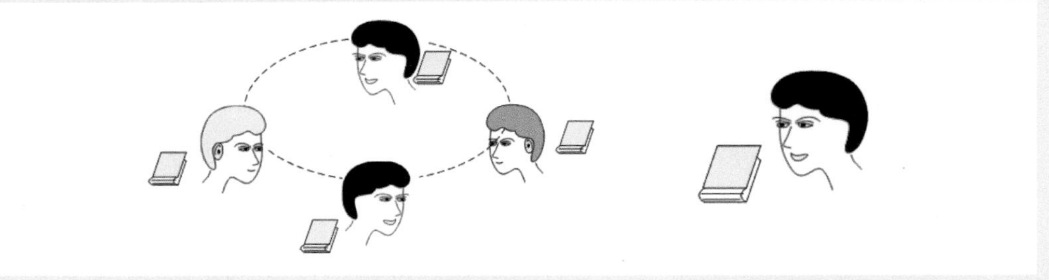

한국인

세계에서 IQ가 제일 높은 한국인들의 연구 실적은 상대적으로 저조하다. 한국인은 공부할 때 혼자 조용히 공부한다. 도서관의 칸막이 안에 갇혀서 공부하거나 산 속에 들어가 외롭게 책만 보고 공부한다. 한국의 아이들이 학교에 다녀오면 엄마들이 "오늘은 학교에서 무엇을 배웠니?"라고 묻는 반면에 유태 아이들이 집에 오면 엄마들이 "오늘은 선생님에게 무엇을 질문했니?"라고 묻는다고 한다. 이것은 질문과 답변을 통하여 참여하는 공부법과 주입식 공부의 차이점이라 할 수 있다.

이것은 마치 좋은 CPU 하나로 우수한 컴퓨터를 만드는 것과 저렴한 CPU를 여러 개 모아서 수퍼 컴퓨터를 만드는 것과 비유할 수 있다. 구글은 일찍이 저렴한 컴퓨터들을 네트워크로 묶어서 값비싼 수퍼 컴퓨터 효과를 누렸던 사례와 비교된다. 우수한 사람이 혼자서 잘하는 것보다 부족하지만 여러 명이 머리를 모아서 협력하는 것이 훨씬 더 좋은 결과를 낳는다.

것이기 때문에 진정한 의미의 대화가 아니다.

한국 사람들은 이런 면에서 융합이 어려운 사람들이라는 주장이 있다. 그 이유는 한국 사람들이 상대방을 서로 인정하지 않으려는 성향이 짙기 때문이라고 한다. 융합의 조건은 서로 상대방을 인정하고 이해하기 위하여 대화하고 받아들이는 자세이다. 유대인들이 공부하는 방법은 자신의 생각을 다른 사람들과 교류하면서 정제하고 발전시키는 것이다. 따라서 그들의 도서관인 예시바(Yeshiva)는 토론하기 쉽도록 책상과 좌석들이 배치되어 있다고 한다. 다른 사람과 사고를 교류하는 방법은 질문과 답변을 서로 반복하는 것이다. 나의 생각을 다른 사람들의 머리를 통하여 정제하고 또 정제하여 심화하고 발전시키는 것이다. 이 방법은 상대방의 존재와 능력을 인정하는 것이며 그렇게 교류하는 과정이 다른 분야의 사고를 융합할 수 있는 효과적인 방법이다.

현대사회를 정보화 사회, 후기산업사회, 지식산업사회, 지식정보사회 등으로 부른다. 컴퓨터와 인터넷이 산업의 기반이 되고 지식이 산업의 중심으로 부상하기 때문이다. [그림 1.3]과 같이 지식정보사회에서 산업혁명을 하려면 지식기반이 튼튼해야 하므로 독서가 중요하다. 다양한 분야의 지식을 융합하려면 대상을 분석하고 종합할 수 있는 인지력이 필요하고 이를 위해 인지과학이 뒷받침되어야 한다. 이와 함께 민주주의가 성숙하여 각 분야의 소통이 잘 이루어지고 정부 제도와 정책이 뒷받침되어야 한다. 그러면 산업혁명도 성공하고 선진국이 된다. 같은 민족이라도 정부 제도와 정책이 다르면 선진국과 후진국으로 정반대의 길을 걷는다. 실제로 산업혁명에 성공한 나라들은 모두 민주주의 국가들이고 선진국이 되었다. 민주주의는 부자거나 가난하거나, 배웠거나 못 배웠거나, 권력이 있거나 없거나 관계없이 전 국민이 한 표로 권리를 행사하는 사회체제이다. 독재국가들이 산업혁명에 성공하였거나 선진국이 된 사례는 전혀 없다. 우리 사회는 아직도 지연, 학연, 혈연에 따라 갈등을 겪고 있다. 이런

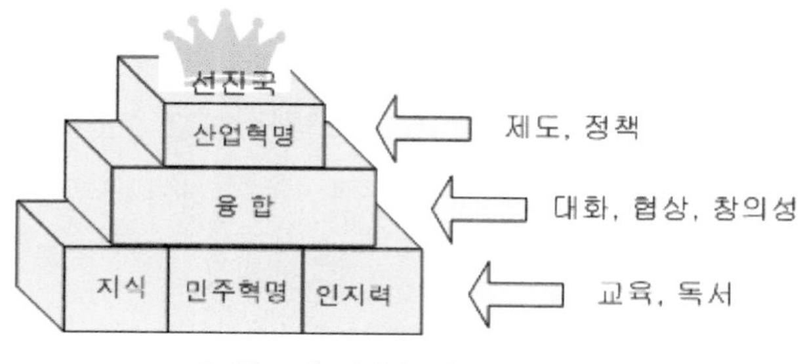

[그림 1.3] 지식정보사회의 산업혁명

갈등을 해소하려면 자유롭게 대화하고 타협하고 협상하는 노력을 해야 한다. 자신의 주장을 관철하기 위하여 지부상소[6]하는 것을 절개가 있는 것으로 생각하는 것은 민주 시대에 맞지 않는다. 민주 시대에는 상대방이 소수라 할지라도 존중하고 대화하고 타협하는 자세가 필요하다. 산업혁명을 하려면 민주혁명도 함께해야 한다.

1.2.3 융합의 미래

동일한 품질의 제품이라도 제값을 못 받는 경우가 있고, 오히려 더 비싸게 받는 경우가 있다. 제값을 못 받는 것을 디스카운트라 하고 더 받는 것을 프리미엄이라 한다. OEM 방식으로 제품을 생산하는 회사는 생산능력은 있으나 브랜드 가치가 적어서 자기 상표로 판매할 경우에 제값을 받지 못한다. 선진국 회사들은 프리미엄을 받을 수 있는데 비하여 후진국 회사들은 디스카운트를 받으므로 OEM 방식이 가능한 것이다. 선진국 상품들은 왜 프리미엄을 받고 후진국 상품들은 왜 디스카운트를 받을까?

경제가 발전할수록 생산체제가 소품종대량생산에서 다품종소량생산으로 바뀐다. 그 이유는 소비자들의 요구가 고급화되어, 기본적인 품질 이외에 개성과 고유한 특성이 살아있는 제품을 요구하기 때문이다. 따라서 획일적이고 개성이 없는 제품은 제값을 받기 어려운 반면에 예술성과 고유한 문화가 반영된 제품이 호평을 받는다.

선진국 회사의 제품은 선진국의 긍정적인 이미지가 전달되는 반면에 후진국 회사의 제품은 후진국의 부정적인 이미지가 전달된다. 'made in Germany'라는 표시가 있으면 독일인들의 철저하고 꼼꼼한 성격이 반영될 뿐만 아니라 독일 문화의 고유한 이미지가 전달되어 프리미엄을 받는다. 상품의 품질보다도 그 상품을 만든 나라와 회사의 고유한 문화와 전통이 상품의 가치를 결정한다. 한 나라의 역사와 전통은 다른 나라와 구별되는 특징이 있으므로 문화적 가치와 함께 희소성이 제품의 가치를 결정한다.

삼성, LG, 현대 제품의 품질이 좋아도 한국 제품이라는 것을 모르는 외국인들이 많이 있다. 그 이유는 한국 기업들이 만든 제품을 한국산이라고 홍보하지 않았기 때문이다. 왜 그럴까? 한국이라는 나라의 이미지가 제품 가치를 떨어뜨리기 때문일 것이다. 외국인들이 보는 한국

6 지부상소持斧上疏: 조선 시대에 자신의 주장을 받아들이지 못한다면 차라리 죽여 달라는 뜻의 상소. 자신들의 생각이 너무 옳기 때문에 다른 사람들과 타협하는 것은 잘못이라는 주장.

의 이미지는 북한의 원자폭탄이나 참혹한 인권으로 가려져 있다. 상품의 이미지를 개선하려면 상품을 만드는 나라와 회사의 이미지도 함께 좋아야 한다.

상품이 제 값을 받으려면 품질과 가격 경쟁력 외에 고유한 매력이 있어야 한다. 따라서 기술력과 생산성 외에도 훌륭한 문화와 전통이 상품 속에 융합되어 있어야 한다. 전통 있는 문화 속에 재미있는 이야기와 역사가 담겨 있어야 좋은 상품으로 평가를 받는다. 다른 제품과 마찬가지로 획일적이고 진부하다면 소비자들의 시선을 끌 수 없다. 어느 나라에서나 흔하게 볼 수 있는 도시 풍경이나 흔한 스토리가 반영되어서는 관심을 끌 수 없다.

프리미엄을 받기 위해서는 자기 나라의 역사와 사상과 전통 예술을 열심히 익혀서 꽃을 피우고 알려야 한다. 일본은 '사무라이'와 '닌자'라고 하는 살벌한 역사적 유물을 현대화하고 미화하여 성공적으로 세계에 알리고 있다. 세계 각국에서 어린이들이 사무라이 게임과 닌자 놀이를 하고 있으며 사무라이나 닌자에 관련된 장난감과 게임들을 수출하고 있다. 일본은 부정적인 내용을 훌륭한 문화 상품으로 탈바꿈하고 재탄생시켜서 성공한 것이다.

1970-80년대에는 일본의 가전제품이 전 세계적으로 인기가 높았다. 일본 사람들의 명확하고 철저한 생활태도가 제품에 반영되어 정교하고 훌륭할 것이라고 생각한다. 지금도 일제 자동차는 가볍고 연비가 높다는 기술적 성과 이외에 일본 사람들의 조심스러운 성격이 안전한 자동차를 만들었을 것이라는 인식이 깔려 있다.

이처럼 디스카운트 대신에 프리미엄을 받기 위해서는 그 나라의 전통 문화와 예술이 오랜 역사 속에서 아름답고 우수했다는 사실과 근거를 찾아내고 널리 알려야 한다. 그 다음에 그런 문화와 전통이 디자인에 반영되고 그 나라의 예술가와 기술자의 혼이 잘 깃들여있음을 알려야 한다.

프랑스에서는 택시 운전사들도 승객들과 철학자와 예술가들의 사상을 같이 이야기하고 토론할 수 있다고 한다. 일반 국민의 수준이 그 정도라 프랑스의 상품에는 철학자의 사상이 반영된 예술성이 있다고 생각한다. 미국은 역사적으로 전통이 미미하지만, 제2차 세계대전 이후에 세계 각국에서 예술인들이 뉴욕을 중심으로 많이 몰리고 문화가 번창하였기 때문에 'made in USA'가 국제적으로 좋은 평가를 받고 있다.

좋은 제품이란 예술품과 같이 '아우라'가 있어야 한다. 아우라(Aura)[7]는 이 세상 어디에도 없는 유일하고 숭고한 가치라는 의미를 포함하고 있다. 제품에 고유한 특성을 살리기 위해서는 제품을 만드는 나라의 고유한 예술과 문화적 전통을 잘 알려야 하고 아우라를 실제로 제품에 반영해야 한다. 즉, 이 시대가 요구하는 좋은 제품이란 좋은 품질에 그 제품을 만드는 나라의 고유한 역사와 문화, 그리고 전통이 잘 융합된 제품이라 할 수 있다.

T·I·P 오즈의 마법사와 뽀로로와 오징어 게임

오즈의 마법사

미국의 동화로 1900년에 시카고에서 출간된 아동문학 작품이다. 1903년에는 뮤지컬로 성공을 거두었고 이후에 영화로도 성공을 거두었다. 1995년에는 소설로 성공을 거두고 이어서 다시 제작된 뮤지컬과 영화가 계속 성공하였다. '오즈의 마법사'는 전 세계에서 시청하고 읽고 있으며 모두 미국의 고전 문학작품이라는 것을 잘 알고 있다. '오즈의 마법사'가 방영되고 읽힐수록 미국의 문화와 예술이 전 세계로 파급되고 미국의 문화와 국가 이미지를 높여준다.

뽀로로

한국의 애니메이션이다. '뽀로로'는 애니메이션 제작사인 오콘 등의 여러 회사들이 공동 제작한 풀 3D 애니메이션으로 2003년에 교육방송(EBS)에서 처음 방송되었다. 이후에도 계속 방영되고 있으며 2014년 2월부터 제5기가 방영되고 있다. 전 세계 110여국에 수출되었으며, 출판과 완구, DVD 시장에서 돌풍을 일으켰다. '뽀로로'는 세계 각국에서 사랑을 받고 있지만 이것이 한국에서 만들어졌다는 것을 아는 사람들은 많지 않다.

'뽀로로'는 한국적 문화 요소들을 별로 반영하지 않고 있다. 한국의 전통 문화와 예술과 기술이 작품에 잘 융합되어야 한국의 이미지가 고양되고, 그 이미지가 다시 한국 작품의 가치를 높여주는 승수 효과를 기대할 수 있다. '뽀로로'가 아무리 방영되어도 한국 문화와 국가 이미지가 크게 높아지기는 어렵다.

오징어 게임

Netflex에서 오징어 게임이 방영되자마자 많은 나라에서 큰 인기를 끌고 있다. 이 드라마가 인기를 끌고 있는 이유는 첫째 한국 어린이들이 실제로 놀이하던 단순한 게임을 소재로 했기 때문이다. 이 게임들에는 한국 문화가 물씬 배어있다. 둘째 한국적인 특성을 잘 살렸다는 내용이다. 한국의 불평등한 사회를 배경에 두었는데 외국인들에게도 공감을 울렸다. 셋째 '우리는 누구인가?'라는 세계인들의 공통적인 질문을 다루었다는 것이다. 이와 같이 한국적인 것일수록 오히려 세계인들에게 더 공감할 수 있다.

---

7 Aura: 발터 벤야민(Walter Benjamin : 1892~1940, 독일 철학자)의 예술 이론. 예술 작품의 원본이 내뿜는 고고한 향기. 사람이나 물체에서 발산하는 영적인 기운.

1.2.4 거북선 이야기

어떤 외국인이 거북선 옆을 지나다가 동행하던 한국인에게 질문을 했다고 한다. 첫째, 거북선은 포함인데 연기는 어디로 빠져나가느냐고 물었다. 둘째, 거북선은 철갑선인데 무게 중심은 어디에 있느냐고 물었다. 셋째, 거북선은 선체가 유선형이 아닌데 어떻게 신속하게 돌격할 수 있느냐고 물었다고 한다. 그런데 당시 해양연구소의 연구원이라는 동행자가 아무런 답변도 하지 못했다고 한다. 우리는 그 정도로 역사와 전통에 대해 아는 것이 너무 없다는 생각이 든다. 한국인이 서양 문화와 전통 보다는 한국적인 것을 더 추구하고 보여줘야 국제사회에서 관심을 끌 수 있다. 우리 문화와 전통에 대하여 더 많은 연구를 하고 관심을 가져야 한다.

한국적인 것이라야 곧 세계적인 것이 된다.

1.3 인지과학

리차드 도킨스[8]에 의하면 '모든 동물은 유전자에 의해 창조된 기계'라고 한다. 사람의 행동을 지배하는 것은 유전자 DNA라는 것이다. 동물은 유전자가 자기 증식을 위하여 살아가는 도구에 불과하다고 한다. 도킨스가 1976년에 이 주장을 했을 때 처음에는 학계에서 받아들이기 어려웠지만 이제는 당연한 사실로 받아들이고 있다. 그런데 유전자 이외에도 인간의 행동을 지배하는 것이 있다. 인간의 두뇌는 정보처리 과정에서 정보의 진화를 계속하며 행동 지배 영역을 넓히고 있다. 어떤 때는 인간의 마음(두뇌)이 유전자의 명령과 전혀 반대 방향으로 의사결정을 하기도 한다. 인간이 동물과 다른 점이 바로 두뇌에 있는 마음이다. 동물은 유전자의 결정에 따르지만 사람은 유전자뿐만 아니라 두뇌 정보의 결정에도 따른다.

인간의 두뇌(마음)는 태어나서 경험과 지식과 지혜를 쌓으며 계속 정보를 진화한다. 인간의 정보 진화에서는 언어 능력이 중요하다. 말로 시작된 언어는 글을 사용하면서 더욱 진화한다. 언어는 인간의 마음을 표현하면서 동시에 마음을 지배한다. 인간의 마음은 행동뿐만 아니라 사회 발전과 산업혁명에도 큰 영향을 주고 있다.

8 Richard Dawkins(1941~): 영국 진화생물학자. 옥스퍼드대 석좌교수. '이기적 유전자(The Selfish Gene)' 저자.

인지과학은 인간의 마음에 관한 학문이다. 4차 산업혁명은 융합이 필요한 지식 기반 사회가 전제 조건이다. 다양한 분야를 융합하기 위해서는 인지력에 관한 학문이 뒷받침되어야 한다.

인지과학을 이해하고 활용하기 위하여 인지과학의 정의를 찾아본다.

- 인간의 마음과 지능을 학제적으로 연구하는 학문이다.
- 인간의 지적 능력과 이를 대행하는 능력을 연구하는 학문이다.
- 심리학, 철학, 인공지능, 신경과학, 언어학, 인류학을 포함하는 학문이다
- 컴퓨터 연산처럼 정보를 처리하는 기능과 지능적인 시스템을 연구하는 학문이다.

사람들은 컴퓨터가 사람의 인지기능을 대신해 주기를 바라며 인지과학을 연구하고 있다. 따라서 인지과학은 '인간의 마음과 행동을 대행할 수 있는 기계(컴퓨터)를 연구하는 학문'이므로 '생각하는 기계에 관한 학문'이라고도 할 수 있다.

사람들은 예로부터 인간의 마음에 많은 관심을 두었다. 동양에서는 11세기 중국 송나라의 신유학자[9]들이 성리학[10]에서 인간의 심성(心性) 구조에 대해 연구하기 시작하였다. 성리학은 국가를 운영하는 치세 학문이므로 사회 전반에 큰 영향을 주었으나 심성론은 인격 수양에 치중하였으므로 마음의 구조와 기능에 대한 구체적인 연구 성과는 없었다. 서양에서도 고대 그리스에서 마음에 대한 이해가 시도되었지만 경험적인 결과는 없었다. 중세에는 종교의 영향으로 마음에 관한 사항이 신성시 되어 되어 실질적인 연구가 없었다.

인지과학은 정보처리 관점에서 상징을 조작하여 인간의 지각, 기억, 판단, 추리, 의사결정 등의 높은 수준의 정신과정을 설명하려 한다. 인지심리학에서는 기억, 주의, 지각을 위주로 인지하는 마음의 과정과 표상에 대한 연구들이 다양하게 수행되었다. 그러나 기존의 방식들은 계산주의를 기반으로 접근하는 것으로 그 방법에서 점차 한계가 드러나면서 새로운 대안이 제시되기 시작하였다.

---

9 신유학자(新儒學者, neoconfucianist): 11세기 북송의 주돈이, 정호, 정이 등과 12세기 남송의 주희 등의 주자학자들.

10 성리학(性理學): 理, 氣의 개념을 구사하면서 우주의 생성과 구조, 인간 심성의 구조, 사회에서 인간의 자세 등을 연구하는 유학 사상.

1.3.1 인지과학의 구성

4차 산업혁명의 핵심은 지능과 연결이므로 인공지능의 역할이 크다. 인공지능은 기계가 사람처럼 생각하는 것을 의미하므로 인공지능이 있는 기계는 인간처럼 스스로 주어진 임무를 수행할 수 있다. 인공지능을 구사하려면 인지과학(cognitive science) 기반이 튼튼해야 한다. 인지과학은 [그림 1.4]와 같이 인지론을 중심으로 인간의 마음을 연구하는 심리학, 마음의 생리적 기초를 연구하는 신경과학, 기계의 정보처리를 연구하는 인공지능, 인간의 사고를 처리하는 언어학, 근원적인 사고를 연구하는 철학 등이 학제적으로 구성된 학문이다. 인지과학 차원에서 기계와 지능을 연구하고 융합해야 산업혁명을 효과적으로 추진할 수 있다.

[그림 1.4] 인지과학 세부 학문

이상과 같은 연구들이 축적되어 관련 연구자들이 새로운 학제적 학문의 틀을 주장하였다. 1956년에 MIT에서 관련 연구자들이 정보이론 심포지엄을 열고 인지과학이라는 새로운 과학적 패러다임을 출범시켰다. 이들의 이론이 결합되어 얻어진 결과 중의 하나가 인공지능으로 발전되었다. 인공지능으로 인공두뇌를 만들 수 있다면 컴퓨터의 오랜 숙원인 인간처럼 생각하는 기계를 만들 수 있다고 생각했다. 현대 과학기술로 두뇌를 제외한 거의 모든 장기들을 인공적으로 만들 수 있기 때문이다. 앞에서의 모든 이론들을 종합하여 마음의 구조와 과정을 이해하고 기계적으로 구현할 수 있는 인지과학 이론이 확립되었다.

'나를 안다'는 것은 무엇인가? '나'에 해당되는 것은 많이 있으므로 확인하기 쉽지만 무엇을 '안다'는 것을 이해하기는 쉽지 않다. 아는 것과 모르는 것의 차이는 무엇일까? '앎'이란 나의 지식이 그 사물의 개념을 정확하게 파악하여 다른 유사한 것들과 구별하고 정확하게 식별할 수 있는 능력이다. 더 나가서 나의 지식을 남의 지식과 비교하고 소통을 통하여 그 내용을 인정받는 것을 의미한다. '안다'는 것을 인지(認知, cognition)라고 하며 '아는 것'에 관한 학문을 인지과학이라고 한다.

T·I·P 소크라테스와 손자 그리고 미셸 푸코

소크라테스(Socrates)는 "너 자신을 알라"라고 하였다. 소크라테스는 철학자들의 질문을 우주 문제에서 나의 문제로 질의 대상을 바꾸어 놓았다. 소크라테스의 귀납법은 논리학과 기호논리학 그리고 부울 대수로 발전하여 컴퓨터를 만드는데 일조한다.

중국의 병법가 손자(孫子)는 '知彼知己 百戰不殆 (나를 알고 남을 알면 백번 싸워도 위태롭지 않다)'고 하여 전쟁 문제를 나를 아는 것에 관한 철학적인 문제로 바꾸어 놓았다. 동서양의 고대 사상가들이 모두 자신에 대하여 아는 것을 철학적 과제로 삼았다.

미셸 푸코[11]는 "아는 것이 힘이다'라는 다소 진부한 주제를 연구하여 당대 유럽의 최고 지식인의 자리에 올랐다. 그는 우리가 알고 있는 힘이 센 것들 중에서 아는 것(지식)만큼 큰 힘을 발휘하는 것은 없다고 주장하여 큰 호응을 얻었다.

1.3.2 메타인지(metacognition)

우리는 공부를 잘하거나 연구를 잘하는 사람들의 IQ가 매우 높을 것이라고 생각한다. 그러나 일반인들의 생각과 달리 그렇지 않다는 조사 결과가 있다. 전국모의고사 상위권에 있는 학생들의 IQ가 중위권에 속한 학생들의 IQ와 크게 차이가 나지 않는다는 보도가 있었다. 전 세계 인구의 0.2% 정도인 유태인들이 노벨상 수상자의 20% 이상을 차지하는 것을 보고 그들의 IQ가 매우 높을 것이라고 생각한다. 그러나 이스라엘의 평균 IQ는 95로 세계 45위인 반면에 노벨상 수상자가 거의 없는 한국인의 평균 IQ는 106으로 세계 2위라는 보고가 있다. 이런 사실들을 종합해보면 IQ에 비례해서 공부를 반드시 잘하는 것 같지는 않다. 왜 그럴까?

메타인지는 메타인지적 지식과 메타인지적 기술로 이루어진다. 메타인지적 지식(meta cognitive knowledge)은 무엇을 배우거나 실행할 때 내가 아는 것과 모르는 것을 정확히 파악할 수 있는 인지 능력이며, 메타인지적 기술은 내가 모르는 것을 보완하고 공부하기 위한 방법

11 Michel Foucault(1926~1984): 프랑스 철학자. 콜레주 드 프랑스 대학 교수. 합리적 이성에 대한 논리를 비판하고 비이성적 사고인 광기와의 관계를 연구한 것으로 유명.

을 찾고 실천하는 조절 능력이다. 따라서 메타인지는 자신이 알거나 모르는 분야를 파악하는 능력과 함께 모르는 부분을 보완하기 위한 계획과 그 계획을 평가하는 전반적인 사항들을 모두 포함한다. 사람은 메타인지적 지식과 함께 메타인지적 기술을 이용하여 자신의 업무를 수행한다.

T·I·P 공자와 메타인지

논어(論語) 위정(爲政)편 17절에 공자가 말씀하시기를 "너에게 안다는 것을 가르쳐주랴. 아는 것을 안다고 하고 모르는 것을 모른다고 하는 것이 아는 것이다". 공자는 자신이 무엇을 알고 무엇을 모르는지를 잘 알고 있는 것이 제대로 아는 것이라고 언급한 것이다. 공부를 잘하는 사람은 자기가 무엇을 얼마나 알고 얼마나 모르는지를 잘 파악하고 있기 때문에 계획을 잘 세워서 자신이 원하는 목표를 효과적으로 달성할 수 있다는 의미이다. 이런 개념을 잘 종합하여 정리한 것이 메타인지이다.
자신이 무엇을 알고 무엇을 모르는지에 대해 알고 있는 것을 메타 인지(meta cognition)라고 한다. 메타인지는 아리스토텔레스의 형이상학(metaphysics)의 개념에 그 어원을 두고 있는 말이다. 형이상학이 물리학을 넘어선 물리학을 의미하듯이 메타인지는 인지를 넘어선 인지(cognition about cognition)를 의미한다.

성적이 최상위권에 있는 학생들의 특징은 IQ보다 메타인지가 매우 높다고 한다. 이 학생들은 자신이 알고 있는 것과 모르는 것에 대해 객관적으로 잘 알고 있다.

자신의 생각에 대해 비판적인 사고를 하고, 스스로를 객관적으로 바라볼 줄 아는 능력을 가졌기 때문에 전략적으로 계획을 세우고 실천한다. 문제를 파악하는 능력이 문제해결능력과 자기조절능력으로 연결되어 자신을 스스로 성장하게 하는 원동력이 된다. 메타인지는 작게는 특정 문제를 해결할 때 필요한 지식을 찾아 활용하는 길을 아는 힘이며, 크게는 자신의 가능성을 알고 원하는 삶을 그려서 그것을 이룰 수 있는 방법을 찾는 능력이다.

메타인지 능력은 타고난 것이 아니라 훈련을 통해 발전시킬 수 있다. 공부할 때 다른 사람들에게 무엇을 설명해주는 것은 메타인지를 활용하는 것이다. 일할 때나 공부할 때는 항상 목표와 계획을 세우고 실행하는 것이 메타인지 능력을 향상시키는 좋은 방법이다. 스스로 공부하는 자기주도 학습은 좋은 메타인지 방법이다.

스스로 목표와 계획을 세우고 실천한 다음에 결과를 평가함으로써 좋은 능력을 발휘할 수 있다.

CHAPTER 2
산업혁명과 문명

2.1 문명의 발전

2.2 문명의 교류

2.3 산업혁명의 미래

인류는 석기시대와 철기시대를 거치면서 도구들을 개발하고 여러 가지 문명을 일구어왔다. 신석기 시대 이후 농사를 지었어도 의식주 문제는 여전히 어려운 난제였다. 그러나 산업혁명을 거치면서 삶의 질이 극적으로 향상되었다. 인류는 다른 동물과 달리 도구를 이용하여 더 좋은 도구를 개발하고 활용하였다. 바퀴를 이용하여 차량을 개발하고 삼각돛을 이용하여 선박을 운항하고 전기를 이용하여 새로운 문명을 이루었다. 종이와 인쇄기의 발명은 기술 발전과 함께 지적인 능력을 대폭 향상시켰다. 각각의 문명은 발전하면서 서로 영향을 주고받으며 성장하였다. 문명의 발전에도 진화론의 법칙이 적용되어 환경에 잘 적응하는 문명일수록 더욱 발전하였다.

인류는 산업혁명 이전부터 여러 분야의 기술을 발전시켜서 산업혁명의 기반을 쌓고 있었다. 오랫동안 작은 기술들을 융합하고 발전시켜온 사람들이 산업혁명의 불꽃을 피우기 시작하였다.

2.1 문명의 발전

산업혁명을 위하여 인류의 문명을 발전시킨 도구는 기계, 전기, 논리, 생물, 경제, 정치 등이 대표적이다. 이들을 학문으로 분류하면 인문과학, 자연과학, 사회과학 등 3개 분야로 나눌 수 있다. 문명의 도구들은 각각 독립적으로 발전하면서 다른 문명에 자극을 주고받으며 더욱 발달된 문명으로 진보하였다. 기계 문명은 바퀴에서 시작하여 비행기와 우주선까지 발전하였으며 다른 문명에도 영향을 주어 경제와 정치까지 새로운 세계를 만들었다.

2.1.1 기술과 문명

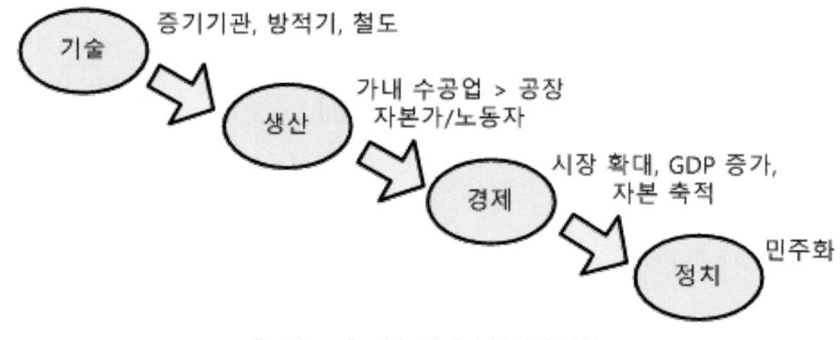

[그림 2.1] 기술 발전과 문명의 영향

문명(civilization)은 인류의 오랜 역사 속에서 사회 공동체가 만들어놓은 물질적 정신적 산물이다. 18세기의 근대 문명은 [그림 2.1]과 같이 기술의 발전으로 시작되었다. 증기기관과 방적기, 철도의 발명은 생산 조직의 변화를 이루어 가내 수공업에서 동력을 이용하는 공장으로 바뀌었고, 자본가와 노동자가 등장하였다. 공장에서 대량 생산되는 물자는 시장 확대와 함께 소득 증가와 자본 축적으로 이어졌다. 평민들의 경제력 증가는 왕과 귀족 세력을 누르고 민권 강화와 민주화로 이어졌다. 증기기관으로 인한 기계 문명이 1차 산업혁명을 일으켰고, 전기 기계가 2차 산업혁명을 일으켰으며, 컴퓨터가 3차 산업혁명을 일으켰고, 인공지능이 4차 산업혁명을 일으키고 있다.

산업혁명은 <표 2.1>과 같이 기계에서 시작되어 주로 6개 문명에서 이루어졌다.

첫째 기계는 바퀴로 시작되어 마차와 자동차를 만들고 다양한 기계로 진화하였다. 증기기관으로 시작되는 기계의 발전은 공장, 자동차, 선박, 항공기 등의 동력장치를 이용하는 기계 문명을 만들고 있다.

둘째 전기는 전자기 유도 기술을 발견하면서 발전기와 전동기를 만드는 것으로 시작되었다. 석유와 석탄은 전기를 만들고, 전기는 전기회로를 기반으로 다양한 전기장치들을 이용하는 전기 문명을 만들고 있다.

〈표 2.1〉 산업혁명과 6대 문명

문명	발전 내역	분야
기 계	바퀴에서 자동차, 선박, 비행기, 우주선, 자율주행	자연과학
전 기	전자 유도에서 통신, 컴퓨터, 인터넷, SNS	자연과학
논 리	귀납법에서 기호 논리학, SW, 인공지능, 인조인간	인문과학, 자연과학
생 물	해부학에서 분류학, 유전학, 뇌과학, 인공지능	자연과학
경 제	자급경제에서 교환경제, 자본주의, 신자유주의	사회과학
정 치	전제군주제에서 입헌군주제, 공화제, 민주주의	사회과학

셋째 논리학은 BC 400년에 소크라테스의 귀납법으로 시작되어 발전하였으며, 전기 문명과 융합하여 지금의 컴퓨터를 만들었다. 컴퓨터는 다양한 분야와 융합하여 지식정보사회를 위한 논리 문명을 만들고 있다.

넷째 생물학은 BC 350년 아리스토텔레스의 해부학으로 시작하여 진화론과 유전학을 발전시켰다. 생물학은 컴퓨터와 융합하면서 인조인간을 만들기 위하여 생물 문명을 발전시키고 있다.

다섯째 증기기관이 여러 분야에 접목되어 새로운 경제 체제를 만들었다. 자급자족 경제 체제가 교환 경제 체제로 전환되었고, 교환 경제는 화폐 경제와 함께 국제 분업으로 확산되어 자본주의라는 경제 문명을 만들었다.

여섯째 경제력의 향상으로 인권과 민권에 대한 욕구가 증대되어 정치 혁명을 불러왔다. 전제군주제가 입헌 군주제로 바뀌었고, 공화정을 도입하였으며 민주주의 체제가 도입되었다. 기술 문명과 경제 문명의 발전은 계속 정치 문명의 발전을 불러왔다.

역사의 진보는 기술의 진보로 시작되어 경제와 정치를 발전시켰으며 다양한 문명들이 영향을 주고받으며 새로운 문명을 만들어가고 있다.

2.1.2 문명의 융합

[그림 2.2]은 6대 문명이 서로 영향을 주고받으며 산업혁명이 진화하는 과정이다. 이들 문명은 서로 시간과 공간을 뛰어넘으며 융합하면서 진화하고 있다.

(1) 기계 문명

BC 3,500년경에 발명된 바퀴는 인류 문명의 시작이었으나 통나무를 잘라서 만들었기 때문에 무겁고 불편했다. BC 2,000년에는 현재 사용하고 있는 것과 유사한 바퀴살이 발명되어 바퀴의 효율을 크게 향상시켰다. BC 1500 년경 히타이트[1]가 철 제련법을 개발하면서 철기문화가 보급되었다. 철기시대[2]가 도래하여 청동 대신 철로 무기와 농기구를 만들기 시작했다. 철제 마차를 만들고 말이 끌게 함으로써 원거리 이동을 할 수 있었다. 육상 운송보다 편

1 Hittite: BC 2000 년경 소아시아에 살았던 인도 유럽계 민족. BC 1500 년경 철 제련법을 개발하여 철제 무기와 2륜 전차로 소아시아 일대를 정복. BC 717년 아시리아에 의해 멸망.

2 Iron Age: 히타이트가 BC 1500 년경에 제련법 개발, 그리스가 BC 1100 년, 아시리아 인도 BC 1000 년, 로마 BC 900 년, 중앙아시아 BC 800 년,중국 BC 700 년, 조선 BC 300 년경 도입. 철로 무기와 농기구를 만들어 군사력과 경제력을 향상시켰다. 철을 이용한 도구를 만들어 공업력이 대폭 향상되었다. 초기의 철은 금보다 귀하고 비쌌다. 철의 융점은 1,530도이고 청동의 융점은 1,060도이다.

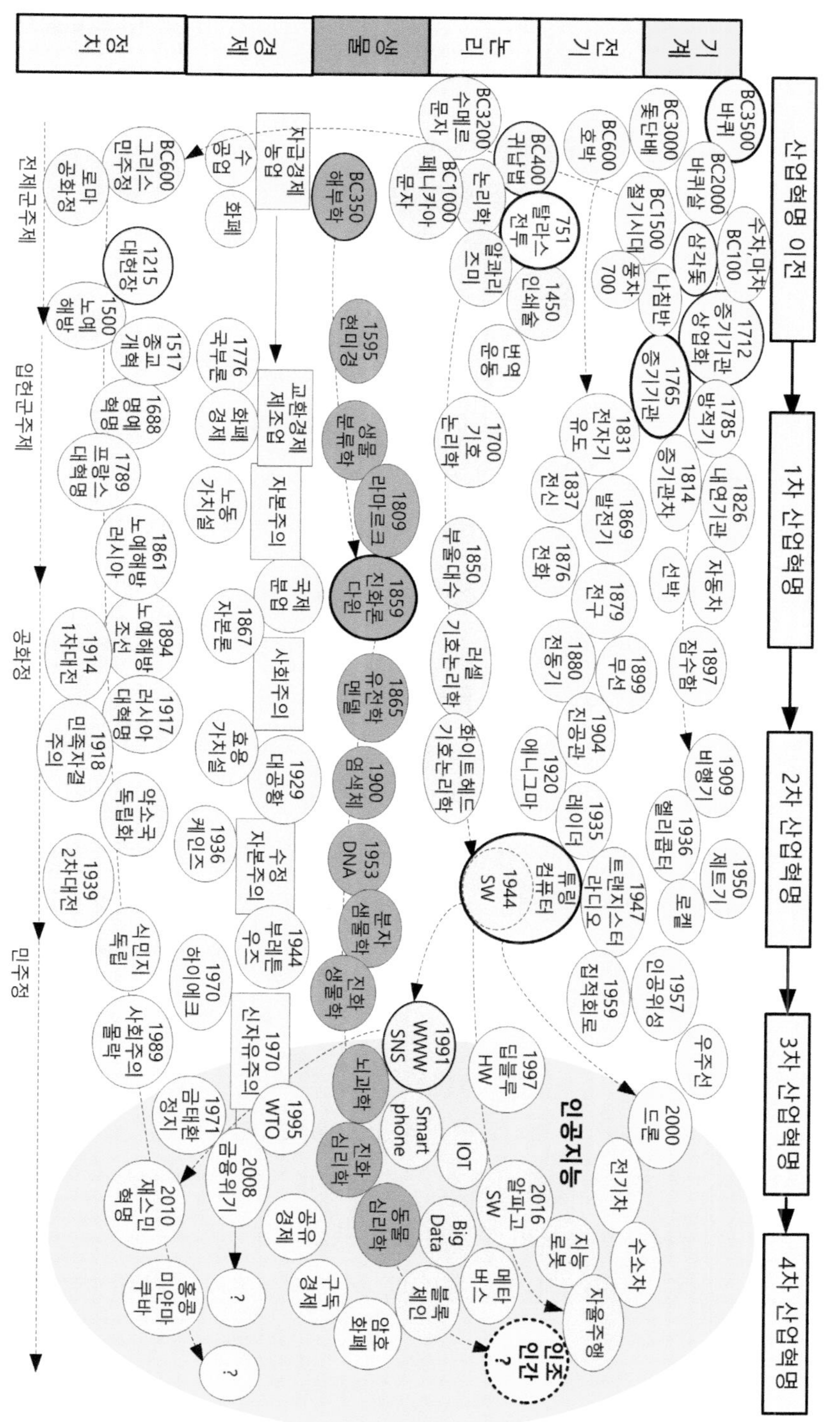

[그림 2.2] 산업혁명과 문명의 역사 지도

리한 것이 수상 운송이다. 선박은 물 위에서 저항이 적을 뿐만 아니라 불어오는 바람을 공짜로 이용할 수 있다.

BC 3,000년경에는 돛(sail)을 배에 달아 선박을 이동할 수 있게 되었다. 이후에 삼각돛(staysail)이 발명되어 역풍이 불어와도 선박을 효율적으로 조종할 수 있게 되었다. 선박은 대량 운송이 가능하여 물류 이동과 경제 발전에 크게 기여하였다. 증기기관이 발명되자 선박에 증기기관을 설치하여 동력으로 운항하기 시작하였다.

1712년 상업화에 성공한 증기기관은 1765년 제임스 와트에 의하여 개량되었다. 가축이나 수력에 의하여 돌아가던 방아를 증기기관으로 돌리게 되었고, 큰 공장을 만들게 되었다. 증기기관차는 철도를 따라 원거리 지역으로 이동하면서 제1차 산업혁명이 시작되었다. 선박에는 돛 대신에 증기기관을 설치하여 동력으로 움직이는 증기선이 등장하였다.

1926년 다임러-벤츠(Dimler-Benz AG)에 의하여 내연기관이 개량되자 크기가 작고 효율이 높은 자동차 시대가 개막되었다. 내연기관이 발전하면서 점차 기차와 선박에도 내연기관이 사용된다. 1897년에는 펌프를 이용하여 물을 퍼내기 시작하여 잠수함이 개발되었다. 1909년에 라이트 형제가 내연기관에 프로펠러를 장착하여 비행에 성공하였다. 1936년에는 프로펠러를 수직으로 장착하여 수직이착륙이 가능한 헬리콥터를 만들었다. 1950년대에는 제트엔진이 개량되어 초음속 비행기가 출현하게 되었다. 제트 엔진은 왕복엔진과 달리 팬(fan)으로 공기와 연료를 함께 압축하고 폭발시키기 때문에 초고속으로 비행할 수 있다. 제2차 세계대전 이후에 로켓이 본격적으로 개발되었으며, 1957년에는 인공위성 발사에 성공하여 우주시대가 개막되었다.

2000년대에 이르러 컴퓨터가 소형화되었으므로 이를 이용하여 수직이착륙이 가능한 멀티콥터(드론)가 출현하였다. 멀티콥터는 4개의 엔진을 컴퓨터를 이용하여 제어할 수 있기 때문에 수직이착륙과 안정성을 동시에 얻을 수 있었다. 컴퓨터로 인하여 기계장치에 많은 변화가 나타났다. 컴퓨터를 이용하면 모든 기계를 정교하게 만들 수 있고 운용할 수 있으므로 기계와 전기와 논리(컴퓨터)가 융합한 것이다. 여기에 인공지능 기술이 접목되어 자율주행이 시작되었다.

(2) 전기 문명

BC600년 그리스인 탈레스는 호박[3]을 모피에 문지르면 전기를 띠게 되어 가벼운 물체를 잡아당기는 것을 보고 최초로 전기현상을 발견했다. 1831년 패러데이는 철심에 전선을 감고 전류를 흘리면 다른 쪽에 감은 전선에 전류가 흐른다는 전자기 유도를 발견하였다. 이것은 전기력선이 자력선을 만들고, 반대로 자력선이 전기력선을 만든다는 것을 알게 해주었다. 전자기 유도를 이용하여 1869년에 발전기가 발명되었고, 1880년에 전동기가 발명되었다. 에디슨이 1879년에 발명한 전구는 인류에게 밤에도 빛을 선사했다. 1904년에는 전구를 이용한 진공관이 발명되어 통신장치와 함께 컴퓨터를 만들 수 있는 하드웨어 기반이 확립되었다. 1940년대에는 진공관을 이용한 컴퓨터가 탄생하였다.

1947년에 트랜지스터가 발명되었고 트랜지스터 라디오가 만들어졌다. 이로 인하여 전기장치가 대폭 소형화되고 효율이 향상되었다. 1959년에는 트랜지스터 수백 수천 개가 집적된 집적회로(IC)가 발명되었다. 전기장치의 효율은 더욱 향상되고 가격도 대폭 내려갔다. 2000년대에는 배터리의 성능 향상과 함께 환경 문제로 전기차량이 보급되기 시작하였다. 유럽에서는 2030년부터 석유 차량을 생산하지 않기로 결정하였다.

컴퓨터가 점차 소형화되어 비행기, 우주선에서도 활용하게 되었고, 모든 기계에 연결되어 기계 성능을 대폭 향상시켰다. 앞으로 차량은 전기차로 대체될 것이고 자율주행이 이루어질 것이다.

(3) 논리 문명

BC 3200년 수메르(Sumer)인들이 문자를 사용하기 시작하였고 BC 1000년경에는 무역을 하던 페니키아(Phoenicia)인들이 알파벳을 사용하기 시작하였다. 페니키아 문자는 무역 로를 따라 널리 전파되어 여러 곳에서 문자로 사용된다. 언어는 문자로 기록되고 글을 작성하면서 논리적인 사고가 발전한다. 751년에 중앙아시아의 탈라스에서 당나라군대가 아랍 군대에 패하여 당나라의 종이 기술자와 인쇄기술자들이 포로로 잡혀간다. 1450년에 구텐베르크가 금속활자를 만들어서 인쇄소를 만들고 책을 출판하기 시작하였다.

---

3 琥珀: 나무에서 나오는 송진이 땅 속에 파묻혀서 오랜 기간 걸쳐 화석화된 것.

BC 400년 소크라테스가 만든 귀납법으로 시작하여 아리스토텔레스의 논리학이 발전되었다. 컴퓨터 논리를 의미하는 알고리즘(algorithm)은 중세 이슬람의 수학자 무하마드 알 콰리드미[4]의 이름에서 유래되었다. 그는 산술과 대수학에 관하여 가장 오래된 책을 썼다. 대수학이라는 Algebra도 역시 그의 이름에서 유래한다. 1700년에 라이프니츠가 기호 논리학을 만든 것을 기반으로 1850년에 부울[5]이 부울 대수(Boolean Algebra)를 만들어 컴퓨터 논리의 기반을 구축하였다. 튜링[6]은 1935년 계산 가능한 기계(튜링 기계)에 관한 논문을 발표하여 학계의 주목을 받았다. 튜링은 1943년에 독일군의 암호를 해독하기 위하여 진공관을 이용한 컴퓨터를 발명한다. Colossus 라고 하는 이 컴퓨터로 인하여 연합군은 2차 세계대전에서 승기를 잡게 된다.

인공지능 알고리즘이 발전하여 2016년에 알파고(AlphaGo)라는 컴퓨터 프로그램이 출현하였다. 이어서 인공지능 로봇에 대한 연구가 지속되어 인조인간의 출현을 예상하고 있다. 통신 기술과 컴퓨터가 융합되어 스마트폰이 탄생하였으며, 인터넷에 마이크로컴퓨터 기술이 접목되어 사물 인터넷이 활성화되었다. 컴퓨터 세계는 가상 세계이므로 실제 세계와는 거리가 많이 있다. 메타버스는 실제 세계와 가상 세계를 연결하여 실제와 비슷한 가상 세계를 함께 연출하려는 것이다. 2차원의 시뮬레이션은 실감나지 않기 때문에 3차원의 공간에서 현실과 함께 동작하는 세계를 만드는 것이 메타버스의 목적이다.

(4) 생물 문명

BC 4세기에 아리스토텔레스는 해부학을 바탕으로 생물학을 시작하였다. 생물학은 의학과 연관되어 인류의 건강에 기여하였다. 1595년 현미경이 발명되어 세포 단위의 관찰이 가능하게 되었다. 현미경을 기반으로 미세한 관찰을 통하여 식물과 동물 분류학이 발전하였다. 1809년 라마르크에 이어서 1859년 다윈의 진화론이 발표되어 생물학의 발전이 가속되었다. 1865년에 멘델이 완두콩을 이용한 유전학 연구가 발표되었다. 유전학이 본격적으로 시작되었고 DNA를 바탕으로 생명 현상을 규명하려는 분자생물학으로 발전되었다.

---

4 Muhammad ibn Musa al-Khwarizmi, 780?~850?): 중세 아라비아의 수학자. 산술과 대수학에 관하여 가장 오래된 책을 썼으며 '대수학의 아버지'로 불린다.

5 Boole, George(1815~1864): 영국의 수학자, 논리학자. 기호 논리학을 발전시키다.

6 Alan Turing(1912 ~1954): 영국의 수학자. 1943년 독일군 암호를 해독하기 위하여 컴퓨터 발명.

유전자를 조작하면 치명적인 질병도 고칠 수 있지만 새로운 인간도 만들 수 있다. 윤리적인 문제가 있지만 컴퓨터의 목적이 인간과 같은 기계를 만드는 것이므로 로봇공학은 생물학과 융합하고 있다. 인간의 뇌 기능을 이해하고 컴퓨터로 구현하기 위하여 뇌 과학과 융합하고 있다. 인간의 뇌를 구현할 수 있는 인공 신경망 연구가 활발하게 진행되고 있다.

진화론이 심리학에 영향을 주어 진화심리학이 태동되었다. 진화심리학은 인류의 오랜 역사 속에서 쌓인 행동 양식을 하나씩 풀어나갔다. 지금까지 이해할 수 없었던 많은 문제들이 해결되었다. 심리학은 인간의 행동뿐만 아니라 동물의 행동도 연구하기 시작하였다.

컴퓨터가 발전하여 인간의 요구를 충족하는 기계가 되기 위해서는 뇌 과학, 컴퓨터, 인공지능 등이 융합되어야 한다. 이를 위하여 인간 심리학뿐만 아니라 동물 심리학까지 연구되고 있다. 기계와 컴퓨터가 생물학과 융합하면 인조인간이 탄생할 것이다.

(5) 경제 문명

BC 1,000 년경 그리스에 철 제련법이 도입되어 철을 이용한 농기구와 수공업이 발달함에 따라 화폐가 사용되었으며 농민의 경제력이 증가하였다. 로마도 철제 농기구 등을 만들어 농업 생산력이 증대하였다. 산업혁명 이전에는 각 가정에서 모든 필요한 물자를 생산하여 스스로 소비하는 자립 경제 구조였다. 산업혁명 이후에는 제조업이 성장하여 공장에서 대량생산 되었으므로 자립경제 구조에서 교환경제 체제로 변환되었다. 물자를 수송할 수 있는 증기기관 기차와 선박이 보급되어 교환경제를 효율적으로 지원하였다. 교환경제 체제를 지원하기 위하여 화폐 경제가 발달하였고 경제 규모가 점차 확대되었다. 물자 유통이 원활해지면서 각 지역에서 생산성이 높은 물자 위주로 국제 분업이 발달되었으며, 이어서 자본주의 경제가 발전하였다.

1776에 아담 스미스는 국부론을 출간하며 보이지 않는 손이 자본주의를 잘 이끌어줄 것이라고 주장하였다. 그러나 자본주의 경제는 주기적으로 경기의 부침을 가져왔고 1867년에 마르크스는 자본론을 출간하면서 자본주의는 필히 망하고 사회주의가 도래할 것이라고 주장하였다. 1929년 대공황을 겪으면서 자본주의에 대한 문제점을 개선하는 요구가 높았다. 1936년 케인즈는 화폐이론을 발표하고 정부가 경제에 적극 개입하는 수정자본주의를 주장하였다. 1970년대에 이르러 과도한 정부 개입으로 시장 경제에 문제가 발생하였다. 하이에크[7]는 정부 개입을 최소화하는 신자유주의를 주장하였다. 신자유주의에 대한 반발과 함께 새로운 평가가 계속되고 있다.

아담 스미스 이후 리카도와 마르크스 등 19세기까지 '재화의 가치는 생산에 투입된 인간의 노동 시간이 결정 한다'는 노동가치론이 경제학의 주류였다. 20세기부터는 '재화의 가치는 구매자가 재화에서 느낄 수 있는 효용에 있다'는 효용가치설이 주류를 이루었다. 노동가치는 계산하기 쉽지만 효용가치는 소비자의 주관적인 의식이므로 계산하기 어렵고 버블이 생길 수 있다.

2008년에 시작된 금융위기는 버블로 시작하여 전 세계를 위험에 빠트렸으나 각국 정부의 노력으로 점차 회복되었다. 이에 따라 시장 경제에 정부 개입이 더 요구되고 있다. 컴퓨터와 인터넷 기술은 블록체인 기술을 만들어 냈고 블록체인 기술은 암호 기술과 융합하여 암호화폐를 만들었다. 암호화폐는 각 국가들의 중앙정부와 갈등을 빚고 있다. 인터넷 기술은 공유 경제와 구독 경제에 활용되어 우버(Uber)[8]와 에어비엔비(Airb&b)[9] 등의 새로운 경제 영역이 창출되었다.

(6) 정치 문명

제철 기술의 도입으로 그리스 농민의 경제력이 향상됨에 따라 왕권과 귀족의 힘이 약화되어 도시 국가에서 민주정치 제도가 수립되었다. 로마도 농민의 경제력이 향상됨에 따라 귀족의 힘을 누르고 공화정을 수립하게 되었다. 로마의 평민회[10]는 재판을 담당하고 호민관[11]을 두었는데 로마가 유럽을 지배함에 따라 로마의 법률과 평민의 지위가 전 유럽에 전파되었다.

산업혁명 이전의 중세 유럽 사회는 농촌에서 농민과 노예들이 농사를 짓고 영주가 이들을 소유하고 관리하였다. [그림 2.3]과 같이 영주들은 왕에게 충성하는 대가로 봉건 영지에서 농장을 소유하고 있었고, 왕과 영주들은 신의 권위를 이용하여 농민들을 지배할 수 있었다. 산

---

7 Friedrich August von Hayek (1899~1992): 영국 자유주의 경제학자, 1974년 노벨경제학상 수상. 런던대 시카고대 교수 역임.

8 Uber: 2009년 설립된 택시 서비스 회사. 승객과 운전기사를 스마트폰으로 연결하는 기술 플랫폼.

9 Airb&b: 2008년 8월에 창립된 숙박 공유 플랫폼 회사.

10 평민회: 로마 초기에는 평민회의 결정이 귀족에게 구속력이 없었으나 BC 218년부터 중요한 국법을 제정하는 입법기관이 되었으므로 중요한 정칙기관이 되었다.

11 護民官: 로마에서 평민의 권리를 위하여 선출한 관직. 원로원 결정에 거부권을 가졌으므로 권한이 컸다.

업화가 진행되면서 농장에 있던 농민들이 점차 도시지역의 공장으로 이주하여 노동자가 되었다. 공장은 부르주아[12] 계급이 소유하고 운영하였다. 공장을 움직이는 과학 기술은 인간의 의식도 함께 고양하여 인간의 이성이 성장하였다. 부르주아를 움직이는 것은 왕이나 신이 아니고 인간의 이성으로 바뀌었다. 부르주아의 경제력이 증대하면서 왕권에 저항할 힘이 생겼다. 부르주아와 노동자들은 왕권에 도전하여 권력을 점차 국민의 손으로 가져온다. 1517년에 마르틴 루터가 '95개 조 반박문'을 발표하여 종교개혁이 시작되었다.

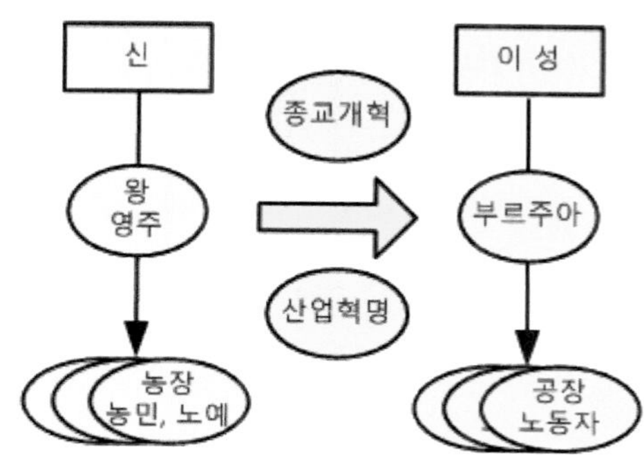

[그림 2.3] 산업혁명과 권력의 이동

산업혁명은 노동자들과 부르주아의 성장을 가져왔고 결국 종교와 왕권의 몰락을 촉진하였다.

기술의 발전이 경제 발전을 불러왔고 경제 발전이 민권 의식과 함께 권력에 저항할 수 있는 힘을 키웠다. 1215년 영국의 존 왕은 대헌장(Magna Charta)[13]에 서명하여 국민의 대표자들이 동의하는 법에 의하지 않고는 세금을 걷을 수 없고 자유민을 구속할 수 없게 하였다. 대헌장을 시점으로 전제군주제는 점차 무너지고 법에 의한 지배를 인정하는 입헌군주제가 등장하였다. 1500년대 이후부터 유럽에서는 민권이 신장되면서 왕권이 격하되어 노예제도가 점차 사라지게 되었다. 서유럽보다 근대화가 늦은 러시아는 1861년에 노예가 해방되었다. 노예는 해방되었지만 노예들의 빈곤한 삶에는 큰 변화가 없었으므로 사회 계층 간의 갈등이

12 bourgeois: 중상주의 경제 정책으로 부를 축적한 유산 계급으로 시민혁명의 주체가 된 사람. 원래는 성 안에 사는 사람을 의미함.

13 Magna Charta: 1215년 영국의 존 왕이 그의 실정을 비판하는 귀족들의 강요로 승인한 칙허장. 자유민의 비합법적인 체포 금지, 적정한 재판과 행정의 실시, 도시 특권의 존중, 상인의 보호 등이다.

확대되어 1917년에 러시아 혁명이 일어났다. 이어서 빈곤한 나라들을 중심으로 공산주의가 전파되었다. 공산주의 혁명에 자극을 받은 자본주의 국가들은 자본주의 체제의 문제점을 개선하면서 계층 간의 갈등을 해소하기 시작하였다. 조선은 1894년에 갑오경장으로 노예를 해방한다.

1688년 명예혁명으로 더 이상 국민을 억압하는 군왕이 존재하기 어렵게 되었다. 1789년에는 노동자와 자본가들이 성장하여 프랑스 혁명이 일어나 공화정으로 이양되었다. 제1차 세계대전이 끝나자 1918년에 미국 윌슨 대통령의 민족자결주의[14] 운동이 일어났다. 1945년 2차 세계대전 이후에는 많은 식민지들이 독립을 시작하였다. 식민지였던 나라들이 독립하였지만 여전히 독재정권이 국민을 탄압하였다. 사회주의 국가들의 경제 체제가 무너지면서 1989년 소련, 동독 등의 사회주의 체제가 붕괴하고 연방에 소속되었던 나라들이 독립하였다.

1990년대에 널리 보급된 컴퓨터 인터넷과 SNS는 중앙집중식 정부의 정보 독점 체제를 무너뜨리고 많은 나라에 인권을 전파하였다. 2010년에는 정보 혁명의 결과로 아프리카 북부 지역과 중동지역에 재스민 혁명[15]이 일어나서 아프리카 북부와 중동 지역의 많은 독재국가들이 무너지고 민주주의가 수용되었다. 재스민 혁명의 여파는 홍콩과 미얀마 등 아직도 존재하는 많은 독재국가들에 새로운 자극이 되고 있다. 2021년에는 오랫동안 독재에 시달리던 쿠바 국민들이 자유를 주장하기 시작했다.

2.2 문명의 교류

여러 문명들의 교류를 통하여 산업혁명의 기반이 축적되었다. 가장 큰 문명의 교류는 동서문명의 교류이다. 예부터 비단길을 통하여 동양과 서양의 문명이 접촉을 하고 영향을 주고받았다. 그런데 가장 큰 폭으로 서로 다른 문명이 교류하게 된 동기는 전쟁이었다. 전쟁은 국가의 운명과 사람들의 목숨을 걸고 싸우는 극한 상황이므로 전쟁하는 국가들 사이에 적극적인

14 1차 세계대전 말기(1918년 1월)에 미국 대통령 윌슨이 주창한 민족자결권에 관한 성명. '각 민족은 정치적 운명을 스스로 결정할 권리가 있으며, 다른 민족의 간섭을 받을 수 없다'는 주장. 이 주장으로 많은 나라의 독립운동(조선의 3.1 운동 등)에 영향을 주었다.

15 Jasmin Revolution: 2010년 12월 북아프리카 튀니지에서 발생한 민주화 혁명. 벤 알리 대통령은 2011년 1월 14일 사우디아라비아로 망명하였고 이집트·시리아를 비롯한 주변 국가로 민주화운동이 확산되었다.

정보 수집과 교류가 일어날 수 있다. 문명이 교류할 때 융합이 일어나고 융합이 일어날 때 문명이 획기적으로 발전한다. 대표적으로 몇 개의 전쟁을 예로 들어 문명의 교류와 융합을 살펴본다.

2.2.1 전쟁과 문명의 교류

(1) 이소스 전투: 알렉산더 대왕

마케도니아의 알렉산더 대왕(재위 BC 336～323)은 페르시아 원정을 위해 먼저 소아시아로 진출하였다. 이소스(Issus) 전투에서 4:1 병력 열세에도 불구하고 페르시아의 다리우스 3세를 격파하였다. 이어서 시리아, 페니키아, 이집트를 공략하고 동쪽으로 진군하여 인도의 인더스 강까지 진출하며 아시아 아프리카 유럽에 걸친 대제국을 건설하였다. 점령한 땅에 많은 신도시들을 건설하여 그리스 문화의 거점으로 삼았고 오리엔트 문화와 융합하여 새로운 헬레니즘 문화[16]를 이룩하였다. 그 결과 세 대륙에 걸친 지역의 문화, 인종, 기술이 확산되고 융합되었다.

당시에 만든 인도의 불상을 보면 인도인의 얼굴이 아니라 서양인의 얼굴이 보인다. 알렉산더가 인도에 진출하지 않았어도 그리스 문화가 인도에 전파되었던 것이다. 그리스 영향을 받은 인도 미술을 간다라 미술[17]이라고 한다. 간다라 미술은 대승 불교가 전파되는 길을 따라 중국, 한반도, 일본까지 전파되었다.

(2) 탈라스 전투

서기 751년에 탈라스 전투에서 당나라 군대가 압바스 왕조 군대에 패배하였다. 탈라스는 중앙아시아 천산산맥의 한 지맥에 있는 강의 이름이다. 이슬람 군대에게 패하여 당나라 군사 2만 여명이 이슬람으로 끌려갔다. 당나라 포로들을 통하여 종이, 인쇄술, 화약, 나침판 등이 이슬람을 거쳐 유럽에 전파된다. 1450년 구텐베르크[18]는 종이를 이용하는 활판인쇄술을 개

---

16 Hellenism: 알렉산더 대왕이 대제국을 건설하는 과정에서 그리스 문화와 오리엔트 문화가 융합된 문화.

17 Gandhara Arts : BC 2세기～AD 5세기, 고대 인도 북서부 간다라 지방(파키스탄 페샤와르)에서 발달한 그리스・로마풍의 불교 미술양식

18 Johannes Gutenberg(1397~1468): 독일의 금은 세공사. 근대 활판인쇄술 발명자. 면죄부와 성경 등을 인쇄함.

발하여 면죄부[19]와 함께 성경을 인쇄하였다. 이어서 라틴어 성경이 각 나라의 언어로 번역되어 일반 민중도 성경을 읽을 수 있게 되었다. 이것은 가톨릭 성직자들의 성경 독점을 무너뜨리게 되어 종교개혁의 원인이 된다. 활판인쇄술의 발달로 인하여 번역 운동이 일어나서 각 나라마다 언어권별로 지적인 활동이 증가되었다. 지적 능력이 신장되었고 많은 분야의 학문들이 질적으로 향상되었다. 활판인쇄술은 정보 혁명의 기반이 되었으며 논리학의 발전과 함께 전기공학과 융합되어 컴퓨터를 발명하게 되는 기반이 되었다. 나침판은 선박 항해에 유용하게 활용되어 대항해시대를 열고 지리상의 발견을 하게 된다. 화약을 이용하여 총과 대포를 만들어 군함에 싣고, 나침판을 써서 항해하면서 아프리카, 인도, 중국 등 여러 나라들을 침략하는데 효과적으로 활용한다.

(3) 몽고 침략

징기스칸은 어린 시절에 인질로 잡혀 있었으나 역경을 극복하고 1206년 몽고 부족을 통일하고 칸이 되어 세계 정복에 나섰다. 먼저 전면적인 종교의 자유와 함께 법률에 의한 통치를 선포하고, 1215년 금나라를 공격하여 정복하였다. 요나라와 금나라 등 과거에 적국이었던 나라를 포함하여 널리 인재를 등용하였다. 이어서 러시아를 정복하고 유럽에 진출하였다. 1222년에는 호라즘[20]의 이슬람을 정복하였으며, 이어서 고려를 정복하고 1279년 송나라를 정복하였다. 몽고는 정복한 지역에 신속하게 명령을 하달하고 보고를 받을 수 있도록 도로를 닦고 곳곳에 역을 두어 관리하였다. 기존의 비단길이 유럽과 중국을 연결하고 있었지만 중간에 많은 위험 지역들이 있었다. 몽고 제국이 국제 교역을 위하여 통행의 안전[21]을 보장함에 따라 각국 상인들이 비단길(silk road) 뿐만 아니라 제국의 역내를 안전하게 여행할 수 있었다. 몽고는 교역을 위하여 대륙의 '초원길'과 함께 아라비아반도에서 인도, 말레이시아를 거쳐 중국에 이르는 '바닷길'을 정비하였다. 이 두 개의 비단길을 따라 국제 무역이 활성화되었고 중국과 이슬람과 유럽의 문명이 활발하게 교류하게 되었다.

---

19 免罪符 , indulgence: 가톨릭교회에서 죄가 사면되었음을 증명하기 위해 교황의 이름으로 발행한 증명서. 중세 말기 교황청이 부족한 재정을 충당하기 위하여 발행. 종교 개혁의 원인이 되었다.

20 Khwarezm: 1077년에 아무다리야 강 하류 유역, 지금의 히바에 세워져 1231년까지 존속했던 국가. 한 때 동서 무역으로 번영하였으나 몽고 군대에 멸망당했다.

21 통행 안전: 몽고는 교역 활성화를 위하여 상인과 통역관 등을 우대했고 역에서 말과 낙타와 함께 숙식을 제공했다. '파이자'라는 통행증을 발행하여 제국 안에서 통행을 보장했다.

몽고의 침략은 많은 나라에 고통을 안겨 주었지만 역설적으로 문명의 교류가 활발하게 진행되어 여러 문명이 융합하는 계기가 되었다. 몽고의 쿠빌라이(원나라 세조)는 몽고 언어로 중국의 한문과 교류하기 위하여 당대 최고의 티베트 언어학자 파스파(八思巴)를 불러서 표음문자[22]를 개발하게 하였다. 이 파스파 문자는 조선에 영향을 주어 한글 창제에 큰 도움을 주었다고 한다.[23]

(4) 19세기 서세동점과 문명의 교류

서양의 유럽 국가들이 산업혁명과 근대화에 성공하고 아시아에 물밀 같이 침투했을 때 중국과 일본과 조선의 대응은 매우 달랐다. 중국은 중체서용[24]의 자세를 가지고 정신적으로는 중국의 것으로 무장하고 물질적인 것은 서양의 문물을 받아들이기로 하였다. 반면에 일본은 서양과의 격차가 매우 크다고 판단하고 정신과 물질 모든 면에서 적극적으로 서양의 문물을 받아들였다. 이와 달리 조선은 전면 쇄국으로 대응하였다.

1) 청나라의 대응

청(淸)나라는 아편전쟁(1840～1842) 과 태평천국(1851～1864)의 난을 겪으면서 자구책으로 양무운동[25]을 전개하였다. 양무운동은 청나라에서 진행된 자강 운동이다. 초기에는 군사력 증강을 위해 군수 공업에 중점을 두고 전개되었지만, 1870년대 이후에는 광공업이나 교육 등 다른 부문까지 근대적 개혁이 확산되었다. 양무운동은 안팎의 여러 장애에 부딪혀 제한된 성과를 거두는 데 그쳤다. 양무운동의 가장 커다란 한계는 전국적 차원에서 통일된 계획 아래 추진되지 못했다는 점이다. 청일전쟁(1894-1895) 패배 이후에 강유위, 양계초 등은 양무운동에 한계를 느끼고 정치, 교육, 법률 등 전반적인 사회 제도를 근본적으로 개혁하기 위하여 변법자강운동[26]을 전개하였다. 그러나 서태후의 반대와 탄압으로 강유위 등 지도자

---

22 phonogram , 表音文字 : 사람이 말하는 소리를 기호로 나타내는 글자. 중국 주변에 있는 아시아 국가들은 중국과 교류하고 대화하기 위하여 중국어를 자신의 말로 읽고 발음할 수 있는 표음문자가 필요해서 개발하였다.

23 정광 저,"한글의 발명", 김영사, 2015

24 中體西用: 부국강병을 위해 중국의 전통체제를 유지한 채, 서양의 기술만을 받아들이자"는 주장.

25 洋務運動(1861~1894): 아편전쟁 패배 이후 태평천국의 난을 진압한 증국번 이홍장 좌동당 등 한인 관료들이 주도하여 서양의 문물을 수용해 부국강병 도모한 자강운동. 중체서용(정신은 중국, 물질은 서양)을 주장. 중앙정부의 비협조와 전국적이고 통일적인 추진력이 없어서 실패함.

들이 망명하고 변법자강운동도 막을 내린다. 서세동점 시기에 서양 세력의 침략을 겪으면서 중국은 많은 고통을 겪었다.

T·I·P 중국의 4대 발명품: 종이, 인쇄술, 나침판, 화약

종이

고대에 문자를 죽간이나 목판에 기록하였고 귀족들은 비단이나 얇은 천에 기록하였다. 죽간은 무거웠고 비단은 값이 비싸서 널리 사용할 수 없었다. 전한 시대의 채륜(蔡倫)이 이전부터 내려오던 제지 기술을 개량하여 식물의 섬유를 이용한 종이를 개발하였다. 기본적으로 식물에서 펄프를 분리하고 넓게 펴서 말리는 방법이다.

인쇄술

인쇄술은 고대에 돌이나 도장에 글을 새기는 석각(石刻) 방식에 기원한다. 당나라 시대에 목판에 글자를 양각하여 인쇄하는 조판 인쇄술로 불경을 인쇄하였다. 여기서 개량된 것이 글자 단위로 활자를 만들어 인쇄하는 활판 인쇄술이다. 활자를 재활용할 수 있으므로 생산성이 향상되었다.

나침반

고대에 자석이 방향을 가리키는 것을 이용하여 점을 치는 도구로 사용하였다. 자석을 나침반으로 사용했다는 실제 기록은 북송 시대에 나온다. 원나라 시대에 이르러 활발하게 항해에 사용된다는 기록이 나오며, 명나라 시대에 정화가 원정 항해에 중요하게 활용했다고 한다.

화약

고대에 불로장생의 단약을 만드는 과정에서 화약이 사용되었다고 전한다. 초석, 유황, 숯을 섞어 만든 흑색 화약에 불을 붙이면 폭발한다는 사실을 알고 점차 다른 용도로 사용하기 시작했다. 당나라 시대에는 화약을 병기에 활용하기 시작하였다.

중국은 한자가 너무 많아서 활판 인쇄술을 발전시키지 못하였다. 명나라와 청나라는 해금정책[27]을 시행하였기 때문에 나침판이 필요 없었다. 화약을 발명했지만 정교한 총기나 대포는 만들지 못했다.

26 變法自彊運動: 청일전쟁 패배 후 1898년 강유위 양계초 등이 중심이 되어 정치, 교육, 법 등 근본적인 개혁 운동을 주장. 양무운동으로 부족해서 생긴 운동. 일본 메이지 유신의 영향을 받음. 헌법제정, 국회개설, 과거제 개혁, 학교 설립, 신문 발행, 산업육성 등 낡은 법을 고쳐서 스스로 나라를 굳세게 하고자 하였음. 서태후와 원세개에 의하여 103일 만에 실패. 후에 손문의 혁명이 일어남.

27 海禁政策: 중국은 왜구에 대한 방어책으로 1371년부터 외국과의 교역과 도항을 금지하였다. 정화 함대 이후에는 해양으로 진출할 수 없었다. 해금정책은 아편전쟁으로 야기된 1842년 난징조약으로 끝난다.

2차 세계대전 이후에 공산 정권이 들어섰으나 국가를 폐쇄적으로 운영하여 수많은 사람들이 굶어 죽는 등 고통을 겪었다. 등소평 정권이 수립된 1970년대에 경제 분야에 자본주의를 도입하고 산업화를 추진한다. 미국과 서유럽 선진국들에게 문호를 개방하고 적극적으로 문물을 도입하여 산업화에 성공한다. 그 결과 전 국민이 굶주림에서 벗어났으며 세계의 공장이라는 평가를 받으며 G2 경제대국으로 성장하였다.

2) 일본의 대응

일본은 1600년대 수립된 에도 막부 이래로 쇄국정책을 유지하고 있었으나 해군 함대를 동원한 페리 제독으로부터(1853) 개항을 강요받았다. 유럽 국가들의 강압적인 개항 요구에 에도 막부(江戸幕府)[28]는 존왕양이운동[29]을 내세우는 사쓰마번, 조슈번 등과의 갈등을 겪는다. 두 세력의 갈등은 에도막부의 패배로 이어지고 일본은 메이지 유신(1868)을 거치면서 적극적으로 서양 문물을 받아들인다. 일본은 에도 막부 시절에도 외국과의 모든 교류를 막은 것은 아니고 네델란드와 제한적인 무역을 통하여 서구 세계의 문화를 적극 수용하고 있었다. 임진왜란 때 포로로 잡혀간 조선 도공들의 힘을 빌려 생산한 도자기들을 유럽 왕실에 수출하여 막대한 경제적 이득을 보고 있었다. 일본은 메이지 유신 이후에 중국과 달리 정신과 물질 모든 면에서 혼신을 다하여 전 국민이 서양의 문물을 받아들인다. 일본은 피 흘리는 혁명을 거치지 않고도 정치체제를 전제군주제에서 입헌군주제로 바꾸었으며, 서구식 공화제를 도입하였다. 귀족과 노예 등의 신분차별을 폐지하고, 보통 선거를 실시하면서 근대화에 성공한다. 일본은 청일전쟁과 노일전쟁에 승리하고 1차 세계대전 이전에 산업화에 성공하여 서구의 선진국 대열에 합류한다. 반대로 일본의 미술 문화 우케요에[30] 등이 서구 유럽에 전파되어 자포니즘(Japonism)[31]을 형성하고 인상주의[32] 미술에 큰 영향을 주었다.

---

28 江戸幕府, 1603~1867: 도쿠가와 이에야스(德川家康)가 일본을 통일하고 에도(도쿄)에 수립한 무사정권

29 尊王攘夷運動: 일본 에도시대 말기에 일어난 외세배격 운동. 이 운동의 결과로 1866년 에도 막부가 해체되어 왕정이 복고되었고 메이지 유신이 추진되었다.

30 浮世絵, うきよえ: 일본 에도시대 서민 계층 사이에서 유행했던 목판화. 주로 여인과 가부키 배우, 명소의 풍경 등 세속적인 주제를 담았다. 유럽 인상주의 화가에 영향을 주었다.

31 Japonism: 1860년대부터 1900년대 초까지 서양 미술 전반에 나타난 일본 미술의 영향.

32 인상주의: 19세기 중반 유럽에 소개된 일본 목판화의 영향으로 나타난 근대 예술 운동의 한 사조. 미술에서 시작하여 음악·문학 분야에까지 퍼져나갔다. 상류층 대신에 서민들의 애환을 그렸다.

3) 조선의 몰락과 한국의 성장

17-19세기 조선은 경제적으로 끝없이 몰락한다. 계속되는 가뭄과 홍수로 인하여 농업 생산량이 급감하고 농민들은 대기근을 겪으며 인구가 대폭 감소[33]한다. 조선 정부의 무능과 삼정(三政)의 문란[34]으로 부패한 관리들의 수탈에 농민들은 굶주림과 질병에 신음한다. 정부 관리들의 수탈에 분노한 농민들이 임꺽정, 홍경래[35], 임술민란[36] 등의 반란으로 저항하지만 조선의 지배층은 변하지 않는다. 조선의 지배층은 국민을 땅에 묶어두고 농사만 짓게 하였기 때문에 상업과 공업이 발전할 수 없었다. 상공업이 없는 나라에서 흉년이 계속되었으므로 농민들은 땅을 버리고 산에 가서 도둑이 되거나, 국경을 넘어 다른 나라로 유랑하게 된다.

지식인과 양반의 일부가 사회경제적 모순을 깨닫고 개화파를 형성하고 개혁을 시도 하였다. 1884년의 갑신정변은 청나라에 대한 사대관계를 청산하고 부국강병하고 독립하려는 노력이었으나 개화파의 힘이 너무 부족했다. 더구나 부패한 민비 세력을 몰아내고 청나라에서 벗어나야 한다는 강경파와 민비 세력과 타협하고 사대관계를 유지하려는 온건파로 나뉘어 있었다. 강경 개화파는 일본의 힘을 빌려 정변을 일으켰지만 민비 세력과 청나라 군대의 진압으로 3일 만에 끝났다.

동학혁명이 일어나 농민들이 탐관오리 척결과 시정 개혁을 요구하였으나 조선 왕은 외국군대를 불러서 처절하게 진압하였다. 전국적으로 일어난 민란으로 국가 체제는 혼란에 빠지고, 왕은 갈 곳이 없어서 다른 나라 공사관으로 피난[37]을 다니는 신세가 된다. 농민들이 굶어 죽거나, 병들어 죽거나, 도적에게 맞아 죽어도 국가의 대책은 없었다. 농민들이 작당하여 양반들의 조상 묘를 파헤치고 금품을 요구해도 양반들은 당하는 수밖에 도리가 없었다. 사실상 조선이라는 나라가 망한 것이다.

---

33 경신 대기근: 1670~1671. 현종 때 1200~1400만 명중 약 90-150만 명이 사망. 임진왜란 때보다 심각. 을병 대기근: 숙종 1695~1699. 가뭄과 홍수로 700만 인구의 20%인 141만 명 사망.

34 전정(田政)·군정(軍政)·환정(還政) 등 조선 재정의 수취체제가 부정부패로 무너진 현상.

35 평안도농민전쟁 1811.02~1812.04: 1812~1861년 사이 인구: 790만 명에서 116만명 감소.

36 임술민란壬戌民亂: 1862년(철종 13) 삼남지역을 중심으로 일어난 대규모 농민전쟁. 원인은 봉건정 부와 관리의 농민들에 대한 억압과 수탈이었다.

37 아관 파천: 고종과 왕세자가 1896년 2월부터 약 1년간 러시아 공사관으로 피신한 사건.

T·I·P 삼정(三政)의 문란 : 조선 후기 농민 봉기의 원인

전정(田政)

토지를 측량하고 매년 소출량을 조사하여 세금을 부여하는 제도. 관리들이 없는 토지에 세금을 부과하거나, 척박한 땅에 많은 세금을 부과하거나, 부가세를 부담시켜 착취하였다.

군정(軍政)

젊은 남자들이 군대에 가는 대신 군포를 내는 제도. 관리들이 부당하게 특정인들에게 군역을 면제해주면 농민들이 더 많이 부담해야 한다. 어린 아이에게도 군포를 부담(황구첨정)시키거나 죽은 사람에게 군포를 부담(백골징포)시켰다.

환정(還政)

춘궁기에 곡식을 농민에게 빌려주었다가 추수기에 이자와 함께 받는 제도. 부패한 관리들이 곡식에 모래와 겨를 섞어서 빌려준 다음에 많은 곡식을 돌려받고, 부당하게 많은 이자를 부담시키거나, 이자를 돈으로 내게 하였다.

청일전쟁과 노일전쟁에서 승리한 일본은 1910년 한일합병조약을 통하여 조선을 지배하게 되었다. 일본 문화와 함께 일본이 이미 수용했던 유럽 문화가 밀물 듯이 들어왔다. 조선의 지도자들(유학 양반들)은 변화에 대하여 아무 말 없이 숨어 지냈다. 1919년 3.1 운동이 일어났지만 민족대표 33인 중에서 조선의 지도층(유교 양반)은 한 명도 없었다. 굶고 병들고 도적들에게 약탈당하던 농민들은 새로운 환경에 적응해 나갔다. 저수지가 생겨서 가뭄에 농사를 지을 수 있고, 최소한의 의료 시설이 생겨 수명이 늘어났고, 도적이 없어져서 약탈 걱정도 사라졌다. 청나라 황제의 달력이 일본 황제의 달력으로 바뀌었다. 청나라의 시현력[38]보다 일본의 그레고리력[39]이 농사와 생활에 훨씬 도움이 되었다. 전 국민이 학교에서 일본어를 배웠기 때문에 일본 문화를 수용하기 쉬웠다. 수 천 년 중국 문화에 젖었던 조선인들이 일본 문화와 일본을 통한 유럽 대륙 문화를 수용하고 융합하게 되었다. 조선의 인구는 일본 통치 하에서 증가[40]하였다.

1950년에 한국 전쟁이 발발하여 3년간의 전쟁으로 전국이 폐허가 되었다.

---

38 시헌력(時憲曆): 조선은 1896년까지 청나라가 만든 달력을 사용하였다.

39 그레고리력(Gregorian calendar): 1582년 교황 그레고리 13세가 반포한 태양력. 현재 전 세계에서 보편적으로 사용하는 표준 달력. 조선은 1896년부터 지금까지 사용 중이다.

40 1910년 추정 약 1,700만 명에서 1945년 약 2,700만 명으로 대략 1천만 명 증가.

한국인들은 새 나라를 지켜냈다고 하지만 모두 길거리에서 먹을 것을 구하고 잠을 자야하는 어려운 처지가 되었다. 이 때 미국의 물질문명이 밀물 듯이 들어왔다. 미국은 공산주의를 막기 위하여 한국이 스스로 방어 능력을 갖추고 자립하기를 원했다. 미국은 초강대국답게 식량, 물자, 기술, 제도 등을 대량으로 지원하였다.

모든 것을 잃어버린 한국인들은 적극적으로 미국 문화와 미국이 받아들인 영국 중심의 유럽 문화까지 아낌없이 받아들였다. 한국인들은 생존하기 위하여 열심히 뛰었다. 한국은 2차 세계대전 이후에 후진국에서 선진국으로 도약한 유일한 나라가 되었다. 전 세계의 후진국들은 한국처럼 선진국으로 도약하기 위하여 한국을 배우려고 찾아온다. 선진국들은 다른 후진국들을 돕기 위하여 한국의 사례를 열심히 연구하고 적용하려고 한다.

한국이 후진국에서 선진국으로 도약할 수 있었던 것은 융합 측면에서 중요하다. 한국은 자신의 고유문화에 중국의 대륙 문화와 일본의 섬 문화와 일본을 통한 유럽의 대륙 문화와 미국 문화와 미국을 통한 영국 문화를 모두 적극적으로 수용하고 융합하였다. 한국인들이 국제 전쟁의 와중에서도 열심히 다양한 문화를 융합할 수 있었던 이유는 무엇이었을까? 조선이라는

T·I·P 이자벨라 버드 비숍[41]의 조선인

가난한 조선인

비숍은 1984년 청일전쟁이 벌어진 해에 조선을 여행하였다. 조선의 관청에는 기생충들이 득실거리며 백성들을 수탈하고 있었다. 조선의 남자들은 매우 게으르고 풀이 죽은 모습으로 보였다. 농사일을 열심히 하면 관가의 착취가 심해지므로 식구들이 간신히 먹을 것만 농사를 지었다. 따라서 조선인들은 매우 가난하고 더럽고 무지했다.

부유한 시베리아 정착민

비숍이 시베리아에 정착한 조선인 마을을 보았다. 1863년에 굶주린 조선인들이 시베리아의 황무지로 이주하기 시작했다. 러시아 정부는 이들에게 자치를 허용하고 곡식 씨앗을 주었다.
조선인들은 무국적자였지만 열심히 일을 해서 토지를 구입하고 집을 짓고 부농이 되었다.
이들은 조선의 조선인처럼 나태하거나 비굴해 보이지 않았다. 관리와 양반의 수탈이 없었기 때문에 근면하고, 우수한 성품을 가진 사람으로 변해있었다. 영국인처럼 터프한 남자다움이 보였다.

비숍은 조선인들이 원래부터 비루한 민족으로 알았는데 시베리아 정착민을 보고 그렇지 않다고 생각을 바꾸었다. 양반 관리들의 수탈이 조선인을 그렇게 만든 것이다.

---

41 Isabella Bird Bishop(1831~1904): 영국의 지리학자, 여행가, 작가. '한국과 그 이웃 나라들'의 저자. 왕립지리학회 최

나라가 망하고 없어졌기 때문에 일본 문화를 거부하지 않고 수용할 수 있었고, 일본이 망하고 한국전쟁으로 폐허가 되었기 때문에 미국 문화를 거부하지 않고 수용할 수 있었던 것이다. 한국 발전의 원인이 무엇이든지 간에 중요한 것은 문명과 문화는 융합을 통하여 발전한다는 사실이다.

한국의 K-팝과 영화와 상품 등이 세계 시장에서 인기를 끄는 이유는 한국 문화에 중국, 일본, 미국, 유럽 등 많은 나라의 문화가 융합되어 있기 때문에 외국인들에게 이국적이면서도 공감되는 것으로 생각한다. BTS가 한국어로 노래하는데도 외국인들이 열광하는 이유는 무엇인가? 우리 문화에 여러 나라의 문화가 섞여 있기 때문에 BTS 노래 가사의 뜻은 몰라도 그들의 열정에 외국인들도 공감하고 교감하는 것이다.

T·I·P 일본과 중국과 조선의 위로부터의 개혁: 서양 세력 침투에 대한 반응

일본의 메이지 유신

일본의 무사 계급은 아편전쟁, 페리 제독 내항 등으로 세계 흐름을 파악하고 개혁에 착수한다. 우선 가장 서구화된 3개의 번이 뭉쳐서 에도막부를 무너뜨리고 입헌군주제를 채택한다. 서양과의 실력 차이가 큰 것을 자각하고 서양으로 사절단과 유학생을 보내고 정신과 물질 모두를 배우기 시작하였다. 신분 차별 폐지, 학교 설립, 군대 양성, 기업 육성 등으로 실력을 쌓고 청일전쟁, 러일전쟁, 1차 세계대전에서 승전국과 함께 선진국이 되었다.

중국의 변법자강운동

중국의 지식인들은 태평천국의 난, 청일전쟁 등을 겪으며 세계 흐름을 파악하고 개혁에 착수한다. 양무운동의 실패를 밑거름으로 헌법 제정, 국회 개설 등 근본적인 개혁을 추진한다. 과거제도가 폐지되고, 학교가 설립되고, 서양의 상업과 제도가 도입되고 부정부패 척결을 시도하였다. 하지만 황제와 군벌의 반발에 부딛쳐 실패하고 지도자들은 망명한다. 그러나 이 운동은 손문의 혁명으로 이어진다.

조선의 갑신정변

조선 지식인의 일부는 신미양요, 병인양요, 운양호 사건 등을 겪으며 세계 흐름을 파악하고 개혁에 착수한다. 개화 강경파는 부패한 민비 세력을 타도하고 청나라 사대관계를 청산하려고 하고, 온건파는 민비 세력과 타협하고 청나라 사대관계를 유지하며 개혁하려고 한다. 강경파가 일본의 힘을 빌려 정변을 일으킨다. 하지만 민비 세력과 청나라 군대에 밀려 정변은 실패하고 개화파는 사라졌다.

중국과 조선의 지식인들은 일본 메이지 유신의 성공을 보고 위로부터의 개혁을 시도하였다. 중국의 개혁은 성공하는 듯 했으나 수구 세력의 저항이 밀려 103일 만에 실패하고 지도자들은 외국으로 망명하였다. 조선의 개혁은 시작한지 3일 만에 실패하고 지도자들은 피살되거나 외국으로 망명하였다.

초의 여성 회원으로 세계 각국을 여행하고 여행기를 남겼다.

2.3 산업혁명의 미래

제2차 세계대전 이후 선진국들은 후진국들에게 막대한 규모의 원조를 하였지만 대부분의 국가들은 원조 사업에 실패하였다. 2차 세계대전 이후에 독립한 많은 나라들 중에서 한국이 유일하게 선진국에 진입할 수 있었던 이유는 무엇일까? 어떤 나라들은 산업화에 성공하여 선진국이 되고 어떤 나라는 실패하는가? 선진국들도 계속되는 국제 경쟁 속에서 살아남지 않으면 퇴보한다. 유럽의 많은 나라들이 국제 금융 위기 속에서 심각한 경제 위기를 겪었다. 계속되는 산업혁명에 지속적으로 성공하는데 필요한 조건들을 살펴본다.

산업혁명의 조건은 산업화 과정을 거쳐서 선진국이 되기 위한 조건과 유사하다. 선진국이 되기 위해서는 다음 <표 2.2>와 같이 여러 분야의 기반 환경이 지원되어야 한다.

첫째 산업혁명을 하려면 산업화를 이끌어갈 참여 인력이 필요하다. 산업혁명은 기술혁신으로 시작되는 것이므로 체계적으로 훈련받은 기술자들이 필요하다. 문해율이 낮은 나라들은 산업화가 어려울 수밖에 없다. 산업혁명은 기술을 중심으로 시작하는 것이므로 전 국민이 과학의 생활화를 이루어야 한다.

둘째 초연결과 초지능이 요구되는 차세대 산업혁명을 지속하려면 IT 기반 시설을 갖추어야 한다. 인력 양성을 위한 교육 환경에 기반 시설이 확충되어야 한다. 각 급 학교와 가정에 컴퓨터와 인터넷이 잘 갖추어져야 한다.

〈표 2.2〉 산업혁명의 조건

순서	구분	내역	비고
1	인력	교육, 과학의 생활화	교육개혁,기술혁신
2	시설	산업화를 지원할 수 있는 IT 기반 시설	컴퓨터,인터넷, SW
3	에너지	대단위 에너지 소비를 위한 전력 공급	탄소 제로
4	규제	창의력과 기업 활성화를 위한 규제 개혁	교역 활성화
5	민주화	나이, 성별, 지역 등의 갈등이 없어야 융합 가능	대화, 소통
6	지식	융합의 기반, 상상력의 기반, 창의력의 기반	독서

셋째 산업혁명을 하려면 산업 시설에 소요되는 막대한 에너지 수요를 충족해야 한다. 1차 산업혁명은 공업화에 필요한 에너지를 석탄에서 충족하였고 2차 산업혁명은 석유에서 충족하였다. 3차 산업혁명은 석탄, 석유와 함께 원자력에서 에너지를 충족하였다. 4차 산업혁명의 핵심 장비와 통신망을 운용하기 위하여 막대한 전기 에너지가 필요하다. 탄소 제로 시대에 부응하기 위하여 친환경 에너지를 공급해야 한다.

넷째 산업혁명을 하려면 창의력이 마음껏 발휘될 수 있는 사회 기반 체제를 갖추어야 한다. 굴뚝 산업 시대에 적합한 낡은 규제로 창의력이 넘치는 벤처 산업을 육성하기는 어렵다. 현재 미국 포춘 500대 기업의 45%는 외국에서 온 이민자들이 설립한 기업들이다[42]. 아이디어만 가지고 있는 외국인들도 우리나라에 와서 마음껏 창업하고 활동할 수 있는 국제 수준의 환경을 갖추어야 한다.

다섯째 산업혁명을 하려면 여러 분야에서 융합이 진행되어야 하고 융합이 되려면 민주주의가 선행되어야 한다. 나이, 성별, 지연, 학연 등으로 갈등하는 사회에서는 대화와 소통이 부족하기 때문에 융합이 어렵다. 융합이 어려우면 산업혁명도 어려울 수밖에 없다.

여섯째 산업혁명을 추진할 수 있는 사회는 지식기반 사회이며, 융합 기반 사회이자, 창의력을 기반으로 하는 사회이다. 지식과 융합과 창의력을 키우는 것은 독서이다. 독서가 충분하지 않으면 지식이 부족하고, 지식이 부족하면 융합할 재료가 부족하고, 융합을 못하면 창의력이 고양되지 않으므로 산업혁명을 이루기 어렵다.

여섯 가지 조건들 중에서 민주주의는 정치적 요소지만 매우 중요하다고 생각된다. 민주주의가 정착하지 않으면 국민들의 힘을 모으기 어렵고, 인력 양성이 되지 않으며, 인력이 양성되어도 융합하기 어렵기 때문에 산업혁명이 효과적으로 이루어지기 어렵다. 현재 여러 방면에서 중국과 인도가 산업화 경쟁을 하고 있다. 지금은 중국이 앞서 나가고 있다. 앞으로는 누가 어떻게 승리하게 될 것인지 전 세계가 주목하고 있다. 여러 분석 중에는 인도가 경쟁에서 이길 것이라는 주장이 있다. 그 이유는 중국은 독제체제여서 정부가 강력하게 산업화를 밀어붙이기 때문에 초기에는 성과가 있지만 강제력은 한계가 있어서 어느 선에 이르면 성장이 저조할 것이라 예측된다. 그러나 인도는 민주주의 체제이기 때문에 국민들의 자발적인 노력이 쌓

42 Apple(스티브 잡스, 시리아), Google(세르게이 브린, 러시아), Tesla(엘론 머스크, 남아프리카공화국), Amazon(제프 베저스, 쿠바), Facebook(마크 저커버그, 이스라엘)

여서 점차 큰 성과를 낼 수 있다고 예측된다. 중국 정부는 대형 IT기업들을 규제하기 시작하였다. 국가의 경제발전보다 중요한 것이 공산당의 존립이기 때문에 국가경제를 희생해서라도 공산 정권에 이로운 길을 택할 것이라고 한다.

〈표 2.3〉 국가별 연간 독서량과 노벨상 수상자 수와 1인당 GDP

독서량 순위	국가	독서량	노벨상	1인당 GDP	비고
1	미국	80	330	65,000	
2	일본	73	27	40,000	
3	프랑스	71	63	40,000	
4	영국	68	116	42,000	
5	독일,	67	102	46,000	
	중국	31	3	10,000	
166	한국	10	1	32,000	
	(유태인)	(68)	(전체의 22%)	(44,000)	(민족)
독서량(2003년), 노벨상 수상자 수(2020), 1인당 GDP(2019, USD)					

앞에 있는 여섯 가지 중에서 가장 중요한 것이 독서이다. 독서가 부족하면 정보화 사회나 지식 사회를 구축할 수 없다. <표 2.3>은 국가별 독서량과 노벨상 수상자 수를 비교한 자료이다. 독서량이 많을수록 노벨상도 많이 수상하는 것을 알 수 있다. 이스라엘의 노벨상 수상자 수는 10개지만 다른 나라 국적자 까지 포함하면 전체의 22%에 이른다. 1인당 GDP도 독서량에 비례하는 것을 알 수 있다. 이 자료에 의하면 한국은 독서량에 비하여 매우 잘 살고 있음을 알 수 있다. 독서량이 많은 일본과 프랑스는 미래 비전이 밝은 반면에 독서량이 적은 나라들은 앞으로의 비전이 밝다고 하기 어렵다.

2.3.1 산업혁명의 미래

1차 산업혁명에서 시작하여 4차 산업혁명까지 거치면서 산업사회는 물질적으로 상당한 번영을 이루었다. 산업혁명이 인류의 역사를 지금까지 바꾸어 왔기 때문에 산업혁명이 계속되면 인류의 미래도 역시 크게 바뀔 것이다. 산업혁명의 특징은 기존 산업과 기술들이 계속 융합을 통하여 새로운 기술과 산업으로 발전하여 왔다는 점이다. 산업혁명은 앞으로도 융합을 계속하여 지속적으로 발전할 것인지 살펴본다.

1차 산업혁명은 증기기관과 석탄을 동력으로 하는 산업이 기관차와 공장을 건설함으로써 기계화 시대를 열었다. 생산수단의 기계화는 자급자족 시대에서 교환경제 시대로 탈바꿈하게 만들었다. 2차 산업혁명은 전기와 석유를 동력으로 하는 산업이 통신 혁명과 함께 대량생산을 촉발시켰다. 경제 유통 속도가 빨라지고 세계 경제가 점차 하나로 통합되기 시작하였다. 3차 산업혁명은 정보화를 통하여 기존 산업과 IT 서비스가 적극적으로 융합하였다. 유통이 IT와 결합하여 전자상거래를 촉발시켰고, 제조업이 IT와 결합하여 전사적자원관리(ERP) 시스템을 만들었고, 금융이 IT와 결합하여 인터넷 뱅킹을 열었으며, 교육이 IT와 결합하여 인터넷 강의 시대를 만들었다. 4차 산업혁명은 컴퓨터와 온라인으로 이룩된 정보사회 기반 위에 연결이 확장되어 인공지능과 더욱 긴밀하게 융합되었다. 드디어 기계가 인간의 지능을 추월하기 시작하였다.

T·I·P 산업혁명에서의 농업과 에너지 비중

농업의 비중

1차 산업혁명의 결과 인구의 90%이던 극빈층이 10% 이하로 줄어들었다. 인구의 90%인 농부가 경작하던 식량을 이제는 3%의 농부들이 생산한다. 자본과 노동이 미친 영향은 미미하고, 대부분이 기술혁신의 결과다. 그런데 역으로 생각하면 농업 기술 향상이 87%의 농부 일자리를 잠식한 것이 된다. 산업혁명이 가능하려면 기술이 뒷받침되어야 한다. 기술이 뒷받침되려면 과학기술 기반이 튼튼해야 한다.

에너지

알파고(AlphaGo)를 움직이는데 1,000kw 전력이 소요된다면 이세돌의 두뇌는 밥 한 공기 정도인 20W가 소요된다. 알파고는 웬만한 아파트 단지 하나와 맞먹는 전력이 있어야 움직이지만 인간의 두뇌는 그 5만분의 1 정도로 충분하다. 지금까지 석유로 움직이던 모든 차량들이 전기차로 움직이고 모든 서비스를 위한 기계장비들이 전기로 움직여야 한다면 소요되는 전력 수요는 막대할 것이다. 기존의 전력 체계로는 감당할 수 없을 것이니 이 분야의 투자도 요구된다.

산업혁명의 미래는 4차 산업혁명의 연장선에서 계속 발전할 것이다. 지금도 물리세계, 디지털 세계, 그리고 생물 세계가 융합되어 경제와 사회의 모든 영역에 영향을 미치고 있지만 앞으로는 더욱 융합이 가속화되는 산업시대가 될 것이다. 지금까지 적지 않은 분야에서 융합이 이루어졌지만 아직도 융합이 이루어지지 않은 분야가 많이 있다. 앞으로 다양한 분야에서 융합이 활발하게 이루어진다면 산업혁명은 더욱 가속화될 것이다. 바이오산업이 더욱 발전하고 기존 과학과 융합한다면 인간과 기계가 통합하고 생물과 기계가 일체화되는 그런 융합이 구현될 것이다. 아울러 인간이 그동안 해결하지 못했던 질병들도 바이오 기술로 해결할 수 있을 것이다. 인간의 대부분의 장기는 인공으로 대체가 가능한데 유일하게 두뇌만은 아직 대체하지 못하고 있다. 인공지능과 바이오가 융합하면 두뇌까지 기계장치와 소프트웨어로 대체될 수 있을 것으로 예상된다.

산업혁명이 계속되면 로봇, 드론 등의 자동장치나 무인기계장치들이 많이 보급될 것이므로 일자리가 감소할 것이다. AI와 로봇 기술이 발전할수록 무인장치 비용이 저렴화 될 것이고, 인건비가 오를수록 기업에서는 고용을 줄일 것이고, 단순 반복 작업이나 힘들고 위험하거나 오지에서 일을 하는 3D 작업을 회피할 것이므로 무인기계장치의 수요는 증가할 것이다. 무인기계장치가 할 수 있는 일들은 주로 사람들이 싫어하는 일이므로 이런 분야의 일자리들이 잠식될 것이다. 무인장치가 아니더라도 석유차량이 전기차량으로 바뀌어도 수많은 일자리들이 사라진다. 엔진과 트랜스미션과 제동장치들이 사라지면 이들을 정비하던 수많은 정비소 일자리가 사라질 것이다. 대신 IT, AI 등 새로운 지식 산업분야의 일자리들이 창출될 것이지만 그 수는 상대적으로 적을 것이다. 새로운 직업으로 전환하려는 노력이 중요하다.

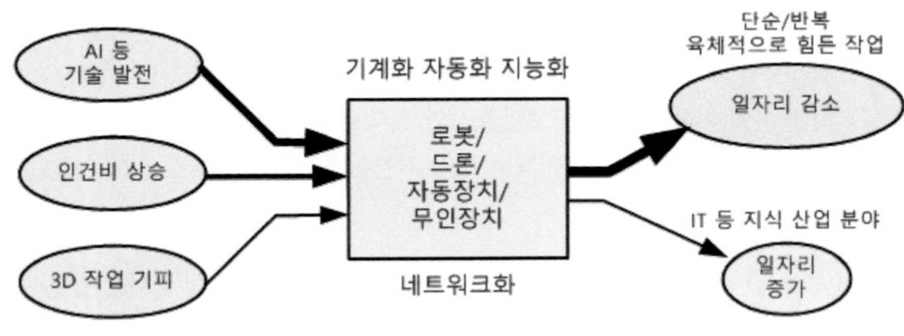

[그림 2.4] 산업혁명과 일자리

산업혁명이 계속될수록 미래사회는 지식중심사회가 될 것이다. 독서를 하면 지식이 쌓이고 지식이 쌓이면 지혜를 갖출 수 있으며, 지혜가 쌓이면 새로운 세상이 열릴 것이다. 독서를 함으로써 창의력을 쌓고 창의력이 쌓일수록 문제 해결 능력도 향상할 것이다. 민주적으로 대화와 소통을 잘하면 융합도 잘될 것이므로 산업화 과정에서 발생하는 여러 문제를 해결하고 산업혁명도 지속될 것이다.

CHAPTER 3

융합과 산업혁명

융합이 성공하려면 각 분야의 지식 기반이 튼튼하고, 사회의 민주화가 잘 이루어지고, 인지력이 충만해야 한다. 이런 환경에서는 산업혁명이 수월하게 이루어지고 효과적으로 지속할 수 있다. 선진국에서 산업혁명이 일어난 이유는 무엇일까? 왜 후진국들은 산업혁명을 하지 못했을까? 산업혁명의 핵심은 융합이다. 산업혁명의 시제품인 증기기관도 제임스 와트 혼자만의 발명품이 아니다. 다수의 기계 기술자, 물리학자, 화학자 등이 오랫동안 협력하고 융합해서 얻은 결과이다. 기계와 전기가 연결되어 전기 차량이 만들어지고, 전기와 논리가 연결되어 컴퓨터가 만들어지고, 무선 통신과 비행기와 컴퓨터가 연결되어 드론이 만들어진다. 산업혁명의 출발이 융합에서 비롯되었지만 산업혁명의 지속적인 발전도 융합을 통해 이루어진다.

융합은 아날로그 융합과 디지털 융합으로 구분할 수 있다. 인공지능 시대에는 컴퓨터와 프로그램을 이용하는 디지털 융합이 중요하다. 디지털 융합은 컴퓨터 프로그램 개발의 어려움이 있지만 성능과 유연성의 장점이 있다.

3.1 융합 환경

3.1.1 융합 기반 환경

3차 산업혁명 이후에 융합 기술이 실행되는 기반 환경은 사용자가 언제든지 자유롭게 정보와 서비스를 제공 받을 수 있는 컴퓨터 환경이다. 이런 환경에서는 컴퓨터와 독립된 기능을 수행하는 기기들이 잘 연결되어 있어야 하고, 모든 기기들이 서로 긴밀하게 협업할 수 있어야 한다. 이런 기반 여건이 바로 유비쿼터스(Ubiquitous)[1] 환경이다.

유비쿼터스라는 말은 '언제 어디서나 존재한다'는 뜻이다. 보이지 않는 신이 존재하여 우주만물을 살피듯이 컴퓨터 기기가 생활 곳곳에 설치되어 인간 생활을 도와주기 바라는 뜻으로 사용하는 말이다. 유비쿼터스 환경은 기계가 아닌 인간 중심의 사회를 구현하려는 발상에서 시작되었다. 기존 환경은 기계를 중심으로 조직되었기 때문에 사람들이 수시로 발전하는 복잡한 컴퓨터 기기들을 배우고 사용하느라 기계에 종속되었다. 유비쿼터스 환경에서는 사물

1 Ubiquitous: '언제 어디에나 존재한다'는 뜻의 라틴어로, 사용자가 컴퓨터나 네트워크를 의식하지 않고 장소에 상관없이 자유롭게 네트워크에 접속할 수 있는 환경

T·I·P 제임스 와트와 증기기관

인류 최초의 엔진인 증기기관은 제임스 와트가 혼자 만든 것이 아니다. 증기기관을 만들려는 노력은 오래전부터 있어왔지만 모두 실패하였다. 1679년 프랑스에서 위그노 탄압을 피해 영국으로 건너온 데니스 파팽(Denis Papin)이 증기기관을 만들었다. 파뱅의 증기기관은 실용화되지 못하였지만 토머스 세이버리(Thomas Savery)가 결점을 보완하여 다시 만들었다. 세이버리의 엔진도 문제가 많았다. 뉴커먼(Thomas Newcomen)이 세이버리의 기관을 분석하고 보완하여 새로운 증기기관을 만들어 1712년에 상용화하였다. 이것이 석탄 광산에 설치되어 물을 빼는데 사용되었다. 그러나 뉴 커먼의 엔진은 상용화에는 성공했지만 효율이 나쁘고 고장이 자주 발생하는 문제가 있었다. 스코틀랜드의 제임스 와트(James Watt)는 글래스고 대학의 물리학자, 화학자와 협력하여 뉴커먼의 증기기관을 개량하였다. 증기압을 높이는 응축기를 만들고 피스톤을 대기압이 아니라 증기압으로 움직였다. 실린더 전체를 냉각하지 않고 응축기만 냉각하였더니 석탄 소모량이 1/4로 줄어들고 피스톤의 상하운동을 모두 동력으로 활용할 수 있게 되었다. 그는 1796년 증기기관 특허를 얻는다. 증기기관은 물 펌프뿐만 아니라 기차와 공장 등 다양한 분야에서 널리 사용되었다. 이처럼 증기기관은 여러 분야의 다양한 기술자들이 융합한 결과물이다.

마다 컴퓨터 기기들이 눈에 보이지 않게 설치되어 있어서 사람들은 컴퓨터의 존재를 모르고도 사물을 잘 사용할 수 있게 된다.

유비쿼터스 환경은 '사용자가 요구하는 정보와 서비스를 언제 어디서나 즉시 제공하는 환경'이다. 그러기 위해서는 모든 사물과 기기에 컴퓨터 칩(chip)이 내장되고 통신망에 연결되어 실시간으로 정보와 서비스를 이용할 수 있는 시설을 구축해야 한다. 유비쿼터스 시스템을 구축하는 데에는 새로운 기술이 요구된다. 유비쿼터스 기술은 시스템 구성을 위한 요소 기술과 시스템 구축에 기반이 되는 기반 기술로 구분된다.

첫째 요소 기술은 센서 기술, 프로세서 기술, 통신 기술, 인터페이스 기술, 보안 기술 등이다.

둘째 기반 기술은 소프트웨어 기술, 하드웨어 기술, 접근 기술 등의 세 가지가 있다. 요소 기술과 기반 기술들이 각각 개별적으로 우수해야 하지만 서로 조화롭게 융합되어야 유비쿼터스 환경을 충분히 지원할 수 있다.

3.1.2 융합 관련 학문

융합 관련 학문은 [그림 3.1] 그리고 <표 3.1>과 같이 인지과학과 비인지과학 학문으로 구분된다. 인지과학은 인간이 외부의 사물을 인지하고 반응하는 지각, 기억, 상기, 판단 등 인지

기능을 연구하는 학문이다. 융합이 수행되려면 인간의 두뇌에서 인지 기능을 통하여 대상이 분석되고 통합되어야 하기 때문에 인지과학이 필요하다. 이들 분야는 모두 인간의 마음을 수행한다는 특징이 있다. 인간의 마음이 수행되는 기제를 연구함으로써 융합 학문의 궁극적인 목적을 달성할 수 있다. 비인지과학은 인지 기능을 수행하지는 않지만 생산성 향상과 가치 창달을 위하여 필수적인 학문이다.

제품이 실용성을 가지려면 문학, 예술, 마케팅 등과 융합되어야 한다. 제품에 디자인이 반영되려면 예술이 필요하고, 스토리를 부여하려면 문학이 필요하고, 수익성을 갖추려면 마케팅이 지원되어야 한다. 사회적 가치를 수반하려면 ESG[2]의 중요성이 높아짐에 따라 윤리가 기업 가치에 중요한 요소가 되고 있다.

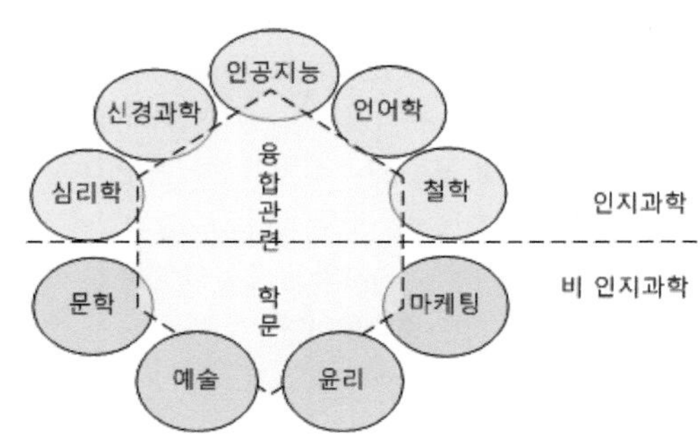

[그림 3.1] 융합 관련 학문

〈표 3.1〉 융합 관련 학문

구분	학문	내역
인지과학	심리학	인간의 행동을 통하여 마음을 연구하는 학문.
	신경과학	신경계의 구조, 기능, 발달, 유전과 행동을 연구하는 학문.
	인공지능	인간의 마음을 수행할 수 있는 기계를 만드는 학문.
	철학	인간과 우주에 대한 일반적인 법칙을 연구하는 학문.
	언어학	언어의 형태, 구조, 의미를 연구하는 학문.
비 인지과학	마케팅	기업이 상품이나 서비스를 유통시키기 위한 모든 경영 활동.
	예술	아름다움을 표현하는 행위와 표현물.
	윤리	인간이 사회생활을 하기 위한 갈등해소와 의사소통 수단.
	문학	언어를 표현 매체로 하는 작품(예술)

2 ESG(Environment Social Governance): 기업 활동에 친환경, 사회적 책임 경영, 지배구조 개선 등 투명 경영을 추구해야 지속 가능한 발전을 할 수 있다. 국제 자본 시장에서 기업 가치를 평가할 때 ESG의 비중이 높아지고 있다.

3.2 디지털 융합

디지털 융합이란 컴퓨터 기술을 이용하여 두 개 이상의 사물을 하나로 결합시키는 기술이다. 디지털 융합은 처음에 하드웨어 중심으로 이루어졌지만 소프트웨어가 발전하면서 점차 소프트웨어 중심으로 바뀌고 있다.

3.2.1 왜 디지털인가?

아날로그 융합은 사물의 물리적인 속성을 그대로 유지하는 것이기 때문에 사물들을 기계적으로 결합하는 방식이고 디지털 융합은 사물의 속성을 수치로 변환하여 사용하기 때문에 컴퓨터 기기를 이용하는 방식이다. 융합에서 아날로그 방식보다 디지털 방식을 선호하는 이유는 무엇인가? 물리적으로 융합하는 것은 각 물질들의 속성이 다양하기 때문에 경직성이 높다. 디지털로 융합하는 것은 수치화된 자료를 프로그램으로 작업할 수 있으므로 상대적으로 적용하기 쉽다. 융합 제품의 기능을 수정하려면 해당 소프트웨어 프로그램을 수정하면 된다. 아날로그로 융합된 제품을 수정하려면 하드웨어 자체를 개조해야 하므로 비용과 시간 측면에서 쉽지 않다.

1980년대의 사무관리 업무에 사용되는 기기를 살펴보면 거의 모든 사무실에서 타자기를 비롯하여 복사기, 전화기, 텔렉스(telex)[3], 팩시밀리 등이 사용되고 있었다. 직장의 규모와 성격에 따라서 다양한 컴퓨터가 사용되었는데 대기업의 경우에는 예외 없이 대형 컴퓨터가 사용되었다. 회사의 주요업무는 대형 컴퓨터를 사용하고, 단위 부서 업무는 미니컴퓨터를 사용하고, 사무원들의 업무는 개인용 컴퓨터를 사용하고 있었다. 그러나 대형 컴퓨터와 개인용 컴퓨터 그리고 프린터, 복사기, 팩시밀리, 텔렉스 등은 서로 연결되지 않아서 자료의 이동과 조작이 쉽지 않았다. 대형 컴퓨터에서 작성된 자료를 다른 사무기기에서 사용하려면 새로 작성해야 하는 경우가 많아 매우 불편했다.

1980년대 어느 무역회사의 예를 들면, 컴퓨터와 사무기기들이 연결되지 않아서 개인용 컴퓨터에서 출력한 자료를 다시 텔렉스에 입력하고, 또 서버 컴퓨터에 수작업으로 입력하였다. 기기들의 융합이 이루어지지 않아서 반복적으로 수작업을 해야 했다. 지금은 대형 컴퓨터 자

3 telex: 가입자들이 임의의 시간에 직접 전신회선망을 이용하여 통신할 수 있는 전신. 타자기와 같은 모양으로 손가락으로 입력하고 프린터처럼 자동으로 종이에 출력.

료를 개인용 컴퓨터에서 보고 있다가 필요하면 엑셀(Excel) 파일로 내려 받을 수 있고, 개인용 컴퓨터의 워드 파일을 서버 컴퓨터에 올리는 것이 가능하다.

T·I·P 융합의 용어 정의

융합

- 두 가지 이상의 사물을 분해하여 화학적으로 하나의 사물로 만드는 일
- 사물에는 제품과 서비스와 프로세스 등이 모두 포함된다. 기술 분야뿐만 아니라 인문, 사회, 예술 분야가 협력한다.

아날로그 융합

- 사물의 물리적인 속성을 이용하여 사물들을 통합하는 것.
- 수치로 변환된 값을 이용하지 않고 연속된 물리량의 속성을 이용하는 방식.

디지털 융합

- 컴퓨터 기술을 활용하여 새로운 사물을 만드는 것
- 컴퓨터의 하드웨어 융합과 소프트웨어(프로그램) 융합으로 구분된다.

소프트웨어 융합

- 기존 제품에 소프트웨어 기술을 이용하여 새로운 제품을 창출하는 것
- 하드웨어 융합보다 소프트웨어 융합이 더 섬세하고 유연성이 크다.

IT 융합

- IT 기술을 이용하여 부가가치가 높은 새로운 제품을 창출하는 것
- IT 융합은 정보와 통신 기술의 융합과 정보기술 융합으로 구분할 수 있다. 두 가지 모두 반도체 하드웨어 기술과 소프트웨어 기술을 융합하는 의미로 사용된다.

산업 간 융합

- 기존 산업들을 결합하여 새로운 산업을 창출하는 것
- 산업별로 관련 제품들을 융합하는 것을 산업 내 융합이라 하고, 다른 산업의 제품이나 서비스와 융합하는 것을 산업 간 융합이라고 한다. 제품과 서비스의 경계를 허물고 산업 간 경계를 허물어서 새로운 비즈니스를 창출한다.

3.2.2 디지털 융합 사례

디지털 융합의 대표적인 사례들을 살펴봄으로써 융합의 발전 과정을 정확하게 이해하고, 다양한 융합이 가능한 분야를 예상할 수 있다.

(1) 스마트폰

스마트폰은 디지털 융합을 가장 쉽게 이해할 수 있는 대표적인 휴대용 단말기이다. 아날로그 휴대폰이 처음 나왔을 때는 음성 전화의 통화 기능도 제대로 수행하지 못해서 문제가 많았지만 디지털로 전환된 이후에는 음성 전화 기능을 충실히 수행할 뿐만 아니라 다른 기기와 융합을 통하여 진화를 거듭하고 있다. 컴퓨터를 이용하여 기능이 대폭 보강된 스마트폰(smart phone)은 다양한 기능을 제공한다.

T·I·P 항공기의 하드웨어 융합과 소프트웨어 융합

하드웨어 융합

1900년대 초에 비행기가 처음 출현했을 때는 전기장치가 없었다. 따라서 비행기들은 엔진과 지렛대, 강선, 도르레 등을 이용하여 물리적으로 비행장치들을(엘리베이터, 러더 등의 조종판) 제어하여 비행하였다. 전기장치가 출현하고 소형화된 후부터 비행기들은 전기장치로 비행장치들을 제어하며 비행하게 되었다. 전자장치가 엔진과 비행장치들을 하나의 시스템으로 융합한 것이므로 하드웨어 융합이다.

소프트웨어 융합

컴퓨터가 소형화되어 비행기에 탑재할 수 있게 되었다. 컴퓨터 소프트웨어가 전자장치들을 하나의 시스템으로 만들어 비행하게 된 것이다. 비행기의 성능은 소프트웨어에 의하여 결정된다. 수많은 기계와 전기장치들을 제어할 수 있는 비행제어 소프트웨어(FC, flight controller)가 현대 비행기의 핵심이 되었다. 비행기 부품들은 얼마든지 구할 수 있으나 FC를 구하는 것은 매우 어렵거나 불가능하다. 비행기 제작회사들은 부품회사들로부터 부품을 구입하고 자신이 만든 FC로 비행기를 만든다. 소프트웨어가 수많은 부품들을 하나의 시스템으로 융합한 것이다.

① 기기 융합 기능

전화기, 컴퓨터, PDA, 디지털 카메라, 캠코더, 게임기, 내비게이션, TV 수신기, MP3, 무전기 등은 독립적인 기능을 수행하는 단말기 또는 장치이다. 이동통신 사업자들은 전화기를 이동통신 네트워크에 연결하고 앞에서 열거한 기기들을 내장 소프트웨어를 중심으로 융합하여 새로운 형태의 스마트폰을 지속적으로 개발하고 있다.

[그림 3.2]는 스마트폰을 구성하는 각종 기기들과 이들 기기들을 이용하여 지원되는 서비스들을 융합한 것을 보여준다. 컴퓨터, TV, 전화, 카메라, 캠코더 등은 하드웨어 기기들을 내장 프로그램으로 융합해야 하는 부분이고 게임, 금융서비스, 인터넷, 상거래, 교육 등은 이들 하드웨어들을 이용하여 지원하는 소프트웨어들이다. 스마트폰이 시장에서 성공하기 위해서는 예술적인 감성이 반영되어 소비자의 사랑을 받아야 하고, 상품 판매가 지속적인 수익을 가져오기 위해서는 수익 모델이 사전에 확립되어야 한다. 스마트폰은 하드웨어, 소프트웨어, 예술, 수익 모델의 종합적인 융합 제품이라 할 수 있다.

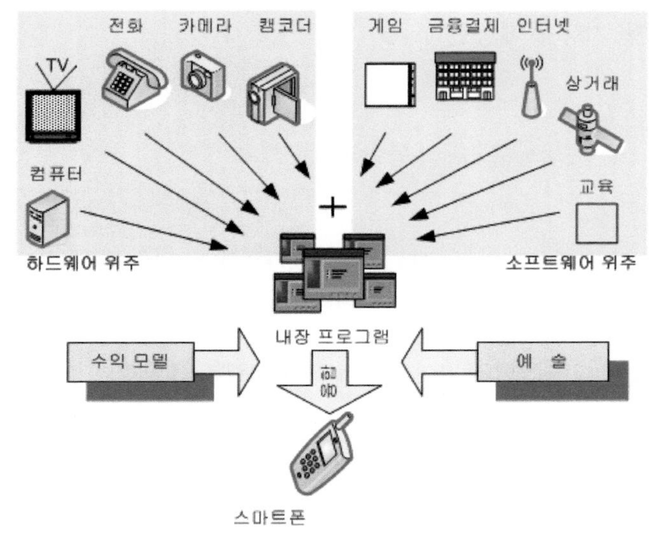

[그림 3.2] 스마트폰의 융합

② 서비스 융합 기능

휴대폰은 독립된 기기들을 융합하기 시작하여 서비스 부문의 업무까지 확대하고 있다. 기존 기기를 크게 가공하지 않고도 메신저, 전자 우편, 인터넷, 금융결제 기능까지 융합된 단말기가 출시되고 있다. 금융 결제를 제공하는 휴대폰 모바일 서비스는 이동통신 전화기와 금융 서비스와의 대표적인 서비스 융합 상품이다.

이제는 언제 어디서나 컴퓨터가 없어도 휴대폰만 있으면 일상적인 은행 업무를 자유롭게 수행할 수 있다. 신용카드를 휴대폰 내장형 칩에 접목한 모바일 결제 서비스는 신용카드로 할 수 있는 업무를 휴대폰으로 대신할 수 있게 하였다. 자판기 앞에서 휴대폰만 있으면 물건을 살 수 있으며, 교통카드 기능을 추가하면 지하철이나 버스 같은 대중교통 수단을 자유롭게 이용할 수가 있다. 칩 카드 내장형 단말기의 출현은 그동안 우려했던 보안 문제를 말끔히 씻을 수 있도록 안전성과 편의성을 강화하였다.

(2) 텔레매틱스(Telematics)

텔레매틱스는 Telecommunication과 Informatics를 조합한 단어이다. 지금은 자동차 이용자를 대상으로 하는 특화된 종합정보서비스의 의미로 사용되고 있다. 이것은 일차적으로 차량의 도로 안내용 내비게이션이라는 이미지가 강하지만 실제로는 다양한 기능으로 구성된다. 교통정보, 길 안내, 보안, 방송, 상거래, 물류, 운송지원, 보험 등과 함께 자동차에 부착된 각종 감지, 조정, 통신기기와 정보교환 등이 포함된다.

이와 같은 서비스를 제공하기 위해서는 정보 및 콘텐츠 공급자, 서비스 사업자, 네트워크 사업자, 장치 제조업자 등이 산업 간의 융합을 통하여 협력해야 한다.

따라서 텔레매틱스는 산업 간 융합의 대표적인 응용분야이다. 정보 및 콘텐츠 공급자에는 수치 지도를 제작하는 지도 제작자, 위성 DMB를 제공하는 방송 사업자, B2C 전자상거래를 지

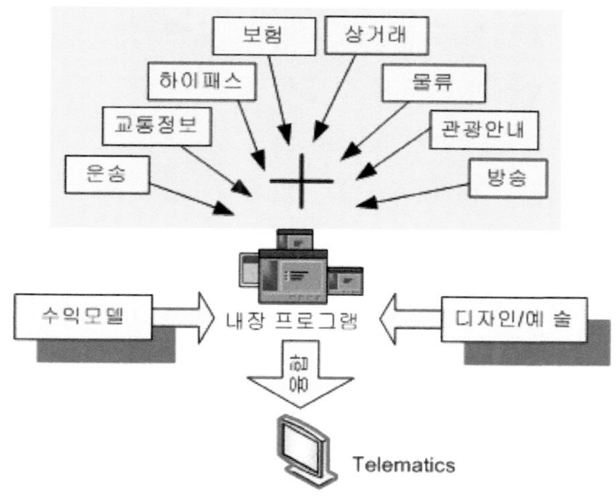

[그림 3.3] 텔레매틱스 융합

원하는 유통 사업자, 차량 운행과 관련된 각종 보험사업자, 부품처럼 차량 제작 시에 포함하는 경우에는 차량 제조업자 등이 포함된다. [그림 3.3]에서 보는 바와 같이 텔레매틱스는 다양한 산업분야의 기능들을 포함하고 있으므로 산업 간 융합이 자연스럽게 이루어진다.

(3) 디지털 TV

아날로그 TV 시장은 점차 사라지고 전체적으로 디지털 TV 시장으로 바뀌어 LED TV와 3D TV가 시장을 장악하고 있다. 기술과 시장이 전환되는 시점에서 새로운 융합 기술을 이용하는 관련 기업들이 경쟁하고 있다. 먼저 시장에 진입한 IPTV 사업자와 나중에 뛰어든 스마트(smart) TV 사업자가 서로 경쟁하며 시장을 나누고 있다.

① IPTV(Internet Protocol Television)

IPTV는 초고속 인터넷망을 이용하여 제공되는 양방향 텔레비전 서비스이다.

초고속 인터넷을 이용하기 때문에 방송 서비스와 동영상 콘텐츠 및 기타 정보 서비스를 시청할 수 있다. 양방향이기 때문에 시청자가 보고 싶은 프로그램을 보고 싶은 시간에 선택적으로 볼 수 있다. 인터넷과 텔레비전의 융합이므로 디지털 융합의 전형적인 모델이다. IPTV는 텔레비전 수상기, 셋톱박스(set-top-box)[4]와 인터넷 회선만 있으면 시청 가능하다. 인터넷 TV와 다른 점은 컴퓨터 모니터 대신에 텔레비전 수상기를 사용한다는 점이다. 따라서 공급자 쪽에서는 대형 서버 컴퓨터를 설치하고 충분한 자료 전송을 할 수 있는 통신 시설을 갖추어야 한다.

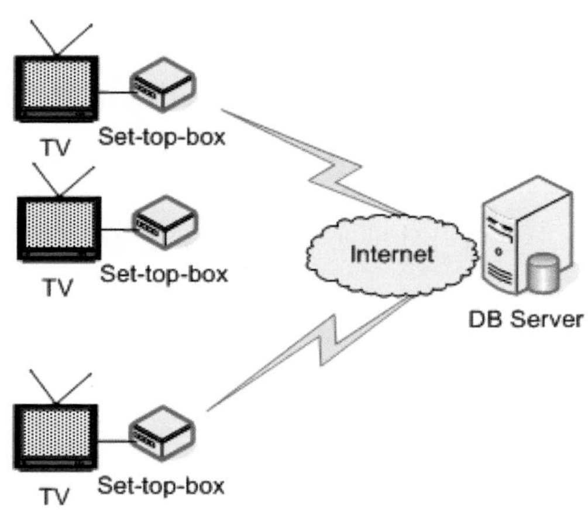

[그림 3.4] IPTV 구성도

4 set-top-box: 전화 회사, 종합유선방송(CATV) 등의 비디오 서버와 통신하기 위하여 영상 신호를 수신하거나 변환하는 기능을 구현하는 인터페이스 장치. TV 위에 올려놓고 양방향 텔레비전이나 영상 전송 서비스를 지원.

[그림 3.4]와 같이 IPTV는 간단한 장치로 구성되어 있으나 양방향 통신이 가능하므로 사용자 중심의 서비스를 제공한다. IPTV 이용자는 인터넷 검색을 포함하여 영화 감상, 홈쇼핑, 홈뱅킹, 온라인 게임, MP3 등 다양한 인터넷 서비스를 제공받을 수 있다. 방송 면에서는 케이블 방송이나 위성 방송과 비슷하지만 시청자가 주도적으로 보고 싶은 프로그램을 볼 수 있다는 점이 다르다. IPTV는 통신 사업자, 방송 및 콘텐츠 사업자, 컴퓨터 사업자 등이 협력해야 사업이 가능하므로 산업 간 융합에 해당한다.

② 스마트 TV

IPTV는 인터넷을 이용하여 콘텐츠를 공급하는 콘텐츠 시장을 목표로 하므로 TV 자체에는 변화가 없었다. 스마트 TV는 TV 자체를 개조하여 인터넷을 활용할 수 있는 새로운 형태의 내장형(embedded style) TV이다. 스마트 TV는 디지털 TV에 [그림 3.5]와 같이 내장형 CPU가 내장되어 TV 본연의 기능뿐만 아니라 인터넷 검색, 쇼핑, 화상통화 등의 부가 기능을 수행하는 다목적 단말기이다.

삼성전자, LG전자, 소니 등 주요 TV 제조사들은 적극적으로 인터넷-내장형 TV를 출시하고 있는데 애플과 구글이 자체 TV 출시 계획을 세우면서 경쟁이 격화되고 있다. 2013년 세계 시장의 TV 규모는 약 3억 대인데 그중에서 1/3인 1억 대를 스마트 TV가 차지할 것으로 예상한다. 2009년도 스마트 TV는 전체 시장의 10%를 차지했다.

애플은 이미 셋톱박스 형태의 애플 TV를 출시했는데 별다른 성과가 없었으므로 앞으로 스마트 TV 시장에 많은 노력을 기울일 것으로 예상된다. 애플이 아이팟(iPod), 아이폰(iPhone), 아이패드(iPad)에 이어서 가정용 멀티미디어 단말 라인업을 완성하기 위하여 아이티브이(iTV)를 내놓을 것이라는 전망이 계속되고 있다. 구글은 소니, 인텔 등과 함께 안드로이드 운영체제와 크롬(Chrome) 브라우저, 인텔 아톰(Atom) 프로세서[5]를 탑재한 구글 TV를 개발한다.

5 Atom processor: Intel에서 생산하는 모바일 컴퓨터용 CPU.

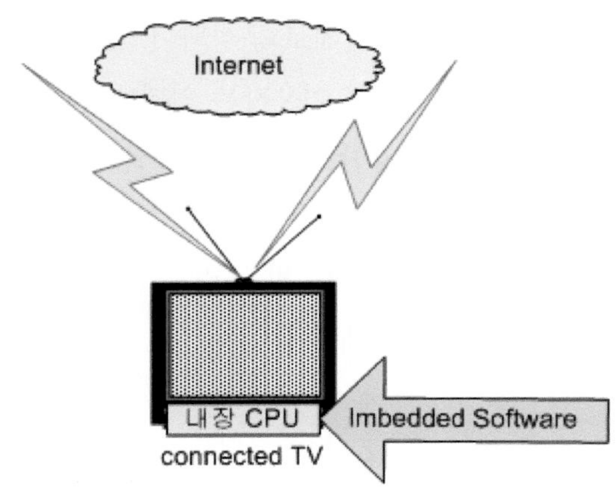

[그림 3.5] 스마트 TV

삼성전자, LG전자, 소니와 같은 전통적인 TV 제조업체들과 애플, 구글 등 운영체제 기반 플랫폼 사업자 그리고 셋톱박스를 이용하는 콘텐츠 제공사업자 등이 이 분야를 주도하고 있다. 애플이 스마트폰으로 통신시장을 장악하는 것을 보고 기존의 TV 제조업자와 콘텐츠 제공업자들이 주도권 유지를 위해 치열하게 경쟁하고 있다.

(4) 태블릿(tablet) PC

태블릿 PC는 PC와 스마트폰의 중간 단계인 디지털 기기 융합 제품으로, PC를 사용하기 위하여 터치스크린(touchscreen)이나 스타일러스(stylus)[6] 기능과 모바일 컴퓨터 기능을 갖춘 개인용 컴퓨터이다. 작은 노트북 크기의 컴퓨터에 스마트폰이 융합된 상품으로 스마트폰과 PC의 기능을 모두 수행한다. 크기가 작아서 PC보다는 휴대가 편리하고, 스마트폰보다는 크기 때문에 키보드 사용이 원활하다는 장점이 있다. 애플사에서 iPad라는 태블릿 PC를 출시하였는데 폭발적인 인기를 얻어 절찬리에 판매되고 있다.

태블릿 PC는 PC 시장의 넷북(Netbook)과 경쟁할 것으로 예상되고 있다.

넷북은 HTML이나 화면을 기반으로 하는 웹사이트의 콘텐츠 열람이나 전자 우편, 채팅 정도의 간단하고 기본적인 인터넷 위주의 서비스를 이용하는 것이 주요 목적인 저렴한 노트북을 말한다. 태블릿 PC는 컴퓨터, 이동통신 사업자, 게임 사업자, 금융 사업자, 인터넷 정보 사

6 stylus: 펜 모양으로 만든 위치 지정 도구. 작은 휴대폰이나 PDA에 정보를 입력하는 수단으로 사용.

업자 등과 협력해야 한다.

(5) 웨어러블 컴퓨터(wearable computer)

웨어러블 컴퓨터는 옷이나 안경, 시계처럼 몸에 착용하고 다닐 수 있는 컴퓨터이다. 스마트폰의 발전으로 컴퓨터와 배터리가 소형화하면서 그 수요가 늘고 있다. 사람이 이동하면서 사용하기 때문에 경량화가 필수이며, 음성·동작·영상·통신 등을 사용하고 사람의 몸에 부착하여 인터넷으로 연결하기 때문에 다양한 영역들의 융합이 요구된다.

웨어러블 컴퓨터는 1960년대에 작은 기능을 가진 전자 기기를 단순하게 옷에 부착하면서 시작하였다. MIT에서 최초로 컴퓨터를 이용하여 HMD(head mounted display)를 개발하였다. 1980년대에는 컴퓨터를 옷에 착용하고 손과 발에 부착된 입·출력 장치 등을 이용하여 정보를 처리하는 수준으로 발전하였다. 1990년대에는 군대의 전투복과 의료계의 건강관리 등 군사용과 산업용으로 개발되기 시작하였다. 2000년대에는 부품의 초경량화와 무선 기술의 발전으로 의복과 유사한 형태의 웨어러블 컴퓨터가 개발되었다. 2010년대에는 스마트폰 시장과 함께 웨어러블 컴퓨터가 본격적으로 활성화하였다.

구글이 개발한 스마트 안경과 말하는 신발이 소개되었으며, 애플과 삼성, 마이크로소프트가 개발한 스마트 시계가 시장에서 경쟁하고 있다. 이들 웨어러블 컴퓨터들은 스스로 정보를 수집하고 처리하고 판단하여 사용자에게 맞춤형 서비스를 제공하고 있다. 웨어러블 컴퓨터는 두 손이 자유롭고 24시간 몸이 인터넷에 연결되기 때문에 '생활의 혁명'을 가져올 것이다. 또한 실시간으로 컴퓨터를 활용할 수 있기 때문에 인간의 두뇌와 유사한 기능을 제공할 것이다.

웨어러블 컴퓨터의 시장이 확대되기 위해서는 기술적으로 배터리의 성능이 개선되어야 하며, 장시간 착용에서 오는 불쾌감과 피로감을 줄여야 한다. 또한 웨어러블 컴퓨터는 언제 어디서나 도청과 몰래 카메라가 가능하기 때문에 사생활 침해 논란으로 인해 상용화에 걸림돌이 될 것이다. 이를 위해서는 사회적 공감대와 법적인 보완책이 마련되어야 한다.

앞으로 스마트폰 시장이 포화 상태에 이르면 차세대 상품으로 웨어러블 컴퓨터가 각광을 받을 것이다. 구글 회장(에릭 슈미츠)은 2013년에 '앞으로 10년 안에 수십억 명의 사람들이 몸에 여러 개의 IP 주소를 달고 다니며 인터넷에 연결되는 시대가 올 것'이라고 주장하였다. 앞으로 웨어러블 컴퓨터는 사물 인터넷, 빅데이터, 클라우드 컴퓨팅 등과 함께 IT 기술들을 하나로 융합할 수 있는 최적의 장치가 될 것이다.

3.3 산업혁명과 융합

산업혁명을 하려는 이유는 선진국이 되기 위한 것이고 선진국이 되려는 목적은 빈곤에서 벗어나 잘살기 위한 것이다. 인류는 유사 이래 오랫동안 빈곤에 시달리며 살아왔기 때문에 물질적 풍요를 꿈꾸어 왔다. 경제력이 있어야 민주주의도 가능하고 정신적 풍요도 가능하기 때문이다. 산업혁명을 하려면 다양한 분야에서 융합이 가능해야 한다. 산업혁명은 기술 혁신에서 시작되었으며 기술 혁신은 기술의 융합에서 비롯되었다.

모든 생물이 조금씩 변화하듯이 산업사회도 점차 변화하고 진화한다. 산업혁명도 생물처럼 진화론의 법칙을 따른다. 생물이나 산업이 변화할 때 환경에 적합한 것은 생존하고 아니면 도태된다. 진화의 법칙은 경제논리를 따른다. 생존하는데 에너지가 적게 소요되는 변이는 생존하지만 그 반대의 경우에는 비효율적이므로 자연 도태된다. 산업도 살아 숨 쉬는 생물과 같이 환경에 잘 적응하는 산업만 생존한다. 구 산업이 사라지고 새로운 산업이 출현하는 것을 도덕적으로 나쁘다고 비난하는 것은 곤란하다. 영국에서는 마차를 살리기 위하여 자동차의 속도를 제한하는 레드 플래그 법[7]을 만든 결과 자동차 산업이 침체하였다. 그러나 독일에서는 마차 길과 자동차 길을 잘 구분하여 공존하면서 점차 마차가 사라지는 과도기를 거쳐서 자동차 산업이 발전하였다. 이와 같이 융합하는 환경에서는 대화와 소통을 통하여 어려운 문제를 해결할 수 있다.

수학과 물리학 같이 오래된 학문들은 요즈음 두드러진 발전이 잘 보이지 않는다. 수 천 년 전부터 수많은 인재들이 수학과 물리학의 모든 문제들을 해결하려고 노력하다보니 이제는 새로운 이론을 개척하기 힘들기 때문이다. 실제로 수학을 전공하는 연구자의 방에 가면 책장에 신간 서적이 별로 없다. 아무리 최신 책이라 하더라도 수십 년 전에 나온 책이다. 컴퓨터과학 같이 새로운 학문들은 신간 서적이 쏟아져 나와 책장이 넘쳐나고 있는 것과 대조적이다. 오래된 분야의 학문들은 수많은 천재들이 오랫동안 발전시켜왔기 때문에 계속 발전시키는

---

7 Red Flag Act(1865) 주요 내용: 1. 자동차 운전수는 3명이 필요하다. 2. 운전수 1인은 빨간 깃발을 들고 자동차 앞에서 먼저 걸으면서 위험을 알린다. 3. 자동차의 최고 속도는 시속 6.4km, 도심 속도는 3.2km로 제한한다.

것이 쉽지 않다. 따라서 새로운 학문의 발전을 위해서는 다른 학문과의 융합이 필요하다. 컴퓨터과학이 각 분야와 접목하여 새로운 학문을 많이 개척했듯이 기존 학문이 타 학문이나 새로운 학문과 융합해야 새로운 발전을 기대할 수 있다.

융합이 활발하게 전개되기 위해서는 융합하는 자세가 필요하다. 서로 상대 학문이나 기술을 존중하고 대화하는 자세가 요구된다. 유대인들이 인류 역사상 많은 업적을 남긴 것도 융합하는 자세가 훌륭했기 때문이다. 아무리 싫은 상대라도 대화를 충분히 할 수 있는 민주적인 자세가 학문과 기술의 발전을 가져온다. 편협한 사람들은 의견이 다른 사람들끼리 대화는 커녕 마주 앉지도 않고 결혼도 하지 않는 불통의 자세를 보인다. 자기 진영 사람들하고만 대화하고 무조건 자기 진영 사람들의 의견을 감싸며 다른 진영의 의견은 백안시하는 풍조는 융합을 방해하는 태도이다.

T·I·P 미국의 마차와 자동차

미국 사람들은 1908년 포드 자동차의 '모델 T카'가 나올 때까지 주로 마차를 타고 다녔다. 대도시 도로에도 마차가 가득했다. 그러나 T카가 나오면서 불티나게 팔렸다. 불과 몇 년 사이에 대부분의 마차가 사라지고 T카가 도로 위를 메웠다. 당시 자동차 가격이 2,500-3,000 달러였으나 모델T카의 가격은 850달러에 불과했다. 1920년에는 300달러까지 떨어졌다. 자동차는 귀족들만 타고 다니는 사치품이 아니라 서민들도 타고 다니는 필수품이 된 것이다. 대신 마차 산업은 퇴조할 수밖에 없었다. 이것은 포드의 혁신적인 생산방식에 기인한 것이다. 공장 안에 컨베이어 벨트를 설치하고 차체가 이동하면서 부품을 조립하는 대량생산 방식을 도입했기 때문이다. 이로서 미국 사람이라면 누구나 자동차를 타고 다닐 수 있게 된 것이다.
컨베이어 벨트에서 노동자들은 힘든 노동을 하게 되었으나 생산성이 높아서 상대적으로 높은 임금을 받고 휴식 시간이 증가하게 되었다. 높은 임금과 휴식 시간은 대량소비의 기반이 되었다. 대량생산과 대량소비는 2차 산업혁명의 대표적인 특징이다. 2차 산업혁명은 빈곤의 굴레에서 오랫동안 살아왔던 인류에게 물질적 풍요를 안겨 주었다.

3.3.1 융합의 조건

세계는 융합을 성공적으로 이루는 나라와 이루지 못하는 나라로 구별할 수 있다. 융합을 잘하는 기업과 나라는 선진 기업과 선진국으로 도약하고, 못하는 기업과 나라들은 퇴보할 것이다. 융합을 잘하면 세계를 선도할 것이고 못하면 쇠락하여 낙오할 것이다. 융합의 성공 요소는 융합할 수 있는 환경이라고 할 수 있다.

(1) 융합 환경

> **T·I·P 진돗개와 한국인**
>
> 어느 귀화 외국인의 주장에 의하면 한국의 대표적인 진돗개는 한국인을 닮았다고 한다. 집에서 개 두 마리를 함께 기르려면 두 마리를 하나의 개집에 넣는다. 그러면 두 마리가 크게 싸움을 하고 서열이 정해진다. 한번 서열이 정해지면 개들은 그 서열대로 살아간다.
>
> 그런데 한국의 진돗개들을 한 집에 가두면 처음에 크게 싸움을 하고도 서열이 정해지지 않는다고 한다. 그 이유는 진돗개들이 서열 싸움을 한 번으로 끝내지 않고 계속하기 때문이다. 싸움에서 졌어도 상대방을 승자로 인정하지 않는다. 그래서 시간이 지나면 또 패자가 다시 싸움을 건다는 것이다. 싸움에서 졌음에도 불구하고 마음속으로 졌다는 사실을 인정하지 않아서 계속 싸우는 것이다. 이것은 진돗개가 오랫동안 한국인들과 살아오면서 닮았다는 것이다. 이처럼 한국 사람들은 현실과 상대방을 인정하지 않고 계속 자기 생각만 주장하는 경향이 있다고 한다.

융합은 작고 간단한 것부터 시작하여 점차 크고 복잡한 것으로 이어진다. 융합의 시작은 마차에 엔진을 실어서 자동차를 만드는 것과 같은 아날로그 융합이었지만 컴퓨터가 발전하면서 디지털 융합으로 확장되었다. 디지털 방식도 처음에는 전화기와 무전기를 결합하여 휴대폰을 만드는 것과 같이 하드웨어 방식으로 융합되었으나 점차 전화기와 컴퓨터 소프트웨어를 결합하는 소프트웨어 방식으로 융합하기 시작하였다. 소프트웨어 융합이 하드웨어 융합보다 유연하고 확장성이 크기 때문이다. 융합의 범위와 크기가 점차 확장되어 이제는 동양과 서양의 문화도 융합하고 있다. 서양의 팝 음악이 한국의 음악과 융합하여 생성된 K-pop은 서양에서 더욱 호응을 얻고 있다. 이와 같이 융합은 경계를 뛰어넘어서 더 큰 범위로 확장되고 있다.

(2) 융합의 전제

융합을 하려면 융합할 대상이 충실하게 뒷받침되어야 한다. 드론을 개발하려면 여러 관련 분야의 기술과 학문을 융합해야 하는데 그 이전에 각각의 학문이 어느 정도 발전되어 있어야 한다. 후기산업사회는 정보화 사회이기 때문에 기존 지식을 기반으로 새로운 지식을 끊임없이 창출하고 발전시켜야 한다. 많은 지식을 얻는 방법 중의 하나가 책을 읽는 것이다. 선진국 사람들의 특징은 책을 많이 읽는 다는 점이다.

T·I·P 일본어 사전과 누드집

1991년에 일본에는 일본어 사전과 여배우의 누드집이 비슷한 시기에 출간되어 밀리언셀러 경쟁을 벌였다고 한다. 일본의 인기 여배우 미야자와 리에(宮沢りえ)가 18세의 나이에 '산타페'라는 누드 화보집을 출간했는데 무려 150만부나 팔렸다. 이 소식을 들은 외부 사람들이 누드를 보려고 구매하는 사람들에게 한 마디씩 쓴 소리를 했다고 한다. 그런데 이와나미(岩波) 출판사에서 10년마다 갱신하는 '고지엔(廣辭苑)' 사전이 4번째로 출판되었는데 무려 220만부가 팔려서 또다시 세상을 놀라게 했다. 2018년에 출간된 '고지엔 7판'은 25만개의 어휘가 실렸다고 한다. 개정에는 이와나미의 10여명의 사전 팀과 외부 전문가 220명이 참여했다고 한다. 2008년 이후 6판에 10만개의 어휘 후보 중에서 1만개를 선정하여 새로 실었다. 새 어휘에는 살처분, 게릴라 호우, 동일본대지진 같은 단어들이 포함되어 있다. 인터넷 시대에 종이 사전을 사기 위해서 1만 오천엔(보급판 9천엔)을 지불하려는 사람이 20만 명이나 있다는 것이 놀랍다. 일본에는 '고지엔'과 함께 산세이도(三省堂)의 다이지린(大辞林)의 사전도 높게 평가받고 있다.
우리나라는 국어사전 시장 자체가 죽었다. 출판사들에 남아 있던 사전팀은 이미 해체된지 오래다. 국립국어원 국어대사전도 1999년 초판 발행 이후에 한 번도 개정판을 내지 않았다. 인터넷 사전이 있다고는 하지만 공짜라 큰 기대를 하기는 어려울 것이다. 두 나라 국어사전의 차이가 어떤 지식수준의 격차를 가져올지 두렵다.

일본 사람들이 존경하는 인물 중에 후쿠자와 유키치(福澤諭吉)[8]가 있다. 그가 서양을 여행하고 돌아와서 1860년대에 집필한 책이 '서양 사정'인데 무려 100만권이 팔렸다. 그는 이어서 서양 학문을 배워야 한다고 주장하는 '학문의 권장'을 출판했다. 이 책은 무려 300만권 이상이 판매되었다. 그 당시에 책을 읽을 수 있는 사람(문맹이 아닌 사람)들이 그렇게 많았다는데 놀라지 않을 수 없다. 일본인들은 자신의 문명과 국력이 서양보다 매우 뒤떨어진 것을 알고 전 국민이 노력해서 학문과 국력을 올려놓았다. 그 결과 뒤처졌던 일본의 국력이 중국과 러시아를 뛰어넘었다(청일전쟁, 러일전쟁). 우리나라에도 '서양 사정'과 비슷한 책이 있었다. 유길준이 외국을 여행하고 돌아와 1895년에 '서유견문(西遊見聞)'을 집필했으나 이 책은 전혀 팔리지 않았다. 조선 정부가 이 책을 금서로 지정했기 때문에 가지고만 있어도 처벌 대상이 되었다. 국민들의 전반적인 지식수준이 어느 정도 되지 않으면 융합을 하려고 해도 융합할 대상이 없을 것이다.

학문이 발전하려면 일상 언어와 함께 학문적인 용어들이 잘 정의되어 있어야 한다. 일찍이 소크라테스는 학문의 목적은 단어를 명확하게 정의하는 것이라고 선언하였다. 단어들을 잘

8 후쿠자와 유키치(福沢諭吉: 19835~1901): 일본의 에도, 메이지 시대의 계몽 사상가. 봉건 시대 타파와 서구 문명 도입을 주장. 아시아를 벗어나 서구 선진국과 보조를 함께 취하자는 탈아론을 주장.

정의한 책을 사전이라고 한다. 따라서 학문이 발전하기 위해서는 사전이 잘 갖추어져 있어야 한다. 선진국에서는 그 나라의 국어 대사전이 발달되어 있다. 미국 군대에는 대대마다 도서관이 있는데 도서관 수준이 상당하다. 군부대의 군인들이 근무하는 사무실에는 어느 곳이나 영어 대사전이 비치되어 있다. 일본의 어느 출판사에서 최근에 일본어 사전 20만부를 출판한다고 한다. 인터넷 사전이 무료로 보급되고 있는 상황에서 대단하지 않을 수 없다. 현재 우리나라에는 국어 대사전이 거의 출판되지 않는다. 전에는 우리나라에도 국어 대사전이 있었는데 내용도 부실했지만 개정을 하지 않아서 보고 싶은 수준이 아니었다.

다양한 인력 구성

징기스칸은 인질로 잡혀 살다가 어떻게 대제국을 거느리게 되었나? 징기스칸의 성공 요인은 크게 두 가지로 본다. 첫째 창의력이 출중하였으며, 둘째 인재를 가리지 않고 널리 중용한 것이다. 이 두 가지는 서로 관련이 깊다. 인재를 다양하게 등용하면 다양한 인재들이 다양한 아이디어를 내기 때문에 창의력이 높을 수 있다. 징기스칸은 당시에 귀족 신분제도가 있었음에

T·I·P 책쾌(冊儈)와 구텐베르크

조선은 성리학에 관련된 책들을 모두 국가에서 편찬하고 출판하고 유통시켰다. 책을 파는 민간 서점은 존재하지 않았다. 유학자들에게 필요한 책은 국가에서 금속활자나 목판으로 찍어서 나누어 주었다. 선비를 제외한 백성들은 서적 유통에서 배제되었다. 대신 농업 서적과 의학 서적의 언문책을 읽으라고 했다. 책을 매매하는 것은 성리학에 반하는 상업 행위였으므로 금지되었다. 서점이 없는 나라에서 책의 유통은 책쾌가 맡았다. 책쾌란 판매점이 없이 돌아다니며 책을 파는 서적 이동 판매상이다. 선비들은 책쾌를 통하여 필요한 책을 구입하고 살림이 궁하면 팔았다.

청나라에 다녀온 사신들이 책을 사왔고 책쾌가 이들을 유통시킨 것이 1771년 여름에 발각되었다. 영조는 사신들을 잡아서 섬으로 유배하고, 책을 사고판 사대부들은 양반 목록에서 삭제함과 동시에 무기징역에 처하고, 과거 합격생은 과거를 취소하고, 책쾌들을 잡아들여 곤장을 치고 수군으로 보냈다. 계몽군주라고 하던 영·정조 때에 책쾌들의 대학살이 있었다. 1880년대 초에도 조선에서 영업 중인 서점은 전혀 없었다. 구한말에 조선을 여행했던 외국인들에 의하면 조선인들은 거의 대부분 글을 읽지도 쓰지도 못하는 문맹이라고 했다.

1450년에 구텐베르크는 금속 활자를 발명하고 고향 마인츠에 인쇄 공장을 만들어 각종 출판물을 인쇄했다. 인쇄술이 유럽에 널리 보급되어 종교개혁과 과학혁명을 촉진하였다. 60굴덴 하던 필사본 성경책이 100년 후에는 5굴덴으로 하락했다. 마르틴 루터는 '95개 반박문'을 인쇄하여 종교개혁의 막을 올렸다. 혁명적인 인쇄술로 인하여 학문이 급속하게 발전하였으며 이탈리아에서 시작된 르네쌍스에 큰 영향을 주었다. 구텐베르크의 인쇄술은 훗날 산업혁명의 원동력이 되었다.

도 불구하고 유능하다면 노예도 장군으로 기용을 했고 필요하면 적군도 중용했기 때문에 많은 인재를 거느릴 수 있었다. 실제로 징기스칸의 제일 참모는 적대국인 요나라 출신의 야율초재[9]로 중국 역사상 가장 훌륭한 재상이었다. 몽고제국은 징기스칸의 용병술과 야율초재의 정치·행정력이 융합한 결과라고 할 수 있다.

오스만 터키의 슐레이만 1세는 터키가 가장 번성할 때의 황제이다. 그가 3대륙을 정복하고 지배할 수 있었던 이유는 인재를 가리지 않고 널리 중용한 것, 사유재산을 보호한 것, 상업을 활발하게 진흥한 것 등이다. 그는 노예 출신을 자신의 황비로 맞이했으며 노예라도 유능하면 장군으로 임명하였다.

서로 다른 분야를 융합하기 위해서는 많은 아이디어와 창의력이 요구된다. 서로 비슷한 사람들을 모아놓으면 다양성의 부재로 조직이 경직되기 쉽다. IBM 같이 큰 회사들은 사원을 모집할 때 인종, 성별, 전공, 지역 등에 일정한 비율을 설정해서 다양한 인재를 확보하려고 노력한다. 우수한 점수만 보고 인재를 뽑으면 특정한 학교나 특정한 성격의 사람들만 뽑힐 수 있기 때문이다. 우리나라의 어떤 회사는 특정 지역, 학교 출신만 뽑아서 순혈주의를 고집하는데 이것은 조직의 다양성과 활력을 떨어뜨리는 일이다. 특히 일류 대학일수록 교직원을 채용할 때 자기 대학 출신만 우선적으로 뽑는 경우가 많은데 좋은 방법이 아니다. 인재의 다양성을 확보하지 못하면 창의성이 떨어지고 융합도 어렵기 때문이다.

(3) 융합의 미래

근·현대사에서 국가 간의 경쟁은 산업혁명에서 앞 선 자와 뒤쳐진 자의 차이로 귀결되었다. 수 천 년 동안 앞서가던 중국 문명이 유럽에 밀린 것은 산업혁명에서 뒤쳐진 결과이고, 중국이 일본에게 밀린 것도 산업혁명에서 늦었기 때문이다.

중국이 다시 굴기하여 G2로 성장하게 된 것은 산업혁명을 열심히 추진했기 때문이다. 조선이 망했던 것도 산업혁명을 하지 못했기 때문이고, 한국이 선진국으로 도약하고 있는 것도 산업혁명을 성공적으로 추진했기 때문이다.

---

9 耶律楚材(1199~1243): 원나라의 재상. 요나라 출신으로 아버지는 금나라 재상을 지냈다. 징기스칸 부터 4대를 재상으로 지냈다. 중국 역사상 가장 높은 지혜와 모략과 덕을 갖춘 명재상 이었다.

산업혁명에서 성공하려면 새로운 것을 받아들여 기존의 산업과 조화를 이루어야 한다. 영국에서 기차가 도입될 때 마부들의 반대로 기차를 매우 낮은 속도로 규제하여 기차 산업이 발전하지 못하였다. 반면에 독일에서는 기차와 마차의 경쟁 관계를 효과적으로 분리하였기 때문에 기차 산업이 폭발적으로 성장하여 국가 경제를 견인하였다. '뽀로로'가 상품으로 성공하여 세계적으로 유명해졌지만 우리 문화와 융합하지 못했기 때문에 한국의 이미지를 전달하지 못하고 있다. 재래시장 근처에 마트가 들어올 때 많은 시장 상인들이 결사적으로 막았지만 어떤 시장에서는 마트와 공존하여 더 활성화된 사례가 있다. 기존 시장과 새로운 시장이 상생하고 공존할 수 있는 길을 찾을 때 융합이 성공할 수 있다.

T·I·P 조선의 정치와 융합

조선시대에는 정권 다툼에서 이긴 정당이 패한 정당의 지도자들을 숙청했다. 단지 권력 싸움에서 이겼다는 이유로 적게는 수 십여 명에서 많게는 수 백여 명씩 처형했다.
학문을 하는 선비들이 잔인할 정도로 반대당 사람들을 숙청한 것이다. 정적은 죽이고 정적의 아내와 딸들은 자신들의 노비로 삼았다. 조선 시대에 정권이 바뀌는 것을 환국이라고 하는데 환국이 십여 년 단위로 올 때마다 무수한 선비들이 형장의 이슬로 사라졌다. 그렇게 오랫동안 정치 지도자들끼리 죽이고 죽임을 당한 결과 조선이라는 나라는 망하고 말았다.
현대 한국의 정당들은 서로 상대방을 인정하지 않으려는 경향이 있다. 정권을 잡으면 상대 정당이 임명했던 관리들을 법으로 정한 임기도 못 채우고 쫓아낸다. 야당일 때 주장하던 정책도 여당이 되면 반대하고, 여당일 때 주장하던 정책도 야당이 되면 반대한다. 자기 정당의 정책을 주장하는 것이 아니라 상대 정당을 반대하는 것이 목적으로 보인다.
융합은 서로 다른 것들을 화합하여 새로운 것을 만드는 작업이다. 융합하기 위해서는 대화하고 소통해야 한다. 대화하기 위해서는 상대방을 무시하지 말고 이해해야 한다.
상대방을 존중하고 차이점을 인정해야 한다. 상대방을 무시하거나 차이점을 존중하지 못하면 융합이 어렵다.

4차 산업혁명의 핵심은 연결과 융합이다. 물리 세계와 디지털 세계가 연결되고 이어서 생물 세계와 융합하고 있다. 인간은 다른 사람과 소통하기 위하여 언어 능력을 발전시켰고, 언어를 활용하여 지능을 발달시켰으므로 이성적인 인간(Homo Sapiens)이 되었다. 이후에도 인간은 연결을 계속 확장하여 문명을 발전시켰다. 인류는 오랜 역사 속에서 많은 창의성을 발현하여 수많은 발명품들을 만들었다. 실제로 "창의성이란 연결하는 것에 불과하다"는 주장(스티브 잡스)이 있다. 창의성의 핵심은 연결에 있다. 따라서 혁신이란 연결되지 않은 것을 연결하는 것에 불과하다고 한다. 연결이 계속되면 인간과 기계도 계속 더 밀접하게 융합될 것이다. 더 나아가 인간과 기계가 물리적으로 통합될 것이다. 따라서 인간의 정체성이 모호해지는 단계도 예상할 수 있다. 인간이기도 하고 아니기도 한 인간 기계가 탄생할지 모른다.

T·I·P 유태인과 한국인의 가족 대화

유태인의 대화

전 세계 대다수 유태인들은 매주 금요일에는 외출을 삼가고 집에서 가족들과 저녁 식사를 한다. 이른바 안식일 만찬이다. 금요일 일몰과 함께 안식일을 시작하는데 아무리 바쁜 가족이라도 이날만큼은 한자리에 모여 식사를 한다. 할아버지 아버지 손자 3대가 식탁에 모여서 대화를 하면 나이에 관계없이 자유롭게 말을 하고 경청을 한다. 할아버지와 손자가 대화를 하기 때문에 유태인의 전통이 수천 년을 내려올 수 있었다. 아무리 다른 나라에서 멀리 오랫동안 살았어도 유태인들이 동질감을 갖는 것은 가족 간의 대화가 3대를 통하여 계속 이어 왔기 때문이다. 유태인 3대가 같이 대화할 수 있는 이유는 무엇인가? 유태인들은 인류 역사가 6,000년이므로 할아버지의 나이는 6,000년+할아버지의 나이 70년이고, 아버지의 나이는 6,000년+40년이고, 손자의 나이는 6,000년+10세이다. 따라서 나이 차이가 별로 없으므로 같은 수준으로 간주하고 동등한 입장에서 대화를 할 수 있다.

한국인의 대화

한국인들은 산업화 과정에서 너무 바빠서 가족 간에 대화를 나누기 어려웠다. 우선 같이 식사할 시간이 없었으므로 대화하기 힘들었다. 모처럼 식사를 같이 해도 대화하기는 쉽지 않다. 아버지가 말을 하면 아들은 듣기만하고, 아들은 아버지에게 말을 하지 않는다. 아버지에게 말을 해봐야 소용없기 때문이다. 아버지도 아들의 반응이 없으므로 말을 계속하기 어렵다. 그래서 한국 가정에 남자들만 있으면 말없이 어색하게 지내기 쉽다.
한국인 3대가 대화를 못하는 이유는 무엇인가? 한국인들은 아버지가 아들이 어리다고 생각해서 대화상대로 여기지 않는다. 의견을 잘 묻지도 않고 통보만 한다. 아들이 아무리 나이를 먹어도 아버지는 어리다고 생각한다. 아버지와 아들이 대화를 못하기 때문에 할아버지와 손자가 대화하는 것은 더욱 어렵다. 한국인들은 나이를 중요시하므로 40대는 10대를 철부지로 생각하고 70대는 40대를 철부지로 생각한다. 그렇게 생각하는 한 동등한 입장에서 대화하기가 어렵다.

산업혁명에서 뒤쳐지지 않으려면 융합을 성공적으로 수행해야 한다. 융합은 기술뿐만 아니라 경제와 학문에서도 생존을 위한 필수 조건이다. 융합을 잘하기 위해서는 상대방을 인정하고 수용하는 자세가 중요하다. 융합을 하기 위해서는 직위와 신분의 차이를 떠나서 평등하게 대화하고 협상할 수 있는 민주적인 분위기가 마련되어야 한다. 상대방과 대화하고 소통하려고 타협하는 대신 상사의 말 한마디에 일방적으로 결정되는 사회가 되어서는 곤란하다. 대화가 되어야 소통을 하고 소통이 되어야 융합을 하고, 융합이 되어야 산업혁명이 가능하고, 산업혁명이 되어야 선진국으로 나갈 수 있다. 의견이 다르더라도 배척하지 않고 열심히 소통하고 받아들이는 자세가 산업과 사회를 성장하게 한다.

CHAPTER 4

4차 산업혁명

1980년대에는 개인용 컴퓨터가 보급되어 세상을 바꾸었고, 1990년대에는 인터넷이 세상을 바꾸었고, 2000년대에는 스마트폰이 세상을 완전히 바꾸었다. 2020년대에는 메타버스(Meta-verse)가 보급되어 세상을 다시 바꾸고 있다. 산업혁명이 진행되면서 많은 요소들이 서로 연결되어 새로운 범주로 융합되고 있다. 4차 산업혁명이 바꾸고 있는 분야는 드론에서 암호화폐, 사물인터넷까지 다양하다. 그리고 각 분야가 다시 융합을 통하여 새로운 사물로 탄생하고 새로운 정신이 창출되고 있다. 이들은 계속 융합하면서 진화하고 있다. 산업혁명은 전 세계를 하나의 사회 환경으로 통합하고 있으며 통합하는 과정은 개별적인 요소들을 연결하고 융합하는 것이다. 4차 산업혁명[1] 시대에 대표적으로 세상을 바꾸는 분야들을 살펴본다.

4.1 드론

드론은 보는 시각에 따라서 여러 가지로 정의된다. 국제민간항공기구(ICAO)는 "원격으로 조종되는 항공기"라고 정의한다. IT분야는 "무선이나 컴퓨터로 조종되는 무인 선박이나 비행기"라고 정의한다. 로봇분야는 "조작자가 원하는 대로 움직이는 로봇"이라고 정의한다. 드론은 항공기이면서 로봇공학의 한 분야로 전체 산업의 기반을 변화시키고 있다. 드론의 원리와 기술이 무인 항공기에만 적용되는 것이 아니고 차량, 선박, 잠수정, 미사일, 지능 로봇, 우주선 등 모든 첨단기계에 고루 적용되기 때문이다.

4.1.1 드론의 원리와 역할

비행기가 출현한 것은 인간이 새처럼 하늘을 날고 싶은 욕망 때문이었으며, 잠수정이 출현한 것은 물고기처럼 물속을 자유롭게 다니고 싶은 욕망 때문이었다. 드론이 출현한 것은 조종사가 원격지에서 무인 비행기를 자유자재로 운항하고 싶은 욕망 때문이다. 드론의 원리와 함께 미래 드론의 역할을 살펴본다.

1 2016년 다보스 세계경제포럼에서 Klaus Schwab 회장이 처음 언급. 4차 산업혁명은 연결과 인공지능의 특성 상 속도, 범위, 체제 등에서 기존 3차 산업혁명과 확연히 다르다고 강조. 산업구조 변화로 700만개의 일자리가 사라지고 200만개의 일자리가 새로 생긴다고 했다.

(1) 드론의 원리

헬리콥터가 출현한 이유는 수직 이·착륙에 대한 꿈을 실현하기 위한 것이었다. 비행기를 날리려면 긴 활주로가 필요하지만 헬리콥터는 활주로 없이 이·착륙이 가능하다. 헬리콥터는 산악, 해상, 도심지, 전투 지역에서 인명과 재산을 신속하게 이동할 수 있다. 그러나 헬리콥터는 소음과 진동이 심하고 비행기와 같은 날개가 없기 때문에 에너지 효율이 나쁘다.

T·I·P 3차 산업혁명과 4차 산업혁명의 IT 환경

1970년대와 2010년대의 컴퓨터 환경은 여러 면에서 차이가 있으며 이 차이로 인하여 3차 산업혁명이 4차 산업혁명으로 바뀌었다. 3차와 4차 산업혁명은 모두 정보사회를 기반으로 하고 있으나 컴퓨터 구성과 사용 측면에서 큰 차이가 있다. 3차 산업혁명은 수퍼 컴퓨터를 중심으로 사용되었으므로 자연스럽게 중앙집중식으로 운용하였으므로 단말기에서는 자료를 입력하고 출력만 하였다. 컴퓨터의 성능은 중앙의 하드웨어를 기반으로 결정되었다. 반면에 4차 산업혁명은 소형과 초소형 컴퓨터들이 대거 사용되었으므로 이들을 분산 처리 방식으로 운용하였으며 컴퓨터의 성능은 소프트웨어를 기반으로 결정되었다.

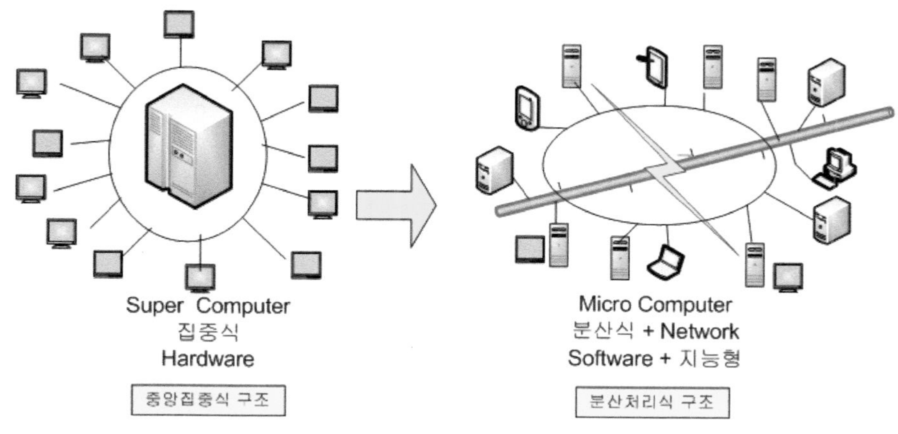

분산 처리 방식으로 다양한 종류의 컴퓨터들을 구성하려면 이들을 통신망으로 연결해야하므로 빠른 네트워크가 필요하고, 각 노드들이 서로 협동 처리하려면 소프트웨어를 중심으로 지능화 작업을 해야 하므로 인공지능이 더욱 요구된다. 따라서 4차 산업혁명의 특징은 인공지능과 연결에 있다고 말할 수 있다.

드론은 헬리콥터와 달리 여러 개의 모터를 장착하므로 모터 당 출력이 몇 분의 1로 줄어들기 때문에 오히려 다루기 쉽다. 여러 개의 모터를 장착하므로 모터의 회전 방향을 서로 반대로 할 수 있기 때문에 반 토크[2] 작용이 해소되어 진동과 소음이 적다. 그러나 여러 모터들의 속도를 개별적으로 제어해야 하기 때문에 사람의 손으로 조종하는 것이 매우 어렵다. 컴퓨터가 없으면 구현이 거의 불가능하였다. 그러나 컴퓨터와 소프트웨어의 발전으로 인하여 드론의 여러 모터들을 자동제어 할 수 있게 되어 오늘날 드론이 가능하게 되었다.

드론의 원리는 매우 간단하다. 모터(엔진)를 제어하는 컴퓨터 소프트웨어 기술과 드론과 지상을 연결하는 무선 통신 기술이 통합되어 드론을 움직인다. 원격지에서 무선 통신 기술을 이용하여 모터를 제어하는 신호를 보내면 모터가 프로펠러를 돌려서 드론이 비행을 한다. 여기에 주변 상황을 감지할 수 있는 센서와 제어장치들을 부착하고 스스로 주어진 목적을 달성할 수 있는 비행제어 프로그램을 설치하면 자율비행 드론이 된다. GPS를 이용하면 주어진 지리좌표를 따라 비행할 수 있고 출발지로 되돌아올 수 있으므로 다양한 비행 서비스를 제공할 수 있다.

드론의 핵심은 드론을 구성하고 있는 모터(엔진), 제어 컴퓨터, 동체, 날개 등의 재료가 아니라 이들 이면에 있는 본질에 있다. 드론의 본질은 드론을 인간의 생각대로 움직이도록 명령하는 비행제어 소프트웨어이다. 사람이 원하고 생각하는 대로 자유롭게 움직이는 드론을 만들기 위해서는 사람의 마음을 있는 그대로 동작시켜주는 비행제어 프로그램을 만들어야 한다. 따라서 드론의 핵심은 드론을 구성하는 다양한 장치들을 움직이게 하는 비행제어 프로그램이다.

(2) 드론의 역할

드론이 사용되는 용도는 현재 군용이 90% 정도이고 민간용이 10%이다. 군용에서는 정찰과 감시 업무가 주요 업무이고 민간용은 취미, 촬영, 감시, 배달, 약품 살포 등으로 다양하다. 현재는 이런 용도로 사용하고 있지만 드론이 사용하는 기술의 발전 상황을 보면 드론의 역할이 크게 확장될 것이 분명하다.

드론에서 사용하는 원리와 기술들은 비행기뿐만 아니라 차량, 선박, 잠수함, 미사일, 첨단 로봇, 우주선 등에서 사용하는 기술과 근본적으로 유사하다. 원거리에서 무선 통신을 이용하여

---

2 토크 작용 torque action: 헬리콥터의 로터가 돌아가면 뉴톤의 제3법칙인 작용과 반작용의 법칙에 의하여 동체가 로터 회전 방향의 반대 방향으로 회전하려고 하는데 이것을 토크작용이라고 한다. 동체를 안정시키기 위하여 토크 작용을 상쇄시키는 것을 반 토크 작용이라고 한다.

기계장치를 움직이는 기술은 자동제어 기술과 같다. 앞으로 4차 산업혁명이 진척되면 모든 것이 연결되고 지능화될 것이다.

드론에 적용되는 기술은 바로 4차 산업혁명에서 요구되는 기술과 동일하기 때문에 드론의 발전은 산업혁명을 더욱 촉진할 것이다. 우주선을 개발하면서 얻은 국방 기술들이 민간용으로 전환하면서 산업화를 촉진시켰듯이 드론도 산업화를 더욱 촉진할 것이다.

① 드론의 학문 융합

드론은 다양한 공학 기술들이 융합되어 만들어지는 무인 기계장치이다. 항공기 설계, 제작, 정비는 기계공학의 중요한 핵심 분야였으나 이제는 다양한 공학 기술들이 융합된 복합적인 분야이다. 드론을 만들기 위하여 요구되는 학문들은 <표 4.1>과 같다.

〈표 4.1〉 드론 산업을 위한 학문 분야

학문 분야	내용	비고
항공기계공학	항공기의 설계. 제작, 유도, 통제 등에 필요한 공학 기술	
항공전자공학	항공기 운영에 필요한 전자장치	
전기공학	항공기에 장착되는 기계에 필요한 전원 공급과 유지	
전기화학	항공기 기계장치 운용을 위한 배터리 관리	
컴퓨터공학	항공기 비행을 제어하기 위한 컴퓨터 SW	
산업디자인	항공기 설계와 제작을 위한 디자인	

항공기계공학은 공기역학, 구조역학, 재료역학, 비행역학, 열역학, 기계공학, 추진공학, 제어공학 등으로 구성된다.

항공전자공학은 엔진과 구동 장비들을 전자장치로 제어하고, 항공기와 지상 간의 통신을 수행하며, 항공기 비행관리를 위한 전자장치들을 포함한다.

전기공학은 항공기를 구동하는 장비들이 많은 전력을 소모하기 때문에 전력의 생산, 저장, 공급, 관리 등을 지원한다.

전기화학은 엔진 등의 기계와 전기장치들을 운용하기 위하여 배터리 장치가 필요하다. 드론의 동력원이 배터리인 경우에는 더욱 중요하다. 태양 전지, 연료 전지, 화학 전지 등 다양한 형태의 에너지를 제공하고 관리하기 위하여 요구된다.

컴퓨터공학은 엔진(모터)과 각종 기계와 전기장치들을 효과적으로 제어하기 위하여 필요하다. 비행제어 소프트웨어가 항공기의 핵심이 되고 있다.

산업 디자인은 제품 개발에서 기술 못지않게 중요한 요소로 떠오르고 있다.

제품의 기능과 성능은 큰 차이가 없는데 소비자들이 선진국 제품을 선호한다면 그 이유는 오로지 브랜드와 디자인에 있다. 애플의 휴대폰이 다른 휴대폰보다 기술적으로 월등하게 우수해서 시장을 석권하는 것이 아니다. 애플이라는 브랜드가 갖고 있는 디자인 이미지가 소비자를 끌어 모으는 것이다.

② 자율주행

자율주행은 최근에 시작된 것이 아니다. 장거리를 비행하는 조종사들은 피로가 누적되어 사고 위험을 걱정해왔다. 그 대안을 비행 제어장치의 자동화에서 찾았다. 항공기가 스스로 고도를 일정하게 유지하고, 목적지 방향을 계속 유지하고, 일정한 속도로 비행할 수 있으면 조종사에게 매우 편리할 것이다. 이와 같이 고도와 방위와 속도를 항공기 스스로 제어함으로써 비행기의 안전이 향상되었다. 이제는 출발하기 전에 비행사가 자동비행장치(autopilot)를 잘 설정해놓으면 비행기 스스로 이륙하고 목적지를 찾아서 비행하고 안전하게 착륙까지 할 수 있게 되었다.

이런 기술의 연장선에서 항공기가 비행 중에 충돌을 예방 회피하고 날씨 변화 등의 긴급 상황에 대처할 수 있으면 자율비행이 가능하게 된다.

차량의 자율주행이 가장 절실한 분야는 북미 대륙이나 유라시아 대륙을 횡단하는 고속도로를 달리는 화물 트럭들이다. 수천 킬로미터를 고속으로 운행할 때 전방을 주시하며 운전대를 잡고 페달을 적절하게 밟으려면 졸음과 피로에서 벗어나야 안전 운행이 가능하다. 고속도로의 차선을 유지하고 일정한 속도를 유지하며 목적지를 찾아가는 기술이 상용화되면 운수회사들의 생산성이 대폭 향상될 것이다. 운전사가 탑승한 상태에서 자율주행이 잘 수행되면 차후에는 여러 대의 트럭들이 대열 운행을 하면서 기사 한명만 탑승해서 운행관리만 해도 매우 효율적일 것이다. 지금도 차량의 속도, 차선 유지, 차선 바꾸기, 목적지 찾기 등이 잘 이루어지고 있으나 전자 지도의 구축과 자율주행을 위한 교통 시설 구축 등이 더 추가되어야 한다. 시내의 복잡한 도로에서는 아직 자율주행 차량이 부족하지만 점차 개선될 것이다.

해운산업에서도 자율운항이 시급한 과제로 떠오르고 있다. 날이 갈수록 외항선들은 인력 부족에 시달리고 있다. 선박은 상대적으로 느린 속도로 운항하며 넓은 바다를 항해하기 때문에 차량보다 충돌 등의 사고 위험이 적다. 교통량이 많은 항구 주변에서는 도선사가 탑승하여 외항까지 운전하고 그 곳부터 목적지 항구의 외항까지 자율운항하고 목적지 외항에서 도선사가 탑승하여 부두에 입항시키는 것은 어려운 문제가 아니다. 이미 기술적으로는 선박의 자율운항 기술은 다 확보되었고 실험도 마친 상태이다. 제반 법령과 함께 약간의 기술적인 사항들만 보완되면 얼마든지 자율운항이 가능하다.

미국 공군은 이미 다양한 정찰기들을 무인기로 전환하여 작전에 활용하고 있다. 몇몇 종류의 무인기들은 전투에 투입되고 있다. 미군은 인명 손실을 막기 위하여 궁극적으로 모든 전투기에 조종사를 태우지 않으려고 한다. 항공모함의 무인 함재기들이 이미 이착륙과 비행 실험을 마친 상태이다. 미군은 정찰기 다음에는 화물기들을 무인기로 만들 것이고 이어서 전투기들을 무인화 할 것이다. 최종적으로 모든 군용기에서 조종사들을 태우지 않을 것이다.

③ 전투 로봇

육군은 전투 차량과 장비들을 무인화하려고 한다. 우선 대한민국의 대표적 명품 무기인 K9 자주포의 승무원 수를 줄이고 있으며 궁극적으로는 무인화하고자 한다. 승무원이 없으면 자주포를 더 효율적으로 설계할 수 있고 안전하게 작전에 활용할 수 있기 때문이다. 자주포들이 스스로 네트워크를 구성하면서 적의 공격을 차단하고 공격할 것이다. 전방 초소나 해안 진지에도 초병 대신에 무인 경계 장비가 설치되어 전방을 탐색하고 적의 공격을 방어하도록 개발하였다. 전방 전투 시에도 무인 전투 차량이 투입되어 스스로 적을 탐지하고 공격과 방어 임무를 수행하게 될 것이다. 미래에는 전투병이 전투를 하는 대신에 전투 로봇과 장비들이 지휘부의 명령을 받고 전선에서 싸우게 될 것이다.

미국의 과학기술은 국방부에서 나왔다고 해도 과언이 아니다. 인류의 모든 기술과 혁신은 전쟁에서 비롯되었다고 한다. 전쟁에서 승리해야 하는 절박한 상황이 제트기, 원자폭탄, 탱크,

잠수함 등을 만들었다. 국방과학 기술이 발전하면 민간으로 이양되고 민간 산업이 발전한다. 현재 우리가 편리하게 사용하고 있는 GPS 기술도 미국 국방부에서 개발하여 보급해준 것이다. 자율주행을 위한 국방부의 노력이 결국 군수 산업에서 민간 기업으로 이전되어 산업을 발전시킨다.

드론 산업은 어느 전공 한 두개만 가지고 추진할 수 있는 분야가 아니다. 드론을 만들기 위해서는 이상과 같이 많은 분야의 기술들이 융합되어야 한다. 드론의 원리와 기술은 항공기를 비롯해서 차량, 선박, 지능형 로봇, 미사일 등 다양한 기계의 기반 기술이 되고 있다. 드론은 다양한 산업과의 융합을 통하여 더욱 발전할 것이다.

4.1.2 드론의 미래

많은 사람들이 드론의 미래가 밝다고 한다. 실제로 많은 기업과 정부가 드론에 투자를 하고 있다. 드론의 미래가 밝다고 하는 이유는 무엇인가? 드론의 원리와 기술은 무인 항공기 외에도 차량, 선박, 잠수정, 미사일, 우주선, 지능 로봇 등 모든 첨단 기계에 고루 적용된다. 따라서 드론 기술은 산업 저변에 미치는 파급 효과가 크다. 드론 기술은 그 나라 공업기술의 기준이 된다고 할 수 있다. 드론 관련 기술들이 인공지능 시대를 맞이하여 혁신적으로 저변을 넓혀가고 있기 때문에 드론의 미래가 밝은 것이다.

세계 자동차 시장은 전기차와 자율주행으로 치열한 경쟁을 하고 있다. 비행기와 차량의 자율주행은 원리와 기술에서 별반 차이가 없다. 차량뿐 아니라 장거리 운항 선박들도 자율주행

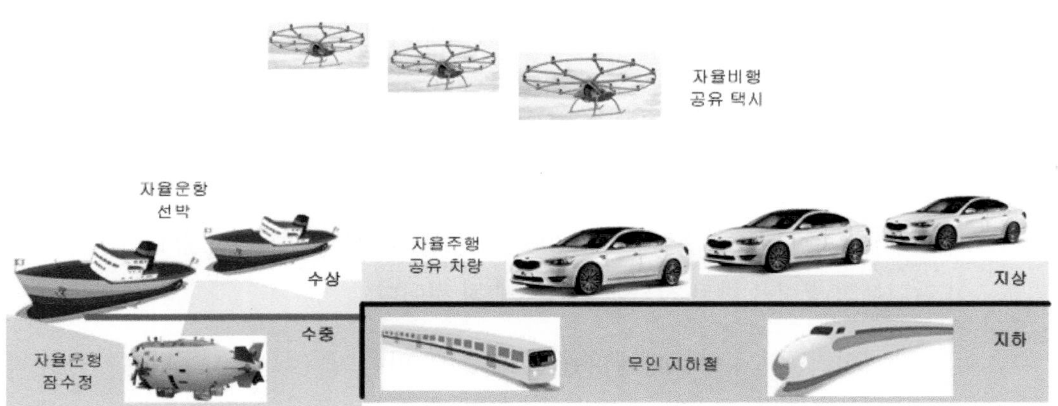

[그림 4.1] 자율주행 공유 차량들의 교통 시대

선박으로 진화하고 있다. 화물선의 극심한 인력 부족과 해적으로부터 지키기 위해서 무인 화물선 개발이 촉진되고 있다. 이미 영국에서는 무인 화물선이 도버해협을 건너서 화물을 싣고 왕복 운행을 하였다. 국방과 안보를 위하여 첨단 무인기들이 필요하며 실제로 많은 나라들이 정찰 또는 감시용 드론을 개발하거나 도입하여 실전에 배치하고 있다. 지상군에서도 정찰과 경계용 로봇, 군수품 운반용 로봇, 전투용 로봇, 자살 폭탄 드론 등의 개발이 본격화되고 있다.

앞에서 언급했듯이 드론의 핵심은 비행제어 소프트웨어이므로, 이를 위해 컴퓨터 프로그램 개발이 제일 중요하다. 따라서 프로그램 코드를 잘 작성할 수 있는 개방된 훈련이 필요하다. 이 프로그램은 드론뿐만 아니라 모든 종류의 기계장치들을 인간이 생각하는 대로 임무를 수행하게 해줄 것이다.

드론이 발전하면 [그림 4.1]와 같이 무인 자율주행 차량이 사람들을 스스로 목적지까지 데려다 줄 것이고, 자율운항 선박이 화물을 싣고 목적지 항구까지 운반해 줄 것이며, 자율비행 비행기들이 택시가 되어 승객들을 운반할 것이고, 지하철 도 자율운행 할 것이다. 사람들은 차량을 구매하지 않고 공유 차량을 이용할 것이므로 공유 차량 회사들이 번창하고, 자동차 회사들의 시장 지배력은 구매력이 높아진 공유 차량회사로 이전될 것이다. 해안과 국경 지역에 수많은 군인들이 총을 들고 24시간 경계를 서던 것이 무인 전투차량과 감시 로봇으로 바뀔 것이다. 산업체에서는 힘들고 지루한 노동을 자율생산 로봇들이 대신할 것이다. 농업분야에서도 자율농기계가 스스로 환경 여건을 파악하고 물을 주고 비료도 주면서 온도와 습도를 맞추어 생산량을 증대시킬 것이다. 드론이 인공지능과 융합할수록 사회는 더욱 혁신적으로 변모할 것이다.

4.2 메타버스

메타버스(metaverse)는 현실세계와 같은 사회·경제·문화 활동이 이뤄지는 3차원 가상공간이다. 이 말은 가상세계를 의미하는 meta와 현실세계를 의미하는 universe가 합성된 말로 닐 스티븐슨의 소설 '스노 크래시'에 처음 언급되었다. 메타버스의 원조는 가상현실(vertual reality)이다. 가상현실이라는 말도 가상세계를 의미하는 virtual과 현실세계를 의미하는 reality의 합성어이므로 메타버스와 같은 내용이다. 초기에는 컴퓨터 화면에 그림을 올려놓고 여러 가지 방식으로 표현하고 반응하는 방식으로 가상세계를 구현하였다. 점차 그래픽 기술과 화면 장치가 발전하면서 현실과 유사하게 가상세계를 표현하게 되었다. 이제는 현실세계와 가상세계를 혼합하여 가상세계에서 현실세계와 같은 활동을 하게 되었다. 메타버스의 세계는 현실세계에서 가상세계까지 다양한 스펙트럼이 가능하다.

4.2.1 가상현실(VR, virtual reality)

가상현실은 인공현실(artificial reality), 사이버공간(cyberspace), 가상세계(virtual world)라고도 한다. 가상현실 개념은 1970년대에 크루거(Myron Krueger) 박사 등에 의해 인공현실이라는 이름으로 처음 사용되었다. 가상현실이란 모의실험(simulation)을 할 때 가급적 현실과 가장 가까운 상황에서 실험하는 것이 필요했기 때문에 발전된 개념이다. 모의실험이 성공하려면 가급적 현실과 유사해야 하는데 2차원 평면 세계에서는 현실감이 떨어졌다. 3차원 공간과 유사한 환경을 제공해주는 디스플레이 모니터가 보급되면서 가상현실이 발전하게 되었다. 처음에는 시각적인 환경으로 가상현실을 구현했으나 이제는 청각, 후각 그리고 촉각까지 활용하고 있다.

가상현실의 용도는 탱크·항공기와 같은 고가의 위험한 장비를 조종하는 훈련, 모델 하우스의 가구 배치 설계, 병원에서의 수술 실습, 게임 등 다양하다.

가상현실 장비

가상현실은 주로 시각과 청각으로 체험하기 때문에 디스플레이와 스피커가 중요하다. 사용자가 머리에 장착하는 HMD(head mounted display)는 외부를 차단한 상태에서 가상세계를 보여주고 스테레오 스피커로 효과음을 제공하며 여러 센서 등을 탑재한다. HMD에 스마트폰을 탑재해 스마트폰 패널을 활용하는 기기를 다이브라고 부른다. 사용자의 반응을 감지하기 위해서 마이크, 데이터 장갑(data glove), 두부위치센서, 마우스 등을 사용한다.

4.2.2 증강현실(AR, augmented reality)

증강현실은 실제 환경에 가상적인 사물을 추가하여 실제처럼 상호작용하는 기술이다. 증강현실은 현실 세계를 가상 세계로 보완해주는 개념이다. 컴퓨터 프로그램으로 영상이나 자료를 보여줄 때 현실 이미지에 추가하거나 겹쳐서 보여주는 방식이다. 증강현실의 시작은 군사용으로 시작되었다. 2차 세계대전 때 전투기 조종사들이 전방의 목표물을 보면서도 고개를 숙이지 않고 필요한 정보를 보여주기 위해서 HUD(Head Up Display)를 개발하였다. 기갑부대 탱크에서 전차장의 머리에 쓴 디스플레이는 앞에 보이는 적 전차뿐 아니라 적 전차의 정보가 표시되어 버튼만 누르면 포탄이 발사되는 장치인데 이것도 증강현실 기술 덕분이다. 군인들이 개인용 헤드 마운트를 착용하면 눈앞에 보이는 전투 정면과 함께 필요한 전투 정보나 명령들을 겹쳐서 볼 수 있다.

민간에서도 차량 내비게이션에 증강현실이 사용된다. 자동차 운전 중에 계기판의 정보가 자동차 앞 면 유리창에 보이면 고개를 숙이지 않고도 안전 운행을 할 수 있다. 골프 시합을 중계하는 TV 방송국에서도 골프 선수의 공이 날아가는 궤적을 미리 보여주고 있다. 현실세계의 골프장과 함께 골프 선수의 경기 정보를 겹쳐서 보여주고, 선수가 선택하는 골프 클럽에 따라서 공이 날아가는 궤적들을 가상으로 보여주는 것도 증강현실이다. '포켓몬 고' 게임[3]은 증강현실의 대표적인 사례이다.

가상현실과 증강현실의 차이

가상현실은 자신(객체)과 배경·환경 모두 현실이 아닌 가상의 이미지를 사용하는데 반해, 증강현실(AR, Augmented Reality)은 현실의 이미지나 배경에 3차원 가상 이미지를 겹쳐서 하나의 영상으로 보여주는 기술이다. 증강현실은 또한 혼합현실(MR, Mixed Reality)이라고도 한다. 가상현실은 눈 전체를 가리는 헤드셋 형(HMD) 단말기가 필요하고, 증강현실은 구글 글라스와 같은 안경으로 표현이 가능하다. 가상현실과 증강현실은 별개이지만 이 두 기술은 각자 단점을 보완하며 상호 진화하고 있다.

증강현실과 가상현실은 서로 비슷하지만 그 주체가 허상이냐 실상이냐에 따라 명확히 구분된다. 컴퓨터 게임의 예를 들면, 가상현실 격투 게임은 '나를 대신하는 캐릭터'가 '가상의 공간'에서 '가상의 적'과 대결하지만, 증강현실 격투 게임은 '현실의 내'가 '현실의 공간'에서 가상의 적과 대결을 벌이는 형태가 된다. 때문에 증강현실이 가상현실에 비해 현실감이 뛰어나다는 특징이 있다.

가상현실은 일반적으로 영화나 영상 분야 등 특수 환경에서만 사용되지만, 증강현실은 현재

3 Pokémon GO: Niantic Labs에서 호주·뉴질랜드를 시작으로 출시한 위치기반 증강현실 모바일 게임.

일반인들에게도 널리 활용될 만큼 대중화된 상태다. 예를 들어, 인터넷을 통한 지도 검색, 위치 검색 등도 넓은 의미에서는 증강현실에 포함된다. 다만 컴퓨터는 이동 중 사용이 곤란하니 스마트폰이나 태블릿 PC 등의 휴대용 기기를 주로 사용한다.

4.2.3 증강가상/혼합현실/확장현실

증강가상(AV, augmented virtuality)은 가상 환경에 실제 사물을 추가하여 가상환경에서 실제처럼 상호작용하는 기술이다. 증강가상은 가상현실에 물건이나 사람 같은 현실 이미지를 추가하여 가상 환경과 실시간으로 상호작용한다.

가상 환경에 현실 정보를 부가하기 때문에 증강가상이라고 하며, 증강 가상은 혼합 현실(MR: Mixed Reality)이라고도 한다. 가상 교실에서 실제 교사의 모습을 보여주면 증강가상이다. 가상전투 환경에서 실제 군인이 나타나서 총을 쏘면 가상환경에서 활동하던 사람이 그 총에 맞아서 쓰러지는 것이 증강가상 기술이다.

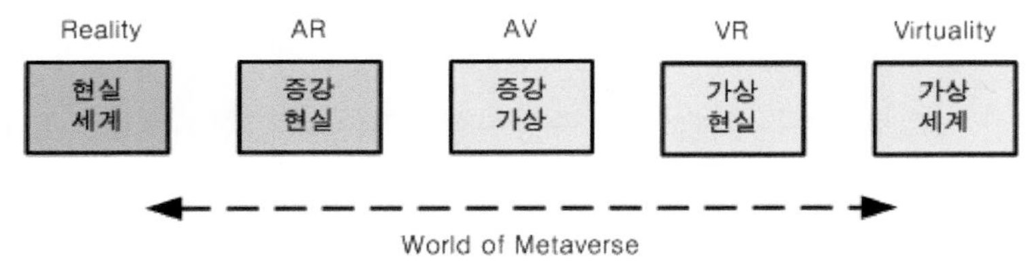

[그림 4.2] 메타버스 스펙트럼

메타버스는 현실세계에서 가상세계까지 스펙트럼이 [그림 4.2]와 같이 연속적으로 다양하다. 확장현실(XR, eXtended Reality)은 가상현실과 증강현실을 아우르는 혼합현실 기술을 망라하는 용어이다. 확장현실은 가상현실과 증강현실 기술을 개별적으로 활용하거나 혼합 활용을 자유롭게 선택하며, 확장된 현실을 창조한다. 확장현실(XR) 기술이 진화하면 평소에는 투명한 안경이지만 증강현실(AR)이 필요할 때는 안경 위에 정보를 표시한다. 가상현실(VR)이 필요할 때는 안경이 불투명해지면서 완전히 시야 전체를 통하여 정보를 표시하는 게 가능해진다.

확장현실은 교육은 물론 헬스케어, 제조업 등 다양한 분야에 적용될 것으로 기대한다. 확장현실(XR)을 실현하기 위해서는 대용량의 실시간 3D 영상을 표시하기 위한 고성능 컴퓨팅 파워와 그래픽 처리 성능이 중요하다. 디스플레이 기술도 발전해야 하며, 5세대(5G) 이동통신과 같이 대용량 데이터를 초고속으로 전송하기 위한 기술도 전제 조건이다.

4.3 암호화폐

화폐는 교환경제사회에서 상품의 유통을 원활하게 하기 위한 교환 수단이다.

현재 각 나라의 화폐 가치는 정부가 지급을 보증하는 형태로 유지된다. 실물 화폐는 분실과 도난의 위험이 있기 때문에 어음 이외에도 신용카드와 같은 전자화폐가 등장하였다. 금전 가치를 디지털로 저장하여 활용하는 수단이 등장하여 종이 화폐 외에 [표 4.2]와 같이 전자화폐, 암호화폐, 가상화폐 등의 다양한 형식의 화폐 수단이 등장하였다.

4.3.1 디지털 화폐

디지털 화폐는 <표 4.2>와 같이 금전 가치를 전자 형태로 저장하여 거래할 수 있는 통화, 전자화폐, 암호화폐, 가상화폐, 중앙은행 디지털 화폐(CBDC) 등으로 다양하게 구분된다. 디지털 화폐의 목적은 화폐 발행비용을 줄이고 사용하기 쉽게 하기 위한 것이다.

〈표 4.2〉 디지털 통화의 종류

구분	내용	비고
디지털 화폐	전자 형태로 저장, 거래되는 화폐	전자화폐, 암호화폐, 중앙은행 디지털 화폐(CBDC)
전자 화폐	전자금융거래법으로 정의된 화폐. IC칩 등의 형태로 가치를 저장, 유통.	체크카드, 신용카드, 교통카드, PayPal[4], 삼성페이,
가상화폐	발행자가 발행 · 관리하고, 특정 가상 커뮤니티의 구성원들 사이에서 이용	게임머니, 쇼핑몰 포인트, 인터넷/모바일 쿠폰,,,
암호 화폐	분산 환경에서 암호화 기술을 사용하는 디지털 화폐	비트 코인, 이더리움,

4 PayPal: 세계적으로 사용되는 온라인 전자 결제 시스템. 1988년 엘론 머스크 등이 설립한 미국 기업.

전자 화폐는 IC카드에 통화 가치가 내장되어 컴퓨터로만 확인이 가능하며, 전자금융거래법에 의하여 규제를 받는다. 교통카드가 대표적이며, 스마트폰에 내장하여 대중화되고 있다.

가상화폐는 지폐 또는 동전 등의 실물 없이 온라인에서만 거래되는 디지털 통화로서, 법정화폐 금액으로 표시되지 않은 통화이다. 가상화폐는 가상공간에서만 유통되므로 암호 화폐와 다르다.

암호 화폐가 다른 화폐와 다른 점은 이들을 관리하는 중앙기관이 없다는 점이다. 디지털 화폐, 전자 화폐, 가상화폐 등은 모두 발행과 유통을 관리하는 중앙기관이 존재한다. 중앙은행 디지털 화폐(CBDC, Central Bank Digital Currency)는 블록체인을 사용한다는 점에서 암호 화폐와 유사하지만, 중앙은행이 보증한다는 점이 다르다.

4.3.2 블록체인과 암호화폐

블록체인은 4차 산업혁명의 핵심적인 요소이다. 블록체인을 언급할 때는 암호화폐도 언급한다. 블록체인은 분산 환경에서 사용되는 분산 자료관리 기법이고 암호화폐는 블록체인 기술을 이용한 가상화폐 기법 중에서 암호를 이용하는 화폐 종류이다. 가상화폐는 인터넷이나 SNS 등의 가상공간에서 화폐 기능을 대신하는 대용물이다. 비트코인(Bitcoin)은 은행을 이용하지 않고 블록체인 기술을 이용하는 대표적인 암호화폐이다.

(1) 블록체인(block chain)

블록체인은 블록을 체인처럼 연결한 것인데 중요한 것은 블록 안에 들어있는 거래 자료와 참여자들의 공유 방식이다. 블록에는 중요한 자료를 저장해두고 여러 노드(컴퓨터)들이 블록체인을 각자 자신의 컴퓨터에 똑 같은 자료를 저장하고 공유한다. 공유의 목적은 참여 노드들이 다함께 거래 기록을 확인하고 블록 운영 과정을 감시하고 보증하는 것이다. 특징은 블록체인 전체를 관리하는 중앙 관리자나 중앙 저장소 등이 존재하지 않고 모든 참여자들이 P2P[5] 방식으로 서로 공유하고 감시하고 분산 관리하기 때문에 장부 위조를 막는다.

5 Peer to Peer: 인터넷에서 개인과 개인이 직접 연결되어 파일을 공유하는 통신기술. 클라이언트/서버 시스템과 달리 개별 컴퓨터끼리 직접 연결하는 방식. 미국의 napster와 한국의 소리바다 등에서 이용. 저작권 문제를 해결하는 방식으로도 활용.

[그림 4.3]과 같이 ① 노드 A가 노드 B와 거래를 시작하면, ② 다른 노드들에게 거래를 신고하고, ③ 과반수의 노드들이 거래 자료를 검증해주면 거래가 성립한다. 거래가 성립하면 ④ 거래 내용을 블록으로 만들어서 블록체인에 추가하고, ⑤ 모든 노드들의 블록체인도 갱신하면, ⑥ 거래가 종료된다. 블록체인은 제네시스 블록부터 시작해서 일정한 시간간격으로 블록이 추가된다. 블록체인은 모든 노드들에게 똑 같이 복사되고 분산되어 저장되는 분산 파일이다.

분산 환경에서 모든 노드들이 똑 같은 블록체인을 저장, 관리하므로 분산 데이터베이스라고도 한다. 거래[6] 자료를 분산 환경에서 관리하므로 분산형 거래장부 시스템(distributed ledgers system)이라고도 한다. 한 노드가 다른 노드와 거래할 때 모든 노드들이 거래 기록을 확인한 다음에 블록체인에 저장하기 때문에 위조나 변조가 어렵다. 어떤 블록이 해킹에 의하여 변질되거나 유실되면 다른 노드에 있는 정상적인 블록으로부터 복제할 수 있어서 더욱 안전하다.

블록체인에 저장하는 정보는 다양하기 때문에 블록체인을 활용하는 분야도 매우 다양하다. 암호화폐는 블록에 거래 내역을 저장하여 거래에 참여하는 모든 사용자에게 거래 내역을 보내주며 거래 때마다 이를 대조하여 위조를 막는다. 이 밖에 전자투표, 전자 결제, 디지털 인증, 화물 추적 시스템, P2P(peer to peer) 대출, 원산지부터 유통과정 추적, 예술품 진품 감정, 위조화폐 방지, 공유 경제, 부동산 등기부, 병원 의료기록 등 다양한 분야에 활용할 수 있다.

블록체인은 참여자들에게 거래 내용이 공개되어 있으므로 보안을 위하여 암호화 기술이 중요하다. 블록체인은 분산 시스템 기술과 암호화 기술, P2P 통신 기술의 융합 제품이다.

(2) 암호화폐(cryptocurrency)

특정한 목적의 기부금을 모으기 위하여 전 세계에서 어린이들이 1달러에 해당하는 돈을 송금한다고 가정하자. 은행에 가서 작은 돈을 환전하고 송금하려고 하면 1달러의 몇 배가 넘는 비용이 발생하므로 헌금할 필요성이 없어진다. 만약 은행을 이용하지 않고 개인과 개인 간에 송금하는 방식이 있으면 수수료가 들지 않기 때문에 매우 경제적일 것이다. 사토시 나카모

6 transaction: 데이터베이스의 자료를 조작하는 프로그램의 최소 단위, 여기서는 블록체인의 블록 자료를 추가하거나 접근하는 프로그램.

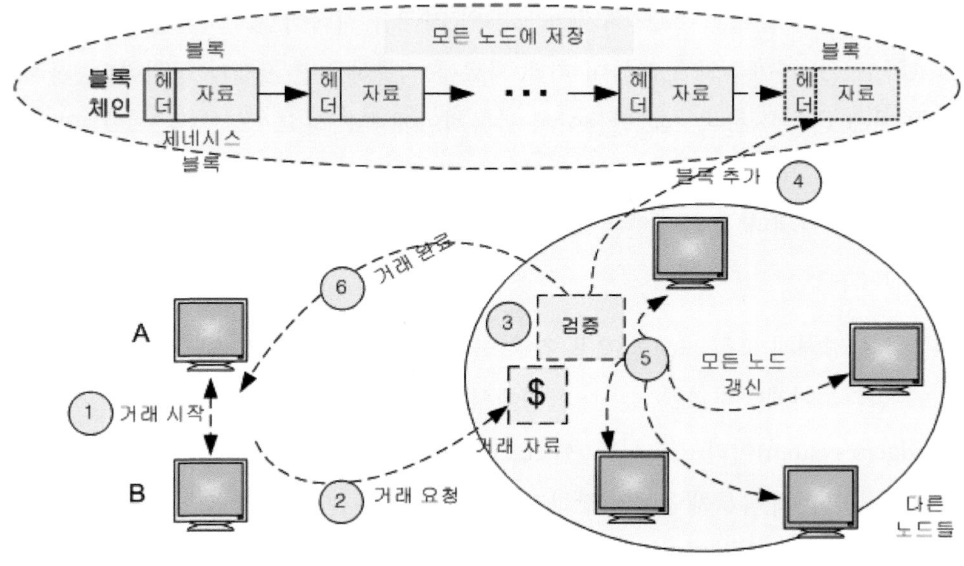

[그림 4.3] 블록체인 구성도

토[7]가 2007년 개인과 개인 간 거래가 가능한 블록체인 기술을 고안했다. 사토시는 글로벌 금융위기에서 중앙 집중화 된 금융시스템의 무력함을 비판하고 2009년 1월에 블록체인 기술을 적용해 비트코인[8]이라는 암호화폐를 개발했다.

T·I·P 블록체인 구성

블록(block)

자료를 저장하는 단위로, 바디와 헤더로 구분된다. 바디에는 거래 내역과 발생 시간 등이 암호화되어 저장되고, 헤더에는 블록이 연결되는 주소 등이 암호로 저장된다. 약 10분을 주기로 생성되며, 이전 블록에 계속 연결되므로 블록체인 형태가 된다. 처음 시작된 블록을 제네시스 블록이라고 한다.

7 Satoshi Nakamoto: 신원이 불확실한 필명으로 2008년 10월 암호화 커뮤니티에 '비트코인: P2P 전자화폐 시스템'이라는 논문을 발표했다. 논문에서 비트코인을 거래 당사자 사이에서만 오가는 전자화폐라고 정의하고, P2P 방식을 이용하여 이중지불을 막는다고 했다.

8 Bitcoin: 사토시라는 필명의 프로그래머가 개발한 암호화폐. 총 발행량이 2,100만개로 유통량이 많아지면 채굴이 어려워지고 채굴량도 줄어든다.

노드(node)

블록체인은 거래에 참여하는 모든 컴퓨터들이 모여 네트워크를 유지하고 관리한다. 개별적인 컴퓨터, 즉 참여자를 노드라고 한다. 중앙 관리자가 없기 때문에 블록을 배포하는 노드의 역할이 중요하며, 참여하는 노드들 가운데 절반 이상의 동의가 있어야 새 블록이 생성된다. 따라서 과반수의 노드를 속이지 않고서는 블록을 만들 수 없으므로 안전하다. 노드마다 블록체인을 저장하고 있는데, 일부 노드가 해킹으로 자료가 변질되어도 다수의 노드에 자료가 남아 있어 자료를 복구할 수 있다.

해시 함수(hash function)

어떤 자료를 입력해도 같은 값을 출력하는 함수이다. 출력되는 결과가 중복될 가능성이 낮고, 결과 값으로 입력 값을 역으로 추정하기 어렵다. 이 때문에 해시 값을 비교하면 데이터의 변경이 발생했는지 파악할 수 있다. 블록체인에서 블록을 검색하는데 사용된다.

가상화폐는 실물 화폐가 아니고 전자기술을 이용하여 온라인에서 발행되어 온라인과 오프라인에서 사용할 수 있는 디지털 화폐이다. 가상화폐란 정부에 의해 통제 받지 않으므로 개발자가 발행하고 관리하며 특정한 가상 커뮤니티에서만 통용되는 결제 수단을 말한다. 전자화폐[9], 카카오페이, 네이버페이, 전자상품권, 마일리지, 사이월드의 도토리, 게임 머니 등이 가상화폐에 포함된다. 마일리지, 상품권, 사이버머니도 발행과 운영 주체인 기업이 존재하며, 이들의 서비스 범위 안에서만 통용된다. 발행 기관이라는 중심부가 존재하며 이용자들은 이들이 구축한 지급 결제 수단을 통하여 수직적인 관계를 맺을 수밖에 없다. 암호화폐는 디지털 화폐이며 가상화폐이다. 암호화폐는 가상화폐(virtual money) 중에서 분산 환경의 블록체인 기술과 암호기술을 이용하여 P2P 방식으로 유통하는 화폐이다.

암호화폐는 각국 정부나 중앙은행에서 발행하는 일반 화폐와 달리 처음 고안한 사람이 정한 규칙에 따라서 수량과 가치가 부여된다. 암호화폐는 블록체인 기술을 활용하는 분산형 시스템 방식으로 처리된다. 분산형 시스템에 참여하는 사람을 채굴자라고 하며, 이들은 블록체인 처리의 보상으로 코인 형태의 수수료를 받는다. 암호화폐는 화폐 발행에 따른 생산비용이 전혀 들지 않고 이체비용 등 거래비용을 대폭 절감할 수 있다. 또 컴퓨터에 저장되기 때문에 보관비용이 들지 않고, 도난과 분실 우려가 없다. 그러나 거래의 비밀성이 보장되기 때문에 마약, 도박, 비자금 조성을 위한 돈세탁에 악용될 수 있고, 탈세수단이 될 수도 있다.

9 electronic cash: IC카드 또는 컴퓨터의 은행예금 등 전자적 방법으로 운영되는 지급 수단.

암호화폐는 중앙에서 총괄하는 관리자도 없고 중앙 저장소도 없다. P2P 방식을 이용하여 개인 간 거래 방식으로 운영하기 때문이다. P2P는 다른 컴퓨터에 접속해 파일을 교환하거나 공유하는 서비스다. 암호화폐는 참가자들의 컴퓨터에 분산하여 저장된다. 비트코인에서는 10분 주기로 만드는 거래 내역 묶음이 '블록'이다. 블록체인은 비트코인의 거래 기록을 블록 단위로 저장한 거래장부다. 다시 말하면 분산된 거래장부 데이터베이스이다. 거래 내역을 분산해서 관리한다는 의미로 '분산된 거래장부(Distributed Ledgers)'로도 불린다.

블록체인으로 성사된 거래는 취소하기 어렵고, 중앙기관이라는 개념이 없어 문제 발생 시 책임 소재가 모호하다는 단점이 있다. 개인들이 지닌 비트코인을 관리하는 전자지갑이 거래소에 접속하는 방식은 해킹 위험에 취약하며, 실제로 다수의 거래소에서 비트코인이 도난당하기도 했다. 정부 입장에서 문제가 되는 것은 비트코인의 익명성을 악용한 마약, 무기 등의 불법 거래나 돈세탁, 탈세 등이 발생할 여지가 높다는 점이다. 미국에서는 현행법상 불법인 거래만 규제하겠다는 입장을 가지고 있으며, 자격을 갖춘 회사에 면허를 주는 방향으로 가고 있다. 독일은 비트코인을 법정 화폐로 인정하고 거래와 차익에 대해 세금을 부과하기로 했다. 또한 국제 공조도 이뤄지고 있는데, 국제자금세탁방지기구(FATF)는 가상화폐가 테러 조직의 송금 등에 사용되지 않도록 공동으로 규제를 만들고 있다.

비트코인은 새로운 가치를 지니지만 동시에 문제점과 한계를 보인다. 그렇지만 아직 초창기에 불과하기 때문에 시행착오를 겪는 중이라고 볼 수 있다. 오픈소스를 기반으로 다양한 실험과 투자가 이뤄지고 있어, 문제점을 보완하며 진화할 가능성이 있다. 암호화폐는 블록체인 기술과 가상화폐 기술이 융합하여 만들어진 디지털 상품이다.

4.4 호모커넥투스

4차 산업혁명의 기반은 연결(connectivity)이며, 연결의 대표적인 기능이 유비쿼터스 환경과 사물 인터넷이다. 사람과 사물, 사물과 사물을 연결하는 사물 인터넷은 사물에 생명을 불어넣어서 온 세계를 하나의 시스템으로 통합하는 기능을 한다. 사람이 언어로 다른 사람과 소통을 하듯이 사물과 인간도 언어를 이용하여 소통한다. 인간의 특징이 언어 사용이라면 언어의 목적은 인간을 다른 인간과 연결하는 수단이다. 따라서 인간의 특징을 한 마디로 정리하면 호모커넥투스(homo connectus)이다. 호모커넥투스란 끊임없이 다른 인류와 연결하고 다른 동물, 식물, 사물과 소통하는 인간이다. 인간의 특징이 호모커넥투스였기 때문에 두뇌와 지능이 더욱 진화하여 이성 인간(Homo Sapiens)이 되었다.

4차 산업혁명의 핵심은 연결을 확장하고 인공지능을 심화하는 것이다. 다양한 게임을 즐기려면 다양한 게임들을 모두 구매해야 하고 고급 기능을 구사할 수 있는 하드웨어도 갖추어야 한다. 게임 시장이 급변하면 이에 발맞추어 새로운 버전의 소프트웨어를 다시 구매해야 하므로 소비자들의 부담이 클 수밖에 없다. 새로운 소프트웨어를 구매하지 않고 중앙에 있는 서버를 이용하려면 초고속 통신망이 필요하다. 인간이 이미 다가온 미래 사회에 적응하기 위해서는 다른 사람들뿐만 아니라 다른 사람들이 가지고 있는 장비와도 잘 연결하여 소통할 수 있는 호모커넥투스가 되어야 한다.

인간은 수 만 년 전부터 다른 사람과 생각을 교환하는 수단으로 언어를 이용하여 왔다. 언어가 인간과 인간의 생각을 연결하기 시작하면서 두뇌와 지능이 발달하였다. 호모커넥투스는 이 시기에 인간의 지능이 대폭 신장되었기 때문에 붙여진 이름이다. 사람의 사고 능력이 신장하려면 다른 사람과 생각을 많이 교환하는 것이 지름길이다. 인간은 끊임없는 연결을 통하여 지능을 진화하고 호모 사피엔스로 발전한 것이다.

4.4.1 빅데이터와 클라우드

빅데이터(big data)는 기존 데이터보다 훨씬 방대하고, 생성 주기도 짧고, 형태도 수치 자료뿐 아니라 문자, 음성, 영상 등을 포함하는 대규모 자료이다. 따라서 기존의 방법이나 도구로 관리할 수 없는 방대한 데이터들을 말한다.

휴대폰 통화량, 카드결제, 기상 정보, 소셜 네트워크 서비스(SNS) 메시지, 인터넷 검색 내역, 도로 교통량 등이 모두 빅데이터에 해당된다. 빅데이터는 디지털 환경에서 생성되며 다양한 멀티미디어 자료 등을 모두 포함한다. 실시간으로 생성되는 빅데이터를 활용하면 시장의 흐름을 알 수 있고 앞으로 변화하는 방향과 상태를 예측할 수 있으므로 마케팅에 매우 효과적이다. 선거 기간이라면 유권자들의 발언과 문자 등의 빅데이터를 분석하여 선거 동향을 예측하고 대비할 수 있으므로 선거 대책에 매우 유용하다. 다만 빅데이터는 너무 방대하여 전통적인 기술로는 쉽게 처리하고 관리하기가 어렵다는 문제가 있다. 더구나 [그림 4.4]와 같이 수량, 다양성, 생성 속도가 매우 크고 빠르기 때문에 분석도 쉽지 않다.

컴퓨터와 휴대폰, 인터넷 등이 생활에 적극적으로 이용되면서 사람들이 남긴 발자취(자료)가 기하급수적으로 늘어났다. 과거에는 가게에서 구매한 정보만이 남았는데 이제는 사용자가 인터넷으로 돌아다닌 모든 정보가 저장되어 활용될 수가 있다. 경찰에서 범죄자를 조사할 때 인터넷에서 무엇을 검색했는지 무엇을 알려고 했는지 무엇을 구매하려고 했는지 어디로 돌아다녔는지를 찾아내서 검거하기도 한다.

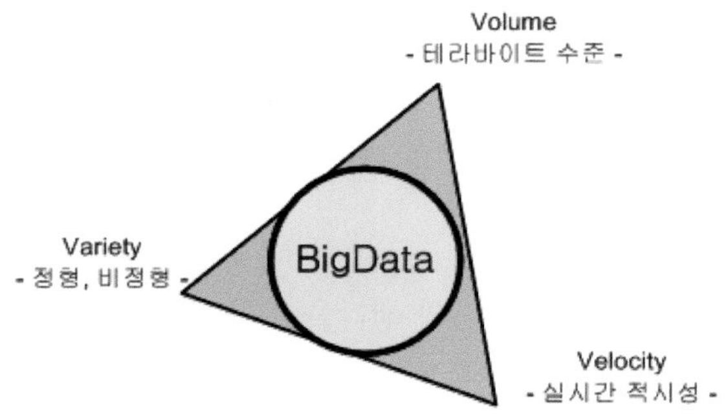

[그림 4.4] 빅데이터의 3대 요소

방대한 규모의 자료를 분석하는 기술이 발전하면 예전에 얻을 수 없었던 귀중한 정보를 얻을 수 있다. 빅데이터 고객 자료 분석 기법이 발전하면 고객의 이탈을 방지할 수 있고 고객 서비스를 증대하고 마케팅에 활용할 수 있다. 자료의 수량이 많을수록 귀중한 정보를 얻을 수 있다. 구글은 독감과 관련된 검색어 빈도를 분석하여 환자의 수와 유행 지역을 예측할 수 있었다. 자료의 수량이 많을수록 분석의 정확도가 높아진다고 한다. 따라서 코비드19와 관련된

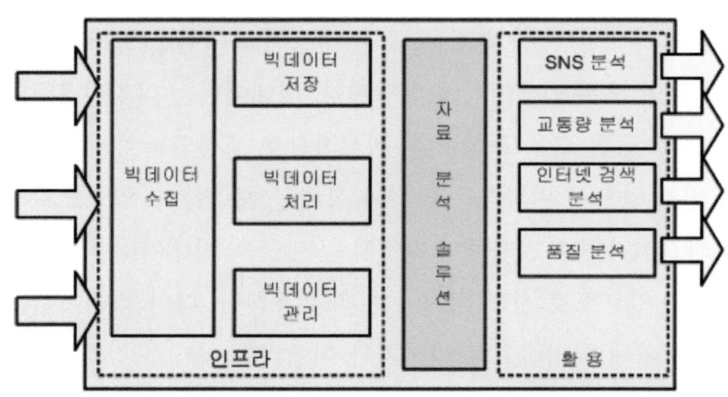

[그림 4.5] 빅데이터 플랫폼

검색어 빈도를 분석하면 역시 환자의 수와 유행 지역을 예측하고 어떤 소득 계층이 얼마나 많이 감염되는지를 알 수 있다.

빅데이터를 활용하기 위해서는 새로운 방식의 환경을 만들어야 하는데 이것을 빅데이터 플랫폼이라고 한다. 빅데이터 플랫폼은 [그림 4.5]와 같이 빅데이터를 효율적으로 수집, 저장, 분석 처리 및 관리 할 수 있는 환경이다. 이것은 데이터 마이닝과 같이 원시 자료를 수집해 정제하고 가공하여 귀중한 정보를 만들어내는 인프라이며 빅데이터 기술의 집합체이다.

4.4.2 클라우드

클라우드(Cloud)는 데이터를 중앙컴퓨터에 저장해서 인터넷에 연결하기만 하면 언제 어디서든 저장된 데이터를 이용할 수 있는 기능이다. 클라우드를 이용하면 소프트웨어 제품을 구매하지 않고 사용한 제품에 대한 이용료만 지불하면 되기 때문에 사용자 부담이 적다. 클라우드라는 용어는 인터넷을 표시할 때 구름을 그렸기 때문에 유래된 것이다. 기존에는 생성된 자료를 자신의 땅(하드디스크)에 저장한다는 것과 비교하여 클라우드는 하늘에 있는 구름에 저장한다는 것이다. 기업 안에 서버와 저장장치를 두지 않고 외부에 위탁(outsourcing)하기 때문에 서비스 사업자의 서버라고도 한다.

빅데이터의 문제점은 클라우드를 이용하여 쉽게 해결할 수 있다. 즉 빅데이터를 클라우드로 관리하면 분석과 활용이 용이하다. 예상할 수 없는 통신량 폭주를 대비하여 과도한 설비를 투자할 필요도 없다. 클라우드의 최대 장점은 필요한 인프라를 자유롭게 확장할 수 있기 때문에 빅데이터 분석이 용이하다는 점이다.

4.4.3 구독 경제

컴퓨터의 용도가 다양해지면서 고급 기능을 가진 하드웨어와 소프트웨어를 구매하려면 부담이 클 수밖에 없다. 자주 사용하지 않는다면 비싼 기능의 장치와 프로그램들을 공유하는 것이 오히려 편리하게 되었다. 그 결과 클라우드 컴퓨팅 등의 공유 개념이 산업에 적용되기 시작하였다. 공유 개념은 구매 경제에서 구독 경제로 경제사회를 구조적으로 바꾸고 있다.

과거에는 동네마다 서적 대여점과 비디오 가게가 성업을 이루었으나 지금은 모두 사라지고 없어졌다. 수십 년 전부터 VOD(Video on Demand) 시대가 온다고 예측했는데 드디어 VOD

시대가 왔다. 비디오와 DVD 가게가 사라지고 넷플릭스(NETFLIX)가 안방을 차지하고 있다. 넷플릭스는 현재 1억 5천만 명의 구독자를 보유하고 최근에는 광고료가 아닌 구독료의 분기 매출만도 50억 달러에 이른다. 사람들은 영화뿐만 아니라 책도 인터넷으로 빌려보고 있다. 음악 서비스도 구독하는 사람들이 늘고 있다. 기존에 신문과 잡지를 구독하는 개념으로 이와 같은 각종 서비스를 지원받는 사람과 기업이 점차 늘고 있다.

종합대학들은 학문 분야가 매우 넓고 다양하기 때문에 각각의 도서관들이 교육과 연구를 지원하기 위해서 수많은 논문과 잡지, 자료 등을 구독하기에는 부담이 크다. 그 결과 요즘의 도서관들은 지역 단위로 모여서 나누어 구독을 하고 자신들의 자료들을 인터넷으로 공유하고 있다.

구독 경제가 가능한 것은 모든 것이 초고속으로 연결되어 있다는 사실을 기반으로 한다. VOD 서비스가 가능한 것도 몇 시간 분량의 동영상 자료를 수 초 만에 전송하고 시현(display)할 수 있는 수단이 개발되었기 때문이다. 지금도 계속되고 있는 반도체와 통신의 발전은 구독 경제를 가속화하고 있다.

4.4.4 공유 경제와 융합

산업사회가 발전하면서 개인 소득이 증대하여 소비자들이 구매하는 물품의 종류와 수량이 크게 증가하였다. 많은 제품과 서비스를 구매하고 쓰다 남는 것을 버리는 경제적인 낭비를 가져왔다. 환경을 오염 시킬 뿐만 아니라 물건들을 보관하는 공간과 재활용 처리 비용의 급속한 증가로 많은 불편을 초래하였다. 그 결과 환경을 살리고 낭비를 줄이기 위한 방편으로 공유 경제 개념이 도입되었다. 직장인들이 출·퇴근 시에 교통난으로 대중교통수단을 이용하게 되었고, 차량은 주말 용도로 사용하게 되었다. 따라서 자동차를 구매하지 않고 주말에만 빌려서 사용할 수 있는 공유 개념이 대두되었다.

공유 경제란 소비자들이 자신의 기술이나 자산을 다른 사람들과 함께 사용하여 새로운 가치를 창출하는 경제 활동이다. 대량생산과 대량소비가 특징인 산업혁명 이후의 자원 고갈과 환경 보호에 대비하여 출현한 경제 방식이다. 한번 생산된 제품과 생산설비와 서비스 등을 개인이 소유할 필요 없이 필요한 만큼 빌려 쓰고, 자신이 필요 없는 경우 다른 사람에게 빌려주는 공동 이용 개념이다.

(1) 공유 경제 사업

에어비엔비(Airbnb)는 자기 집을 상품으로 내놓는 숙박 공유 플랫폼이다. 조 게비아(Joe Gebbia) 등의 창업자가 우연히 주변 호텔들이 만원이었을 때 자기 집을 모르는 손님들에게 빌려주고 돈을 받았다. 손님에게 에어베드(Air bed)와 아침(breakfast)을 제공했던 것을 계기로 창업을 하였으며 대성공을 거두었다.

집주인이 사용하지 않거나 잠시 집을 비우거나 비어 있는 방이 있을 때 얼마에 방을 빌려준다고 밝히면 손님이 숙박을 하고 에어비엔비는 수수료를 챙기는 사업이다. 2008년에 창립하여 전 세계로 진출하였으며 호텔 시설도 없고 호텔 종업원도 없지만 기업가치가 300억 달러에 이른다. 이것은 인터넷 통신망을 이용한 소프트웨어가 일반 주택과 융합하여 만들어진 새로운 사업이다. 우버와 함께 가장 주목 받는 창업 사례이다.

우버(Uber) 택시는 차량도 없고 기사도 없는 택시 서비스지만 공유 경제의 대명사이다. 우버는 승객과 운전기사를 스마트폰 앱으로 연결하는 기술 플랫폼에 불과하다. 플랫폼이라는 것은 우버가 택시와 운전기사를 소유하지 않으면서 택시 서비스를 제공하는 수단이기 때문이다. 택시를 전문으로 하는 차량이 아니고 일반인이 소유하고 있는 차량을 필요할 때 빌려서 사용하는 개념이므로 공유경제의 한 방식이다.

우버가 가능한 것은 스마트폰이 초고속 통신망으로 잘 연결되어 있고 택시와 손님의 위치를 잘 파악할 수 있는 앱이 개발되었기 때문이다. 우버의 창업자 트레비스 캘러닉은 대학에서 컴퓨터공학을 전공하였으며 창업에 실패한 경험이 있다. 그는 어느 날 택시잡기가 너무 어려워서 택시를 쉽게 잡을 수 있는 플랫폼을 개발하기로 결심했다고 한다. 이 세상의 모든 운전자를 기사로 만들겠다는 야심을 가지고 창업을 하였다. 우버는 택시 회사와 달리 기업의 이윤이 아니라 중개 수수료만 받기 때문에 기사들에게 경제적으로 큰 도움이 된다. 실제로 우버에 참여한 기사들은 남는 시간에 일을 할 수 있고 소득도 많으므로 매우 만족한다고 한다.

한국의 쏘카(Socar)는 스마트폰 애플리케이션을 통해 차량 공유 서비스를 제공하는 영리기업이다. 출퇴근 시에 대중교통을 이용하는 사람들은 차량을 주말에 주로 이용하고, 퇴직한 사람들은 차량을 사용할 일이 별로 없어서 주로 주차장에 세워두고 있다. 그럴 바에는 차라리 차를 사지 않고 차량을 공유하면 좋겠다는 생각에서 쏘카가 출범하였다. 타다는 소비자가 스마트폰 앱으로 자동차를 빌리면 운전기사까지 함께 따라오는 서비스로서 2019년에 출시된 모빌리티 플랫폼이다.

타다는 11~15인승 승합차의 경우 렌터카 기사 알선을 허용한다는 여객자동차 운수사업법 시행령에 근거한다. 타다는 강제 배차되기 때문에 승차 거부가 없고, 큰 차량으로 이동할 수 있는 장점으로 인하여 빠르게 성장하였다.

(2) 공유 경제와 융합

지금까지 기술한 공유 경제의 사례들을 보면 기존의 전통적인 사업들이 대부분 IT 서비스와 융합되었다. 이처럼 4차 산업혁명의 특징은 스마트폰을 중심으로 기존 산업과 밀접하게 융합되었음을 알 수 있다. 넷플릭스는 기존의 비디오 대여점을 대신하여 영화산업과 스마트폰이 초연결 상태로 융합한 것이고, 우버와 쏘카, 타다 등도 스마트폰과 기존의 콜택시 산업이 융합한 것이다. 클라우드 컴퓨팅은 기존의 장비 임대산업과 스마트폰이 융합한 것이며, 기존의 게임 산업도 초연결 상태를 기반으로 융합되고 있다.

이상과 같이 공유 경제가 가능한 것은 스마트폰과 통신망을 기반으로 모든 것이 초연결 되었으며 스마트한 인공지능 소프트웨어가 지원된다는 사실을 전제로 기존 산업과 융합한 결과이다.

전동 킥보드는 전형적인 공유 경제 사업 중 하나이다. 수십만 원에서 백만 원이 넘는 장비를 잠시 사용하려고 구매하는 것보다는 대여하는 것이 편리하기 때문에 전 세계적으로 급속하게 보급되고 있다. 그러나 킥보드가 길거리에 방치되는 경우가 많아서 보행자들에게 불편을 주는 부작용도 있다. 도로교통법 상 자동차 도로를 이용해야 하지만 낮은 속도로 인한 위험 때문에 인도로 주행하는 경우가 많아 교통사고도 자주 발생한다. 파리와 뉴욕 등 대도시에서도 안전 문제로 골머리를 앓고 있다. 킥보드 업체에서 수시로 방치된 장비를 정리하고 있지만 장비 반납 절차가 너무 간단해서 문제이다. 길거리에 방치되어 부서져 있기도 하고 개천과 하천에 마구 버려져 있기도 해서 문제가 되고 있다. 첨단 개인 교통수단이 휴대폰과 융합하여 환경도 보호하는 공유 경제로 발전했지만 문제점도 같이 해결해야 하는 상황이다.

4.4.5 전술 통합 시스템

지구는 둥글기 때문에 40km 밖 수평선 너머에 있는 적군의 함정들이 보이지 않는다. 그러나 초계기(patrol aircraft)나 조기 경보기(early warning aircraft)가 하늘에 떠 있다면 상황은 달라진다. 초계기가 높이 떠서 40km 밖의 적함을 발견하면 아군 함정에게 미사일 공격을 지시하고 미사일이 발사되면 수평선 밖에 있는 적함에 명중하도록 유도한다. 적함의 예상 경로에 기뢰를 부설하거나 적군이 설치한 기뢰를 제거하도록 수상함에게 지시한다. 초계기가 수중 청음기[10]를 이용하여 잠수함의 위치를 발견하면 구축함에게 통보하여 폭뢰 공격을 시도한다. 조기 경보기는 하늘 높이 떠서 수 백km 밖에 있는 적군의 함정과 전투기들의 위치를 탐지하고 전투기들에게 공격과 방어 임무를 지휘한다. 전투 함정들은 주변의 전투 함정들과 긴밀하게 협동해야 하는 것은 물론이고 지상의 육군과도 협동하여 육군의 대함 미사일 지원을 받을 수도 있고, 함대지 순항 미사일로 육군을 지원할 수도 있다. 현대 해상전의 특징은 모든 함정과 항공기와 육군 부대가 초고속 통신망으로 긴밀하게 연결되어 합동 작전을 수행한다는 것이다.

육군의 보병 부대가 전투 작전을 수행하려면 현장 지휘관이 정찰기가 보내온 전투 상황을 노트북으로 보면서 전투 부대에게 작전을 지시하고, 전술 차량들은 주변의 다른 전술 차량들과 긴밀하게 통신하면서 협동한다. 필요하면 포병의 포격을 요청하고 탱크 부대의 지원을 요청한다. 또한 공군 폭격기와 합동 작전을 수행하기도 한다. 해안 지대인 경우에는 해군의 함포와 함대지 미사일 지원을 요청한다.

현대전은 육군과 해군, 해병대, 공군이 모두 하나의 시스템으로 통합되어 전장의 정보를 공유하고 협동 작전을 수행하는 것이 기본이다. 협동작전이 성공적으로 차질 없이 수행되기 위해서는 모든 장비와 인력이 전부 디지털 통신망으로 연결되고 전투 지휘 소프트웨어가 효과적으로 기능해야 한다. 현대 전투의 성과는 전술 통합 시스템의 성능과 운영 능력에 따라 결정된다고 볼 수 있다.

---

10 SONAR(SOund NAvigation and Ranging): 수중에 있는 물체를 탐지하기 위하여 초음파를 발사하여 확인하거나 다른 물체가 내는 소리를 청음 하여 위치를 파악하는 장치이다.

4.5 3D 프린터

발명자 또는 설계자가 새로운 제품을 만들 때는 대량생산을 하기 전에 시제품을 만들어서 다양하게 시험할 필요가 있다. 시제품을 만들 때는 많이 만들지 않고 조금만 제작하기 때문에 공장에서 제작해주지 않으려고 한다. 이때 수작업으로 만들 수도 있지만 3D 프린터를 이용하면 대단히 편리하다. 창의력이 높으면 얼마든지 새로운 제품을 상상하고 구현할 수 있다. 각자 상상하는 제품의 모형을 상세 설계 도면으로 만들어서 3D 프린터 기사에게 의뢰하면 부품을 하나씩 만들어준다. 따라서 일반인도 얼마든지 새로운 제품을 만들 수 있다.

드론 시제품을 만들 때 목재를 사용하기도 한다. 드론 기체의 소재를 목재로 사용하는 이유는 가볍고 가공이 편리하고 비교적 강도가 좋기 때문이다. 그러나 목재를 가공하는 작업은 숙련된 기술이 요구되며 수작업으로 가공하면 일정한 품질을 유지하기 어렵다. 그래도 목재를 사용하는 이유는 대량 생산을 하기 전에 시제품을 쉽게 만들 수 있기 때문이다. 그러나 3D 프린터가 보급된 후에는 3D 프린터가 시제품 제작의 대안이 되었다.

3D 프린터가 없거나 3D 프린터를 사용할 줄 몰라도 상관없다. 시제품의 상세 설계도를 만들 수 있다면 3D 프린터 기사에게 의뢰하여 부품을 만들 수 있다.

3D 프린터는 입체적인 설계 도면으로 3차원의 물체를 제작하는 기계이다.

3D라고 하는 것은 입체적인 도면으로 3차원의 물체를 만든다는 뜻이고 프린터라고 하는 것은 인쇄기가 잉크를 2차원의 문자들을 출력하듯이 가루나 액체 등을 출력하여 물체를 만들기 때문에 붙여진 이름이다. 3D 프린터의 원리는 제작하려는 물체를 컴퓨터 안에 3차원으로 표현하는 파일을 만들고 이것을 읽어서 조금씩 재료를 출력하여 물체를 만드는 작업이다. 3D 프린터 작업은 [그림 4.6]과 같이 3단계로 진행한다.

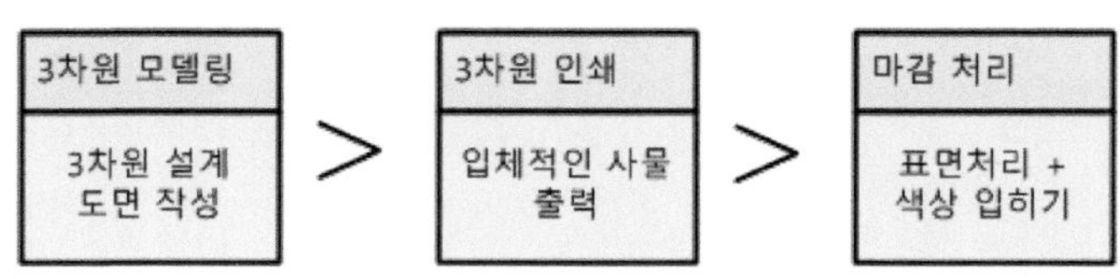

[그림 4.6] 3D 인쇄 절차

4.5.1 3차원 모델링

3차원 모델링은 대상 물체의 설계 도면을 3차원의 컴퓨터 파일로 작성하는 단계이다. 모델링은 3D CAD(computer aided design) 또는 3D 모델링 프로그램을 이용하여 3D 파일을 만드는 작업이다.

4.5.2 3차원 인쇄

3차원 인쇄는 3D 모델을 여러 계층으로 나누어 각 층별로 재료를 조금씩 출력하여 층층이 쌓아가면서 물체를 만드는 작업이다. 여기에 사용하는 재료는 플라스틱, 석고, 나일론 가루, 금속 등이 있다.

4.5.3 마감처리

마감 처리는 출력이 끝난 물체에 붙어 있는 부수적인 재료를 떼어내고 다듬거나 색체를 입히는 작업이다.

1980년대 초에 미국의 3D 시스템즈 회사는 시제품(prototype)을 만들기 위하여 플라스틱 액체를 굳혀서 물체를 만드는 3D 프린터를 최초로 개발하였다. 영국 사우샘프턴대학에서는 시속 160㎞로 비행하는 무인비행기를 제작한 바 있고, 건축계에서는 건축물을 만들었고, 의료계에서는 인공 관절과 인공 장기를 만들고 있다. 이와 같이 3D 프린터는 더욱 다양한 분야로 용도가 확장되고 있다.

〈표 4.3〉 3D 프린터 활용 시 시제품의 장점

구분	내 용	비 고
1	다양한 구조와 형태의 부품 제작	구입하기 어려운 소수의 부품 제작 가능, 창의력 발휘
2	정확한 설계 기록	출력을 하려면 정확한 설계도면 필요
3	균일한 품질관리	동일한 품질의 부품 제작
4	외관이 미려	표면이 매끄롭고, 색칠하기 좋다.
5	보안 유지	자체 생산하므로 외부 유출 방지
6	강도	소재에 따라 비교적 강도가 좋다.

3D 프린터는 STL(Stereo Lithography) 파일을 주로 사용한다. STL은 3D 시스템즈 회사가 개발한 CAD 파일의 표준 형식이다. STL 파일을 3D 프린터에 읽히면 프린터는 주어진 소재를 층별로 미세하게 출력하여 물체를 만들어 나간다. 3D 프린터를 사용하기 위해서는 부품의 설계 도면을 3D 파일로 만들어야 한다. 3D 소프트웨어마다 사용하는 형식이 다르지만 대부분 STL 형식으로 호환된다.

<표 4.3>은 3D 프린터를 이용하여 시제품을 만들 때 얻을 수 있는 장점으로 주요 내용은 다음과 같다.

첫째, 3D 프린터는 다양한 구조와 형태의 부품들을 만들 수 있다. 새로운 형태의 부품이 필요할 때 그것을 만들어 주는 공장을 찾기가 쉽지 않다. 주문 수량이 적기 때문에 경제성이 없어 쉽게 만들어주지 않는다. 그러나 3D 프린터는 하나의 작은 부품이라도 저렴하게 빨리 만들 수 있으며, 형태가 복잡하더라도 시간만 주면 얼마든지 제작 가능하다. 따라서 개인의 창의력을 발휘한 시제품을 제작하기 편리하다.

둘째, 3D 프린터로 기체의 부품을 만들기 위해서는 시제품의 상세 설계 도면을 정확하게 작성해야 한다. 도면이 정확해야 3D 프린터 기술자가 시제품 설계 도면을 보고 3차원 모델링을 하고 3D 모형을 만들 수 있기 때문이다. 목재를 수작업으로 만들 때는 만들면서 임의로 수정할 수 있기 때문에 도면이 정확하지 않아도 된다. 따라서 시제품이 도면과 달라질 수 있다. 반면에 3D 프린터의 경우 작업 도중에 설계 내용이 달라졌는데 도면을 수정하지 않으면 아예 제품을 만들 수 없다. 따라서 도면은 항상 제품과 동일할 수밖에 없다.

셋째, 3D 프린터로 부품을 만들면 몇 개를 만들더라도 품질이 동일하게 유지된다.

목재를 수작업으로 가공하면 작업할 때마다 부품들이 조금씩 다를 수 있다. 즉, 수작업으로는 동일한 품질을 유지하기 어렵다.

넷째, 3D 프린터의 출력물은 표면이 매끄러워서 미관상 보기에 좋다. 또한 락커 칠 등을 이용하여 다양한 색상을 입히기 쉬워 상품성이 좋다.

다섯째, 시제품 제작을 외부 공장에 위탁하지 않아도 되기 때문에 디자인의 유출을 막을 수 있다. 3D 프린터의 가격이 저렴하기 때문에 직접 제작할 수도 있다.

여섯째, 소재에 따라서 강도가 다양하고 좋다. 목재보다 밀도가 높아서 무거운 대신 강도가 세다는 장점이 있다.

예전과 달리 3D 프린터의 가격이 많이 하락하여 이제는 직장이나 학교, 연구소 등에 3D 프린터가 많이 설치되어 적은 비용으로 3D 프린터를 이용할 수 있게 되었다. 3D 프린터를 이용하여 시제품을 만드는 과정은 목재를 소재로 할 때보다 더 간단하다. 그 이유는 목재를 소재로 할 때는 부품 제작까지 스스로 완성해야 하지만 3D 프린터를 이용하면 설계 이후의 제작은 기계가 해주기 때문이다.

4.6 반도체

4차 산업혁명은 인공지능, 사물인터넷(IoT), 자율주행차, 초고속 네트워크 등이 필수적이므로 이들을 기능적으로 지원할 수 있는 반도체(semiconductor)가 중요하다. 4차 산업혁명의 시설과 장비들은 사물 인터넷에 연결되므로 정보를 처리하고 저장할 수 있는 다양한 기능의 반도체들이 내장된다. 반도체는 전기가 잘 흐르는 도체와 잘 흐르지 못하는 절연체의 중간 성질을 갖는 물질이다. 이런 성질을 이용하면 반도체를 스위치와 전류 증폭기로 활용할 수 있다. 반도체의 원료는 게르마늄, 실리콘, 갈륨비소 등이며 이것으로 만든 대표적인 반도체가 트랜지스터이다.

(a) 트랜지스터 (b) 집적회로

[그림 4.7] 트랜지스터와 집적회로

트랜지스터는 반도체 3개를 접합하여 만든 반도체 소자로 전자회로에서 스위치, 정류기, 증폭기 등의 역할을 한다. [그림 4.7](a)와 같이 3개의 단자가 있어서 베이스는 에미터와 콜렉터 사이에 흐르는 전류를 제어하는 역할을 한다. 트랜지스터, 다이오드, 저항, 축전기 등의 많은 부품들을 작은 기판 위에 모아서 연결하면 [그림 4.7](b)와 같은 집적회로(IC, Integrated Circuit)가 생성된다. 집적회로는 특정한 기능을 처리하기 위해서 반도체 기판 위에서 연결한 전자소자 시스템이다. 진공관이나 트랜지스터로 만든 전자 장비들을 집적회로로 만들면 대폭 소형화할 수 있다. 실제로 진공관 라디오를 트랜지스터로 만들면 10분의 1 이하로 작아지고, 집적회로로 만들면 또 10분의 1 이하로 작아질 수 있었다. 전자 장비의 크기가 작아지면 전력 소모가 작아지고, 속도는 빨라지며 가격은 하락한다.

트랜지스터와 집적회로의 발명으로 컴퓨터의 크기가 대폭 작아졌기 때문에 항공기와 우주선에 컴퓨터를 실을 수 있었다. 미국이 전투기와 우주 경쟁에서 소련을 이길 수 있었던 이유가 집적회로 때문이라고 한다. 초소형 컴퓨터를 항공기에 실을 수 있었기 때문에 항공기의 성능이 대폭 향상되었다. 마이크로컴퓨터가 소형화하고 가격이 하락했기 때문에 드론이 2000년대에 출현할 수 있었다. 만약 컴퓨터가 예전처럼 크고 무겁고 고가였다면 드론의 출현은 불가능했을 것이다.

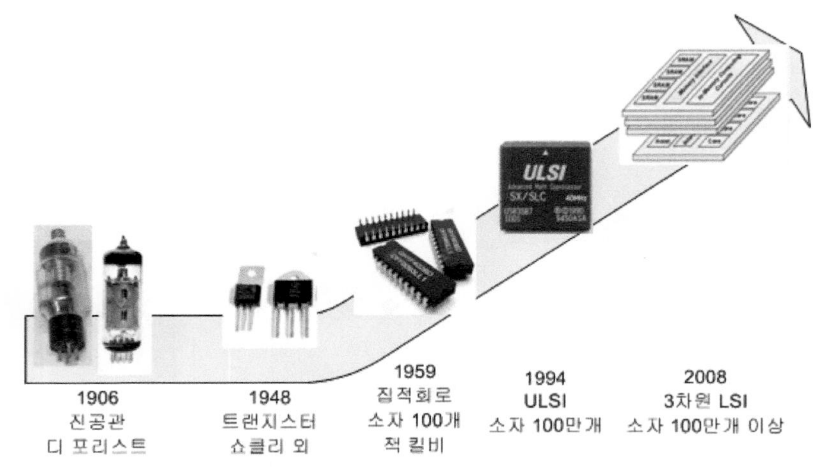

[그림 4.8] 반도체 발전 과정

반도체의 발전과정은 [그림 4.8]과 같다. 에디슨이 만든 전구를 이용하여 1906년에 포리스트[11]가 3극 진공관을 만들었다. 포리스트는 3극 진공관의 증폭 기능을 이용하여 무전기와 라

11 Lee de Forest(1873~1961): 미국의 전기공학자. 1906년 3극 진공관 발명.

디오의 수신 성능을 개선하였다. 1948년에 월터 브래튼 등 3인은[12] 3극 진공관 역할을 수행하는 트랜지스터를 개발하였다. 트랜지스터는 진공관과 달리 전력 소모가 적고, 크기도 작고, 튼튼해서 전자 장비를 만들기 쉬웠다. 1959년에 잭 킬비[13]가 트랜지스터와 다이오드, 저항, 컨덴서 등의 부품들을 웨이퍼 위에 연결하여 특정한 기능을 수행하는 집적회로를 개발하였다. 집적회로는 더 작은 크기에 더 많은 소자들을 집적하여 1994년에는 100만개의 소자를 집적하는 ULSI(ultra large scale integrated circuit)를 개발하였고 2008년에는 3차원으로 소자들을 쌓아올린 3차원 집적회로를 개발하여 전자장비의 성능이 대폭 향상되었다. 반도체 회사들은 더 작은 공간에 더 많은 소자들을 집적하는 집적회로를 개발하고 있다. 집적도가 높을수록 크기는 작아지고 전력 소모가 적어지며 처리 속도는 빨라지는 장점이 있어서 경쟁적으로 집적도를 점차 높이고 있다.

〈표 4.4〉 반도체 종류

구분	종 류	세 분	매출 비중	시장 구조
메모리 반도체	RAM	SRAM, DRAM	30% 개당 2-3$	소품종대량생산 자본력+기술력 시장 변화에 민감
	ROM	Mask ROM, PROM, EPROM		
	Flash 메모리	NAND Flash, NOR Flash		
시스템 반도체	처리장치	CPU, GPU, NPU, AP	70% 메모리의 10배 이상	다품종소량생산 설계 기술력 시장 변화에 둔감
	이미지 센서	CCD, CMOS		
	개별 소자	능동 소자 집합체		
기 타	LED	적색, 청색, 녹색,,,	0~%	조명 시장

반도체의 종류는 <표 4.4>와 같이 메모리 반도체와 시스템 반도체로 구분된다. 메모리 반도체는 자료를 기억·저장하는 기능을 하고 시스템 반도체는 정보를 계산·추론하는 역할을 수행한다. 메모리 반도체는 단순하게 자료를 저장하고 읽는 RAM, ROM, flash memory등이 있다. RAM(random access memory)은 전기가 나가면 기억이 사라지지만 처리속도가 빠르

12 William Shockley, Walter Brattain, John Bardeen: 미국 벨연구소 연구원. 트랜지스터 발명으로 2000년 노벨물리학상 수상.

13 Jack Kilby: 텍사스 인스트루먼트의 연구원. 집적회로 발명으로 2000년 노벨물리학상 수상.

다는 장점이 있는 기억장치이고, ROM(read only memory)은 전기가 나가도 기억이 유지되는 장점이 있는 대신에 읽기만 가능하다는 단점이 있는 기억장치이다. EPROM(erasable programming ROM)은 기억되어 있는 자료를 지우고 다시 새로운 자료를 기록할 수 있는 ROM이므로, 응용 프로그래머들이 쉽게 사용할 수 있는 장점이 있다. Flash 메모리는 ROM과 RAM의 장점을 모두 갖추어서 읽고 쓰기가 가능하면서 전기가 나가도 기억이 유지되는 기억장치로 널리 사용된다. DRAM은 빠르지만 전기가 나가면 저장이 안되는 단점이 있고, NAND flash는 느리지만 전기가 나가도 저장이 된다는 장점이 있다.

이미지 센서(image sensor)는 카메라에서 빛을 전기적인 영상신호로 변환하는 반도체이다. 전하결합소자인 CCD(Charge Coupled Device)와 금속산화물반도체인 CMOS(complementary metal-oxide-semiconductor) 등이 있다. CCD는 화질이 좋고 노이즈나 잔상처리 효과가 뛰어난데 비해 CMOS는 가격이 저렴한 장점이 있다. 이미지 센서는 자율주행차량 운행에 중요한 장치이다.

LED(light emitting diode)는 전류가 흐르면 전기 에너지를 빛 에너지로 변환하는 반도체이다. 전기를 빛으로 직접 변환하기 때문에 열 손실이 적고 수명이 길다.

〈표 4.5〉 처리장치 종류

구분	이름	용도	주요 기업
CPU	중앙 처리장치	컴퓨터(서버, PC 태블릿)	Intel, AMD, ENVIDIA
GPU	그래픽 처리장치	화면 성능 개선	ENVIDIA, AMD
AP	응용 처리장치	휴대폰, 이동기기 등	Qualcom, Apple, Samsung,
NPU	신경 처리장치	인공신경망	Amazo, Google, Facebook,,,

시스템 반도체(비메모리 반도체)는 CPU, GPU, NPU. AP 등과 같이 정보를 계산하고 추론하는 기능을 갖고 있으므로 전자장비의 핵심 기능을 수행한다. <표 4.5>와 같이 CPU(Central Processing Unit)는 정보 계산과 추론 등의 기능을 수행한다. 1990년대 중반 이후에 멀티미디어 컨텐츠가 증가하고 게임이 활성화되면서 화면을 선명하고 빠르게 표현하는 것을 지원하는 그래픽 카드가 중요하게 부각됨에 따라 GPU(Graphics Processing Unit)가 개발되어 보조적으로 사용하게 되었다. 휴대폰과 모바일 기기가 보급되면서 모바일 기기를 다양한 응용

분야에서 활용하기 위하여 AP(Application Processor)가 개발되었다. 4차 산업혁명과 함께 등장한 인공지능 프로그램을 활성화하기 위하여 인간의 두뇌처럼 신경망으로 처리하는 NPU(Neural Processing Unit)가 개발되었다.

처리장치 시장에서 특이한 점은 CPU를 생산하던 회사들이 GPU를 생산하기 시작하였고, Intel은 GPU를 CPU에 포함시키려 하고 있다. 휴대폰을 생산하던 회사들이 인공지능 비서, 생체인식, 안면 인식 등의 응용분야를 지원하기 위하여 AP를 생산하기 시작했다. 온라인 시장을 운영하는 회사들이 직접 최종 고객들에게 인공지능 서비스를 제공하기 위하여 NPU를 개발하기 시작했다는 것이다.

반도체 용도를 살펴보면 컴퓨터(서버, PC, 태블릿 등), 휴대폰, TV 가전, 자동차, LED 조명, 태양전지, 이차전지, 풍력, 연료전지 등은 전통적인 분야에서 뿐만 아니라 4차 산업혁명의 중심인 인공지능, 사물인터넷, 자율주행차, 초고속 네트워크 등의 분야에서도 중요하게 사용된다.

4.7 딥러닝

인공신경망은 1950년대 이후 컴퓨터 등 관련 학계의 관심을 빈번하게 끌어왔다. 그 때마다 많은 발전이 있기는 하였으나 결과가 크게 만족스럽지는 못하였다.

그러나 2016년에 알파고(AlphaGo)[14]가 전문기사와의 대국에 승리하면서 새로운 관심을 이끌어내는데 성공하였으며 그 기술이 4차 산업혁명의 핵심 요소로 평가되어 큰 충격을 주었다. 앞으로 전개되는 4차 산업혁명은 바야흐로 인공지능 또는 딥러닝(deep learning)이 주역인 시대라고 말할 수 있다.

4.7.1 심층 신경망과 기계학습

인공지능의 역사는 1940년대에 두뇌의 뉴런을 기반으로 하는 인공신경망 모델이 제시되었

14 AlphaGo: 구글 딥마인드에서 개발한 바둑 인공지능 프로그램. 2016년 3월 프로 기사와 맞바둑을 두어 승리한 프로그램. AlphaGo에서 Go는 일본어 碁(ご)로 바둑이라는 뜻이다.

고, 1950년대에 초기 이론의 발전과 함께 게임 등에서 성과가 있었으나, 이후 인공지능에 대한 과도한 기대와 이에 따르는 실망 그리고 새로운 모델 제안 등으로 학문 자체가 부침을 반복하였다. 그러다가 1980년대에 이르러 전문가 시스템으로 활발하게 재기하였고, 1990년대에 역전파 알고리즘으로 인공신경망이 활기를 띠었다. 2000년대에 이르러서는 대규모 데이터를 이용한 기계학습이 활발하게 연구되었다. 2010년대에는 빅데이터(Big data) 기술의 도입으로 더욱 정교한 기계학습이 가능해졌다.

(1) 심층 신경망(Deep Neural Network)

인공신경망은 인간 두뇌의 신경망과 유사한 방식으로 스스로 학습할 수 있는 정보처리 컴퓨터나 알고리즘을 말한다. 인공신경망의 핵심은 스스로 학습하는 기능에 있다. 컴퓨터의 장점이 대용량 자료를 신속하게 검색하고 처리하는 것이지만 이 처리의 특징은 간단하고 단순한 자료에 국한된다. 인공지능이 출현하면서 복잡한 사고를 요구하는 업무를 스스로 학습하면서 처리할 수 있다는 것이 장점이다.

인공신경망은 퍼셉트론(perceptron)으로 출발해서 다층 퍼셉트론으로 발전하였다. 즉 입력층과 출력층 사이에 여러 층의 은닉층을 두어서 가중치를 더욱 세밀하게 조절함으로써 더 정교한 학습을 가능하게 하였다. 다중의 은닉층을 포함하는 신경망을 심층 신경망(deep neural network)이라고 한다. 그러나 학습을 위한 많은 연산량이 발생하고 과도하게 학습하여 실제 데이터에 대한 오차가 증가하는 과적합(overfitting) 문제와 기울기 값의 소실 문제(vanishing gradient problem) 등이 발생할 수 있다.

(2) 기계학습(Machine Learning)

인공신경망의 핵심은 기계학습에 있다. 기계학습이란 방대한 자료를 분석하여 미래를 예측하는 기술이다. 이 방식을 이용하여 컴퓨터는 학습을 할 수 있다.

컴퓨터에게 많은 자료를 주고 스스로 일반적인 패턴을 찾아내게 하는 방식이다. 개 사진을 많이 주고 개라고 가르치면 컴퓨터가 개를 식별한다. 그러나 개 사진을 많이 주지만 개라는 정보를 주지 않아도 개라고 인식할 수 있는 학습 방법도 있다. 기계에게 정보를 주는 것을 기준으로 기계학습은 지도 학습과 비지도 학습으로 구분된다.

① 지도 학습(Supervised Learning)

지도 학습은 입력과 출력이 연결된 자료들을 이용하여 주어진 입력에 맞는 출력을 찾아내는 학습 방법이다. 이것은 입력된 문제에 대한 답을 예측하는 데 사용된다. 기계 번역, 상품 추천, 질병 진단 등에 응용할 수 있다. 예를 들어 컴퓨터가 주차장 입구에서 자동차 번호판을 인식할 때 번호판이 오염된 경우 제대로 인식하지 못할 수 있다. 이 경우 다양하게 오염된 번호판 사례와 정상 번호판을 각각 입력과 출력 쌍으로 학습시키면 번호판 인식률을 높일 수 있다. 많은 자료를 다양하게 입력하여 학습을 많이 할수록 번호판을 인식하는 정확도가 높아진다.

② 비지도 학습(Unsupervised Learning)

비지도 학습은 입력만 있고 출력은 없는 경우에 적용하는 방식이다. 따라서 입력 사이의 규칙성 등을 찾아내는 것이 중요하다. 고양이 사진을 많이 입력하면 컴퓨터가 고양이 사진들의 특징을 분석하고 사진들의 구성 요소 사이의 규칙성과 패턴을 찾아내서 이런 것이 바로 고양이라고 인식하는 과정을 수행한다. 정확한 답을 제공받지 못하므로 비지도 학습이라고 한다.

비지도 학습의 결과는 지도 학습의 입력으로 사용되거나, 인간 전문가에 의해 해석된다. 지도 학습은 실용성이 좋아도 현실적으로 목표 패턴을 구하기 힘들다는 문제점이 있다. 따라서 입력 자료만 가지고 통계적 특징을 추출하여 비슷한 입력패턴이 비슷한 출력 패턴을 생성할 수 있도록 연결하는 비중을 조정한다.

비지도 학습 방법에는 전후 관계의 조건 등의 의존 구조를 이용하는 베이즈 모델[15], 자료의 잡음과 불필요한 자료를 제거하여 입력 자료를 유한한 개수의 값으로 근사화하는 벡터 양자화[16](vector quantization) 기법 등이 있다.

---

15 Bayesian 모델: 사전에 알고 있는 정보를 기반으로 특정 사건이 일어날 확률을 계산하는 이론이다. 베이즈 네트워크는 랜덤 변수의 집합과 방향성 비순환 그래프를 통하여 그 집합을 조건부 독립으로 표현하는 확률의 그래픽 모델이다. 토마스베이즈의 1763년 논문에 기초한다.

16 Vector Quantization 기법: 실제 입력 자료는 연속적인 실수 값을 갖기 때문에 무한하게 증가한다. 이를 줄이기 위하여 이산적인 값으로 표현하고, 패턴 단위로 저장하기도 한다. 입력된 자료를 검색 테이블인 코드북에 저장된 많은 영상 패턴들과 비교하여 유사한 패턴의 부호 번호로 표현하는 손실 영상 압축 기법이 여기에 속한다.

③ 강화형 학습(Reinforcement learning)

컴퓨터가 주어진 상태에 대해 최적의 행동을 선택하는 학습 방법이다. 강화형 학습은 지도형/비지도형 기계 학습에 이용되는 훈련 데이터 대신 주어진 상태에 맞춘 행동의 결과에 대한 보상(reward)을 준다. 컴퓨터는 보상을 이용하여 성능을 향상시킨다. 예를 들어, 체스 게임이 끝났을 때 게임종료 직전에 둔 수(행동)가 좋았는지 나빴는지를 학습 프로그램에게 알려줌으로써 보상을 통하여 학습 효과를 높일 수 있다. 알파고는 강화형 학습을 통하여 세계 정상급 기사들에게 승리하였다. 강화형 학습은 주로 게임이나 로봇 제어 등에 적용된다. 헬리콥터의 곡예비행과 자율주행 차량에도 강화 학습이 이용된다.

기계 학습은 3 단계로 구성된다. 첫째 사전 정보가 전혀 없는 상태에서 수많은 자료들을 비슷한 것끼리 분류한다. 둘째 분류된 자료들의 군집 상태에서 군집별로 특징을 추출한다. 셋째 분류된 자료 체계를 더욱 복잡한 계층 구조를 구축하여 검색을 용이하게 한다. 기계 학습과 빅데이터[17]는 대규모 데이터를 기반으로 한다는 점에서 유사하지만 빅데이터가 방대한 자료에서 의미 있는 정보를 찾아내는 것이라면 기계 학습은 인공지능 기법을 이용하여 예측과 진단을 할 수 있다는 것이 차이점이다. 기계 학습은 빅데이터와 융합하여 적용 범위와 미래 예측 기능을 더욱 확장할 수 있다.

기계 학습은 자동차 번호판 인식, 필기체 문자 인식, 질병 진단과 같은 전문가 시스템, 자율주행 자동차, 검색 엔진, 언어 번역, 음성 인식, 바둑 등의 게임, 로봇 제어와 같은 과학 연구 등 알고리즘 개발이 어려운 분야에 적용되고 있다.

4.7.2 딥러닝과 융합

딥러닝(deep learning)은 데이터를 분류하는 과정을 통하여 예측하는 기술이다. 데이터를 분류하는 것은 인간이 사물을 인식하는 기본적인 수단이다. 외부 정보가 입력되었을 때 사람의 두뇌에서는 입력된 것이 어떤 것인지 알려고 노력한다. 이 과정에서 입력된 자료를 분류함으로써 인식이 가능하고 이어지는 판단과 행동을 예측할 수 있다. 전투기가 레이더를 통하여

17 Big data: 기존 방식으로 저장, 관리, 분석하기 어려울 정도로 큰 규모의 자료지만 인간의 행동양식을 기록하고 있어서 이를 통해 미래를 예측하고 판단할 수 있는 근거가 되는 자료이다. 방대한 양의 SNS 자료를 분석하면 유행의 흐름을 알고 판매 전략을 세울 수 있고, 선거 운동 기간에는 승패의 향방을 예측하고 대처할 수 있다.

수 백km 밖에서 어떤 물체가 접근하는 것을 인지하였다면 빨리 그 자료를 분류해야 적인지 아군인지 판단할 수 있고, 그 물체가 어떻게 행동할 것인지를 예측할 수 있고, 그에 따라 우군의 행동을 결정할 수 있다.

자료를 분류하는 방법에는 '의사결정나무[18]', '베이즈 망', '인공지능망' 등이 있다. 딥러닝은 1960년대 이래 지속적으로 연구되어온 인공신경망의 한 종류이다. 딥러닝은 인공신경망의 한계를 극복하기 위해 개발된 기계학습 방법 중에서 비지도 학습에 속한다.

(1) 딥러닝의 구조

딥러닝은 은닉층이 많은 인공신경망이다. 은닉층이 깊을수록 복잡한 함수를 효율적으로 표현할 수 있다. 대부분의 기계 학습 모델은 세 개 이하의 계층 구조로 구성된 반면에 딥러닝은 은닉층의 수가 훨씬 많은 계층 구조를 가지고 있다. 일반적인 다층신경망은 다음과 같이 3개 층으로 구성된다.

첫째, 입력층은 외부 자료를 받아서 은닉층에 전달한다. 뉴런의 수는 입력되는 변수의 수와 동일하다. 둘째, 은닉층은 입력층과 출력층 사이에 위치하며 입력층의 신호를 받아 특성을 추출하여 출력층에 전달한다. 일반적인 은닉층과 다른 점은 은닉층이 여러 개의 층으로 구성

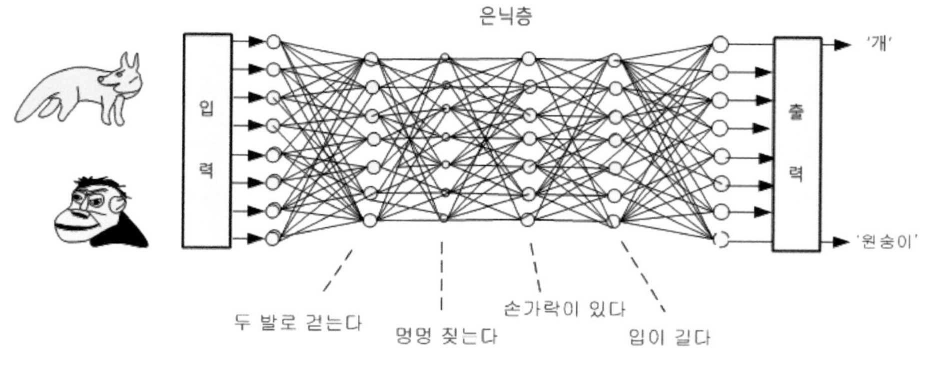

[그림 4.9] 심층 신경망

18 Decision Tree: 선택해야 할 대안들이 있고, 일어날 수 있는 여러 가지 상황들이 있고, 야기될 수 있는 여러 가지 결과들이 있을 때 의사결정을 수행하는 상황을 도식화하는 나무. 의사결정권자의 통제 아래 있는 결정 노드와 통제 밖에 있는 기회 노드로 구성된 의사결정 문제의 논리구조를 이용하여 의사를 결정하는 방법이다.

된다는 점이다. 셋째, 출력층은 은닉층으로 부터 신호를 받아서 외부로 출력한다. 뉴런 간의 입력 신호는 0과 1 사이의 값을 갖는 각각의 연결강도와 곱해진 후 합산되며 이 합이 뉴런의 임계치보다 크면 뉴런이 활성화되어 활성화 함수를 통하여 출력 값으로 구현된다.

[그림 4.9]는 개와 원숭이 정보가 입력되었을 때 심층 신경망이 정보를 분류하는 과정을 보여준다. 여러 단계에서 질의를 던지고 질의에 적합한 선택을 계속하면 정확하게 분류할 수 있다. 질의를 검색할 때마다 정확하지 않더라도 가중치를 부여하다 보면 점점 정확한 검색을 할 수 있다.

컴퓨터가 고성능화하기 시작한 1960년대에 일부 전문가들이 10년 이내에 체스에서 컴퓨터가 이길 것이라고 예상하였다. 1970년대에 인공지능 언어인 프롤로그[19]가 개발되자 예상은 더욱 신뢰를 얻었다. 그러나 프롤로그도 컴퓨터가 사람을 이길 수 없었다. 1997년 컴퓨터의 체스 프로그램인 '딥 블루(Deep Blue)'가 마침내 사람을 꺾었다. 승리의 비결은 컴퓨터의 무식한 방법에 있었다. 컴퓨터가 체스의 수가 움직이는 수백만 개의 모든 가능성을 탐색하고 가장 이길 확률이 많은 움직임을 선택하는 것이었다. 인공지능의 발전이 아니라 컴퓨터 하드웨어의 성능이 사람을 이긴 것이다.

체스는 64칸 안에서 6종류의 말을 정해진 길을 따라 움직이므로 특정 위치에서 움직임의 경우의 수는 약 12개이다. 그러나 바둑은 경우의 수가 19*19 = 361 개이다. 따라서 바둑은 체스보다 매우 복잡한 계산과 탐색이 요구되므로 무식한 방법으로도 해결되지 않는다. 알파고는 2015년 중국의 전문기사(판 후이 2단)와 대국하여 인공지능 사상 처음으로 승리하였다. 알파고는 몬테카를로 알고리즘[20] 이외에 딥러닝 알고리즘으로 바둑을 학습하여 실력을 쌓았다.

알파고는 기계 학습을 위하여 여러 계층의 정책망을 구성하고 정책망 지도 학습, 정책망 강화 학습, 가치망 강화 학습 등의 여러 단계를 거친다. 정책망으로 돌을 놓을 경우의 수를 제시하고, 가치망이 가장 적합한 예측치를 제시하는 방식이다.

---

19 Prolog: 1973년 프랑스에서 개발한 프로그래밍 언어. 프로그램을 논리식으로 기술하는 방식으로 객체와 객체 간의 관계에 대한 문제를 해결하기 위해서 만들었다. 주로 인공지능에 활용하였다.

20 Monte Carlo Algorithm: 난수를 이용하여 함수의 값을 확률적으로 계산하는 알고리즘. 계산하는 값이 쉽게 표현되지 않거나 복잡한 경우에 근사치로 계산할 때 사용한다.

(2) 딥러닝과 융합

알파고는 딥러닝이라는 인공지능 기술을 제시하고 4차 산업혁명의 도래를 예고하였다. 3차 산업혁명 과정에서 보급되었던 컴퓨터와 인터넷 기반위에 딥러닝 기술이 인공지능 시대를 열고 있다. 지금까지 해결하지 못했던 많은 분야의 난제들이 딥러닝 기술을 도입하려고 시도하고 있다.

딥러닝은 지금까지 인간의 머리나 컴퓨터로 해결하기 어려웠던 문제들에 적용하기 시작하였다. 따라서 딥러닝은 다양하고 복잡한 문제들과 대결을 해야 한다. 경우의 수가 너무 많아서 해결하기 어려웠던 게임들이 이에 해당한다. 실제로 일기 예보에 어려움을 겪어왔던 많은 나라들이 기상관측에 딥러닝 기술을 시도하고 있다.

딥러닝을 활용하는 분야는 주로 사진, 동영상, 음성 등을 분류하는 분야이다.

구글은 2012년에 16,000개의 컴퓨터와 10억 개 이상의 신경망을 이용하여 컴퓨터가 고양이 영상을 인식하는데 성공했다. 페이스북도 2014년에 딥러닝 기술을 이용하여 얼굴을 인식하는 프로그램을 개발했다. 인식의 정확도가 97% 정도이므로 사람과 유사하다. 마이크로소프트는 2014년 7월에 사진으로 개의 품종을 인식하는 프로그램을 공개하였다. 사용자가 스마트폰으로 찍은 개 사진을 보고 컴퓨터가 품종을 알려주는 '아담 프로젝트'를 공개한 것이다. 여기에 동원된 사진의 수는 약 1,400만장이라고 한다. 국내에서도 네이버 등이 딥러닝 기술을 이용하여 뉴스 요약 등에 활용하고 있다.

4.8 사물인터넷

4차 산업혁명의 핵심은 인공지능(AI), 메타버스(Metaverse), 자율주행, 사물인터넷(IOT, Internet Of Thing), 드론 등으로 이것들이 성공적으로 활용되기 위해서는 모든 것이 연결되고 지능화되어야 한다. 모든 것이 연결된다는 것은 다양한 통신 네트워크들이 각종 사물과 통합되어야 하는 것을 의미한다. 정보사회를 구축하기 위한 가장 적합한 환경이 기존의 유비쿼터스(ubiquitous) 환경이다. 유비쿼터스 환경에 초소형 제어 컴퓨터가 연결되어 사물인터넷 환경으로 진화한다. 사람들이 정보처리 도구를 언제 어디서나 쉽게 연결하여 사용할 수 있는 사물인터넷 이상사회로 향하고 있다. 사물인터넷은 사물들이 센서를 부착하여 인터넷으로 정보를 주고받는 기술이다. 사물인터넷은 모든 것을 연결하려는 4차 산업혁명의 핵심이고, 효과적인 연결은 융합을 촉진한다.

4.8.1 사물인터넷 정의

사물인터넷은 이미 우리 생활에 깊숙하게 들어와 있다. 예를 들면 스마트키를 사용하는 자동차 운전자와 전기와 도시가스 사용량을 원격으로 검침하는 것 등이다. 자신의 상점을 원거리에서 영상장치를 이용하여 운영하는 상점 주인들도 이미 사물인터넷 경험자들이다. 사물인터넷은 1999년 MIT의 Auto-ID Center 소장 Kevin Ashton이 처음 사용하였다. 그는 RFID와 기타 감지기를 일상생활에서 사용하는 사물에 탑재할 것이라고 전망하였다. 사물인터넷이 부각된 것은 시장분석 자료 등에 빅데이터(big data)[21]를 활용하면서 시작되었다.

사물인터넷의 정의는 다음과 같이 다양하다.

- 사물에 센서를 부착하여 실시간으로 데이터를 인터넷으로 주고받는 기술이나 환경.
- 생활 속의 사물들을 인터넷으로 연결하여 스스로 정보서비스를 제공하는 환경.

T·I·P 유비쿼터스의 기원

유비쿼터스라는 말을 처음 사용한 사람은 MIT의 니콜라스 네그로폰테, 제록스(Xerox)사의 마크 와이저(Weiser)[22], 일본 노무라연구소의 무라카미 데루야스 등이다. 마크 와이저는 여러 편의 연구논문을 통하여 확실하게 유비쿼터스 개념을 설명하였다. 마크 와이저는 자신의 논문에서 '보이지 않는 컴퓨팅', '조용한 컴퓨팅' 등의 유비쿼터스 컴퓨팅의 기본적인 입장들을 제안하였다. 이 설명들은 이후 여러 연구자들을 통하여 꾸준히 발전하여 유비쿼터스 컴퓨팅의 기반이 되었다.
마크 와이저의 제안은 이상과 같은 컴퓨팅 조건을 기반으로 정보환경을 구축하는 것이다. 이런 제안이 가능한 것은 그동안 컴퓨터 기술이 획기적으로 향상되었기 때문이다. 유비쿼터스 환경의 목표는 컴퓨터가 우리 주변의 생활환경이나 업무 활동의 기본 도구가 되도록 스며들어 인간 중심적인 컴퓨터 환경을 구현하는 것이다. 그 예로 교통상황, 기상, 금융, 위치추적 서비스 등이 인간 중심의 기능과 실시간 인터페이스로 전환될 것이다.

---

21 빅데이터(big data): 자료의 생성과 수량이 기존 자료에 비해 너무 크기 때문에 기존의 방법으로는 수집하거나 처리하기 어려운 방대한 크기의 자료. 다양한 종류의 대규모 자료로부터 저렴한 비용으로 가치를 추출하고 자료의 초고속 수집, 발굴, 분석을 지원하도록 고안된 기술.

22 Mark Weiser(1952~1999): Palo Alto 연구소에서 1988년부터 연구 과제를 시작하여 1990년대에 세 편의 유비쿼터스

- 인터넷으로 연결된 기기들이 사람의 개입 없이 정보를 교환하고 처리하는 기술.
- 사물들이 지능화되어 가상 세계의 모든 정보와 소통하는 환경.

사물인터넷의 정의가 다양하게 기술되는 이유는 이 용어가 새로운 개념으로 자리를 잡아가고 있는 과정임을 의미한다. 앞의 정의에 의하면 사물인터넷의 기본 조건은 사물에 정보를 수집할 수 있는 감지기(sensor) 기능, 수집된 정보를 신속하게 전송할 수 있는 통신 기능, 물리적 기능을 수행할 수 있는 작동기(actuator) 기능과 각 사물들이 스스로 정보를 처리할 수 있는 지능형 정보처리 기능이 필요하다. 사물인터넷의 통신 기술은 기본적으로 유·무선 통신 기술을 총 망라하는 인터넷 기술이다.

사물인터넷의 개념은 [그림 4.10]과 같이 사람과 사물과 서비스 등의 분산 환경에서 인간의 명시적인 개입 없이도 사물들이 스스로 협력적으로 정보를 수집하고 전송하고 처리할 수 있는 지능적인 관계를 가진 사물 공간의 연결망이다. 사람과 사물은 물리적인 공간에 위치하고, 사물은 고도의 감지 기술이 필요하고, 서비스는 고도의 인터페이스 기술이 필요하며, 각 요소들은 고도의 통신 기술을 필요로 한다. 특히 이동통신망을 이용하여 사람과 사물, 사물과 사물 간에 지능통신을 할 수 있는 M2M[23]의 개념을 인터넷으로 확장하여 사물은 물론, 현실과 가상세계의 모든 정보와 상호작용하는 개념으로 진화하고 있다.

사물인터넷의 중요한 기술은 감지 기술, 통신 기술, 인터페이스 기술 등 3개 분야이다. 감지 기술에는 전통적인 온도, 습도, 가스 농도, 조도, 전자파(SAR[24]) 등에서부터 사물의 위치, 움직임 등을 감지하여 사물과 주위 환경으로부터 정보를 얻을 수 있는 기술이다. 감지기는 표준화된 인터페이스와 정보 처리 능력을 내장한 스마트 감지기로 발전하였고 실제 사물인터넷 서비스 인터페이스에 구현이 되고 있다. 통신 기술에는 기존의 WPAN[25], WiFi, 3G/4G/LTE, Bluetooth, Ethernet, BcN[26], 위성통신 등 인간과 사물, 서비스를 연결시킬 수

관련 논문을 발표.

23 machine to machine: 언제 어디서나 안전하고 편리하게 '사람과 사물', '사물과 사물' 간에 지능형 통신을 수행하는 기술.

24 SAR(specific absorption rate): (휴대폰 등에 의하여)인체에 흡수되는 단위 질량당 전자파 흡수 전력. 한국의 SAR은 미국과 동일한 1.6.

25 WPAN(Wireless Personal Area Networks): 개인 무선 지역 통신망.

26 Broadband Convergence network: 광대역 통신망.

있는 모든 유·무선 통신망이 포함된다. 인터페이스 기술에는 사물인터넷의 특정 기능을 수행하는 응용 서비스와 연동하는 기술을 포함한다. 여기서 인터페이스란, 네트워크 인터페이스의 개념이 아니라, 정보를 감지, 가공, 추출, 처리, 저장, 판단, 상황 인식 등의 서비스 제공을 위한 인터페이스를 말한다.

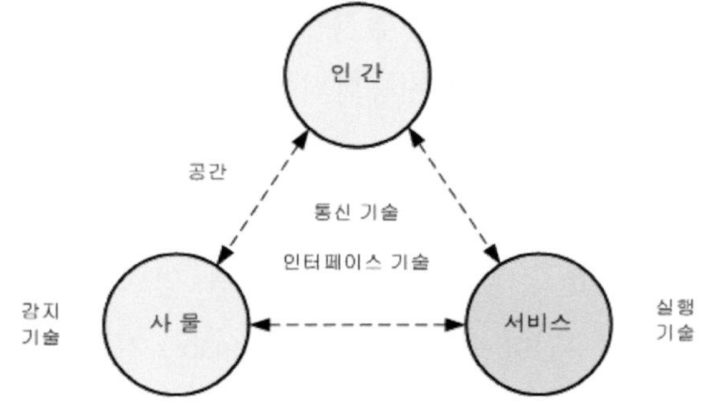

[그림 4.10] 사물인터넷과 융합

4.8.2 사물인터넷 융합

사물인터넷의 개념은 유비쿼터스 환경을 기반으로 총체적으로 필요한 사물과 기능들의 융합을 의미한다. 사물인터넷 환경이 구축되기 위하여 융합해야 하는 중요한 요건들을 <표 4.6>과 같이 살펴본다.

〈표 4.6〉 사물인터넷 융합

융합의 종류	기능	비고
시스템 융합	다양한 소규모 시스템들을 융합	센서, 작동기, 분석 시스템, 네트워크 등
네트워크 융합	다양한 유-무선 네트워크들을 융합	LAN, MAN, WAN
기기 융합	휴대하기 위하여 소형으로 융합	전화, 컴퓨터, 음악기기
서비스 융합	다양한 서비스들을 사용자 중심으로 융합	금융, 교육, 상거래

사물인터넷 환경과 디지털 융합은 이상과 같이 서로를 필요로 하고 있으며 서로에게 영향을 주는 불가분의 관계이다. 사물인터넷은 디지털 융합의 결과로 만들어진 시스템이지만 사물인터넷이 발전하고 확장될수록 융합이 더욱 촉진된다. 사물인터넷이 구축되려면 사람과 사물이 경계를 허물고 융합해야 하고, 사람과 서비스뿐만 아니라, 사물과 서비스가 서로 융합되어야 한다. 인간과 사물과 서비스가 경계를 허물고 융합하기 위해서는 창의적인 노력이 필요하다.

4.8.3 사물인터넷의 미래

사물인터넷은 내가 말하지 않아도 주변이 알아서 척척 해결해주고, 내게 없는 소중한 정보를 알아서 만들어주고, 언제 어디서나 나를 알아봐주는 편리한 세상을 만들기 위해 시작되었다. 정보환경이 목적을 달성하기 위해서는 다양한 정보 기기가 통신망으로 연결되고 감지기가 정보를 수집하고 작동기가 필요한 작업을 현지에서 수행해야 한다. 이 때 다양한 지리적 환경과 문화가 통합되어야 하므로 고도의 융합 능력이 요구된다. 사물인터넷 기술이 발전하면 사람은 물리적인 공간의 제약을 받지 않고 작업을 수행할 수 있다. 아기를 가진 엄마가 직장에 출근하면서 집안에 원격 카메라를 설치하여 도우미가 아기를 어떻게 돌보고 있는지를 확인하는 것도 사물인터넷을 이용하는 것이다. 과거에는 재택근무가 비현실적으로 인식되었지만 앞으로는 점차 일반화될 것이고 실제로 직원이 집에서 원격 영상장치를 통하여 직장에서 근무하는 것처럼 대화하고 회의하고 업무를 처리할 수 있게 되었다. 요즘 코로나로 인하여 재택근무가 증가되고 화상회의 도구가 발달되어 다양한 근무 형태가 가능하게 되었다.

컴퓨터에 이상이 발생하면 지금도 컴퓨터 수리 센터에서 1차적으로 원격으로 컴퓨터에 접속하여 문제점을 해결해주고 있다. 앞으로는 모든 사물에 정보 기기가 부착되어 사물을 운영할 것이므로 원격지에서 사물을 수리하고 정비할 수 있을 것이다. 가전업체는 정비 기사가 원격으로 수리를 시도하고 2차적으로 방문 수리 계획을 세울 것이다.

〈표 4.7〉 사물 인터넷 이상사회

구분	제공 서비스	비고
개인 편의성	가정 서비스 건강 서비스 차량 서비스	가전기기 원격제어 건강 상태 감시 및 조치 온라인으로 서비스 지원
산업체 생산성	공장 서비스 농장 서비스 제품 서비스	위험물 원격제어 유통관리 원격제어 개인별 맞춤 제작
사회 안전성	공공 안전 서비스 청결 서비스 에너지 서비스	재난 감시 및 대처 오염 감시 및 제거 에너지 효율화 및 절약

정보사회 환경이 발전되면 여러 가지 기술 환경과 문화 요소들이 융합하여 <표 4.7>과 같은 분야에서 이상사회를 이룰 것이다.

(1) 개인의 편의성

첫째 가정 서비스는 냉난방기, 전열기, 세탁기 등의 가전기기를 원격제어하고 영상장치를 이용하여 원격지에서 집안의 상태를 파악하고 원하는 조치를 취할 수 있다.

둘째 건강 서비스는 심폐기능과 고혈압, 당뇨와 같은 질병 현황을 실시간으로 파악하여 병원에서 원격으로 의료 서비스를 지원할 수 있다.

셋째 차량 서비스는 차량을 인터넷으로 연결하여 레저와 금융 서비스를 지원하고, 차량의 운행 상태를 원격지에서 파악하여 문제가 발생하면 긴급하게 지원할 수 있다.

(2) 산업체 생산성

첫째 공장 서비스는 물리적으로 위험한 환경의 공장을 원격으로 제어하고, 안전 시설물을 확인하고 감시하고, 작업 효율을 향상한다.

둘째 농장 및 음식물 서비스는 음식물의 생산, 가공, 유통 과정을 원격관리하고 효율성 제고를 통하여 생산성을 향상한다.

셋째 제품 서비스는 발걸음을 측정하여 (장애자용)신발을 제작하거나, 운동선수의 움직임을 분석하여 맞춤형 장비를 제작한다. 건강 상태와 식습관을 분석하여 맞춤형 식단 등을 작성한다.

(3) 사회 안전성

첫째 공공 안전 서비스는 육상, 해상, 공중에서의 재난을 효율적으로 감시하고 예방하고 대처한다. 노약자의 외부 활동을 관찰하고 안전 기능을 제고한다.

둘째 환경 서비스는 대기 중의 오염 상태를 실시간으로 분석하여 예보하고, 하천과 저수지와 상수도의 수질을 실시간으로 감시한다.

셋째 에너지 서비스는 스마트 건물을 이용하고, 에너지 활용 상황을 분석하여 적정의 에너지를 사용함으로써 에너지 소비를 절약한다.

CHAPTER 5
산업혁명과 기계

산업혁명은 동력을 만드는 기계로부터 시작되었다. 물, 바람, 가축의 힘으로 구동하던 동력이 증기기관으로 공장과 기차를 움직이면서 산업혁명이 시작된 것이다. 초창기 기계는 석탄이나 석유 에너지를 이용하여 단순 반복적인 일을 하였으나 점차 전기공학과 융합하면서 복잡한 일을 수행하게 되었다. 기계는 메모리 반도체를 이용하여 기억하는 기계가 되었고 시스템 반도체를 이용하여 생각하는 기계가 되었다. 4차 산업혁명에서는 기계가 인공지능을 이용하여 지금까지 할 수 없었던 복잡한 일들을 수행할 것이다. 자율주행 차량과 로봇들이 스스로 움직이며 힘든 일을 할 것이다.

기계가 사람 대신 일을 하고 있다. 가정에서는 가전제품이 가사를 도와주고 직장에서는 산업용 기계가 생산과 행정 업무를 도와주고 있다. 오래전부터 사람들은 알파고(AlphaGo) 이상으로 인간의 지능을 능가하는 기계를 만들려고 했다. 앨런 튜링[1]은 자동기계 이론을 제시하고 2차 세계대전 중에 암호 해독을 위하여 최초의 컴퓨터를 만들었다. 자동기계(automaton)는 스스로 논리적인 일을 수행하는 기계이다. 자동기계에서 규칙이 돌아가는 절차를 컴퓨터 알고리즘이라 하고, 알고리즘이 실제로 구현된 것이 프로그램이다. 따라서 인공지능 프로그램이 획기적으로 발전해야 4차 산업혁명을 이룩할 수 있을 것이다.

5.1 일하는 기계

기계는 여러 개의 부품으로 구성되어 일정한 운동으로 일을 하는 도구이다. 기계는 원동기와 작업기로 구분된다. 원동기는 에너지를 동력으로 변환하는 기계이고, 작업기는 동력을 물리적인 일로 바꾸는 기계이다. 최초의 기계는 방앗간에서 맷돌을 돌리기 위하여 수차를 이용한 제분기이다. 수차는 원동기이고 제분기가 작업기이다. 제임스 와트가 만든 증기기관은 원동기이고, 하그리브스[2]가 만든 방적기[3]는 수동 작업기이다. 아크라이트[4]는 수력 방적기를 만

1 Alan Turing(1912~1954): 영국의 수학자 물리학자. 자동기계 모델 고안. 세계 최초의 컴퓨터 'Colossus'를 개발. 1943에 진공관을 이용하여 만든 컴퓨터로 1944년에 독일군의 암호 기계 Enigma가 만든 암호를 해독하였다.

2 James Hargreaves(1720~1778): 영국 방적기 발명가. 1786년에 한 사람이 여러 개의 방추를 움직일 수 있는 효율적인 수동식 방적기를 발명. 힌트를 제공한 딸의 이름을 붙여서 제니 방적기라고 함.

3 방적기紡績機: 방적기는 실의 원료를 꼬아서(spinning) 실을 만드는 기계이고, 방직기紡織機는 실을 엮어서(weaving) 직물을 짜는 기계이다. 아크라이트의 수력 방적기가 실을 대량 생산하여 실이 남아돌자 동력 방직기를 만들어서 직물을 대량 생산하게 되었다.

들어 실을 대량 생산하였다. 카트라이트[5]는 1789년에 증기기관을 방직기에 연결하여 동력 방직기를 만들었다. 동력 방직기는 면방직 공업을 일으켜 산업혁명을 불러왔다.

5.1.1 노동하는 기계

1712년에 뉴커먼이 상업화에 성공한 증기기관은 [그림 5.1](a)와 같이 뜨거운 압력의 증기를 실린더에 넣어 피스톤을 이동시키고, 다음에는 [그림 5.1](b)와 같이 실린더 외부에 냉각수를 퍼부어 증기를 수축하게 하여 피스톤을 반대로 움직이게 하였다. 그 다음에 뜨거운 증기를 입력하여 다시 피스톤을 움직인다. 뉴커먼의 증기기관은 이 과정을 반복하는 기관이었다. 왕복 운동을 반복하는 축에 물 펌프를 연결하여 물을 퍼 올렸다. 석탄을 태워서 뜨겁게 달아오른 실린더를 찬물을 퍼부어 냉각시키고 다시 가열하기 때문에 열효율이 1% 정도로 매우 나빴다. 그러나 이 기관 덕택에 석탄 광산에 고인 물을 퍼 올릴 수 있었다. 이 증기기관은 각 탄광에 설치되어 수십 년 동안 사용된 최초의 상용 엔진이었다.

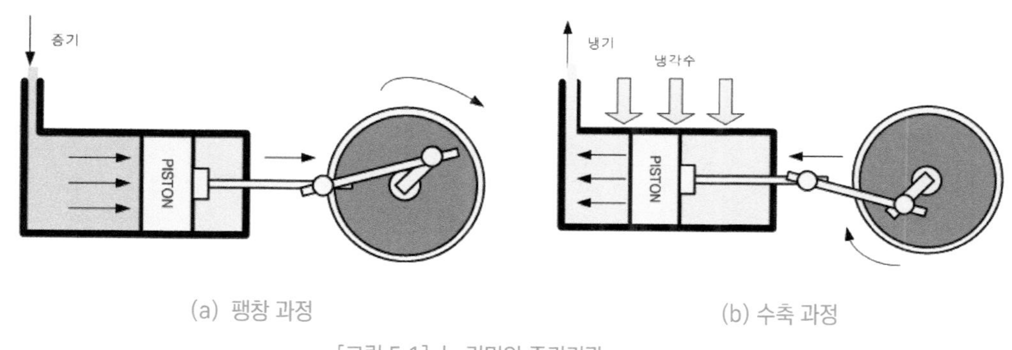

(a) 팽창 과정 (b) 수축 과정

[그림 5.1] 뉴 커먼의 증기기관

1765년에 제임스 와트는 증기기관의 피스톤을 양쪽으로 움직이도록 구조를 개량하였다. [그림 5.2](a)와 같이 실린더의 오른쪽에 증기 압력을 가하여 피스톤을 왼쪽으로 이동하게 하고, 다음에는 왼쪽으로 증기 압력을 가하여 피스톤을 오른쪽으로 이동하게 하였다. 증기 압력을

4 Richard Arkwright(1732~1792): 영국 수력 방적기 발명가. 하그리브스의 수동 방적기를 개량하고 수력으로 동력화하여 생산 효율을 대폭 향상시켰다.

5 Edmund Cartwright(1743~1823): 영국 동력방직기 발명자. 1785년 동력방직기 기본 특허 획득.

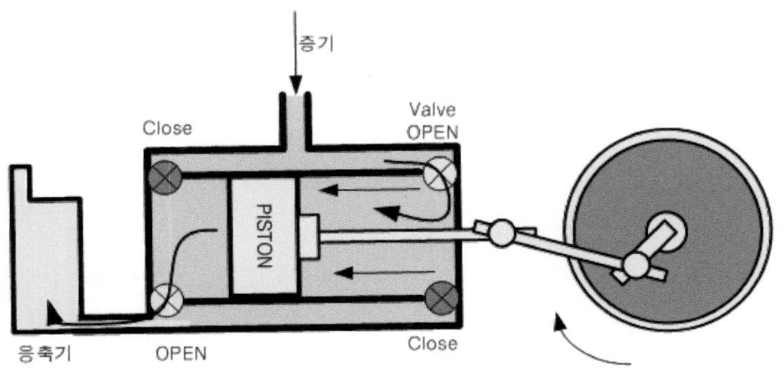

(a) 피스톤의 왼쪽 이동

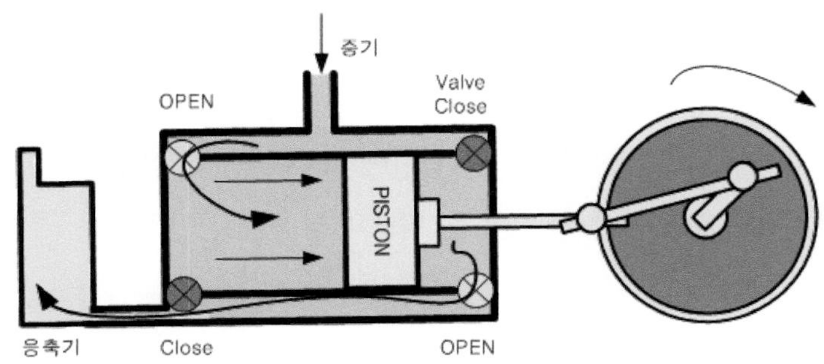

(b) 피스톤의 오른쪽 이동

[그림 5.2] 제임스 와트의 증기기관

차단하고 통과시킬 수 있는 밸브를 피스톤에 연결하여 피스톤이 움직일 때마다 밸브를 열고 닫았다. 한번 사용된 증기는 응축기를 이용하여 밖으로 빼냈기 때문에 실린더는 항상 뜨거운 상태를 유지할 수 있어서 효율이 대폭 향상되었다. 이 증기기관은 방적공장과 방직공장에 보급되었고 이어서 증기 기관차, 증기 선박 등 다양한 곳에서 사용하게 되었다.

대형 불도저 한 대가 일하는 양은 사람 1,000여명이 하는 양과 같다고 한다.

중장비는 인간을 중노동으로부터 해방시켜 주었다. 작은 엔진을 수레에 장착하면 수백 명이 날라야 할 화물을 쉽게 이동할 수 있다. 다양한 가전제품이 나와서 가정의 노동량을 대폭 경감시켜 주었다. 기계는 인류를 육체노동으로부터 해방시켜주었으며 산업혁명을 견인하였다. 기계도 점차 진화하여, 물리적인 노동만 하는 기계가 아니라 기억도 하고 생각도 하는 기계가 출현하였다.

기계(機械)를 정의하면 다음과 같다.

> 여러 부품으로 구성되어 일정한 동작으로 일을 하는 도구.

18세기에 영국에서 증기기관을 만든 목적은 광산에서 물을 퍼 올리기 위해서다. 숲이 줄어들고 목재가 부족해지자 석탄 수요가 늘어나게 되고 이에 따라 석탄 광산이 활성화되었다. 석탄을 캘수록 갱도가 깊어졌으며 갱 안에 있는 물을 퍼 올려야 석탄을 캘 수 있었기 때문에 물 펌프가 필요했다. 물을 끓여서 증기를 만들고 증기의 힘으로 물을 퍼 올리는 기계가 발전하여 증기기관이 되었다. 증기기관은 처음에 물 펌프 용도로 사용되었지만 기차에 설치하여 증기기관차가 만들어졌고, 선박에 설치하여 증기선이 되었다. 그러나 증기기관은 외연기관[6]이었으므로 열효율이 나빴다. 우수한 증기기관도 열효율이 10%밖에 되지 않았다. 19세기에 효율이 높은 내연기관[7]을 만들려는 노력이 시도되었다.

1876년에 독일 기술자가 가스를 이용하여 내연기관을 최초로 상업화하였다. 1883년에는 다임러(Gottlieb Daimler, 1834~1900)가 가솔린 엔진으로 특허를 받았다. 1893년 독일의 디젤이 디젤 엔진을 처음 만들었다. 디젤 엔진은 연소과정의 특성 때문에 정제되지 않은 저급 연료도 사용할 수 있으므로 주요 산업의 동력원이 되었다. 석유는 석탄보다 가볍고 다루기 쉬워서 내연기관 보급이 쉬워졌다. 가솔린 엔진과 디젤 엔진으로 효율적인 동력을 얻게 되어 소규모 사업자들도 엔진을 다양하게 사용할 수 있게 되었고 이것이 산업혁명의 원동력이 되었다.

6 external combustion engine: 연료가 기관 외부에서 연소되어 발생된 열을 이용하여 기관 내부에서 열에너지를 기계적 에너지로 바꾸는 기관. ex. 증기기관차

7 internal combustion engine: 연료가 기관 내부에서 연소되어 발생된 열을 직접 기계적 에너지로 바꾸는 기관. ex. 자동차 엔진.

5.1.2 기억하는 기계

중장비는 인간을 중노동으로부터 해방시켜 주었고 컴퓨터는 단순한 자료처리 분야에서 큰 성과를 거두었다. 사람들은 단순한 자료처리가 아닌 복잡한 정신노동을 수행하는 자동기계를 꿈꾸어 왔다. 이제는 사람처럼 생각하고 스스로 움직일 수 있는 자동기계를 만들려고 한다. 4차 산업혁명의 주요 과제 중 하나가 자율주행이다. 자동차가 자율주행하려면 차량이 사람처럼 주위 상황을 판단하고 스스로 진로를 선택하고 운전해야 한다. 기계가 자율적으로 움직이려면 인간의 마음을 기계에 담아서 실행시켜야 한다. 인간의 사고방식과 기계 동작이 1:1 대응하도록 돌아가는 프로그램을 만들면 가능할 것이다.

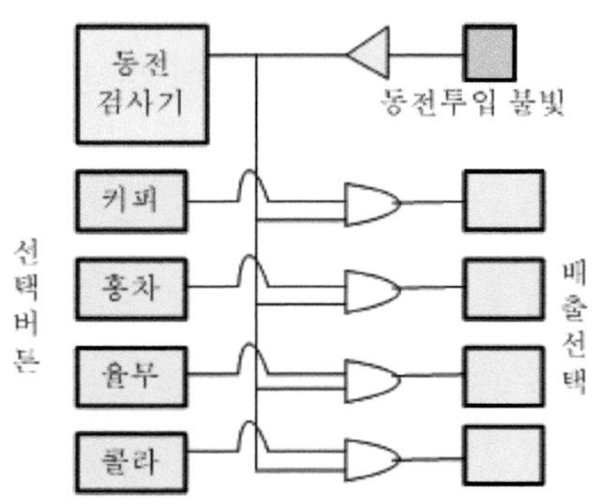

[그림 5.3] 자동판매기 회로

그러나 이것은 물리적인 기능에 비중을 둔 설명이므로 4차 산업혁명 시대에는 적합하지 않다. 우선 논리적으로 절차를 수행하는 기계를 살펴본다. [그림 5.3]과 같이 음료수 자동판매기를 예로 들면, 이 자동판매기는 500원 짜리 동전만 받는다. 사람이 500원을 넣고 커피, 홍차, 율무, 콜라 등의 단추 하나를 누르면 해당 음료수가 나온다. 이 기계의 회로는 동전 투입구와 음료수 선택 버튼으로 구성된다. 동전을 투입한 후에 선택 버튼을 누르면 각 게이트(AND gate: 두 개의 입력이 함께 들어오면 출력이 동작한다)의 양쪽에 입력 신호가 와서 해당 음료수를 배출하는 간단한 기계이다. 이 기계는 AND 게이트만 있으면 만들 수 있는 논리회로로 구성된다.

[그림 5.3]의 자동판매기는 꼭 500원짜리 동전을 넣어야 하므로 100원짜리 동전만 있는 사람은 이용할 수 없다. 이 문제를 해결하기 위해서는 [그림 5.4]와 같이 자동판매기의 내부 상

태를 기억할 수 있는 회로가 필요하다. 100원짜리 동전을 받을 때마다 상태를 변경하면서 500원이 모두 채워지면 선택 버튼에 불이 들어오고 선택 버튼을 누르면 [그림 5.4]와 같은 원리로 해당 게이트가 열려서 음료수가 배출된다. 이 기계를 만들려면 플립플롭(flip-flop)[8]을 이용하여 기계의 내부 상태를 관리해야 한다. 이 기계는 매우 간단하지만 이 원리가 발전되면 현대식 디지털 컴퓨터가 된다.

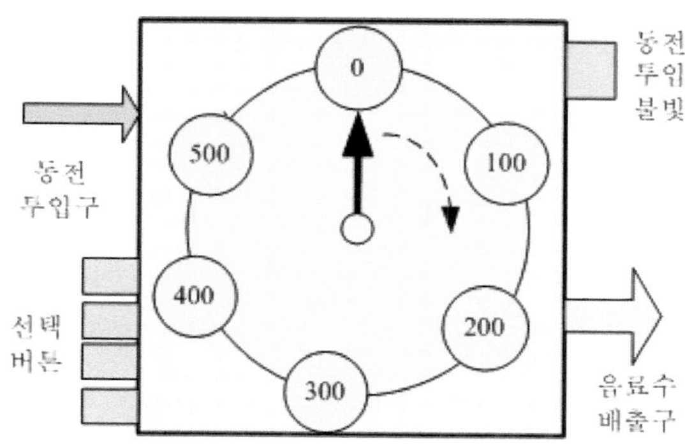

[그림 5.4] 개선된 자동판매기

T·I·P 산업혁명을 선도하는 나라

영국

영국은 1차 산업혁명을 선도하였다. 증기기관에 관한 연구는 오래전부터 있었다. 유럽 대륙에서 관념론이 주류를 이루었다면 영국에서는 경험론이 주류를 이루었다. 증기기관이 실용화된 것은 여러 나라 과학기술자들이 서로 협력했기 때문이다. 프랑스인 파팽과 독일인 라이프니츠가 실린더와 피스톤의 핵심 원리와 아이디어를 제공하였고, 영국인 뉴 커먼이 처음으로 상업화하였고 제임스 와트가 개량하였다. 대륙인들이 열심히 이론을 세우고 논문을 썼을 때 영국인들은 실물을 대상으로 실험하고 만들어 나갔다. 대륙의 이론과 영국의 실험 기술이 증기기관을 탄생시켰다.

미국

미국은 2차 3차 4차 산업혁명을 선도하였다. 미국이 산업혁명을 선도하는 이유는 무엇인가? 미국은 영국의 문화를 계승하였다. 미국인들의 특징은 도구를 잘 다루고 잘 만드는 것으로 알려져 있다. 미국은 이민자들이 벤처기업을 만들어 대기업으로 성장시킨 전례가 많다. 애플, 구글, 페이스북, 아마존, 테슬라, 엔비디아, 야후 등 미국

8 flip-flop: 입력 단자의 값에 따라서 내부 상태를 유지하는 논리회로. 게이트들로 구성.

의 세계적인 대기업들은 상당수가 이민자들이 만든 회사들이다. 전 세계의 능력 있는 젊은이들은 벤처 기업을 만들어서 미국 증권 시장에 상장하려고 한다.

영국이 증기기관을 발명하게 된 동기는 석탄 광산에서 물을 퍼 올리기 위한 것이었다. 당시 영국은 인건비가 비싸서 인력으로는 수지가 맞지 않았다. 대안으로 물을 퍼 올리는 기계를 만들었다. 미국은 땅은 넓고 인구가 적어서 인건비가 비싸다. 미국인들은 개국 초기부터 도구와 기계를 개발하려고 노력하였다.
영국과 미국은 민주주의 국가가 시작된 나라이다. 민주국가의 특성상 모두 평등하기 때문에 쉽게 모이고 교류하고 협력할 수 있다. 사회 환경이 융합을 가능하게 하기 때문에 산업혁명을 선도할 수 있었다. 신분이나 이념으로 분리된 사회에서는 교류와 융합이 어려워서 산업화에 지장이 된다.

기존의 기계는 사람이 정확하게 계속 조작해야 하므로 번거롭다. 차량 운전사는 여러 장치들을 계속 정확하게 조작해야 목적지에 도달할 수 있다. 사람들은 한번 명령을 내리거나 조작을 하면 기계가 나머지 복잡한 일들을 알아서 처리해주는 똑똑한 기계를 꿈꾸게 되었다. 그 결과 자동항법장치가 발명되었고 이제는 자율주행 차량이 개발되었다.

기계는 물리적인 일 외에도 수치 계산 등의 정신적인 일도 하고 있다. 기계의 기능이 바뀌었으므로 기계의 정의를 바꾸어야 한다.

기계를 새롭게 정의하면 다음과 같다.

일련의 규칙에 의하여 일련의 조작을 수행하는 체계.

사람들은 수치계산보다 더 어려운 정신적인 일을 할 수 있는 기능을 기계에게 요구하고 있다. 기계가 그렇게 똑똑하려면 사람처럼 생각하고 자동적으로 일을 수행하는 자동기계를 만들어야 한다.

자동기계(automaton)의 정의는 다음과 같다.

제어 기구에 의하여 복잡한 동작을 스스로 실행하는 도구

인간을 닮은 최초의 기계는 1495년에 레오나르도 다빈치가 설계하였다. 그러나 실물로 구현

하지는 못하였다. 인간의 마음을 모방하는 자동기계를 만들려는 노력은 17세기부터 구체화되기 시작하였다. 데카르트(Descarte)는 동물을 마음이 없는 순수한 자동기계로 보았으며, 인간은 신체와 마음이 있는데 신체는 자동기계지만 마음은 기계가 아니라고 생각하였다. 데카르트의 이원론을 받아들이는 입장에서는 인간의 신체를 기계로 보는데 큰 이의가 없었다.

부울 대수(Boole Algebra)를 만든 부울[9]의 연구를 바탕으로 러셀과 화이트헤드가 참여하여 기호논리학을 발전시켰다. 기호논리학의 발전으로 모든 수학 문제를 계산할 수 있는 기계를 만들 수 있으며, 그 기계는 기호화가 가능한 모든 논리와 추리의 문제들을 기호 조작을 통하여 해결할 수 있게 되었다. 수학 계산과 기호 조작을 모두 처리할 수 있는 기계를 보편 기계(universal machine)라고 한다.

T·I·P 자동기계의 역사

블레즈 파스칼(Blaise Pascal)

파스칼은 아버지의 세무 계산을 돕기 위하여 1645년에 계산기를 만들었다. 10진법의 덧셈과 뺄셈만 가능한 계산기로 주유소에서 볼 수 있는 계수기 같은 종류였다. 파스칼[10]은 인간의 생각이 기계적인 요소로 되어있고, 이성과 감정과 의지로 구성되어 있다고 생각하였다. 인간의 이성은 기계적일 수 있으나 감정과 의지는 이성과 달라서 인간의 마음은 기계적일 수 없다고 결론지었다. 아라비아 숫자가 보급되기 전이라 로마자를 이용해서 수를 표현하고 계산했기 때문에 매우 어려운 작업이었다.

고트프리드 라이프니츠(Gottfried von Leibniz)

인간의 사고는 숫자를 계산하는 것과 같다고 생각했다. 숫자처럼 만국 공용의 보편적인 언어를 만들 수 있다고 생각하였다. 보편적인 언어는 논리적인 체계를 지닐 것이고, 그 언어는 내포와 외연 관계로 표현할 수 있을 것이다. 내포와 외연의 개념 조작은 수학에서 뺄셈과 덧셈 조작과 같을 것으로 생각하였기 때문이다. 라이프니츠[11]는 파스칼의 계산기보다 진일보한 계산기를 고안하였다. 곱셈과 나눗셈을 할 수 있는 계산기를 만든 것이다.

찰스 배비지(Charles Babbage)

배비지[12]는 라이프니츠의 이론을 발전시켜 어떤 유형의 계산도 가능한 계산기를 만들었다.
이것은 자료와 계산 절차인 명령어와 순서대로 실행하는 계산의 세 가지 요소들을 갖춘 이론적 계산기였다. 이 계산기는 보편적인 기계 이론을 적용하였으므로 프로그램이 가능한 컴퓨터의 원형이라고 할 수 있다. 당시에 이것을 기계로 구현할 수 있는 기술이 없었으므로 창의적인 아이디어로만 존재하였다.

---

9 George Boole(1815~1864): 영국의 수학자, 논리학자. 퀸스 칼리지 교수. 논리 대수(부울 대수) 창시자.

조지 부울(George Boole)
모든 수학적 작업은 체계적인 기호(상징)를 조작하는 절차로 보았으므로 수학은 수와 양의 학문이 아니라 기호를 조작하는 하나의 체계라고 규정하였다. 부울[13]은 라이프니츠의 생각에 따라 논리학과 계산 수학을 조합하여 기호논리학을 출발시켰다. 부울은 논리대수(Boolean algebra)를 발전시켜 디지털 컴퓨터의 기본 회로 기반을 구축하였다.

인지과학과 컴퓨터과학이 본격적으로 발전하기 전에 이미 다음과 같은 과학적 기반이 갖추어져 있었다.

첫째, 수리적인 계산을 체계적으로 기술하면 기계가 수행할 수 있다.
둘째, 기계적인 계산 과정은 인간의 이성적인 사고와 유사하다.

위와 같은 생각들이 수세기 동안 발전하여 컴퓨터의 발명으로 이어지게 되었다. 인지과학의 두 가지 핵심 개념은 마음의 내용을 지칭하는 표상과 마음의 과정을 지칭하는 계산이다. 표상과 계산이라는 두 가지 개념을 바탕으로 정보처리적 관점에서 마음과 컴퓨터를 연결할 수 있게 되었다.

마음과 컴퓨터는 다같이 '언어'를 사용하고 있다. 마음과 컴퓨터는 마음의 내용과 자료라고 하는 내용 요소도 기호라는 점에서 동일하고, 그 기호들을 조작하는 기능이 일정한 규칙에 의해 일어난다는 것도 동일하다. 따라서 정보처리적 관점에서 마음과 컴퓨터는 동일하므로 객관성을 가진 동일한 방식으로 표현하고 처리할 수 있다고 생각한다.

---

10 Blaise Pascal(1623~1662): 프랑스 수학자 물리학자, 종교사상가. 계산기 고안, 적분법 창안.

11 Gottfried von Leibniz(1646~1716): 독일의 철학자, 자연과학자, 법학자, 신학자, 역사가. 미적분법 창시, 미분 기호, 적분 기호 창안.

12 Charles Babbage(1792~1871): 영국의 수학자. 케임브리지대학 교수. 계산기 연구의 선구자.

13 George Boole(1815~1864): 영국의 수학자. 독학으로 초등학교 교사, 퀸스칼리지 수학 교수. 기호논리학 창시. 논리대수 발표.

5.2 생각하는 기계: 튜링 기계

앨런 튜링은 1931년에 캠브리지대학의 King's College에 장학생으로 입학한다. 튜링은 학교에서 Hilbert[14] 문제와 Gödel의 정리[15]에 대해 공부한다. 튜링은 달리기를 좋아하였다. 어느 날 달리기를 마치고 쉬면서 "셈이란 무엇인가?"라는 질문에 대해 생각해 보았다.

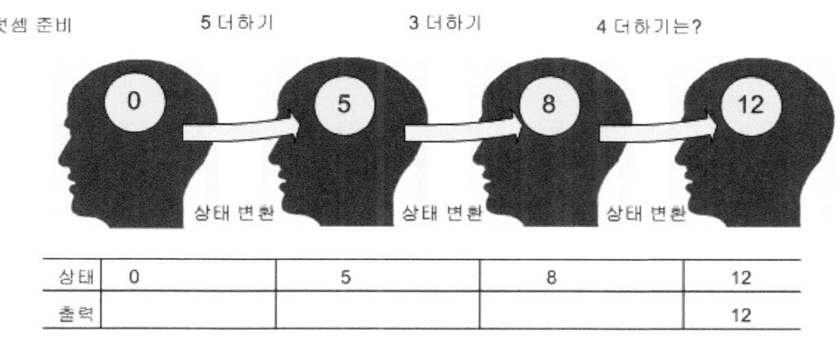

[그림 5.5] 덧셈의 처리 과정

셈이 일어나는 과정은 논리적인 사고이며, 계산하는 과정은 다음과 같이 이루어진다. 우선 마음의 상태가 있어야 하고, 외부에서 입력되는 숫자가 있고, 기존 상태에서 입력된 숫자를 계산하면 마음의 상태가 바뀌고, 바뀐 마음의 상태를 출력하고, 또 다른 입력을 기다린다. 이런 과정이 셈을 계산하기 위하여 우리 마음이 수행하는 처리 절차이다.

덧셈을 한다고 가정하자. 문제를 주는 사람이 덧셈 시작을 알리면 계산할 사람은 [그림 5.5]와 같이 머리 상태를 0으로 만들고 숫자를 기다린다. 드디어 "5 더하기 3 더하기 4는 얼마인가?"라는 문제가 주어진다. 계산하는 사람은 머리를 비운 상태 즉 0에서 5를 더하여 5라는 상태를 만들고, 다시 3을 입력받아서 8이라는 상태를 만들고, 다시 4를 입력받아서 12라는 상태를 만든 다음에 "합계는 12입니다"라고 입으로 출력할 것이다.

튜링은 사람이 머릿속에서 수를 계산하는 과정을 기술하고 이것을 실행할 수 있는 기계를 논리적으로 구상하였다. 튜링이 만들려고 하는 것은 수를 계산하는 자동기계(automaton)이다.

14 David Hilbert(1862~1943): 독일의 수학자. 모든 수학 문제를 풀 수 있는 알고리즘 제기로 유명.

15 Gödel의 정리: 당시 수학자들은 수학적인 명제는 참과 거짓을 판별할 수 있는 절대적인 지침이 있다고 믿었다. 괴델은 참이지만 증명이 불가능한 식이 있음을 보여 주었다.

자동기계란 스스로 동작하는 기계를 말한다. 여기서 말하는 자동기계, 즉 오토마타란 디지털 컴퓨터에 대한 추상적 모델이다. 자동기계는 일반적으로 유한 자동기계(finite automaton) 또는 유한 상태 기계(finite state automaton)라고 한다.

T·I·P 오토마톤과 튜링 기계

유한 오토마톤(Finite Automaton)

유한한 수의 상태가 있고, 유한한 수의 입력과 출력이 있고, 시간은 이산적이다(t = 0, 1, 2, 3,,,). 각 시간의 내부 상태 중에서 하나를 취하고, 하나의 입력을 받고, 상태가 변하며 출력을 낸다. 현재 상태와 입력에 따라서 다음 상태와 입력이 정해진다. 각 시간의 출력은 그 시간의 내부 상태에 따라 결정된다. 상태와 입력에 따라서 다음 상태와 출력이 정해지는 규칙을 전이 함수라고 한다. 유한 오토마톤은 튜링이 셈을 계산하는 과정을 유추한 것이다.

튜링 기계(Turing Machine)

유한 오토마톤에 보조기억 테이프를 부여하고, 테이프에 기호를 쓰거나 읽을 수 있는 장치를 부여한 것이다. 테이프에 읽거나 쓰는 기호는 0과 1로 충분하다.

5.2.1 자동기계 이론

튜링은 1936년에 실제 기계가 아닌 추상적인 자동기계에 관한 논문[16]을 발표하였다. 그는 독일의 유명한 수학자 데이비드 힐베르트(Hilbert)가 1900년 파리 국제수학회 에서 제기한 문제를 해결한다. 힐베르트 문제란 모든 수학 문제들을 풀 수 있는 일반적인 알고리즘을 발견하는 것이었다. 다시 말하면 "모든 수학 문제를 풀 수 있는 알고리즘이 존재할 수 있는가?"에 대한 해답을 구하는 것이었다.

알고리즘을 정의하면 다음과 같다.

어떤 문제를 해결하기 위하여 실행하는 유한한 단계의 처리절차이다.

여기서 알고리즘은 기계적으로 처리할 수 있는 절차(논리)를 의미한다. 힐베르트 문제의 어

16 "On Computable Number with an Application to the Entscheidungs(결정)-problem", 1936.

려운 점은 일반적인 알고리즘이 실행되려면 '기계적인 프로그램'이 있어야 하는데 그 의미를 정확하게 규정하는 일이었다. 이 개념은 당시 수학 개념의 한계를 넘는 것이었다. 튜링은 알고리즘을 수식화하기 위하여 기계 동작을 기본적인 식으로 나누어 형식화함으로써 '기계'라는 개념을 수식으로 표현하려 하였다. 그 결과 인간의 뇌를 하나의 기계로 간주하고 셈을 하는 과정을 기술하였다.

그는 수학 문제를 푸는 사람의 행동이 무엇이건 '기계적인 프로그램'으로 표현할 수 있다고 생각하였다.

튜링은 힐베르트의 문제에 대한 답은 '불가능'이라고 결론지었다. 그는 어떤 수학 문제들은 '제한된 명확한 처리과정'에 의하여 풀 수 없다는 것을 증명하였다.

그 대신 튜링기계를 제안하고 '제한된 명확한 처리'가 할 수 있는 일은 튜링기계가 할 수 있는 일이라고 주장하였다. 어떤 과제든지 그 과제를 해결하기 위해서 필요한 과정들을 단계적으로 명확하게 표현할 수 있다면 그가 제안한 기계(튜링기계)로 그 과제를 해결할 수 있다는 것이다.

튜링의 주장을 바꾸어 말하면, 일정한 규칙에 의하여 해결할 수 있는 문제는 튜링기계로 계산할 수 있고, 튜링기계로 정의할 수 없는 문제는 알고리즘으로 해결할 수 없는 문제라는 것이다. [그림 5.6]과 같이 모든 수학 문제는 기계로 풀 수 있는 문제와 풀 수 없는 문제로 구분되며, 기계로 풀 수 있는 문제란 알고리즘처럼 명확하게 처리 절차를 단계별로 기술할 수 있는 것이다. 튜링의 자동기계 이론으로 모든 알고리즘을 처리할 수 있는 디지털 컴퓨터의 개념적 모델이 완성되었다.

[그림 5.6] 힐베르트의 알고리즘 문제

T·I·P 앨런 튜링의 사과

Alan Turing's Apple

튜링은 어려서부터 수학에 재능이 뛰어났다. 케임브리지 대학의 킹스 칼리지에 입학해서 수학을 공부했고 대학원에 진학한다. 25세에 계산 가능한 수에 대해 논문을 썼는데 학계에 깊은 인상을 주었다. 이 논문의 핵심 개념은 읽기와 쓰기, 제어 센터인데 이 세 가지만 있으면 모든 계산 가능한 문제를 풀 수 있다는 것이다.

1939년 2차 세계대전이 발발하자 정부의 암호기관에 호출되어 암호해독을 시작한다. 독일군의 암호를 해독하는 임무였다. 그는 암호를 풀기 위하여 세계 최초의 컴퓨터 'Colossus'를 만들었다. 독일 잠수함들은 연합군 선박들을 무차별적으로 침몰시켰다. 반면에 독일의 잠수함은 거의 피해를 보지 않았다. 그러나 컴퓨터가 암호를 해독한 이후부터 전세가 급변했다. 연합국 선박들은 거의 피해를 보지 않았고 독일 잠수함의 피해는 크게 늘었다. 암호 해독이 전쟁을 승리로 이끈 것이다. 영국 정부는 전쟁이 끝난 후에도 컴퓨터와 암호 해독 자체를 철저히 비밀에 부쳤다.

동성애자였던 튜링은 전쟁 후에 어떤 청년과 동거를 시작했다. 그는 우연한 기회에 동성애자임이 밝혀졌다. 당시 동성애는 국가 반역에 버금가는 중범죄였다. 그는 고소를 당했고, 법원에서 화학적 거세를 선고받았다. 그는 거세 과정에서 변하는 자신의 몸을 보고 절망에 빠졌다. 1954년 튜링은 독약을 주사한 사과를 먹고 스스로 목숨을 끊었다

2009년 고든 브라운 영국 총리는 튜링을 박해한 것에 사과하였다. 2013년 영국 여왕은 그에게 내려졌던 유죄판결에 대해 사면하였다. 국제 컴퓨터학회에서는 튜링의 업적을 기리기 위해 해마다 컴퓨터 기술에 공헌한 사람들에게 Turing Award[17]라는 상을 주고 있다.

5.2.2 튜링기계

튜링은 자동기계 이론(automata theory)을 통하여 힐베르트 문제를 해결함으로써 유명한 수학자가 되었다. 또한 자신의 이론을 뒷받침할 수 있는 자동기계 모델을 제안하였고 이 모델을 튜링기계(Turing Machine)라고 불렀다.

튜링기계는 [그림 5.7]과 같이 테이프와 헤드와 제어장치로 구성된 자동기계 모델이다. 테이프는 입·출력을 담당하고, 작은 칸들로 구분되어 문자를 읽거나 쓸 수 있다. 이 테이프의 자료를 읽고 쓰기 위해서 읽기-쓰기 헤드(read-write head)가 있으며, 이 헤드는 테이프를 왼쪽이나 오른쪽으로 움직일 수 있고 움직일 때마다 하나의 문자를 읽거나 쓸 수 있다. 제어기구란 입력된 자료에 따라 테이프와 상태를 이동하고 출력을 실행하는 장치이다.

---

17 국제 컴퓨터 학회(ACM, Association for Computing Machinery)에서 연구비 100만 달러(Google 지원)와 함께 주는 "컴퓨팅의 노벨상"으로 알려져 있음.

테이프에 기록되는 문자는 임의로 정의할 수 있다. 다음과 같이 0과 1로 정의할 수도 있고 a, b, c로 정의할 수도 있다. 헤더는 테이프에 있는 문자를 읽고 상태에 따라서 0이나 1을 테이프에 출력하고 다음 칸(왼쪽 또는 오른쪽)으로 이동한다.

테이프의 문자를 읽고 나서 기계의 상태에 따라 기계의 동작을 결정한다.

기계는 반드시 초기 상태 S_I에서 시작하고 정지 상태에 이르면 동작을 정지한다. <표 5.1>은 튜링기계의 이해를 돕기 위하여 컴퓨터와 비교한 것이다. 튜링 기계는 매우 단순하지만 복잡한 수학 문제를 해결할 수 있다.

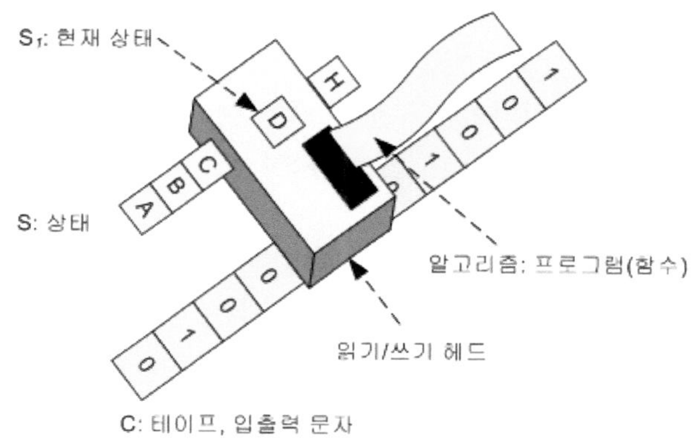

[그림 5.7] 튜링기계

〈표 5.1〉 튜링기계와 컴퓨터의 비교

상태 \ 입력	튜링기계	컴퓨터	비 고
처리기	제어장치	CPU	
주기억장치	내부 상태	RAM	
보조 기억장치	테이프	디스크/테이프/…	
프로그램	전이 함수	C, C++, BASIC	추론 규칙

5.3 자기증식 기계

기계가 자기증식을 하면 생물인가 무생물인가? 생물과 무생물의 차이는 무엇일까? 자기증식 기계를 설명하기에 앞서서 생물이 무엇인지 살펴보기로 한다. 우선 생물의 조건을 살펴보자. [표 5.2]와 같은 몇 가지 생명의 조건을 갖추면 생물이라고 한다. 생물의 여러 가지 조건 중에서 번식 여부가 가장 중요한 요소일 것이다.

<표 5.2>의 생명의 조건에도 의문이 남는다. 특히 자기 복제와 생물 관계가 명확하지 않고 모호하다. 예를 들어, 말과 당나귀 사이에서 태어난 노새는 번식을 못하는데 무생물인가? 불은 성장하고 물질대사를 하고 움직이고 번식하고 외부 자극에 잘 반응하는데 생물인가? 바이러스[18]는 성장은 안하지만 번식하기도 하고 못하기도 하며 반응이 없을 때도 많은데 과연 생물인가? 광우병의 원인이라고 하는 프리온(prion)[19]은 생물인가? 이처럼 생명의 조건에는 아직 애매한 사항이 많이 남아있다.

기계가 자신과 똑같은 기계를 만들어서 자신이 할 수 있는 일을 수행한다면 어떨까? 그런 기계는 어렵지 않게 만들 수 있다. 그러나 기계가 만든 기계가 다시 자신과 같은 기계를 또 만들 수 있는가? 만들 수 있다면 생물과 같이 번식할 수 있으므로 생물 기계라고 할 수 있을 것이다. 그렇다면 인간이 생명을 창조하는 것이다. 과연 가능한 일인가?

〈표 5.2〉 생명의 조건

순서	내용	비고
1	번식	유전 정보 복제
2	물질대사	탄수화물, 단백질 등 필요
3	내·외부적으로 움직인다	운동
4	성장	에너지와 물질 필요
5	외부 자극에 반응	

18 virus: DNA나 RNA로 이루어진 유전물질과 단백질로 구성된 감염체. 크기는 0~1,000 nano-meter.

19 prion: 광우병의 원인 물질. 단백질과 바이러스 입자의 합성어.

5.3.1 호드 립슨의 자기증식 기계

미국 코넬대학의 호드 립슨[20]은 2005년 Nature지에 전동 로봇을 발표하였다.[21] 이 로봇은 스스로 몸을 이리저리 움직여 주위의 부품으로 자신과 동일한 시스템을 지닌 로봇을 조립하여 만들어낸다. 태어난 자식 로봇도 손자 로봇을 만들 수 있으므로 이론적으로 영원히 증식할 수 있다.

이 로봇은 한 변이 10cm인 정육면체의 조합으로 이루어져 있다. 주사위 모양의 각 부품에는 자료 송수신 센서와 전자석이 설치되어 다른 부품과 자유롭게 결합하거나 해체할 수 있다. 이미 자기증식이 가능한 기계는 이론상으로만 있는 것이 아니고 실제로 만들어졌다. 이 로봇은 생물인가 무생물인가? 립슨 박사는 "자기 복제는 기계도 가능하므로 더 이상 생물 고유의 특성이 아니다"라고 말한다. 자기증식이 가능한 기계는 생물인가?

5.3.2 생물의 번식과 DNA

생물이 번식하기 위해서는 부모의 유전 정보를 자식에게 전달해주어야 한다. 생물의 몸에 있는 모든 체세포[22]들의 핵에는 그 생물의 모든 유전 정보를 갖고 있는 유전자(遺傳子, gene)가 있다. 따라서 체세포 하나만 있으면 자신과 동일한 생물을 복제(번식)할 수 있다. 유전자는 DNA(Deoxyribonucleic acid)로 구성되어 있다. DNA는 세포의 핵 안에 포함되어 있는 유전자를 구성하는 물질이다. DNA는 나선구조를 이루는 뼈대와 염기로 구성되어 있다.

DNA는 염기가 배열된 방식이 다르면 다른 유전자를 나타내므로 다른 유전 정보를 가진다. 이것은 컴퓨터에서 0과 1로 구성되는 자료의 배열 방식에 따라서 정보 내용이 달라지는 것과 같다. DNA가 하드디스크라면 유전자는 하드디스크에 저장된 유전 정보이다. 생물이 번식하려면 자식의 몸체를 만들 때 자신의 유전자를 복제하여 자식의 몸 안에 넣어주어야 한다.

DNA는 다음과 같이 두 가지 기능을 수행한다(<표 5.3> 참조).

---

20 Hod Lipson(-): 미국 로봇 엔지니어. 코넬대학 Computational Synthesis Lab의 디렉터.

21 Zykov V., Mytilinaios E., Adams B., Lipson H. (2005) "Self-reproducing machines", Nature Vol.435 No.7038, pp.163~164.

22 體細胞(somatic cell): 생식세포를 제외한 동·식물을 구성하는 모든 세포.

① 자신의 유전자를 저장하며 번식할 때 자식에게 유전 정보를 전달하기 위해서 복제한다.
② 단백질을 합성하기 위하여 DNA를 RNA에 복제하는 전사 기능과 RNA[23]를 단백질로 바꾸는 번역 기능을 수행한다.

기계가 자기증식을 하려면 생명체에서 DNA가 수행하는 것과 동일한 두 가지 역할이 필요하다. 자기증식 기계가 되려면 부모 기계가 자식 기계에게 자신의 기계 설계도(유전정보)를 복제해 주어야 하며, 기계가 만드는 제품을 생산할 수 있어야 한다(세포가 단백질을 만드는 일).

〈표 5.3〉 DNA의 기능

순서	내용		비고
1	유전자 저장과 복제		DNA는 자신의 유전 정보를 저장하고 번식할 때 복제
2	단백질 합성	전사	단백질을 합성하기 위하여 DNA를 RNA에 복제
		번역	RNA를 단백질로 바꾸는 번역

체세포 분열은 1개의 세포가 2개의 세포로 갈라져서 세포의 수가 불어나는 생명현상을 말한다. 체세포가 분열하여 두 개가 되면 두 세포는 동일한 기능을 하는 세포가 된다. 분열하는 과정은 [그림 5.8]과 같이 크게 4단계를 거쳐서 다음과 같이 진행된다.

① **염색체 복제** : 각 염색체들이 복제되어 두 개의 염색체로 증가한다. 두 염색체들은 옆에 붙어있는 형태이다.
② **방추체 형성** : 세포의 중심체가 두 개로 분리되어 양극으로 이동하여 방추체를 형성한다. 증식된 염색체들은 적도면에 배열한다.
③ **염색체 분리** : 각 염색체들이 복제된 쌍둥이 염색체로부터 떨어져 나오게 된다. 분리된 염색체들이 점점 방추체의 양극으로 이동한다.
④ **세포 분리** : 세포가 양극을 중심으로 두 개로 분열되면서 염색체도 같이 분리된다.

23 Ribonucleic acid: 핵산의 한 종류로서 DNA의 일부가 전사되어 생성. 단백질을 합성하는 과정에 작용하며, 일부 바이러스는 DNA 대신에 RNA를 유전물질로 사용됨.

체세포가 분열하는 것은 기계가 자기 증식하는 것과 같은 목적으로 이해할 수 있다. 염색체(染色體, chromosome)는 유전물질인 DNA를 담고 있는 막대 모양의 구조물로서 세포 분열 시에 염색사[24]가 응축되어 핵 속에서 형성된다. 따라서 자기증식 기계도 세포분열의 원리를 이용할 수 있을 것으로 예상한다. 실제로 폰 노이만은 자기증식 기계를 위하여 DNA의 복제 원리와 유사한 아이디어를 제시하였다.

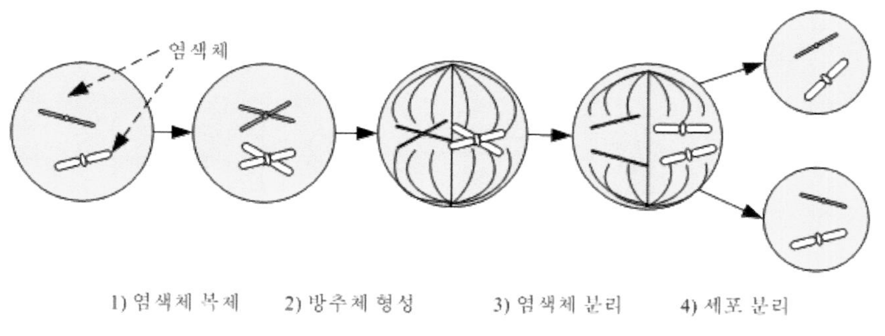

[그림 5.8] 체세포 분열

5.3.3 폰 노이만의 자기증식 기계

생물처럼 자신과 동일한 기계를 만들려고 하는 노력은 튜링의 자동기계 이론에서 출발하였다. 폰 노이만은 튜링기계에서 영감을 얻어 생물과 같이 자식 기계를 낳는 부모 기계를 설계할 수 있다고 주장하였다. 폰 노이만은 튜링과 다른 각도에서 자동기계 이론에 접근하였다. 튜링이 출력을 내기 위해서 자동기계가 입력을 처리하는 방식에 중점을 두었다면, 폰 노이만은 정보가 자동기계의 구조를 변화하도록 제어하는 방식에 중점을 두었다.

폰 노이만의 보편 기계 M에는 [그림 5.9]와 같이 제품을 만드는 모듈 A와 기계 M을 만드는 모듈 B와 기계 M을 만들 수 있는 설계도 I_M으로 구성된다. 보편 기계 M의 모듈 B는 기계를 구성하는 기계 재료들과 기계 M에 대한 설계도(기술, description)인 I_M을 이용하여 자신과 동일한 기계 M'을 만들 수 있다. 보편 기계 M이 제품을 구성하는 제품 재료들을 받아서 제품을 만들 듯이 자식 기계 M'도 제품 재료만 있으면 제품을 만들 수 있다. 그러나 자식 기계 M'

24 염색사(染色絲, chromonema): DNA 등의 유전물질로 구성됨. 많은 DNA를 작은 핵 속에 넣기 위하여 응축해야 함. 세포 안의 DNA를 길이로 연결하면 2m가 되는데 이것을 핵 속에 넣기 위해서는 응축이 필요함.

은 자신과 동일한 자식 기계 M"를 만들 수 없다. 그 이유는 자신에 대한 설계도인 I_M이 없기 때문이다. 이것은 생물의 세포가 분리되면 두 개의 딸세포가 생성되는데, 그 중 한 개는 유전 정보가 없을 수 있으므로 증식능력이 없을 수 있다.

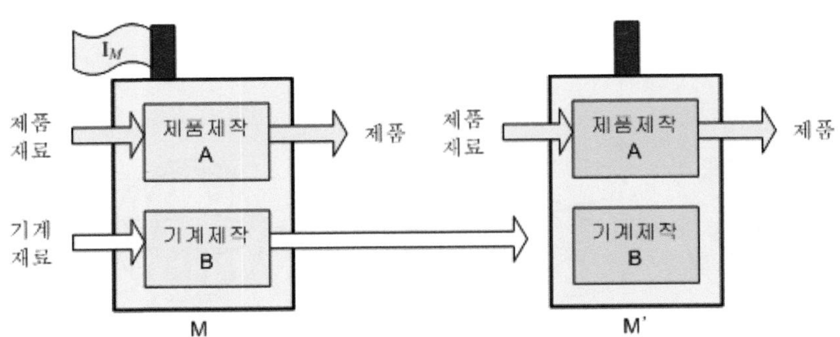

[그림 5.9] 보편 기계

폰 노이만은 자식 기계를 생성하기 위하여 자신에 대한 설계도인 I_M을 복제하는 모듈 C와 설계도를 이식하는 모듈 D를 추가하였다. [그림 5.10]과 같이 모듈 C는 기계 M에 대한 설계도인 I_M을 복제하는 일을 한다. 모듈 D는 모듈 C가 복제해준 설계도인 I_M을 자식 기계 M'에 이식하는 일을 수행한다. 모듈 D는 모듈 (A+B+C+D)로 구성된 기계 M으로부터 새로 만든 M'을 떼어내어 독립시키는 기능도 수행한다.

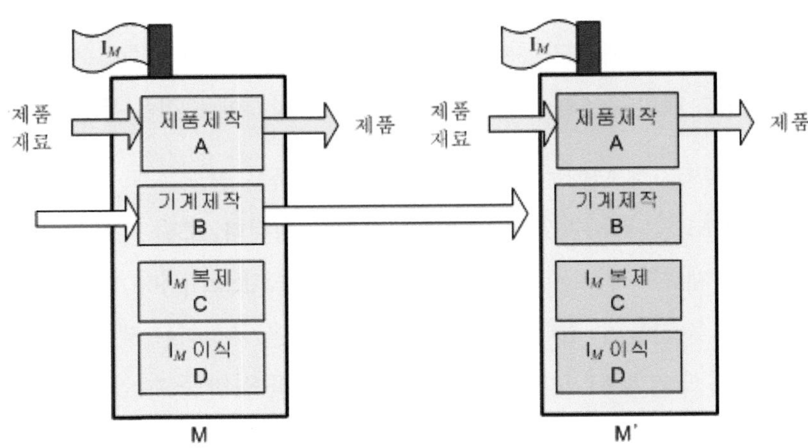

[그림 5.10] 폰 노이만의 자기증식 기계

폰 노이만은 1947년에 자기증식 기계의 모델을 발표했는데 1953년에 발표한 DNA 구조와 기능이 놀랍게도 거의 유사하다. 그는 기계가 증식되기 위해서는 기계의 기술 안에 포함된 정보가 다음과 같이 두 가지 방식으로 사용되어야 한다고 주장하였다.

① 자식 기계를 만들 때 설계도로 사용한다.
② 자식 기계에게 복제 기능을 제공하기 위한 설계도로 사용한다.

이후에 발전된 분자생물학에서는 DNA의 구조와 기능을 연구하여 폰 노이만의 상상력이 정확하였음을 확인하게 된다.

5.4 알고리즘

기계는 노동하는 기계에서 기억하는 기계로 진화하였고 다시 생각하는 기계로 진화하고 있다. 기계가 생각을 하기 위해서는 컴퓨터와 융합해야 한다. 컴퓨터에서 실행되는 프로그램이 기계를 제어하고 생각하게 만드는 것이다. 생각하는 기계의 대표적인 것이 자율주행 차량이다. 차량이 스스로 움직이면서 도로 상황을 파악하고 안전하게 주행하려면 차량도 많은 정보를 기억하고 생각해야 한다. 앞에서 이동하는 물체가 무엇인지 또 어느 방향으로 이동하는지를 잘 생각하고 다음 행동을 결정해야 한다. 차량의 컴퓨터가 생각한다는 것은 컴퓨터에서 알고리즘이 돌아간다는 뜻이다. 따라서 산업혁명이 지속되면 알고리즘이 세상을 움직일 것이다.

컴퓨터 과학(computer science)은 알고리즘(algorithm)을 연구하는 학문이다. 따라서 알고리즘은 컴퓨터의 핵심이다. 알고리즘이라는 단어는 유명한 대수학 책을 집필한 서기 825년대의 페르시아의 수학자 알콰리드미[25]의 이름에서 유래되었다. 인도에서 도입된 아라비아 숫자를 이용하여 최초로 사칙연산(덧셈, 뺄셈, 곱셈, 나눗셈)을 만들고 0과 위치 값을 사용한

25 Mohammed ibn Musa Al-Khowarizmi(780년?~850년?): <al-jabr wa al-muqabala>라는 대수학 책을 집필하였다. '대수학의 아버지'로 불린다. 수많은 천문학, 수학, 지리학 책을 집필하였으며 인도-아라비아 숫자와 계산법을 서양에 전해주었다.

수학자이다. 대수학[26]을 Algebra[27]라고 부르는 것도 알콰리드미가 저술한 책에서 유래되었다. 알고리즘의 실례는 알콰리드미의 책보다 훨씬 이전부터 알려져 왔다. 가장 잘 알려진 예로 고대 그리스 시대에 만들어진 유클리드 (Euclid) 알고리즘을 들 수 있다. 알고리즘은 역사적으로 수학에서 발전하였으며, 컴퓨터 과학에서 주로 다루고 있으므로 두 학문에서 정의하는 것도 유사하다.

수학에서 정의하는 알고리즘은 다음과 같다.

① 문제 해결을 위하여 작성된 잘 정의되고 명확한 규칙들의 집합.
② 문제 해결을 위하여 작성된 유한한 단계의 처리절차.

컴퓨터 과학에서 정의하는 알고리즘은 다음과 같다.

문제 해결을 위하여 실행하는 유한한 단계의 처리절차.

이상과 같은 여러 가지 정의들을 정리하면 알고리즘이란 '어떤 문제를 해결하기 위한 여러 동작들의 유한한 집합'이라고 할 수 있다. 동일한 문제를 해결하는 알고리즘들은 결과도 동일해야 한다. 그러나 문제를 해결하는 방법은 여러 가지가 있을 수 있으므로 알고리즘에서 가장 중요한 것은 효율성이고 두 번째로 중요한 것은 명확성이다. 그 이유는 알고리즘은 여러 사람들이 동일하게 이해할 수 있어야 하기 때문이다. 알고리즘이 효율성과 명확성을 유지하면서 문제를 해결하기 위해서는 <표 5.4>와 같이 여러 가지 조건이 필요하다.

알고리즘의 조건을 살펴보기로 한다. 외부 입력이 0개 이상이라는 것은 내부에 있는 자료로 알고리즘을 실행시킬 수 있다는 의미이다. 출력이 1개 이상 있어야 하는 것은 알고리즘의 목적이 있어야 하는 것을 의미한다. 알고리즘의 명확성을 유지하려는 것은 오류를 방지하려는 것이며, 이를 위해서 다양한 순서도(flow chart), 의사 코드(pseudo-code), HIPO[28], 나시-슈

26 대수학(代數學, algebra): 숫자 대신 문자를 써서 문제 해결을 쉽게 하는 학문. 방정식을 푸는 것으로 출발하였으나 지금은 수학의 모든 기초 분야임.

27 Algebra: "Hisab al-jabr w'al-muqabalah"에서 기원.

나이더만 차트[29], UML[30] 등의 알고리즘을 표현하는 도구를 사용하고 있다. 유한성은 알고리즘이 무한 루프에 빠지지 않고 종료되어야 함을 의미한다. 효과성은 간단하고 쉽게 연필로 종이에 명령을 기술할 수 있는 것을 의미한다.

〈표 5.4〉 알고리즘의 조건

구분	내역	비고
입력	외부에서 제공되는 자료가 0개 이상	내부 자료로 실행 가능
출력	최소 1개 이상의 결과	알고리즘의 목적
명확성	각 처리 단계가 명확해야	오류 예방, 기술 도구 필요
유한성	명령들은 유한한 수만큼 실행	종료 기능
효과성	모든 명령들은 수행 가능해야	쉽고 간단하고 기본적이어야

5.4.1 유클리드 알고리즘

유클리드 알고리즘(互除法, Euclidean algorithm)은 고대 그리스(기원전 300 년경)에서 만들어졌다. 이것은 2개의 자연수에서 최대공약수를 구하는 알고리즘이다. 이 알고리즘을 통하여 알고리즘을 기술하는 방법과 효율성을 평가하는 방법을 살펴본다.

(1) 최대공약수 문제 정의

2개의 자연수가 있을 때 두 개의 수를 모두 나눌 수 있는 수들 중에서 가장 큰 수를 최대공약수라고 한다. 두 개의 자연수에서 최대공약수를 구하는 알고리즘을 작성한다.

(2) 호제법의 내용

두 개의 자연수 A, B에서 A를 B로 나눈 나머지를 R이라고 하면, A와 B의 최대공약수는 B

---

28 HIPO(계층적 입·출력 기법, hierarchical input, process, output): 입력과 출력 사이에 시스템의 기능적인 자료의 흐름을 표현하는 기법.

29 Nassi-Shneiderman chart: HIPO 같이 그림 형태로 알고리즘을 표현하는 기법.

30 UML(Unified Modeling Language): 객체지향 분석/설계용 모델링 언어. 1997년 OMG에서 표준 채택.

와 R의 최대공약수와 같다. B를 R로 나눈 나머지 R'을 구하고 다시 R을 R'으로 나눈 나머지를 구하는 과정을 반복하여 나머지가 0이 되었을 때 나누는 수가 A와 B의 최대공약수이다.

⑶ 호제법 알고리즘 기술

호제법의 내용을 단계적으로 기술하면 [그림 5.11]과 같은 알고리즘이 된다.

1단계 : 두 개의 수 A와 B를 입력한다(A > B).
2단계 : B가 0이라면 알고리즘 종료
3단계 : A를 B로 나누고 나머지 R을 구한다.
4단계 : 나머지 R이 0이면 B를 출력하고 종료한다.
5단계 : 나머지 R이 0보다 크면 A를 B값으로 바꾸고 B를 R값으로 바꾸고 3단계로 간다.

[그림 5.11] 호제법 알고리즘

이 알고리즘은 기원전 300년경에 작성된 유클리드 원론으로, 명시적으로 기술된 가장 오래된 알고리즘이다. 이 알고리즘이 정확한지 검증하기 위하여 실제 자료를 이 알고리즘에 입력하여 확인해보기로 한다.

⑷ 문제 검증 : 1,071과 1,029의 최대공약수를 구하라.

[그림 5.12]에서 1,071을 A에 1,029를 B에 놓고 A를 B로 나누면 나머지는 42가 되어 R에 넣는다. 다시 1,029를 A에 넣고 나머지 42를 B에 넣고 A를 B로 나누면 나머지는 21이 되어 R에 넣는다. 다시 42를 A에 넣고 21을 B에 넣고 A를 B로 나누면 나머지는 0이 되어 R에 넣는다. 그러면 R이 0이므로 B에 있는 21이 최대공약수가 된다.

튜링에 의하면 사람이 명확하게 처리절차를 설명할 수 있으면 기계도 그 작업을 처리할 수 있다. 따라서 사람이 명확하게 생각하는 일이라면 기계도 생각할 수 있고 행동할 수 있다. 사람의 사고 과정을 명확하게 기술한 것이 알고리즘이므로 논리를 설계하고 기술하는 능력이 요구된다.

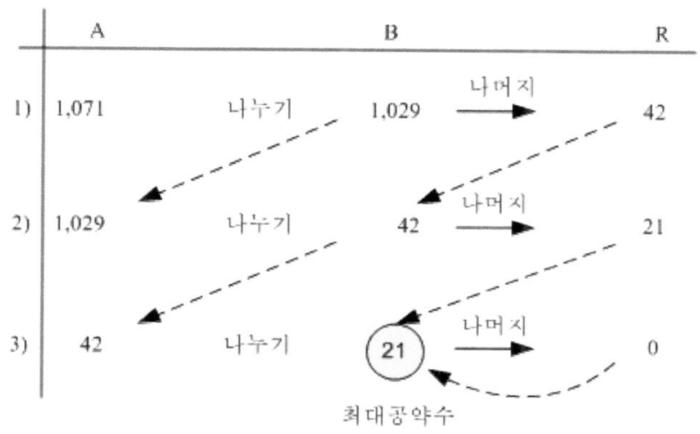

[그림 5.12] 호제법 알고리즘의 절차도

5.4.2 알고리즘과 기계의 미래

1930년대에 컴퓨터와 알고리즘이 연구되기 시작하여 많은 발전을 이루었지만 컴퓨터 구조와 알고리즘의 원리는 변함이 없다. 지금까지 사람들은 컴퓨터가 엄청난 발전을 이루었으므로 머지않아 인간과 같은 컴퓨터가 탄생할 것이라고 믿고 있다. 컴퓨터를 만드는 소재와 기자재가 발전한 것만큼 생각하는 기계에 관한 알고리즘이 발전되지는 않았다. 알고리즘을 연구하기 위하여 근본적이고 새로운 돌파구가 필요하다.

(1) 알고리즘과 기계

1930년대에 튜링, 괴델, 처치 등에 의하여 알고리즘에 대한 연구가 시작되었다. 수학자들은 알고리즘이 어떻게 기계에서 가능한지를 연구하고, 간단한 알고리즘과 효율적인 알고리즘에 대한 연구를 시작하였다. 알고리즘에 대한 연구가 거듭된 결과 컴퓨터 과학이 탄생하였다. 컴퓨터 과학이란 알고리즘을 연구하는 학문으로 미국에서는 1960년대 중반부터 컴퓨터 과학으로 박사학위를 주기 시작하였다.

간단한 계산을 수행하는 튜링기계를 설계할 수 있다면, 복잡한 알고리즘을 설계하고 만드는 것도 가능하다. 어떤 일을 하는 알고리즘을 만들 수 있다는 것은 그 문제를 확실하게 해결할 수 있는 처리 방법이 있다는 뜻이다. 어떤 문제의 해결 방법이 있다면 누구나 그 알고리즘에 따라서 객관적으로 일을 할 수 있다. 그것은 바로 기계적으로 작업을 할 수 있다는 뜻이고, 기계적으로 작업을 할 수 있다는 것은 기계가 수행할 수 있는 작업을 의미한다. 따라서 알고리즘이 있다면 그 일은 튜링기계로 처리할 수 있다.

(2) 생각하는 기계

컴퓨터 과학이 사람처럼 행동하고 생각하는 컴퓨터를 만들려고 노력한지 반세기가 훨씬 넘었지만 별다른 성과가 보이지 않는 이유는 무엇인가? 튜링이 튜링기계를 발표한 이후에 수없이 많은 컴퓨터들이 개발되어 출현하고 있지만 튜링 모델과 폰 노이만 모델을 벗어나지 못하고 있다. 인공지능이 출범하면서 과학자들은 컴퓨터의 처리능력과 기억능력이 대폭 향상되면 사람과 같이 생각하고 행동하는 컴퓨터가 출현할 것을 믿어 의심치 않았다. 많은 문학가들이 생각하는 컴퓨터를 소재로 기계가 사람을 위협하는 공상과학 소설을 발표하고 인류의 미래를 우려하였다. 그때는 그 정도로 생각하는 컴퓨터가 발전할 것이라고 예상하였다.

그러나 인간처럼 생각하고 행동하는 기계가 출현하려면 아직 멀었다.

컴퓨터가 인간의 지능에 대해서 잘 알고 있지 못하기 때문에 인공지능은 근본적으로 문제가 있다고 본다. 인공지능이 발전하려면 인간 지능에 대한 연구가 훨씬 더 발전해야 한다. 지금까지 인공지능은 인간의 지능과 다른 방향으로 가고 있다. 그 대표적인 실례가 튜링 테스트이다. 튜링 테스트는 눈속임에 관한 연구이다. 인간과 같은 컴퓨터를 만들기 위해서는 기계보다 인간에 대해서 더 잘 알아야 한다. 생각하는 컴퓨터를 만들기 위해서는 전자공학이나 전산학보다 인간의 두뇌를 더 잘 이해하는 것이 중요하다. 따라서 진화론과 뇌과학, 인지과학에 대한 연구가 더욱 절실하다.

CHAPTER 6
진화론과 융합

산업혁명은 자연과학에서 시작되었으며 자연과학은 자연을 관찰하는 것으로 시작되었다. 인류가 자연과학에서 얻은 교훈은 세상이 끊임없이 변화한다는 사실이다. 진화론(進化論, evolution theory)도 모든 생물이 조금씩 변화한다는 매우 간단한 이론에서 출발하였다. 인류가 이해할 수 없었던 수많은 사실들이 진화론에 의하여 점차 해결되었다. 산업혁명의 미래도 진화론적으로 예측이 가능하다. 변화하는 세계에서 적응을 잘하는 자가 살아남는다는 진화의 법칙은 자연에서뿐만 아니라 인간사회에서도 적용된다. 인간의 마음도 진화를 거듭하여 만물의 영장이 되었고 지능의 힘으로 산업혁명을 이끌고 있다.

사회과학은 진화론의 영향을 받아 모든 것은 항상 변화한다고 전제한다. 마르크스의 변증법적 유물론도 변화를 기본으로 한다. 진리는 고정불변이라는 주장이 사라지고 담론에 의하여 결정되는 지식으로 바뀌었다. 진화심리학은 진화의 관점에서 인간의 행동을 연구하여 그동안 해결하지 못하던 많은 문제들을 해결하였다. 시장에서는 소비자의 마음속에 이미지를 각인시키는 뉴로 마케팅이 성과를 이루고 있다.

6.1 진화론

찰스 다윈(Darwin)[1]이 진화론을 발표할 당시 세계는 지금과 큰 차이가 있었다. 당시의 가치기준은 본질적[2]이고, 선험적[3]이며 영원한 진리를 추구하는 것이었다. 인간은 이성을 가진 존재로서 다른 생물과 구별되었다. 다윈이 발표한 진화론은 매우 단순했으므로 다윈도 과학적 가치 이상의 것을 시도한 적이 없었다. 그러나 다윈의 진화론은 과학을 벗어나 사회적으로나

[그림 6.1] 다윈의 영향

1 Charlse Robert Darwin(1809~1882): 케임브리지대학 의학부 신학부. 목사. 1859년 종의 기원 출간.

2 본질적(本質的, essential): 플라톤 철학에서 이데아의 세계에 존재하는 영원히 변하지 않는 요소.

철학적으로 엄청난 새로운 가치를 창출한다.

다윈은 현대 문명 발전에 큰 영향을 주었다. [그림 6.1]과 같이 영원불변의 진리를 주장하던 것이 변화하는 진리를 주장하게 되었으며, 정태적(靜態的)인 사유체계에서 동태적(動態的)인 사유체계로 바뀌게 되었고, 신학적 세계관이 과학적 세계관으로 바뀌게 되었다. 신에게 모든 것을 위임하던 생활에서 벗어나 인간이 책임지고 생활하게 되었다.

다윈은 좋은 집안에서 태어나 귀족 지위를 보장받았다. 학교에 들어갔지만 성적은 좋지 않았다. 아버지는 의사를 시키려고 에딘버러대학 의학부에 입학시켰으나 공부를 하지 않아서 중퇴하였다. 다시 목사를 시키려고 케임브리지대학 신학부에 입학시켰으나 신학보다는 지질학과 식물학 등 자연과학에 관심을 갖는다. 대학을 졸업하기 전에 영국 해군의 탐사선인 비글(Beagle)호를 타고 자연과학과 관련된 일을 하게 된다. 다윈은 1839년부터 5년간 남아메리카, 호주 남부, 아프리카 중남부 지역을 탐사하면서 진화와 관련된 수많은 생물학적 자료들을 가지고 돌아온다. 이 자료들을 토대로 연구하여 20년 만에 '종의 기원'을 출간한다. 이 책으로 인하여 다윈의 진화론은 뉴턴의 역학과 함께 사상계에 큰 영향을 주었으며 그 사상을 '다윈주의'라고 한다.

6.1.1 생명의 나무

다윈 이전의 유럽에서는 자연계를 위계적으로 보았다. 존재의 맨 밑바닥에는 광물이 있고 그 위에 식물, 그 다음에 동물, 그리고 그 위에 인간이 존재한다. 생명을 일렬로 쭉 세워놓고 우열을 가리는 식이었다. 이런 위계를 '존재의 대사슬(great chain of being)'이라고 하였다. 이것은 '생명의 사다리'이고 인간은 이 사다리의 최고위층에 있다.

다윈주의에서는 생명의 줄 세우기를 반대하고 '생명의 나무'를 주장했다. '생명의 나무'에서는 곰팡이든 호랑이든 모든 생명들은 [그림 6.2]와 같이 하나의 공통 조상에서 갈라져 나온 생물들이다. 모든 생물은 하나의 원핵세포에서 시작하여 40억 년 동안 다양하게 분화를 거듭하며 진화하였다. 인간도 수많은 가지들 중의 하나일 뿐이다.

생물학자들은 화석과 여러 가지 증거를 통하여 지구의 생물 역사를 [그림 6.3]과 같이 재현

---

3 선험적(先驗的, a priori): 경험하기 이전에도 인간은 대상을 알 수 있는 인식 능력이 있다는 주장.

할 수 있었다. 지구는 약 46억 년 전에 탄생하였으며, 생명은 40억 년 전에 출현하였다. 모든 생물들은 하나의 조상에서 비롯되었다. 그 조상은 아마 세포보다 더 단순했을 것이다. 가장 단순한 세포는 원핵세포이다. 원핵세포는 세포핵과 세포질 사이를 구분하는 핵막이 없으므로 유전 물질인 DNA가 세포질에 있다. 따라서 원핵세포는 핵, 미토콘드리아[4], 엽록소[5] 등의 소기관이 없다. 원핵세포가 발전하여 미토콘드리아, 엽록소 등의 세포 소기관을 갖춘 진핵세포가 된다.

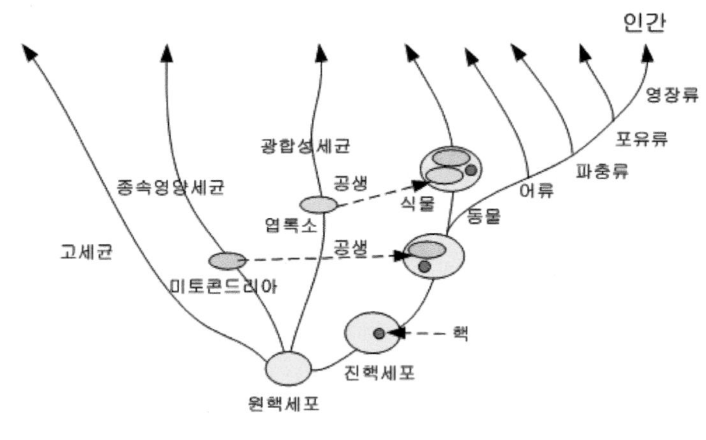

[그림 6.2] 생명의 나무

진핵세포에 미토콘드리아가 이주하여 에너지를 공급하기 시작하였고, 엽록소가 이주하여 공생하면서 식물의 세포를 이룬다. 동물의 세포는 엽록소가 없으므로 남의 에너지를 뺏어 먹어야 생존할 수 있다. 12억 년 전에 다세포 생물이 출현하고, 동물은 어류, 양서류, 파충류, 포유류, 영장류 등의 순서로 출현하였다. 어류가 5억 년 전에 출현하여 바다를 지배하였고 양서류는 4억 년 전에 출현하여 바다와 육지를 오고 갔다. 파충류는 3.7억 년 전에 출현하여 육지로 완전히 이주하였으며 포유류와 조류는 2억 년 전에 출현하여 땅과 하늘을 지배하였다.

약 3,500만 년 전에 영장류가 출현하였고, 고급 영장류는 500만 년 전에 출현하였다. 인류의 조상

4 mitochondria: 세포 호흡에 관여하는 세포 소기관으로 에너지 생산 공장이다. 독자적인 DNA를 갖고 있으며 스스로 증식 가능하므로 이전에 독자적인 세균으로 존재 했을 가능성이 있다.

5 엽록소(葉綠素, chlorophyll): 식물 세포 안에서 빛에너지를 흡수하여 이산화탄소를 유기화합물인 탄수화물로 동화하는 세포 소기관.

인 오스트랄로피테쿠스[6]는 400만 년 전에 출현하였으므로 인류는 400만 년 간 아프리카의 사바나[7]에서 수렵과 채집생활을 한 것으로 추정된다. 현생 인류(Homo sapiens sapiene)는 약 10만 년 전에 아프리카에서 출현하였으며 1만 년 전에 농경지에 정착한 것으로 추정된다.

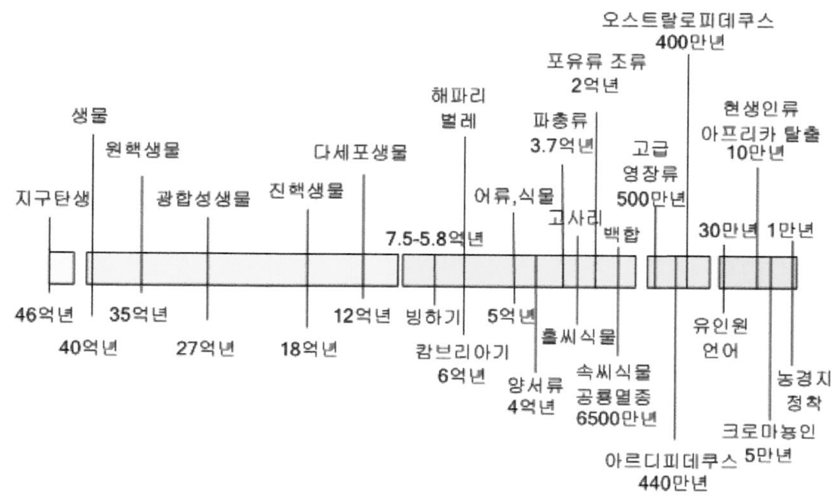

[그림 6.3] 생물의 역사

6.1.2 진화론의 원리

진화론은 어느 한 시점에서 발전된 이론이 아니다. 라마르크(La marck)[8] 등 여러 사람들이 이런 주장을 하였지만 주목을 받지 못했다. 그러나 1859년에 '종의 기원'이 출간된 당시에는 엄청난 충격을 주었고 그 이후에도 논란은 그치지 않고 계속되었다. 확실한 것은 진화론이 다양한 분야에서 지금도 큰 영향을 발휘하고 있다는 점이다.

---

6 Australopithecus: 약 400만 년 전 최초의 화석 인류로 1925년 남아프리카에서 출토되기 시작.

7 Savana: 건기와 우기가 뚜렷하게 나타나는 열대 초원지대. 사막과 열대 우림 지역 사이에 위치. '나무가 없는 평야'라는 뜻의 스페인어.

8 Jean-Baptiste la Marck(1744~1829): 프랑스 생물학자. 1809년에 체계적인 학설로 진화론을 주장.

진화론이 아주 간단한 생물학적 사실들로서 핵심 이론은 <표 6.1>의 4가지이다. 진화론의 첫 세 가지는 이론이라기보다는 생물학적인 사실들을 확인한 것이라고 할 수 있다. 반면에 3번째 주장(자연선택)은 사실 확인이라기보다는 이런 사실이 일어나게 된 이유를 주장하는 것이므로 진화론에서 유일한 이론이라고 할 수 있다. 따라서 진화론은 어떤 주장이라기보다는 사실에 대한 보고서라고 하는 것이 옳을 것이다.

〈표 6.1〉 진화론의 원리

순서	내역	비고
1	변 이	모든 생물은 조금씩 변한다.
2	유 전	변한 것은 대부분 유전한다.
3	자연선택	자연 환경에 적합하게 변한 생물이 생존한다.
4	종의 증가	많이 변하면 새로운 종이 탄생한다.

진화론이 종교를 위협하는 '위험한 생각'이라고 보는 사람들도 있다. 진화론이 위험하다는 것은 위에서 기술한 네 가지의 개별적인 내용이 아니다. 개별적으로는 위험할 것이 하나도 없다. '위험한 생각'은 진화론이나 자연선택론 자체가 아니라 두 이론이 합쳐지는 것, 즉 자연선택에 따른 진화 이론이 위험하다는 것이다.

합쳐진 두 이론을 살펴보기로 하자. 진화론에 따르면 종은 변할 수 있다. 자연선택에 따라서 한 종이 다른 종의 근원이 될 수 있다. 따라서 인간의 조상은 인간이 아니라는 주장이 나온다. [그림 6.2]의 생명의 나무에서 보는 것처럼 한 나무의 나뭇가지들이 모두 한 줄기에서 나온 것처럼, 이 세상의 모든 종은 단일 공통 조상을 갖는다. 이것은 모든 종이 처음부터 결정되어 변하지 않는다고 생각했던(창조론) 서양 사람들에게는 엄청난 충격이었다. 진화론을 구성하는 자연선택론과 유전자를 살펴보기로 한다.

T·I·P 진화론의 원리

종의 가변성

생물의 종은 영원불변하는 것이 아니라 시간이 지나면서 꾸준히 변화한다. 이 세계와 생물은 항상 일정하거나 영원히 순환하는 것이 아니라 꾸준히 변화한다.

단계주의

생물의 변화가 조금씩 단계적으로 변화한다. 진화는 특별한 단절이나 불연속성이 없이 조금씩 일어난다.

종의 증가

조금씩 변하는 것이 오랜 시간 쌓이면 전혀 다른 종으로 바뀐다. 이것은 생물 다양성에 관한 이론으로 한 종에서 새로운 종이 발생한다는 이론이다. 시간이 갈수록 새로운 종이 발생하므로 종의 수가 증가한다. 창조론에서는 신이 모든 종을 직접 만들었다.

공동 후손

생물의 조상을 따라서 올라가다 보면 전부 하나의 조상으로 만나게 된다. 복잡한 형태의 생물 개체들이 시간을 거슬러 올라 갈수록 간단한 형태로 통합이 되고 조상의 수가 점점 줄어들면서 결국에는 하나의 조상으로 귀결된다. 지구상의 모든 생물이 하나의 생명체에서 유래했다.

자연선택

지구 역사 속에서 수많은 생물의 종들이 출현했지만 사멸된 종들도 많이 있다. 그 이유는 자연 환경에 적응하지 못한 종들은 자연으로부터 선택받지 못했다는 주장이다. 자연선택이란 자연에 적응하는 종들만 자연이 선택한다는 주장이다. 이것이 진화론의 핵심 개념이다.

(1) 자연선택론

생물이 진화한다는 것을 이해하기는 쉽다. 진화가 일어났다는 증거가 매우 많기 때문이다. 그러나 생물이 어떻게 진화하는지를 아는 것은 전혀 다른 이야기다. 다윈의 업적에서 가장 독창적인 부분은 진화론이 아니고 자연선택 이론이다.

자연선택은 다음 세 가지 조건이 만족될 때 일어난다.

① 스스로 복제하는 개체군이 있다.
② 이 복제 과정은 완벽하지 않다.
③ 복제상의 실수 때문에 자손들의 복제 능력에 차이가 난다.

생물들은 번식하기 위하여 유전자를 복제한다. 유전자를 100% 동일하게 복제하면 동일한 자식들을 번식할 수 있으나 100% 완벽한 일이란 일어나지 않으므로 거의 유사하게 복제할 뿐이다. 복제가 수없이 반복되면 초기의 유전자와 말기의 유전자는 상당히 다를 수 있으므로 상이한 형태의 생물들이 출현할 수 있다. 상이한 형태의 생물들은 자연 환경에 적응할 수 있는 능력에서 차이가 있을 것이다.

자연 환경에 적응하지 못하는 유전자는 도태되고 적응을 잘하는 유전자는 번성할 것이다.

(2) 유전자

생물은 자손을 낳을 때 자기 복제를 한다. 자손은 부모를 닮기 때문에 '복제본'이다. 원숭이는 원숭이를 낳고 코끼리는 코끼리를 낳는다. 다윈은 자식이 왜 부모를 닮는지 알지 못했다. 자식이 부모를 닮는 이유는 유전자(遺傳子, gene) 때문이다. 유전자는 DNA의 배열이다. DNA는 네 가지 염기[9]로 구성된 복합 단백질이다. 이 염기들은 긴 줄로 배열되며 배열된 서열에 따라 다른 단백질[10]이 만들어진다. 단백질은 동식물을 이루는 세포들을 구성하는 분자이다.

자연선택의 두 번째 조건은 복제 과정이 완전하지 않다는 점이다. 복제 과정에서 일부가 부모와 다르기 때문에 다른 자식이 출생한다. 자연에서는 머리가 둘 달린 뱀도 나오고 온 몸에 털이 난 사람도 태어난다. 보통 유전자의 경우 절반은 아버지로부터 받고 절반은 어머니로부터 받는다. 그러나 가끔 유전자 중 하나가 제대로 복제되지 않는다. 이렇게 다른 유전자를 돌연변이(mutation)라고 한다.

돌연변이는 유전물질인 DNA가 갑자기 변화하여 자손에게 전달되는 것을 말한다. 돌연변이는 자연발생적이거나 화학물질과 같은 외부적인 요인으로 발생한다. 복제가 완전하지 못해서 생기는 자연발생적 돌연변이는 백만분의 일의 비율로 나타난다. 돌연변이는 개체에게 긍정적이기보다는 부정적인 요인으로 작용하는 경우가 많다. 복잡한 기계에서 어떤 부품 하나가 잘못 제작되었을 경우에 기계에 도움이 되기보다는 해가 되는 경우가 더 많은 것과 같은 이치이다.

---

9 염기(鹽基, base): 수용액 상태에서 수소 이온을 흡수하는 물질. 알카리라고 함.

10 단백질(蛋白質, protein): 동식물의 몸을 구성하는 고분자 유기물. 아미노산의 연결체.

6.1.3 진화의 실례

인간의 눈과 후두, 언어 등 구체적인 진화의 실례를 살펴보고 진화 과정을 이해하고자 한다.

(1) 눈의 진화

지질학에서는 약 6억 년 전부터 5억 년 전 사이를 캄브리아기(Cambrian period)[11]라고 한다. 캄브리아기의 특징은 이 기간 동안에 다세포 생물들이 출현하면서 동물들의 종류가 폭발적으로 증가했다는 점이다. 이 시기의 대표적인 동물은 삼엽충[12]이지만 척추동물을 제외한 대부분의 동물들이 출현하였다. 이 시기의 특징은 2천만 년에서 3천만 년 사이에 갑자기 동물들이 대거 출현하여 생존 경쟁이 치열하였다. 동물들은 생존하기 위하여 눈을 발달시켜서 무기로 사용하게 되었다. 눈과 코와 귀는 원거리에서 포식자와 피식자를 식별할 수 있었기 때문에 생존에 매우 중요한 기관이다. 특히 눈은 잠수함의 잠망경과 같이 외부 세계를 인식하기 좋은 수단이다.

눈의 기능은 영상을 취급하는 것이며 영상을 처리하는 작업은 대부분 뇌가 담당한다. 눈의 역할은 뇌가 영상을 처리할 수 있도록 적절하게 빛을 받아들이는 일이다. 눈의 종류는 조개의 눈부터 시작해서 곤충의 낱눈과 겹눈 그리고 카메라 식의 사람의 눈까지 다양하다. 카메라 식 눈은 어류에서 포유류까지 두개골을 가진 모든 생물들의 특징이다.

① 낱눈과 겹눈

눈은 포식자를 피하고 먹이를 찾기 위한 무기였기 때문에 시야를 좋게 하기 위하여 머리의 양쪽에 위치하였다. 빛을 이용하여 360°로 시야를 둘러볼 수 있었다.

간단한 구조의 눈의 종류에는 홑눈(單眼)과 겹눈(複眼)이 있다. 홑눈은 하나로 구성된 눈으로 절지동물[13]인 곤충류에 흔히 있으며, 겹눈은 곤충류와 갑각류에 있으며 여러 개의 눈으로 구성된 눈을 말한다. 겹눈은 낱눈(個眼)이 벌집처럼 모여서 형성된 눈이다. 잠자리의 눈은 낱눈이 10,000개에서 30,000개가 모여서 형성된 겹눈이다.

---

11 Cambrian period: 5억 4,100만 년 전부터 4억 8,540만 년 전까지. 지질시대 구분에서 고생대 최초의 시기. 삼엽충이 대표적이며 척추동물을 제외한 모든 동물군이 출현.

12 삼엽충(三葉蟲, trilobites): 절지동물에 속하는 새우와 비슷한 모양의 화석 동물.

13 절지동물: 등뼈가 없는 동물 중에서 몸이 딱딱한 껍질로 쌓여있고 몸과 다리에 마디가 있는 동물. 거미류, 갑각류, 다지류 등이 있다.

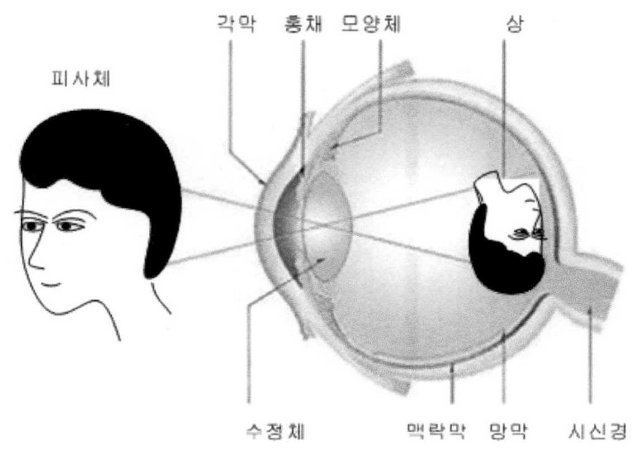

[그림 6.4] 사람의 눈

② 카메라식 눈

사람의 눈에 들어온 빛은 [그림 6.4]와 같이 먼저 수정체 앞에 덮인 투명하고 얇은 각막을 통과한다. 각막을 통과한 빛의 양은 홍채라고 불리는 일종의 조리개가 조절한다. 다음에는 수정체를 통과한다. 수정체는 빛의 초점을 모으는 역할을 하므로 모양체 등의 주변 근육이 움직여서 수정체의 모양을 변화시킨다. 수정체를 통과한 빛은 망막에 도착한다. 망막에서는 빛 수용체들이 빛을 받아서 전기 신호로 변환하고 시신경을 통하여 뇌에 전달한다.

③ 양안시와 방어시

동물의 눈은 두 가지 방식으로 발전되었다. [그림 6.5]와 같이 육식 동물은 초식 동물을 공격하기 위하여 양안시(兩眼視)로 발전하였고, 초식 동물은 방어하기 좋게 방어시(防禦視)로 발전하였다. 양안시란 [그림 6.5](a)와 같이 두 눈이 얼굴의 전면에서 앞을 향하고 있어서 두 눈과 사물을 이루는 각도를 이용하여 사물과의 거리를 정확하게 파악하려고 했다. 방어시란 [그림 6.5](b)와 같이 두 눈이 머리의 양쪽 옆에 있어서 전 방위로 시야를 넓게 하려고 하였다. 실제로 육식 공룡은 양안시였고 초식 공룡은 방어시 였다.

영장류는 육식 동물이 아닌데 왜 양안시가 되었을까? 영장류가 나무에서 살았을 때 나무에서 나무로 건너다니려면 거리 측정이 중요했을 것이다. 따라서 정확한 거리 측정을 위해 양안시를 택했을 것이다. 영장류는 왜 밤눈이 약할까? 영장류는 3,000만 년 전부터 야행성을 포기하고 낮 생활을 하기 시작했기 때문에 야행성 동물처럼 밤에 눈에서 빛이 나오지 않는다. 그러면 왜 야행성을 포기했을까?

낮에 먹거리를 색채로 구별했기 때문에 밤눈이 약해진 것이다.

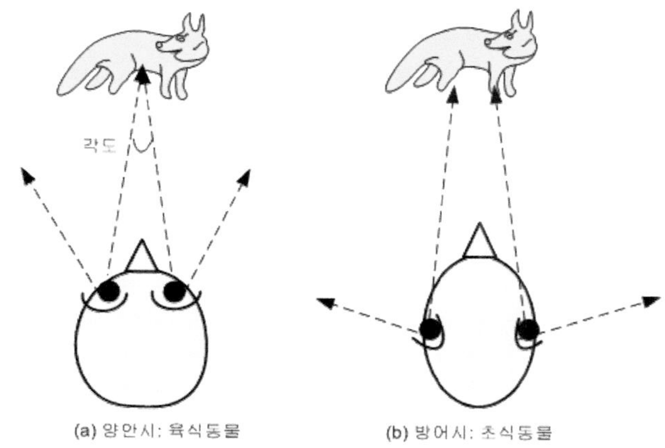

[그림 6.5] 양안시와 방어시

[그림 6.5] 양안시와 방어시

양안시의 약점은 전방위 시야가 좁다는 것이다. 양안시의 단점인 방어는 어떻게 해결했을까? 영장류는 전방위 감시가 미흡한 것을 단체 생활로 해결하였다.

서로 반대 방향을 경계함으로써 전방위 감시가 가능하도록 한 것이다. 그 대신 단체 생활을 하기 위하여 업무를 분장하고, 얼굴 인식을 해야 하고, 정보 교환을 위해서 소통할 언어가 필요해졌다. 따라서 기억력이 중요해지고 판단력이 요구되었다. 사회생활과 조직 생활은 두뇌의 발달을 가져왔다.

④ 가자미와 넙치 그리고 홍어와 가오리의 눈

가자미와 넙치의 두 눈은 한쪽으로 몰려있다. 왜 그럴까? 가자미와 넙치는 새끼 시절 물가에 살 때는 두 눈이 양쪽에 정상적으로 붙어있었는데 어른이 되면서 바닥에 붙어살게 된다. 몸을 한 쪽으로 누워서 지내려다 보니 한 쪽 눈이 바닥에 닿아서 곤란해졌다. 그 대책으로 [그림 6.6](a)와 같이 바닥 쪽에 있는 눈을 다른 쪽으로 옮긴 것이다. 완전히 성장한 가자미나 넙치는 두 눈이 한 쪽에 붙어있다. 어릴 때는 양쪽에 있던 눈이 어른이 되면서 한쪽으로 이동하는 것은 머리뼈의 구조를 당대에 바꾸는 큰 작업이다.

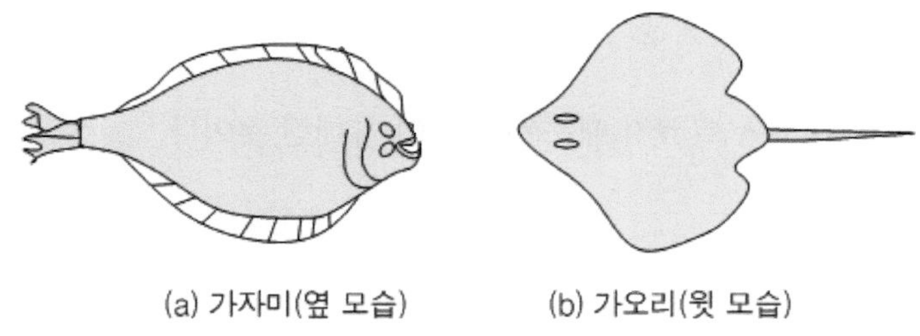

[그림 6.6] 가자미와 가오리

홍어와 가오리는 바닥에 붙어살면서도 [그림 6.6](b)와 같이 두 눈이 양쪽에 붙어있다. 왜 그럴까? 홍어와 가오리는 몸을 바닥에 붙이는 과정에서 몸을 한쪽으로 눕히지 않고 몸 전체를 납작하게 만들었으므로 두 눈도 그대로 양쪽에 붙어있다.

(2) 언어와 문자의 진화

사람이 말을 하려면 소리통이 필요하다. 사람은 소리통을 확보하기 위하여 후두를 낮추었다. 후두를 낮춤으로써 소리를 낼 수 있었지만 그 대신 음식물이 기도로 들어가서 질식하는 경우가 생긴다. 아기들이 태어나면 후두가 높아서 질식하지 않지만 점점 성장하면서 후두가 낮아지고 말을 하기 시작한다. 후두가 낮아져야 정확하게 발음할 수 있기 때문이다. 다른 영장류들은 후두가 매우 높아서 질식할 일이 없다.

인간의 기도는 파충류만도 못한 배관이라고 한다. 어류 시절에는 아가미로 숨을 쉬었지만 물 밖으로 나오면서 공기를 들여 마시는 기도가 필요해졌다. 그런데 아가미였던 부분을 숨을 쉬기 위하여 입 위로 올리다 보니까 배관이 겹치게 되어 오류가 발생한 것이다. 제대로 기도를 설계했다면 식도 뒤로 기도를 만들었어야 했다. 뱀은 먹이를 먹을 때 큰 먹이가 입을 꽉 메우면 숨을 쉴 수 없다. 그래서 먹이를 먹기 전에 파이프처럼 생긴 기도를 입 밖으로 내놓아서 기도가 막히지 않도록 조치를 하고 먹이를 삼킨다.

① 언어 습득 도구

사람은 백지 상태에서 언어를 배우는 것이 아니다. 촘스키에 의하면 인간은 태어날 때부터 내재된 보편 문법을 가지고 있으며 주변에서 들리는 언어의 규칙을 선택한다고 한다. 이것은 인간이 언어 자체를 배우는 것이 아니고 부모로부터 유전으로 물려받은 언어 능력을 활용한다는 것을 의미한다. 언어는 진화 과정에서 얻어진 능력으로 자식에게 유전되는 것이다. 즉 언어 능력은 신체 기관과 같이 선천적인 구조로 체득된 생물학적 자원이라고 할 수 있다.

인간은 30만 년 전에서 20만 년 전 사이에 언어 사용 능력이 발달되었다고 한다. 이때부터 후두의 위치가 다른 영장류보다 아래로 이동한 것이다. 인간은 질식의 위험을 감수하면서까지 왜 언어 능력을 발달시켰을까? 여기에는 사냥을 잘하기 위해서 혹은 사랑을 얻기 위해서 등 여러 가지 가설이 있다.

② 문자의 진화

언어는 말과 글로 이루어진다. 마음이 진화하듯이 언어도 진화한다. 따라서 말과 글도 [그림 6.7]과 같이 진화하였다. 사람들은 사물을 보고 그림을 그리거나 기호를 만들어서 표현하다가 상형문자를 만들어 사용했다. 사람들은 사물을 보면 음성으로 소리 내어 표현하므로 자연히 말과 상형문자가 1:1 대응이 되도록 진화하였다. 상형문자는 더욱 단순화하고 추상화하면서 표의문자로 바뀌어 사용되었다. 표의문자는 그 언어 안에 있는 모든 단어를 문자로 만들어야 하므로 문자 수가 상당히 많아진다. 이를 극복하기 위하여 음성으로 문자를 표현하는 표음문자로 진화하였다. 원숭이는 표의문자인 한자로 '猴'(원숭이 후)이며 hóu(허우)로 읽고, 표음문자인 한글에서는 원숭이라고 쓰고 음성으로 '원숭이'라고 읽는다.

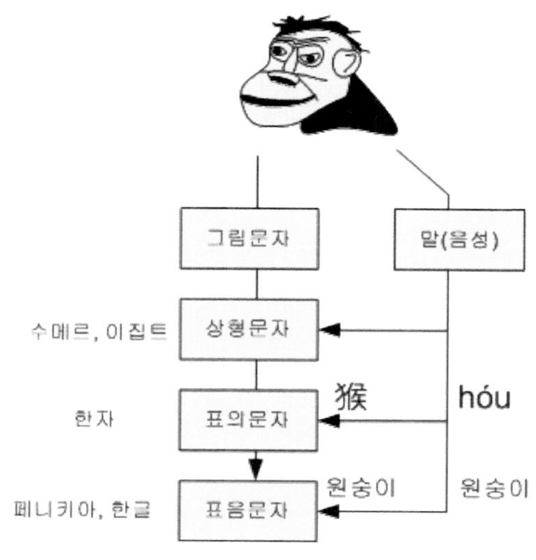

[그림 6.7] 문자의 진화

세계 최초의 문자는 기원전 3,200년경 수메르에서 점토판에 기록한 쐐기문자(설형문자)였다. 수메르 문자는 사물의 모양과 비슷하게 그림으로 그리다가 점토판에 새기기 쉽도록 단순화하고 추상화하여 쐐기 모양으로 그렸다. 이어서 표의문자로 진화되었다가 차츰 표음문자로 바뀌었다. 이집트의 상형문자는 기원전 1,000년 경에 페니키아로 전해져 표음문자로 발전하였다. 페니키아인들은 지중해 동부에서 무역을 하면서 화물 내용을 포장에 적어놓기 위하여 알파벳 문자를 개발했다. 페니키아에서 로마로 가서 로마자로 바뀌었고 이어서 전 세계로 퍼져 지금도 많은 나라에서 사용하고 있다. 초기의 상형문자는 존재하는 사물만 표현하였으나 점차 추상적인 내용도 표현하기 시작하였다. 수메르에 처음 표의문자가 생겼을 때는 말을 제한적으로 사용하다가 표음문자가 되면서 무제한 표현하게 되었다. 그림에서 상형문자, 표의문자, 표음문자로 진화하면서 표현 대상이 증가하였으므로 음성도 문자를 구분하도록 함께 증가하며 진화하였다.

T·I·P 그림문자와 알파벳 혁명

그림문자

그림문자는 자연의 사물을 보고 그림으로 그린 문자이다. 이들 중에는 아래 그림과 같이 현재 표의문자로 사용하고 있는 것들이 있다. 이와 같은 방식으로 문자를 만들면 언어 안에 있는 단어의 수만큼 문자를 만들어야 하므로 수천 개의 문자를 공부해야 한다. 참고로 한국의 상용한자는 1,300자이고 일본의 상용한자는 2,136자이다.

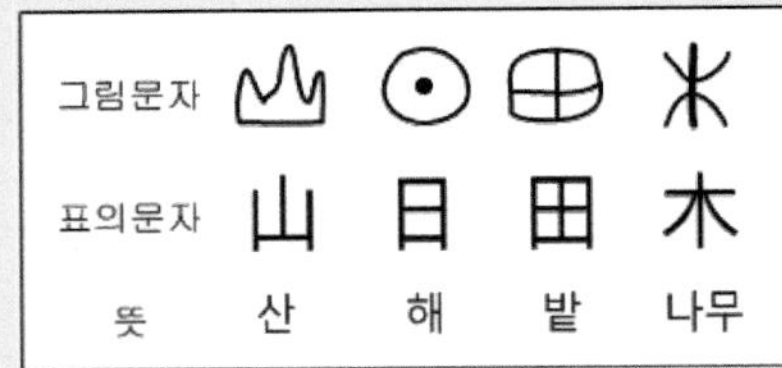

알파벳 혁명

표의문자의 수는 그 언어에서 사용하는 단어의 수만큼 있어야 한다. 사람들은 많은 수의 문자를 알고 있어야 실용적으로 사용할 수 있다. 알파벳은 표의문자와 전혀 다르게 사용된다. 알파벳을 사용하면 단지 30여개의 기호를 알기만 해도 무엇이든지 글로 표현할 수 있다. 반면에 표의문자의 뜻을 이해하기 위해서는 수천 개의 문자를 알아야 한다. 따라서 알파벳이 발명되고 나서 진정한 대중교육이 가능해졌다. 페니키아 문자는 자음만 있고 모음이 없는 표음문자이다. 따라서 실제로 발음할 때는 모음과 결합해야만 음가를 가지게 된다. 지금도 모음 없이 자음만 사용하여 글을 쓰기도 한다. 페니키아 문자가 전 세계 대부분의 문자의 원조가 되었다. 실례로 텔렉스를 사용할 때 글자 수를 줄이기 위하여 모음을 일부러 빼고 문서를 작성하기도 하였다. 예를 들면, We have not yet received your invoice ~ 를 W hv nt yt rcvd yr nvc ~ 라고 흔히 사용했다.

(3) 마음의 탄생과 진화

인류 발전의 원동력인 마음은 어떻게 생겨났을까? 동물과 인간의 마음은 어떻게 다른가? 인간은 약 700만 년 전에 유인원의 후예인 원인(猿人)에서 시작하여 원인(原人) 구인(舊人) 신인(新人, 현재 인류)으로 진화하였으므로, 동물의 마음에서 인간의 마음으로 진화하였을 것이다. 700만 년 전에는 동물과 비슷한 마음을 가지고 있었겠지만 이후 약 50만 년 전부터 언어를 사용하였다. 언어를 사용한다는 것은 언어로 생각하고 소통하는 것이므로 마음이 언어로 작동하는 것이다. 그러면 650만 년 동안 어떤 변화가 있었던 것일까? 원인(猿人) 시절에는 500CC 정도였던 두뇌 크기가 차츰 1,000CC로 대폭 증가하였다. 인류가 취급해야 하는 정보의 양이 많아져서 두뇌가 커졌다고도 하고, 불로 음식을 조리하면서 소화가 쉬워졌기 때문에 소화하던 에너지가 두뇌로 가서 두뇌가 커졌다고도 한다. 두뇌가 너무 커지면 출산하기 힘들기 때문에 인간은 성숙하지 않은 아기를 낳게 되었다. 침팬지는 성숙하게 태어나기 때문에 태어나면서부터 걸어 다니고 손으로 엄마의 몸을 잡고 음식도 먹을 수 있다. 그러나 사람은 미성숙하게 태어나므로 갓난아기는 아무 것도 할 수 없다. 따라서 태어나서 10개월간은 체외 태아로 살아간다.

두뇌 세포는 사용하지 않으면 사멸하므로 태어나면서부터 두뇌를 사용해야 한다. 성숙하지 않은 아기가 두뇌를 사용하는 것은 어려운 일이다. 아기는 외부 세계와 소통하는 것이 불가능하기 때문에 엄마와 소통하는 새로운 신경회로를 만들었다. 침팬지는 태어나자마자 외부 세계를 인식하며 현실세계를 살아가지만, 갓난아기는 현실세계를 살아갈 수 없으므로 내면의 가상세계에서 엄마와 소통한다.

내면의 가상세계에서 두뇌를 사용하는 것이 마음의 시작이라고 한다. 아기가 자라서 외부 세계를 인식하게 되면 내면세계가 외부 세계와 연결된다. '엄마'라고 말하는 것은 내면 세계와 외부 세계를 언어로 연결하는 것이다. 아기는 중요한 정보를 기억하며 언어를 구사하기 시작한다. 정보를 기억했다가 상기하는 것은 과거를 인식하는 것이므로 마음이 시간을 인식하는 계기가 된다.

침팬지의 마음은 자극과 반응이라는 관계의 연속이지만 사람의 마음은 과거와 현재를 인식하고 미래를 가정하는 가상 세계를 포함한다. 침팬지는 가만히 있을 때 아무 생각도 못하지만 사람은 내면세계에서 언어로 생각을 한다. 생각을 안 하는 것이 오히려 더 어렵다. 사람은 왜 언어를 사용하게 되었을까? 심리학자들은 사람들이 집단으로 사냥을 하면서부터 의사소통을 위해서 언어를 발전시켰다고 주장한다. 사냥을 하려면 사냥감의 수, 위치, 임무 분담, 이동 방향 등 주고받아야 할 정보가 많아서 언어라는 도구를 발전시켰다는 것이다. 언어가 발전하면서 사람들은 언어로 생각하고, 외부 세계와 교류하면서 마음과 지능이 진화한다고 추정한다.

T·I·P 인류의 진화

인류의 기원에 대해서는 많은 학설이 있다. 여기서는 공통적으로 인용되는 학설들을 중심으로 정리하였다.

원인(猿人)

약 700-400만 년 전에 유인원(오랑우탄, 침팬지, 고릴라, 긴팔원숭이 등)에서 분리되었다. 오스트랄로피테쿠스, 호모하빌리스라고도 한다. 뇌의 크기는 500CC이고 도구 사용, 도구 제작, 직립 보행을 한다.

원인(原人, proto-man)

약 50만 년 전에 분리되었다. 피테칸트로푸스, 호모 에렉투스라고도 한다. 자바원인, 북경원인 등이다. 불과 언어를 사용하기 시작하였다. 뇌의 크기는 800CC이다.

구인(舊人)

약 30만 년 전에 분리되었다. 네안데르탈인, 하이델베르그인 등이다. 뇌의 크기는 1,000CC이고, 직립 보행, 팔의 자유화, 언어를 사용한다.

신인(新人, neo-man)

약 4만 년 전에 분리되었다. 후기 구석기 문화에 속한다. 크로마뇽인은 라틴어로 '슬기로운 사람'이라는 뜻의 현생인류(homosapience)이다. 뇌의 크기는 1,500CC이다.

6.1.4 진화론의 영향

다윈의 진화론은 1859년 발표 당시에도 큰 영향을 주었지만 지금도 여전히 각 분야에서 계속 변화를 일으키고 있다. 철학, 과학, 윤리학, 종교, 심리학, 법학, 정치학 등 이 세상의 모든 분야에 걸쳐 변화를 일으키고 있다. 이 중에서 철학과 법학 등 대표적인 몇 가지만 살펴보기로 한다.

(1) 철학

진화론은 인간의 사유체계에 거대한 변화를 몰고 왔다. 플라톤과 아리스토텔레스의 철학은 이원론과 일원론으로 분류되기도 하지만 전체적으로 보면 '정태적'이며 정태적으로 규정된 '정의'에 따라 사물을 이해하려고 하였다. 진화론이 발표되자 창조론은 더 이상 절대적이고 유일한 해석이 아니라는 인식이 확산되었다.

진화론 이후에는 모든 것이 동태적으로 바뀌고 사유체계는 역동적이고 현실적인 진리로 점차 대체되었다. 진리는 고정불변의 것이 아니라 '담론에 의해서 결정되는 지식'으로 평가되어 언제나 바뀔 수 있는 정보로 전락하였다.

칼 마르크스(Marx)는 진화론을 이용하여 변증법적 유물론을 만들었다. 모든 것은 정반합의 원리로 변화한다는 세계관을 제시하였다. 실용주의자인 존 듀이(Dewey)도 진화론적 자연주의자였다. 모든 가치의 기준은 사물의 본질이나 선험적이거나 영원한 진리 속에서 추구되어야 한다는 것을 거부하였다. 가치란 행위의 결과로 측정되며 결과가 만족스러워야 바람직하다고 주장하였다.

니체(Nietzsche)는 진화론으로 의미가 상실된 세계를 보고 허무주의를 실감한다. 니체는 인간에게 올바른 행위는 감정적인 것, 삶으로부터 느껴지는 자연스러운 것이며 기쁨을 가져다주는 힘을 도덕의 근원이라고 주장했다. 이렇게 자신의 삶을 긍정할 수 있는 사람을 초인이라고 하고 초인이 될 것을 주장했다.

(2) 법학

미국에서는 진화론과 창조론이 대립하는 재판이 여러 번 있었다. 진화론을 법으로 금지하기도 하고 처벌하기도 하였다. 가장 유명한 '원숭이 재판'의 예를 들어 살펴본다.

① 1925년 미국 테네시주의 Butler법

테네시주의 재정지원을 받는 교육기관에서는 진화론을 금지하는 법이 통과되었다. 당시 어떤 생물 교사가 진화론을 강의했다는 이유로 기소되어 100달러의 벌금형을 받았다. 이 판결은 다른 주들도 유사한 반(反) 진화론 법을 제정하는 계기가 되었다.

② 1987년 미국 연방대법원의 위헌 판결

당시의 루이지애나 주법으로는 진화론을 강의하려면 창조론도 함께 강의해야 했다. 그러나 연방대법원은 창조론은 종교에 가까우므로 종교 자유를 침해하는 이 법은 위헌이라는 판결을 내렸다. 당시의 과학자들은 이 법에 반대를 많이 하였으나 종교를 완전히 부정하는 것은 아니었다. 과학자들은 종교와 진화론이 양립할 수 있다고 인정하였다.

③ 2010년 한국 대법원의 종교 교육 판결

대법원은 종교 재단의 사립학교에서 특정 종교 교육을 강요하는 것은 종교 자유를 침해하는 것이라고 판결하였다. 대법원 전원합의체는 2004년에 종교 교육을 거부하다가 퇴학 처분을 받은 학생이 학교의 행위가 불법이라며 손해배상을 청구한 소송에서 학교 측에 배상책임을 규정하였다. 1심에서는 학생이 승소하였고 고등법원에서는 학원이 승소하였으며 대법원에서 최종적으로 학생이 승소하였다.

이상의 실례는 법이 종교의 자유와 진화론에 관하여 판단을 바꾼 경우이다.

진화론의 입장에서 보면 법 자체가 진화한다고 생각할 수 있다. 지금까지 해결하기 어려웠던 문제들이 진화심리학이 발전하면서 법 제정에 많은 도움을 준다. 2005년에 한국의 헌법재판소는 부성주의[14] 원칙을 헌법불일치라고 선고하였다. 이것은 진화심리학에서 모성이 부성보다 더 확실하게 친자식임을 확신할 수 있다는 주장에 힘을 얻은 결과이다.

진화론은 다윈의 당대에서는 물론 지금까지도 많은 논란이 이어지면서 변화를 몰아오고 있다. 다윈의 영향으로 구성된 다윈주의는 사회의 각 분야에서 새로운 변화를 계속하고 있다. 그 중의 하나가 진화심리학이다.

6.2 진화심리학

진화심리학은 진화의 관점에서 인간의 행동을 연구한다. 생물이 진화 과정에서 겪었던 모든 경험들은 사라져버리는 것 같지만 실제로는 생물의 각 부분에 남아 있으며 어느 정도의 역할을 수행한다고 보기 때문이다. 도시에 사는 아이들이 뱀을 처음 보고 무서워하는 것이나, 양계장에서 수천 세대를 거쳐서 태어난 병아리들이 맹금류를 본적도 없으면서 맹금류 날개의

14 부성주의(父姓主義): 자녀는 아버지의 성과 본을 따라야 한다는 종전의 민법 제781조 조항.

그림자만 보여줘도 공포에 질린다. 이런 예를 통해 생물의 역사에서 경험했던 중요한 사실들은 사라지지 않고 유전자를 통하여 후손들에게 영향을 주고 있다는 사실을 알 수 있다.

자연과학의 영향으로 심리학자들은 행동주의 심리학에 몰두하게 되었으며, 급진적인 경험론의 주장이 확대되어 <표 6.2>와 같은 표준사회과학 모델(SSSM, Standard Social Science Model)을 만들게 되었다. 표준사회과학 모델은 1920년대부터 1960년대 후반까지 심리학자들이 몰두했던 생각들을 집약한 것이다.

이 모델의 주장은 다음과 같이 크게 4개로 구성된다.

① 인간은 생물학의 법칙에서 벗어나 존재한다.
② 인간에게 진화가 이루어진다고 해도 발바닥에서 목까지만 해당하고 이성이 살아있는 머리에는 해당하지 않는다.
③ 인간의 본성은 '빈 서판(blank slate)[15]'과 같아서 경험에 의하여 본성이 결정된다.
④ 인간의 행동과 마음은 완전히 환경과 사회의 산물이다. 따라서 인간이 생각하고 느끼는 것은 모두 외부 환경에 의해서 결정된다.

〈표 6.2〉 표준사회과학 모델과 진화심리학

번호	주제	표준사회과학 모델	진화심리학
1	생물학 법칙	인간은 생물학 법칙에서 제외	인간은 생물
2	진화 범위	진화는 발에서 목까지(인체에서)	뇌는 일반기관
3	본성	인간의 본성은 백지(빈 서판)	본성은 유전
4	행동	인간의 행동은 환경과 사회의 산물	행동은 본성과 환경의 산물

15 빈 서판(blank slate): 경험론자들이 자주 인용하는 말. 인간은 태어날 때 머리가 백지 상태여서 경험하는 대로 기록된다는 의미.

6.2.1 진화심리학의 출현

<표 6.2>와 같은 표준사회과학 모델은 그 후에 발전한 인지심리학, 신경과학, 진화생물학 등에 의하여 인간의 마음을 설명하는데 부적합하다고 존 투비(Tooby)[16]와 레다 코스미즈(Cosmides)는 주장한다. 이들의 반론은 다음과 같다.

① 인간은 생물이므로 당연히 생물학의 법칙을 따른다.
② 인체의 진화는 온 몸에 걸쳐서 진행된다. 두뇌라고 예외가 아니다.
③ 인간의 본성은 상당부분을 부모로부터 유전 받는다.
④ 인간의 행동과 마음은 본성과 함께 외부 환경의 산물이다.

진화심리학에서는 표준사회과학 모델을 대체하여 <표 6.3>과 같이 5가지 원리를 주장한다.

〈표 6.3〉 진화심리학의 원리

순서	원리	비고
1	뇌는 정보처리체계(컴퓨터)	환경에 적응하기 위해 설계
2	뇌는 자연선택으로 설계	석기시대에 생존을 위하여
3	쉬운 문제도 복잡한 처리 필요	정보처리는 복잡
4	상이한 문제는 상이한 회로망에서 처리	여러 개의 독립 모듈
5	인간의 마음은 석기시대	사바나 지역에 적합한 마음

T·I·P 진화 심리학의 원리

정보처리 체계

뇌는 컴퓨터처럼 정보를 처리하는 물리적 체계이다. 뇌는 신경세포들의 망으로 이루어졌으며 환경에 적절한 행동을 구사하도록 설계되어 있다.

16 John Tooby: 미국의 인류학자, 진화심리학자. 산타바바라 캘리포니아대 교수.

자연선택

뇌의 신경망은 석기시대[17]의 수렵채집 생활에 맞도록 설계되었다. 뇌는 석기시대 생활의 문제점들을 해결하여 생존할 수 있도록 자연선택으로 설계되었다.

복잡한 처리

우리 생각에 쉬운 문제도 마음속에서 해결하기 위해서는 뇌의 신경망에서 매우 복잡한 처리 과정을 거친다. 글을 읽는 작업도 뇌에서는 뇌의 1/3 이상을 동원하는 대규모의 정보처리 작업이 필요하다.

모듈 이론(module theory)

다른 문제를 해결하려면 뇌의 다른 신경망을 이용한다. 마음은 수없이 많은 전문 처리 과정이 필요하며 이를 위해 전문화된 수많은 신경회로망을 가지고 문제마다 별도로 처리를 한다. 전문화된 신경망은 한 가지 문제를 해결하는 전용 컴퓨터라고 할 수 있다. 이것을 모듈이라고 한다.
인간의 마음은 여러 개의 독립적인 모듈로 구성되었다는 주장과 하나의 단일 모델로 구성되었다는 주장이 있다.

석기시대용

인간의 뇌에는 석기시대 조상들의 마음이 들어 있다. 인간은 400만 년 전에 출현하여 아프리카의 사바나 지역에서 유사한 생활 방식으로 10만 년 전까지 살았다. 따라서 인간의 뇌는 400만 년 간 사바나 지역에서 적응하도록 진화되어 왔다. 사바나를 벗어나서 생활한 것은 10만 년 전이고 농경지에 정착한 것은 1만 년 전이므로 우리의 뇌는 아직도 사바나 지역 생활에 적합하다고 볼 수 있다.

진화심리학에 의하면 우리 인간의 뇌는 석기시대의 문제점을 해결하기 위해 만든 정보처리 장치를 가지고 현대사회의 문제들을 해결하고 있는 것이다. 인간은 현 시대에 걸맞지 않은 몸과 뇌를 가지고 있으므로 생활하는데 많은 불편과 문제점을 안고 있다. 그러나 진화심리학을 이용하면 지금까지 해결하지 못했던 의문들을 해결할 수 있다.

6.2.2 진화심리학의 문제 해결

진화심리학은 진화의 관점에서 인간의 행동을 연구하기 때문에 기존의 심리학으로 이해할 수 없었던 사실들을 많이 해결할 수 있다. 진화심리학으로 이해할 수 있는 문제들을 구체적으로 살펴보기로 한다.

17 석기시대(石器時代, stone age): 구석기시대(약 250만 년~1만2천 년 전), 신석기시대(1만2천 년~5천 년 전) 등으로 석기를 도구로 사용하던 시대.

> 의문 1 : 사람은 왜 비만을 무릅쓰고 자꾸 먹을까?
>
> 사람들은 영양이 부족한 것도 아닌데 살이 찌면 건강에 해롭다는 것을 알면서도 자꾸 먹는 이유는 무엇일까?

인류는 아프리카의 사바나[18]에서 약 400만 년 간 수렵채집 활동을 하면서 살았다. 오랜 기간을 줄곧 굶주리면서 살았기 때문에 당시의 모든 동물들은 먹을 것이 있으면 일단 먹어서 몸 속에 비축해야 했다. 지금도 야생 동물들은 일주일 또는 몇 주 만에 한 번씩 식사를 하는 경우가 많다. 인류 역사 400만 년 중에서 굶주림에서 벗어난 것은 매우 최근(서기 1800년대)의 일이므로 우리의 뇌는 늘 굶주림에 대비하도록 설계되어 있다. 슈퍼마켓에 가면 식품이 산같이 쌓여 있어도 우리의 뇌는 무의식중에 언제 식품들이 사라지고 다시 굶을지 모른다고 걱정하고 있다.

6.2.3 비만의 대책은 무엇인가?

미국에는 비만한 사람들이 많다. 왜 그렇게 비만하게 되었을까?

비만을 불러일으키는 과식은 학대를 받는 사람들에게 일어나는 일반적인 방어기제라는 것이다. 치열한 경쟁에서 벗어나고 싶은 마음을 맛있는 음식을 자주 먹는 것으로 해결하려는 것이다. 우리의 뇌는 곤란하고 힘든 상황을 벗어나기 위하여 노력하는데 현실에서의 어려움을 먹는 행위로 잊으려고 한 결과 비만이 온 것이다.

최근 발표[19]에 따르면 건강검진을 받은 한국인의 1/3이 체질량지수(BMI)[20] 25 이상의 비만이라고 한다.

---

18 savana: 열대기후 중에서 건기와 우기가 뚜렷하게 나타나는 초원지대.

19 국민건강보험공단: 2008년 건강검진 수혜자 988만 명 중 BMI 25 이상인 비만인이 324만 명(32.8%). 이 중 90% 이상이 BMI 30 이상의 고도비만환자.

20 체질량지수(BMI, body mass index): 몸무게를 키의 제곱으로 나눈 수. 키와 몸무게를 이용하여 지방의 양을 추정하는 비만 측정법.

의문 2 : 왜 여자는 선물을 좋아하는가?

남자가 사랑을 얻으려면 선물을 잘해야 한다는 말이 있는데 과연 그럴까?

여자들은 사랑하는 사람과 육체적으로 가까이 하는 것을 가급적 늦추려는 경향이 있다. 여자는 시간적인 여유를 가지고 남자의 충실성을 확인하려고 한다. 충실성을 확인하는 수단으로 물질적인 선물을 요구하기도 한다. 그런데 그 선물은 남자들이 보기에는 쓸데없는 것들이 많다. 예를 들면 다이아몬드 같은 선물은 살 때는 비싸지만 일단 사고 나면 값어치가 떨어지고 현실에서 사용할 일도 별로 없다.

남자들은 실생활에 꼭 필요한 물건(TV, 세탁기, 가구 등)을 선물하고 싶지만 여자들은 실생활에 필요한 것보다 자신을 위해서 얼마나 남자의 재산을 소모할 수 있는가를 확인하는 수단으로 선물을 요구하는 것이다. 여자가 남자의 충실성을 확인하고 나면 선물은 쓸데없는 낭비로 받아들일 수도 있다.

의문 3 : 포르노 산업은 왜 남자들에게만 영업이 될까?

포르노 관련 소설, 잡지, 영화, 성 매매 등의 고객은 주로 남성들이다. 여성들은 남성들보다 포르노 분야에 관심이 적다. 그 이유는 무엇일까?

사바나에서 400만 년 동안 생활하는 동안 남성들의 번식기는 연중무휴인데 반하여 여성들의 번식기는 기간이 짧고 개인마다 시기가 다르다. 더구나 젖먹이를 기르는 동안은 번식기에서 벗어나기도 한다. 따라서 번식을 하고자 하는 시기에는 압도적으로 남성의 수가 많을 수밖에 없다. 남성들은 여성을 얻기 위해서 늘 경쟁에서 이길 수 있는 준비를 하고 기다려야 한다. 어떤 여성이 번식기라는 것을 알게 되면 전체 남성들이 그 여성을 상대로 경쟁을 해야 한다. 여성들은 자식의 양육을 위해서 자원이 많이 필요하므로 경쟁에서 이기는 힘 있는 남자를 선택한다.

남성들이 번식에 성공하려면 우선 남성들끼리의 경쟁에서 이겨야 한다. 남성들은 경쟁에서 이겨도 여성의 마음에 들어야 번식이 가능하다. 경쟁이 심하면 대가를 치르는데 심하면 목숨을 걸고 싸우다가 죽을 수도 있다. 반면에 여성들은 여성들끼리의 경쟁이 적으며, 치열하게 경쟁하는 남성들 중에서 최종 승리자를 선택하기만 하면 된다. 여성들은 남성을 얻기 위해서 대가를 지불할 이유가 없다. 이런 생활이 수백만 년 간 지속하는 사이에 남성의 뇌 속에는 남성들과의 경쟁에서 이겨야 한다는 생각이 각인되었고 어떤 대가를 지불하더라도 여성의 마음을 얻으려는 노력이 커지게 되었다.

> 의문 4 : 사람들은 왜 언어를 사용하게 되었을까?
>
> 다른 동물들은 언어가 없어도 잘 살 수 있다. 말을 하려고 후두를 낮추면 질식의 위험을 감수해야 하는데 왜 언어를 사용하려는 것일까?

인류의 조상들은 약 50만 년 전에서 20만 년 전 사이에 생활 형태가 많이 바뀌어 약 150명 단위로 씨족 생활을 하게 되었다. 적지 않은 수의 사람들이 함께 살게 되면서부터 정보를 교환해야 할 일이 많아졌다. 정보교환은 언어를 발달시키고 두뇌 발달을 촉진시키게 되었다. 수렵시대에 잡기 힘든 먹잇감을 여러 사람들이 사냥하려면 정보교환을 위해서 언어가 필요했을 것이다. 번식을 위한 치열한 경쟁 속에서 사랑을 얻으려면 더욱 정교하게 표현할 수 있는 언어가 필요했을 것이다. 원시생활에서 언어 능력은 생존에 필수적이었으므로 유전자를 통하여 후손에게 전달하게 되었다.

> 의문 5 : 인간의 진화는 멈췄나, 더 빨라졌나?
>
> 인류가 농경지에 정착한지 1만 년이 지났다. 이제 인류는 문명 생활을 하고 있다. 석기시대의 척박한 환경에서 살고 있지 않으므로 진화에 변화가 있을 것으로 추정된다. 인간의 진화는 계속될 것인가 아니면 문명의 힘에 의하여 멈출 것인가?

6.2.4 자연선택 축소안

문화가 자연의 칼바람으로부터 인간을 보호하기 때문에 인류의 진화는 더 이상 필요하지 않을 것이라고 한다. 진화는 생존의 위기 때마다 빠르게 진행되었다(ex. 캄브리아기). 여기서 말하는 문화는 종합병원, 항생제, 안경, 중앙냉난방, 인슐린, 식료품, 피임제, 자동차 등이다. 스티브 존스(Steve Hohns)는 100만 년 후에도 인간은 지금과 동일할 것으로 주장하고 있다.

6.2.5 자연선택 강화안

존 호크(John Hawks)에 의하면 인류가 농경지에 정착하면서 최근 1만 년 동안 인구수가 증가하여 진화 속도가 100배 이상 더 빨라졌다고 한다. 개체 수가 많을수록 돌연변이가 증가하므로 진화 속도가 빨라진다는 것이다. 실례로 평균 수명이 연장될수록 자연선택이 강화된다고 한다. 과거에는 젖당을 분해하는 효소가 거의 없었는데 이제는 매우 증가하여 스웨덴 사람들의 95% 이상이 이 효소를 가지고 있다.

진화심리학은 예전에 해결할 수 없었던 많은 문제들을 해결해주는 열쇠가 되고 있다. 진화심리학이 도입되면서 우리는 너무나도 당연한 자연과학적 사실을 모르고 엉뚱한 방식으로 문제를 해결하려고 노력해왔음을 알 수 있다.

6.3 뉴로 마케팅

진화심리학은 기존의 이론으로는 해결할 수 없었던 많은 문제점들을 속속 해결하고 있다. 뉴로 마케팅(neuro marketing)은 진화심리학이 마케팅에 영향을 주어서 만들어진 새로운 분야이다. 마케팅 문제로 고심하던 많은 기업들이 뉴로 마케팅을 이용하여 어려움을 극복할 수 있었다.

6.3.1 진화심리학과 마케팅

진화심리학이 가장 쉽게 적용될 수 있는 분야가 마케팅이다. 마케팅의 중요성을 이해하고 실제로 적용된 실례를 살펴보기로 한다.

(1) 마케팅의 중요성

1990년대 말에 외환 위기가 닥쳐왔을 때 한국의 국가 경제는 매우 어려운 지경에 이르렀다. 이를 극복하는 방법 중의 하나로 정부에서는 벤처기업을 적극적으로 육성하였다. 벤처기업을 1만 개 육성할 수 있다면 고용 효과가 수만 명으로 증대하고 이와 관련하여 경기가 진작되는 것을 기대했기 때문이다. 당시에 육성된 벤처기업 중에는 상대적으로 IT 분야의 기업들이 많았다.

전자공업과 관련된 부품산업과 컴퓨터 소프트웨어 산업에서 벤처기업들이 많이 출현하였다. 그러나 이 벤처기업들은 대부분 몰락하고 말았다. 원래 벤처기업은 위험을 무릅쓰고 설립하는 것이기 때문에 설립 후 3년이 지나면 거의 문을 닫는다고 한다.

그 이유는 무엇이었을까? 벤처기업의 가장 큰 어려움은 무엇이었을까?

당시 벤처기업의 운영 패턴을 살펴보기로 한다. 벤처기업이 성공하기 위해서는 기술력이 있어야 하고, 생산력이 뒷받침되어야 하며, 판로가 확보되어야 한다. 그러나 당시의 벤처기업들은 대부분 기술자들이 모여서 좋은 기술을 활용하여 제품을 개발하기로 하고 자금을 끌어 모은다. 자금을 확보하면서 동시에 제품 개발에 들어간다. 제품 개발이 완료될 즈음에 자금이 바닥나고 만다. 자금을 더 동원하여 제품을 생산하지만 생산된 제품을 팔지 못하여 기업은 도산하고 만다.

중소기업 관련 전문가들은 기술보다 더 중요한 것이 제품 생산이고, 제품 생산 보다 더 중요한 것이 마케팅이라고 한다. 그런데 기술자들이 주축이 되어 사업을 하다보면 위의 예에서 볼 수 있듯이 일을 추진하는 순서가 종종 바뀐다. [그림 6.8]에서와 같이 TPM(기술-생산-마케팅 순서)이 좋은지 아니면 MPT(마케팅-생산-기술 순서)가 좋은지 비교해보자.

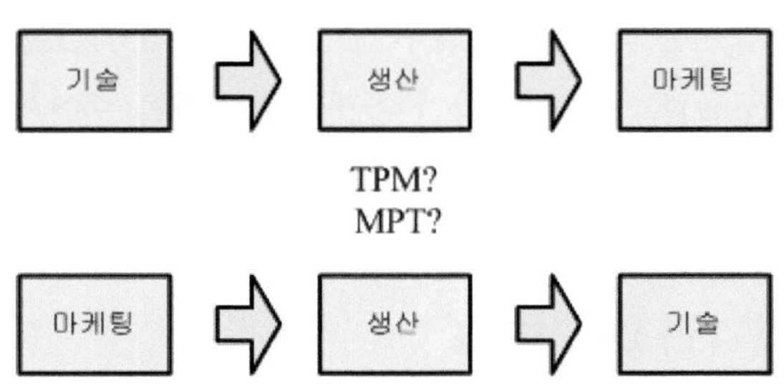

[그림 6.8] 기술, 생산, 마케팅의 순서

마케팅을 먼저 수행해서 고객들이 원하고 팔릴 수 있는 제품을 설계하고, 경쟁력 있는 제품을 생산할 수 있는 생산 라인을 확보해서, 제품 생산에 필요한 기술을 개발하는 것이 바른 순서라고 한다. 기술과 생산도 중요하지만 마케팅은 더욱 중요하다. 마케팅이 확보되어야 기술과 생산이 빛을 볼 수 있다.

기술과 마케팅의 관계를 이해하기 위하여 애플과 노키아의 실례를 살펴본다.

① 애플

애플의 스티브 잡스는 창조적인 경영자로 성공을 거듭하여 세계적으로 존경을 받았다. 그러나 스티브 잡스(Steve Jobs)[21]가 성공하기까지는 실패도 많았다. 잡스의 실패와 성공을 살펴보고 마케팅의 역할과 기능을 이해하기로 한다.

잡스는 10대에 애플이라는 회사를 만들고 '애플 II'를 성공적으로 출시하여 세상의 이목을 집중시켰다. 그러나 이후에 개발한 '리사(Lisa)'와 '매킨토시(Macintosh)' 등의 컴퓨터가 완전히 실패하여 자신이 만든 회사에서 쫓겨나고 만다. 다시 회사를 만들어 '넥스트(Next)'라는 컴퓨터를 만들었으나 이것도 실패했다. 그는 '픽사(Pixar)'라는 영화회사를 인수하여 하드웨어 사업에 뛰어들지만 또 실패한다. 결국 하드웨어를 접고 소프트웨어 사업으로 간신히 회사를 꾸려간다. 그러던 잡스는 월트디즈니사(The Walt Disney Company)[22]와 손잡고 3D 애니메이션 영화로 재기에 성공한다. 한편 애플은 IBM, MS, Sun사와의 경쟁에서 실패를 계속 이어간다. 애플이 최고경영자를 자꾸 바꾸면서 회생하려고 했지만 매우 어려운 상황에 이르자 스티브 잡스를 다시 영입한다.

잡스는 애플에 와서 새로운 디자인으로 매킨토시를 살려내고 회사를 흑자로 바꾸어 놓는다. 그 다음에 MP3에 주목하고 iPod을 출시하여 대성공을 거둔다.

그리고 휴대폰에 주목하여 iPhone을 출시하여 또 다시 성공을 거둔다. 2010년에는 태블릿 PC인 iPad로 대성공을 거두어 다시 세상의 이목을 집중시켰다.

〈표 6.4〉 스티브 잡스의 실패와 성공

구분	실패 시	성공 시	비고
제품전략	기술력 중심 기술 → 디자인	시장과 고객 중심 디자인 → 기술	
협력관계	내부에서 모두 해결	외부 협력 위주	기술, 생산, 판매 등
의사결정	독주체제	협의체제	CEO = CLO
제품사양	기술 위주	기술과 감성 위주	
사업 순서	TPM	MPT	

21 Steve Jobs(1955~): 미국의 기업가. 워즈니악과 함께 애플의 창업자. 애플 회장.

22 The Walt Disney Company: 만화영화 제작가인 W. 디즈니가 1928년에 설립한 엔터테인먼트 회사.

우리는 여기서 잡스가 실패했을 때와 성공했을 때를 비교함으로써 많은 교훈을 얻을 수 있다. <표 6.4>와 같이 잡스가 실패했을 때는 기술력만 믿고 모든 것을 회사 안에서 다 해결하려고 노력하였다. 디자인, 기술, 부품, 생산, 판매 등 모든 것을 자신의 주도하에 완성하려고 했다. 기술 신봉주의와 폐쇄성이 실패를 몰고 온 것이다.

잡스가 성공했을 때는 제품의 콘셉트와 디자인만 애플에서 설계하고 기술 개발과 생산, 판매 등 모든 것을 외부와 협력하여 해결하였다. 잡스가 MP3에 주목했을 때 애플은 음악관련 사업이나 기술에 대해 아는 것이 전혀 없었고, 휴대폰에 주목했을 때는 이동통신과 단말기에 대한 기술, 기술자, 생산설비 등이나 경험이 전혀 없었다. 잡스는 모든 것을 외부와 연결하여 개발하거나 외부에 의존하였다. 잡스가 애플에서 쫓겨난 것은 독선과 오만 때문이었으나 다시 돌아왔을 때는 CEO가 아니라 CLO(Chief Listen Officer)가 되었다. CEO는 많은 사람들의 이야기를 들어야 하기 때문에 변화한 것이다.

애플이 기술과 경험이 전혀 없음에도 불구하고 9개월 만에 iPod을 만들고 2년 만에 iPhone을 만들어서 성공한 이유는 잡스의 마케팅 능력이라고 생각한다.

즉 시장의 동향과 고객의 요구를 잘 파악하여 사용하기 쉬우면서 창의적인 제품을 디자인하는 마케팅 능력이 뛰어나다는 것이다. 잡스가 강조한 것은 "디자인은 디자이너에게 맡기고 기술자는 그 디자인에 맞게 제품을 만들어야 한다"는 것이었다.

iPod에서는 PC에 MP3 파일을 다운받고 편집할 수 있는 소프트웨어인 iTunes를 설치하였다. 또한 iPod을 이용하여 개인방송국을 만들 수 있는 Podcasting 소프트웨어를 지원했다. iPhone에서는 개발자들이 만들어 올린 응용 소프트웨어를 다운로드 받아서 구동할 수 있는 온라인 프로그램 시장을 개설하였다. 여기서 판매되는 소프트웨어 수익의 30%는 애플이 비용으로 사용하고 개발자는 70%를 가져간다.

잡스는 고객의 마음을 감성으로 사로잡는 외에도 수익 모델을 적극적으로 개발하여 콘텐츠로 얻을 수 있는 수익의 대부분을 개발자에게 돌려주고 있다. 소비자는 저렴한 비용으로 콘텐츠를 이용하고 개발자는 수익을 바탕으로 더 많은 콘텐츠를 생산하는 선순환 구조를 만들었다.

② 노키아

노키아(Nokia)는 1865년 핀란드에서 종이를 만드는 목재사업을 하다가 고무사업과 전기 케이블 사업을 함께 하는 회사였다. 그러나 회사 설립 100년 만에 사업 환경의 변화로 위기를 맞아서 업종 변환을 시도했다. 미래 비전을 조사한 결과 통신사업에 뛰어들기로 하였으나 경험도 기술도 생산시설도 판매망도 전혀 없었다. 마케팅을 외부에 의뢰하여 휴대폰을 만들기로 하지만 만들 능력이 없었으므로 디자인을 외부에 의뢰했다. 생산시설이 없었으므로 외부 공장에 생산을 의뢰하고, 홍보와 광고도 이 분야에 경험이 없었으므로 외부기획사에 모두 의뢰했다. 휴대폰 판매망이 없었으므로 판매도 외부에 의뢰했다.

인구 550만의 핀란드 시장을 기반으로 이동통신사업을 펼친 결과 세계적으로 유수한 기업(모토롤라 등)들을 물리치고 세계 제일의 휴대폰 회사가 되었다. 노키아는 철저하게 사업을 외부에 의뢰하였지만 확실한 것은 시장의 흐름을 정확하게 파악하고 고객이 원하는 것을 예측하고 요구에 맞는 제품을 적기에 공급하였으므로 엄청난 성공을 거두었다.

노키아, 애플의 성공 신화는 유사한 점이 많다. 노키아가 마케팅, 기술개발, 생산, 판매 등을 모두 외부에 의뢰한 것처럼 애플은 iPod과 iPohone의 마케팅부터 판매까지 외부와의 협력을 통하여 해결하였다. 실례로 애플은 iPhone의 판매를 미국에서는 AT&T, 한국에서는 KT에 의뢰하여 성공리에 판매하고 있다.

구글은 개방형 모바일 운영체제인 안드로이드[23]를 출시하고 안드로이드폰을 대만에서 위탁 생산하고 있다. 마이크로소프트사는 휴대폰을 개발하여 이동통신회사인 버라이존(Verizon)을 통하여 발매할 예정이다. 노키아는 태블릿 PC를 출시할 예정이다. IT 시장의 주도권이 PC에서 모바일로 넘어가고 있기 때문이다.

대만의 PC업체인 에이서(Acer)는 자체 생산부문을 분사하고 제조회사에서 서비스기업으로 변신하여 글로벌 2위 업체가 되었다.

애플과 노키아에서 보았듯이 이제는 기술만으로 시장을 지배하는 시대는 지났다. 필요하면 기술이 없어도 얼마든지 IT 제품을 출시할 수 있다. 이제는 예술적 감성 없이 기술만으로 고객의 마음을 얻기가 어렵다. 인문과학과 사회과학에 대한 이해 없이는 시장과 고객의 마음을 읽을 수도 없고 시장에 참여할 수도 없다. 수익 모델을 적극적으로 개발하지 않으면 생존하기 어려우므로 마케팅이 중요한 시대가 되었다.

---

23 Android: 구글에서 출시. 휴대전화 등의 모바일 장치를 위한 운영체제, 미들웨어, 응용 등을 포함한 소프트웨어.

(2) 뉴로 마케팅

인간 행동의 의미는 무의식적인 문화구조에 있다. 문화가 다르면 사물의 의미도 다르다. 어떤 나라에서는 좋은 의미로 사용되는 단어가 다른 나라에서는 나쁜 의미로 사용될 수 있다. 어떤 나라의 호랑이는 수호신이 되지만 다른 나라에서는 살인 맹수에 해당한다. 이것은 그 나라 사람들에게 각인된 정보가 달라 같은 단어에 대하여 전혀 다른 감정을 나타내기 때문이다.

독일어는 단어마다 여성과 남성을 구별한다. 태양은 프랑스어에서 남성이지만 독일에서는 여성이다. 달은 프랑스에서 여성이지만 독일에서는 남성이다. 그 이유는 무엇일까? 프랑스에서는 태양이 늘 밝게 빛나며 햇빛은 농사를 잘 짓게 해준다. 불타는 태양 아래서 농사일을 하는 사람은 남성이므로 태양은 남성이 된다.

독일에서는 늘 날씨가 흐리고 비가 와서 햇빛이 밝은 날이면 모두 나와서 일광욕을 즐긴다. 독일인에게 태양은 어머니의 손길처럼 따듯하고 아늑한 품이 되므로 여성이 된다. 반면에 프랑스의 달은 시원한 여성이 되고 독일의 달은 차가운 남성이 된다. 이렇게 같은 태양과 달이라도 나라에 따라서 전혀 다르게 머릿속에 각인된다. 각인된 정보를 파악함으로써 프랑스인과 독일인의 차이점을 이해할 수 있다.

각인(刻印, stamp, imprint)이란 동물이 본능적으로 가지는 학습 양식의 하나로 태어난 지 얼마 안 되는 짧은 시기에 습득하여 오랫동안 지속되는 행동을 의미한다. 예를 들어 망아지는 태어나서 처음 본 동물을 자신의 어미로 알고 따른다.

망아지뿐만 아니라 다른 동물들에게서도 이런 행태를 찾아볼 수 있다.

뉴로 마케팅은 '사용자의 심층 문화를 통하여 상품이나 서비스를 유통시키는 경영 활동'이다. 심층 문화란 태어나서 7세까지 중요한 사물의 의미를 각인하는 문화를 의미한다. 심층 문화는 인간이 태어나기 전부터 가지고 있는 무의식적 본성까지 포함한다. 여기서 '뉴로'란 문화를 통하여 일정한 대상에게 부여하는 무의식적 의미를 말한다. 뉴로 마케팅이란 진화심리학의 지식을 충분히 활용하여 인간의 무의식 속에 잠재해 있는 욕망을 찾아내고 이것을 이용하여 마케팅을 활성화하는 것이다.

마케팅이란 기업이 상품을 하나라도 더 많이 팔기 위한 활동이다. 이밖에도 마케팅에 대한 정의는 무수히 많다. 미국 마케팅학회[24]에서는 마케팅을 다음과 같이 정의하였다.

마케팅은 상품과 서비스를 생산자로부터 소비자에게 흐르도록 하는 기업의 활동이다.

필립 코틀러(Kotler)[25]는 마케팅을 다음과 같이 정의하였다.

마케팅은 교환과정을 통하여 욕구와 필요를 충족시키려는 인간의 활동이다.

마케팅 개념은 무엇을 강조하느냐에 따라서 의미가 조금씩 달라지기는 하지만 기업이 영업을 잘하여 수익을 많이 올리려고 하는 활동임에는 틀림없다.

6.3.2 뉴로 마케팅의 실례

패스트푸드는 왜 미국에서 시작되었을까? 왜 미국인은 축구가 아니라 야구에 관심이 많을까? 이런 질문에 대하여 단순히 지금의 현상만을 가지고 한 나라 전체의 사람들 성격을 파악하기는 어렵다. 이 질문의 답은 미국인들의 심층적인 정신 구조를 이해함으로써 가능하다. 이를 위해 진화심리학이 응용된다.

(1) 자동차의 실례

'컬처 코드'의 작가 라파이유(Rapaile)[26]는 크라이슬러(Chrysler)사로부터 고객들이 지프(jeep)에서 진정으로 원하는 것이 무엇인지 파악해 달라는 주문을 받았다. 라파이유는 미국인들의 머릿속에 각인된 지프에 대한 욕망을 찾기 위하여 사람들에게 원하는 것을 물었다. 사람들의 대답은 대뇌피질에서 나온 것들로 뛰어난 연비, 안전성, 기계의 신뢰성 등이었다. 그는 사람들에게 더 심층적인 질문을 계속함으로써 미국의 서부 지역이나 넓고 거친 길이라도 거침없이 달리는 말의 이미지를 찾아냈다고 한다.

---

24 AMA(American Marketing Association)의 정의위원회.

25 Philip Kotler(1931~): 미국의 경영학자. 노스웨스턴대학 경영대학원 교수.

26 Clotaire Rapaile: 프랑스 정신분석학자. 소르본느대학 문화인류학박사. 마케팅의 스승으로 불림.

말은 화려하지 않으므로 지프도 화려할 필요가 없다. 지프의 지붕도 개폐식으로 요구했다. 운전자들이 말을 타고 달리는 것처럼 온몸으로 바람을 느끼고 싶어 했기 때문이다. 차의 전조등은 사각형이 아니라 원형이어야 한다고 주장했다. 말에는 원형의 등을 달았기 때문이다.

라파이유의 각인 발견 작업으로 크라이슬러는 지프 랭글러로 크게 성공하게 된다. 미국인들은 넓은 개척지에 대한 강렬한 문화적 체험이 있고, 프랑스인과 독일인에게는 점령과 전쟁에 대한 강렬한 문화적 체험이 있다. 지프는 프랑스인들에게 독일 군에게서 벗어나는 해방의 상징이었으며, 독일인에게는 암흑시대를 벗어나는 해방의 상징이었다. 같은 지프라도 나라마다 그 의미가 전혀 다르다.

따라서 제품 기획은 그 제품에 대한 소비자의 심층 문화를 철저히 파악하는 것부터 시작해야 한다.

(2) 야구의 실례

미국인들은 왜 야구에 열광하는 것일까? 야구에는 하나의 홈과 세 개의 루(base)가 있다. 타자는 홈에서 나와서 세 개의 루를 돌아 홈으로 귀환해야 점수를 얻는다. 홈으로 돌아오지 못하면 죽은 것이다. 미국인들에게 가장 성스럽고 귀한 명절은 추수감사절이다. 추수감사절의 만찬은 귀향과 관련이 있다. 만찬은 대개 어머니의 집에서 이루어지며, 어머니가 집에 계시지 않아도 그 집은 가정을 의미한다.

미국인들은 6.25 전쟁과 월남전 등 전쟁터에서 돌아오지 못한 군인들의 유해를 아직도 찾고 있다. 전쟁이 끝나고 전쟁에서 승리해도 집에 돌아오지 못하면 진정으로 승리했다고 볼 수 없다고 생각한다. 오랜 시간이 지나도 귀향하지 못한 유해를 찾아서 반드시 고향으로 돌려보내려고 노력한다. 미국은 군인들을 전쟁터로 보낼 때 반드시 고향으로 돌아온다고 보장을 한다.

미국 사람들이 가정에 큰 의미를 두는 것은 중요한 의미가 있다. 구대륙의 고향을 떠나 미국에 온 사람들은 집이 없었다. 여러 가지 이유로 떠나온 집으로는 다시 돌아갈 수 없었다. 이후에 이민 온 사람들도 집이 없는 것은 마찬가지로 새로 집을 지어야 했다. 신대륙에서 새로운 출발을 하기 위해 이민을 온 사람들은 익숙한 생활을 포기하고 온 것이다.

미국인들의 집과 가정에 대한 감정은 어떤 문화보다 강하다. 가정은 미국 문화에서 강력한 원형이다. 새로 집을 짓고 가정을 꾸린 사람들에게 가정은 매우 소중한 것이다. 한국에서는 길에서 잠자는 사람들을 '이슬(露)'을 맞으며 잠을 잔다고 '숙(宿)'자를 붙여서 노숙자(露宿者)라고 한다. 중국인들은 정처 없이 떠돌아다닌다고 해서 '유랑자(流浪者)'라고 한다. 미국인들은 이들을 가정이 없다고 '홈리스(homeless)'라고 부른다. 이처럼 같은 거지를 놓고도 보는 눈이 전혀 다르다.

(3) 영화의 실례

스타워즈(Star Wars)[27]는 미국에서 1977년부터 28년 동안 6편의 시리즈물을 출시하여 전 세계적으로 광범위한 인기를 끌었던 공상과학 영화이다. 이 영화로 인하여 할리우드 액션 영화의 주류가 서부활극에서 공상과학 영화로 바뀌었다.

이 영화에는 관객의 인기를 끌 수 있는 인물들이 여러 명 나오는데 모두 정신분석학의 무의식에 관한 이론을 반영하였다. 정신분석학자 구스타브 융(Jung)[28]은 인간의 무의식에는 모든 인류들이 공통적으로 생각하는 마음의 층이 있다고 주장하고 이것을 '보편적 무의식'이라고 명명하였다. 지구상의 모든 인류는 동일한 보편적 무의식을 가지고 수백만 년을 같이 살고 있기 때문에 전 인류가 한 마음이 되어 감동하고 즐거움을 나눌 수 있다고 한다.

융에 의하면 보편적 무의식에는 태고 때부터 지금까지 내려오는 중요한 주제가 있는데 이것이 바로 '원형(archetype)'이다. 이 원형에는 구체적인 내용이 없고 단지 패턴과 경향이 있을 뿐이다. 이들 원형 중에는 영웅, 아니마(anima), 아니무스(animus), 악한, 현자 등이 있어서 인간을 괴롭히기도 하고 도와주기도 한다.

예를 들면 아니마는 어떤 여자를 자신의 영원한 이상이라고 생각하고 그 여성을 향하여 끝없이 사랑을 바치는 원형이다. 이 남자에게 상대방 여자는 자신의 운명과 같은 존재이므로 모든 것을 다 바쳐 사랑하고자 한다. 다른 사람들이 보기에는 "그저 그런 여자인데 왜 저렇게까지 목숨을 거는가?"라고 생각할 수 있다. 그러나 그에게는 그저 단순한 여자가 아니고 그 여자에게 아니마를 투영하고 있는 것이다. 반대로 아니무스는 여자가 특정한 남자를 영원한 이

---

27 Star Wars: 미국의 조지 루카스 감독이 제작을 시작한 공상과학 영화. 1977년부터 2005년까지 총 6편의 영화를 시리즈로 개봉하여 세계적으로 히트함.

28 Carl Gustav Jung(1875~1961): 스위스 정신과 의사. 한때 지그문트 프로이드의 수제자. 정신분석을 연구하고 심리적인 억압에서 콤플렉스를 발견하고, 성격을 내향성과 외향성으로 나누다.

상으로 추구하며 사랑하는 운명의 남성이다. 이와 같이 오랜 인류 역사 속에서 모든 인류가 공통적으로 영웅, 아니마, 아니무스, 현인을 고대하거나 자신이 실현하고자 꿈꾸기도 하고 악한을 규탄하거나 기피하면서 살고 있다.

영화 스타워즈는 이들 원형들이 모두 참여하고 있어서 많은 사람들이 주목하는 것 같다. 주인공 <루크 스카이워커>는 영웅, <레아 오르가나 공주>는 아니마, <한 솔로>는 아니무스, <다스 베이더>는 악한이며 노령의 현자는 <오비완 케노비> 등으로 중요한 원형들을 대신하고 있다. 이들이 활약하는 것은 바로 내가 오랫동안 꿈꾸어 왔던 무의식적인 이상을 실현하는 것이기 때문에 관객들이 지대한 관심을 가질 수밖에 없다. 스타워즈는 정신분석학의 보편 무의식 개념을 영화 마케팅에 적극적으로 활용하여 성공한 대표적인 사례이다.

마케팅은 기술자들이 간과하기 쉬운 분야이며 동시에 진화심리학이 적용될 수 있는 가장 효과적인 분야이다. 현대 산업사회의 특징인 '기술만으로 살 수 없다'는 점을 인식할 때 마케팅은 기술자들에게도 매우 중요한 분야가 된다.

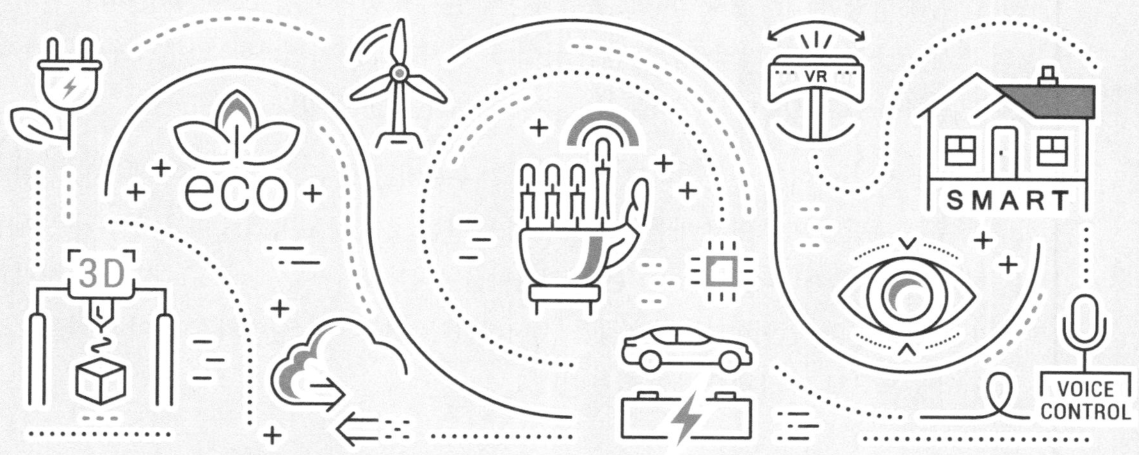

CHAPTER 7
인지과학과 융합

4차 산업혁명은 지능과 연결을 기반으로 성장한다. 산업혁명을 지속하려면 융합을 해야 하고, 융합을 하려면 인지력에 관한 학문인 인지과학을 알아야 한다.

융합을 위해 다양한 대상을 분석하고 종합하는데 인지적 능력이 필요하기 때문이다. 인지기능의 핵심 요소는 지각, 기억, 상기, 판단 등이다. 인지과학은 자연과학, 인문과학, 사회과학으로 구성되어 있으므로 다양한 학문기반 위에서 융합을 할 수 있다.

인지과학은 사람이 어떻게 생각하고 행동하고 배우는가를 연구한다. 사람이 생각하고 행동하고 배우는 수단은 마음이고 마음의 역할을 수행하는 곳이 두뇌이므로 마음과 두뇌는 매우 밀접하다. 하워드 가드너(Gardner)[1]는 인지과학을 구성하는 세부 학문으로 심리학, 신경과학, 인공지능, 철학, 언어학, 인류학 등을 제시하였다. 인지과학은 이와같이 여러 학문으로 구성되어 있으므로 그 자체가 융합 학문이다.

7.1 신경과학

신경과학은 신경계를 연구하는 학문으로 생물학의 한 분야이지만 이제는 심리학, 컴퓨터과학, 통계학, 물리학, 철학, 의학 등의 융합 학문이 되었다. 사람의 몸 안에는 수천억 개의 신경세포(neuron)들이 서로 연결되어 신경계를 이루고 있다. 신경계는 사람의 안팎에서 발생하는 정보를 필요한 곳에 전달하고 처리하는 하나의 정보 시스템이다. 신경과학은 신경계의 구조, 기능, 발달, 유전과 동작 등을 연구한다. 동물은 식물과 달리 움직이기 위하여 신경계를 만들었다.

7.1.1 신경계의 발달

인간의 신경은 왜 발생했을까? 이 질문은 생물학에서 동물과 관련된 질문이다. 동물은 움직이는 생물이며, 움직이기 위하여 신경을 만들었다.

1 Howard Gardner(1943~): 미국 발달심리학자. 인간의 8가지 복수 지능(언어, 논리-수학, 음악, 공간, 신체·운동, 자연, 대인관계, 내재적 지능) 이론 제시.

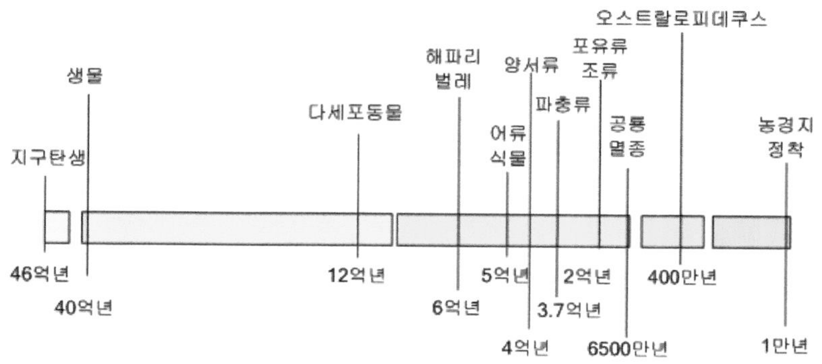

[그림 7.1] 동물의 역사

[그림 7.1]과 같이 지금부터 약 46억 년 전에 지구가 태어나고 40억 년 전에 생물이 출현하였다. 12억 년 전에는 다세포 동물이 출현하였고 5억 년 전에 어류가 나타났으며, 3.7억 년 전에 파충류가 나타났고, 2억 년 전에는 포유류가 나타났다. 약 400만 년 전에는 현생 인류의 조상인 오스트랄로피테쿠스[2]가 나타났다.

동물의 출현과 신경계의 발전에 관한 사항들을 <표 7.1>과 함께 살펴보기로 한다.

(1) 원생동물

원생동물(原生動物)[3]은 가장 원시적인 형태의 단세포 동물이다. 세포질이 분화하여 여러 가지 세포기관을 이루고 생활하는 기능을 수행하고 있다. 동물이기 때문에 식물과 달리 남이 만든 것을 먹어야 살 수 있다. 유글레나[4], 아메바[5]가 가장 대표적인 원생동물이다. 아메바는 이동하면서 먹이를 찾는데 이것을 향화학성이라고 한다. 향화학성은 특정 화학 물질의 농도가 높은 쪽으로 이동하는 성질을 말한다. 아메바는 먹잇감이 있으면 헛발(위족)을 쭉 내밀어서 싸 먹는다. 원생동물은 단세포지만 생존 원리는 우리 인간과 차이가 없다. 중요한 것은 동물은 이동(운동)해야 살 수 있다는 점이다.

2 오스트랄로피테쿠스(Australopithecus): 약 400만 년 전에서 50만 년 전까지 살았던 화석 인류.

3 원생동물(Protozoa): 세포막, 세포질, 핵, 소기관을 갖고 있는 단세포 동물. 소기관으로 소화, 생식, 대사 등을 수행.

4 유글레나(Euglena): 체내에 엽록체를 가지고 광합성을 수행하므로 식물 같으나 편모로 유영하기 때문에 동물과 같으므로 식물과 비슷한 원생동물이다.

5 아메바(amoeba): 헛발(僞足)로 움직이는 원생동물의 일종.

〈표 7.1〉 동물 신경계의 발달

동물		신경계 구조	비고
원생동물		신경 없음. 헛발로 이동하고 먹이를 취함.	향화학성
강장동물		신경그물을 이용하여 세포들이 수축하고 팽창	신경의 시작
편형동물		신경줄과 뇌를 이용하여 운동	학습 시작
척추 동물	파충류	척수 위에 뇌간 생성	생명의 뇌
	포유류	뇌간 위에 변연계 생성	감정의 뇌
	영장류	변연계 위에 대뇌피질 생성	이성의 뇌

(2) 다세포 동물

원생동물 이후의 동물은 모두 다세포 동물(多細胞 動物)이다. 다세포 동물은 원생동물과 달리 세포핵은 있으나 세포벽이 없으며, 신경과 근육이 있고(예외 있음), 대개 암수 구별이 있다. 다세포 생물이 움직이려면 여러 세포들이 함께 움직여야 한다. 여러 세포들이 공동으로 보조를 취하지 않으면 잘 움직이기 어렵다.

동물은 생존하고 번식하기 위해서 먹이나 성 파트너에게 이동해야 한다. 동물이 효율적으로 신속하게 움직이지 못하면 포식자에게 먹히거나 먹이를 잡지 못하고 굶어죽게 된다. 여러 세포들이 조직적으로 움직이기 위해서는 같이 움직이도록 하는 수단이 필요하다.

(3) 강장동물

신경이 나타난 최초의 동물은 강장동물(腔腸動物)[6]이다. 동물의 정보처리 시스템이 진화하는 첫 단계인 신경그물이 강장동물에서 처음 나타난다. 신경이 그물로만 형성되어 있고 뇌는 아직 없다. 해파리, 히드라, 말미잘, 산호 같은 강장동물의 몸은 원형대칭 구조로 생겼다. 강장동물은 단순하게 수축, 이완 작용만 하기 때문에 여러 세포들이 한꺼번에 같이 움직이는 것이 중요하다. [그림 7.2]와 같이 해파리는 외부에서 자극이 오면 빨리 수축하거나 이완해야 한다. 해파리는 신경그물망을 이용하여 정보를 다른 세포들에게 확산시킨다.

6 강장동물(腔腸動物): 중추신경과 배설기가 없고 소화계와 순환계가 분리되지 않은 다세포 동물.

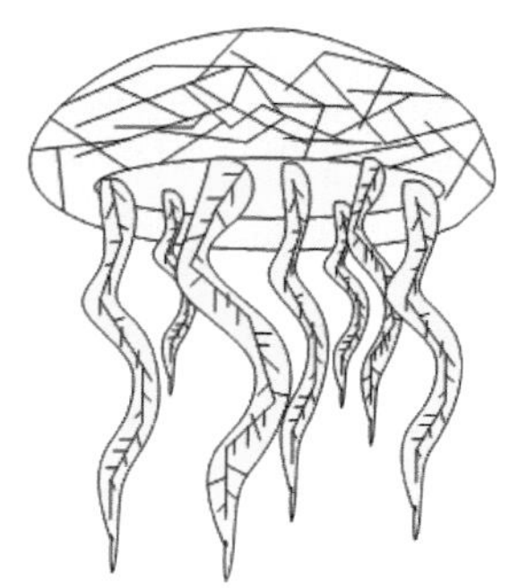

[그림 7.2] 해파리의 신경그물

(4) 편형동물

뇌가 처음 나타난 동물은 편형동물(扁形動物)[7]이다. [그림 7.3]과 같이 편형동물은 몸이 좌우대칭이므로 움직일 때 왼쪽과 오른쪽을 판단하는 복잡한 일을 해야 한다. 방향을 판단하려면 입력된 정보를 토대로 분석하고 학습하는 과정이 필요하고, 필요한 정보의 양이 많아지면 통신선로도 커야 하고 처리기도 필요하다. 많은 정보를 전달하기 위하여 신경세포들이 모여서 신경줄이 되고, 정보를 처리하기 위하여 뇌가 만들어진다. 편형동물은 머리가 생기면서 앞으로 가기 위한 수용체들이 머리 부분에 집중적으로 발달하였고, 머리에 있는 눈점[8]을 통하여 빛에 반응한다.

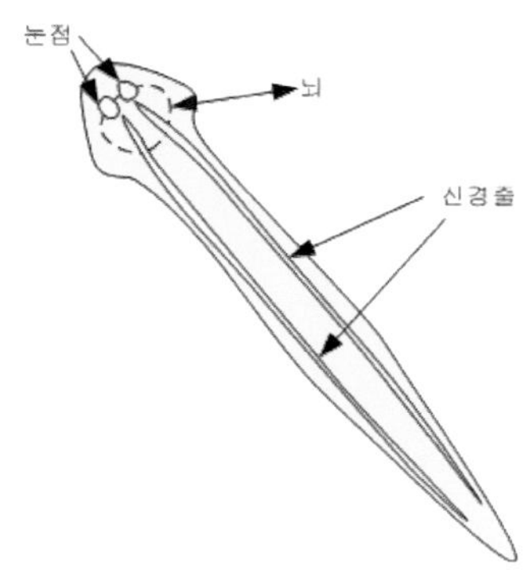

[그림 7.3] 편형동물 편충의 신경 구조

7 편형동물(扁形動物): 강장동물보다 진화한 좌우대칭의 동물. 체강(체벽과 내장 사이의 빈 공간)이 없다. 환형동물부터 체강이 있다.

8 눈점: 빛에 반응하는 수용체들이 모여 있는 머리의 한 부분. 나중에 눈으로 발전.

(5) 척추동물

척추동물(脊椎動物)[9]은 몸의 중심부에 있는 뼈를 가지고 몸의 형태를 유지한다. 척추동물의 신경계는 중추신경계와 말초신경계로 구분된다. 진화 과정에서 척수(spinal cord)[10]는 별로 변하지 않고 척수의 윗부분이 크게 달라진다. 동물은 어류, 양서류, 파충류, 조류, 포유류로 진화하면서 척수와 뇌간(brain stem)[11]에는 큰 변화가 없으나 대뇌가 커지고 주름이 많아진다.

약 2억 년 전에 나타난 포유류에는 뇌간 위에 변연계(limbic system)[12]라고 하는 대뇌(cerebrum)의 일부가 확장되었다. 변연계는 '감정의 뇌'라고 하며 식욕, 성욕, 수면욕 등의 본능적인 욕구와 감정을 담당한다. 변연계는 대뇌피질(cerebral cortex)의 지적인 기능과 뇌간의 무의식적인 생존 필수기능을 서로 연결하는 역할도 한다.

(6) 영장류 : 현생 인류

약 400만 년 전부터 발달한 고급 영장류[13]인 인류의 대뇌 용적은 400cc에서 발달하기 시작하여 현재 1,500cc로 대폭 확장되었다. 인간의 뇌의 특징은 대뇌피질이 발달하여 주름이 많이 잡혀있으며, 의식적이고 지적인 사고를 한다. 뇌의 용량이 커지면서 할 수 있는 일이 많아졌다. 과거를 기억하고, 현재를 파악하며, 미래를 예측하고 계획할 수 있게 되었다.

동물은 몸을 움직이기 위하여 신경을 만들었다. 처음에는 단순한 운동을 하려고 신경그물을 만들었지만, 정교한 운동을 하게 되면서 신경도 같이 발전하였다. 편형동물은 신경세포들을 모아서 신경줄과 뇌를 만들어 학습을 시작하였고, 척추동물은 척추(spine) 안에 신경줄을 모아 척수를 만들어서 정보 고속도로로 이용하였다. 파충류는 척수 위에 뇌간을 만들어서 생존에 필수적인 기능을 부여하였고, 포유류는 변연계를 만들어서 감정과 기억 기능을 부여하였다. 영장류는 대뇌피질을 만들어서 고도의 지능과 사고력을 구사하게 되었다.

---

9 척추동물(脊椎動物): 몸의 중심에 있는 등뼈를 따라 중추신경이 연결되어 있는 좌우대칭의 동물.

10 척수(脊髓, spinal cord): 등뼈 속에 있는 신경세포의 집합체로서 두뇌와 함께 중추신경계를 구성.

11 뇌간(腦幹, brain stem): 대뇌반구와 소뇌를 제외한 나머지 부분의 뇌. 반사 운동이나 내장 기능 등의 무의식적인 활동을 제어.

12 변연계(imbic system): 대뇌반구의 안쪽과 밑면에 해당하는 부위. 감정과 기억에 직접 관계.

13 영장류(primate): 포유류가 수상생활을 하면서 지능을 발달시킨 동물. 5개의 손가락과 발가락, 양안시, 시각의 발달과 후각의 쇠퇴, 뇌의 발달과 사회생활이 특징. 원숭이과와 사람과로 분류.

7.1.2 신경계 구조와 기능

뉴런(neuron)은 동물이 운동하기 위하여 다른 세포들에게 신호를 전달하는 신경세포이다. 사람의 몸은 수천억 개의 뉴런이 모여서 신경계를 구성한다. 신경계는 몸을 움직이기 위하여 만든 조직이지만 오랫동안 조금씩 기능이 발전하여 정보처리 시스템이 되었고, 더욱 발전하여 <표 7.2>과 같이 사람이 생각하고 사고할 수 있는 의식을 주관하는 기능으로 발전하였다.

〈표 7.2〉 신경계의 구조

신경계	하부 조직		내역
중추신경계	두뇌		정보를 받아들여서 해석하고 판단하는 기관
	척수		두뇌와 말초신경계를 연결하는 통신 선로
말초신경계	체성신경	감각신경	감각기관으로부터 정보를 수용
		운동신경	골격근의 운동을 제어
	자율신경	교감신경	운동 기능을 활성화시키는 신경
		부교감신경	운동 기능을 안정시키는 신경

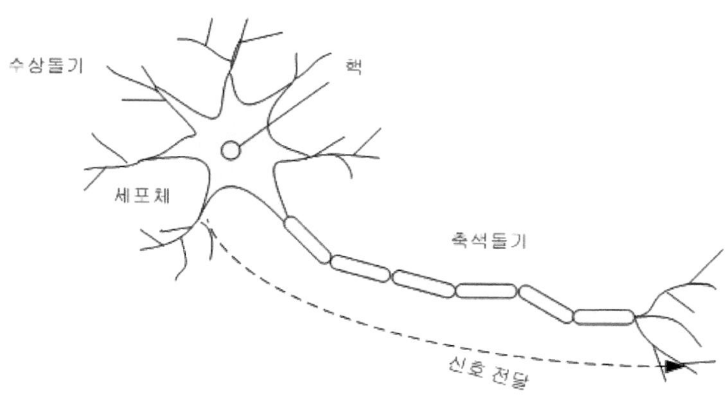

[그림 7.4] 뉴런의 구조

(1) 뉴런

뉴런은 여러 가지의 형태가 있지만 기본적으로 [그림 7.4]와 같이 동일한 구조를 가지고 있다. 뉴런은 몸체인 세포체와 가지를 치고 있는 섬유질들로 구성되어 있다. 나뭇가지 같은 수상돌기는 정보를 받아들여 세포체로 전달한다. 축색돌기는 세포체의 정보를 다른 뉴런이나 근육 또는 내분비선[14]으로 전달한다. 뉴런은 수상돌기에서 정보를 입력하여 축색돌기로 정보를 출력한다. 축색돌기는 매우 긴 것은 약 1m 정도까지 되는데 이에 비하여 수상돌기는 세포체에 붙어있을 정도로 매우 짧다.

[그림 7.5]와 같이 축색돌기와 수상돌기가 만나는 곳이 시냅스(synapse)이다. 시냅스에는 두 돌기 사이에 매우 좁은 간격이 있다. 이 간격은 수백만 분의 일 밀리미터도 안 된다. 멀리 있는 뉴런의 축색돌기가 수상돌기와 만나는 사이를 따라서 신경전달물질(neuro-transmitter)[15]이 분비되어 두 돌기를 연결해준다. 신호 강도가 높을수록 흥분상태가 되어 신경전달 물질이 많이 분비된다. 신경전달 물질이 다음 뉴런으로 전달되면 그 뉴런은 다시 흥분 상태에 이르고 다시 다른 뉴런으로 신경전달 물질을 배출함으로써 정보를 전달한다.

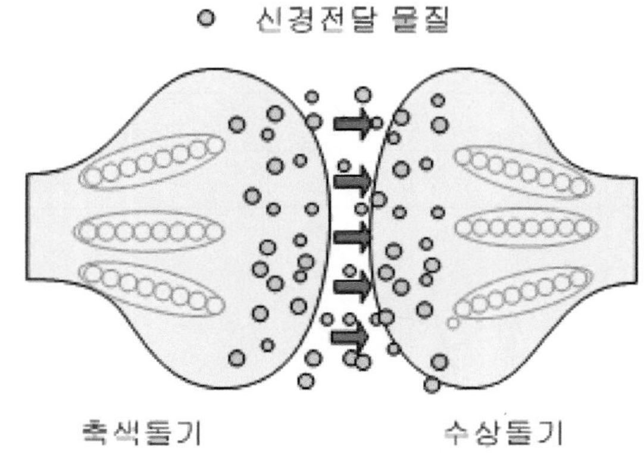

[그림 7.5] 시냅스의 구조

<표 7.3]과 같이 뉴런은 기능에 따라서 감각뉴런(sensory neuron), 운동뉴런(motor neuron), 연합뉴런(interneuron)으로 구분된다. 감각뉴런은 외부의 자극이나 내부의 정보를 받아들이는 신경세포이고 운동뉴런은 정보를 받아서 행동으로 옮기는 신경세포이다. 연합뉴런은 신경세포의 정보를 받아서 다른 뉴런으로 전달하는 신경세포이다. 신경계의 뉴런들은 유비쿼터스 시스템의 센서, 통신망, 작동기에 해당하는 기능을 수행한다.

---

14 내분비선(內分泌線): 동물의 몸 안에서 호르몬을 분비하는 기관.

15 신경전달물질(neuro-transmitter): 신경세포에서 분비되는 신호 물질. 시냅스를 통하여 인접한 신경세포의 전위를 높이거나 낮추는 역할을 한다. ex) 아세틸콜린, 아민, 뉴로펩타이드.

〈표 7.3〉 뉴런의 종류

종류	기 능	유비쿼터스 시스템
감각뉴런	외부의 자극이나 내부의 정보 입수	센서에 해당
연합뉴런	한쪽 뉴런의 정보를 다른 뉴런에게 전달	통신망에 해당
운동뉴런	정보를 받아서 근육 운동을 실행	작동기에 해당

(2) 중추신경계

신경계는 천억 개 이상의 뉴런으로 연결되어 있으며 중추신경계(central nervous system)와 말초신경계(peripheral nervous system)로 구분된다.

7.1.3 두뇌

두뇌는 정보를 받아들여서 해석하고 반응을 결정한다. 사람의 뇌는 3부 뇌라고 해서 [그림 7.6] 및 <표 7.4>와 같이 뇌간, 변연계, 대뇌피질의 세 부분으로 구성된다. 이들의 별명은 기능에 따라서 생명의 뇌(뇌간), 감정의 뇌(변연계), 이성의 뇌(신피질)라고 부른다.

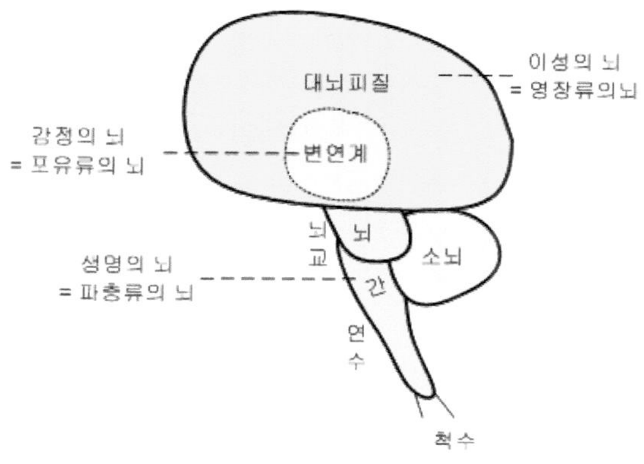

[그림 7.6] 3부 뇌의 구조

뇌간은 척수 위에 있으며 연수(medulla oblongata) 부분에서 심장박동과 호흡을 제어한다. 척수는 두뇌와 말초신경계를 연결하는 정보 고속도로이다. 연수 위에 있는 뇌교는 운동을 협동하는데 관여한다. 연수와 뇌교를 합하여 뇌간이라고 한다. 변연계는 뇌간과 대뇌 사이에 위치하며 도넛 모양을 하고 있다.

〈표 7.4〉 3부 뇌의 생성과 기능

뇌 이름	기능(별명)	생성 동물	생성 시기
뇌간	생명의 뇌	파충류	5억 년 전
변연계	본능의 뇌, 감정의 뇌	포유류	2~3억 년 전
신피질	이성의 뇌	영장류	500만 년 전

(3) 말초신경계

말초신경계(peripheral nervous system)는 척수와 신체의 말단에 있는 수용체[16]나 실행기[17] 사이를 연결한다. 수용체는 눈, 코, 피부와 같이 신체 말단 조직에 존재하면서 감각 정보를 입력하는 조직이며, 실행기는 근육이나 내분비선과 같이 전달받은 명령을 실행하는 조직이다.

말초신경계는 체성신경계(somatic nervous system)와 자율신경계(automatic nervous system)로 구성된다. 체성신경계는 감각기관에서 정보를 받아들이는 감각신경과 골격근의 운동을 제어하는 운동신경으로 구성되어 있다. 자율신경계는 내장의 평활근, 심장근육, 분비선 등을 조절하며, 교감신경계(sympathetic automatic nervous system)와 부교감신경계(parasympathetic automatic nervous system)로 구성된다. 교감신경계는 사람이 위험에 처했을 때 민첩하게 행동하도록 도와주는 기능을 하며, 부교감신경계는 사람을 진정시키는 역할을 한다. 교감신경계와 부교감신경계는 서로 균형을 맞추어 신체가 안정된 상태를 유지하도록 도와준다.

7.2 인공지능

지능(知能)이 두뇌에서 실행되는 사고능력이라면 인공지능은 기계에서 실행되는 사고능력이다. 인간 고유의 영역으로 인식되어 오던 지능을 컴퓨터가 소유할 수 있도록 지금까지 많은 연구가 진행되어 왔다. 인공지능은 지능과 기계와의 관계에서 성립되는 것이므로 지능과 기계에 대한 구체적인 개념이 필요하다.

---

16 수용체(accepter): 자극이나 유도물질에 의해 반응을 일으키는 동물의 물질이나 조직.

17 실행기(executer): 동물이 외계에 대하여 능동적인 활동을 가능하게 조직. 근육, 분비선, 발광기, 발전기 등. 활동은 세포 내에 저장되는 화학 에너지에 의존.

인간의 지능을 간단하게 정의하면 다음과 같다.

> 합리적으로 사고하고 문제를 해결하는 능력이다.

지능을 단순하게 설명하면 '기존의 지식이나 경험을 기반으로 추론하여 문제를 해결하는 능력'이다. 문제를 해결하기 위해서는 많은 정보와 사고력이 요구된다. 기계란 무엇인가? 기계란 '다수의 부품으로 구성되어 일정한 운동으로 유용한 일을 하는 도구'이다.

컴퓨터는 정보를 처리하는 일을 하며 많은 부품으로 구성되어 있으므로 기계임에 틀림없다.

인공지능을 간단하게 정의하면 다음과 같다.

> 인간의 지능을 기계로 실현하는 기술이다.

인공지능의 목표는 다음과 같다.

> - 인간이 수행하는 지능적인 과제를 수행한다.
> - 컴퓨터를 더 유용하게 사용한다.

전자는 인공지능 자체가 목적이 아니라 (자연)지능을 연구하기 위한 수단이 목적이다. 후자는 지능에 대한 지식을 컴퓨터에 적용해서 컴퓨터를 더 유용하게 사용하는 것이 목적이다. 컴퓨터과학의 목표는 정신노동을 수행하는 인간과 유사한 기계를 만드는 것이고, 인공지능의 목표는 사람처럼 생각하는 컴퓨터를 만드는 것이며, 로봇공학(robotics)[18]의 목표는 사람처럼 행동하는 기계를 만드는 것이다.

---

18 robotics: 사람과 유사한 모습과 행동을 하는 기계에 관한 학문.

7.2.1 인공지능의 기반 학문

인공지능은 다음과 같이 기호논리학, 튜링 기계, 신경망 모델, 컴퓨터 이론, 기호체계 가설 등이 모여서 성립되었다.

(1) 기호논리학

인공지능은 기호논리학에 기원을 두고 있다. 현대논리학이 기호를 많이 사용하는데서 기호논리학 또는 수리논리학이라는 명칭이 사용되었다. 사람들이 사용하는 논리를 기호로 표현할 수 있다면 기계는 기호를 이용하여 논리를 추론할 수 있다. 독일의 철학자 라이프니츠(Leibniz)[19]는 두뇌의 사고 작용을 기호로 표현할 수 있으면 논리적인 계산으로도 풀 수 있다고 생각하였다.

아리스토텔레스의 3단 논법과 같은 기존의 형식논리학은 같은 말이라도 다르게 해석할 수 있는 중의성 문제가 있다. 논리학을 새로운 견지에서 발전시키려는 노력이 영국의 드 모르간(Morgan)과 조지 부울(Boole)[20]에 의하여 시작되었다. 부울은 수학이 수와 양의 학문이 아니라 기호를 사용하는 한 방법이라고 규정하였다. 기호논리학은 추론할 때 기호를 사용함으로써 비논리적인 요소를 완전히 배제할 수 있었다.

〈표 7.5〉 부울 대수의 논리표

자료	and	or	xor	비고
00	0	0	0	
01	0	1	1	
10	0	1	1	
11	1	1	0	

부울 대수는 컴퓨터과학에서 볼 때 알고리즘(algorithm)[21]의 기반이 된다. 부울 대수는 한 가지 명제에 관하여 참이나 거짓 두 가지 중에서 하나만을 인정하는 논리이다.

---

19 Gottfried Leibniz(1646~1716): 독일의 철학자, 수학자, 외교관, 정치가. 수학에서 미적분법의 창시자로 미분 기호와 적분 기호를 창안.

20 George Boole(1815~1864): 영국의 수학자. 기호논리학의 창시 및 부울 대수(Boolean algebra) 전개.

21 algorithm: Mohammed ibn Musa Al-Khowarizmi라는 AD 825년대 아랍의 수학자의 이름을 따서 만든 단어.

복잡한 논리식도 참을 의미하는 '1'과 거짓을 의미하는 '0'으로 표현할 수 있어서 논리회로를 만들고, 이를 확장하여 컴퓨터도 만들 수 있고 정보도 처리할 수 있다. <표 7.5>는 부울 대수로 두 자료를 연산하는 이진 연산의 실례이다.

(2) 튜링 기계

수리논리학을 현실 문제에 적용하여 대폭 발전시킨 사람은 앨런 튜링(Turing)이다. 튜링은 1936년에 자동기계 이론(automata theory)을 발표하였다. 자동기계 이론은 모든 추론의 기초가 되는 형식 기계의 개념을 최초로 정립한 것이다. 튜링은 인간이 사고하는 과정을 흉내내서 정보를 처리하는 기계를 고안하였으며 이 기계가 컴퓨터의 원형이 되었다.

(3) 신경망 모델

인간의 몸은 신경계가 지배하고 있으며 신경계(nervous system)는 수많은 뉴런들이 모여서 하나의 망을 이루고 있어 신경망(neural network)이라고 한다. 인간의 사고는 신경망에서 일어나므로 신경망에 대한 연구는 오래 전부터 추진되어 왔다.

1943년에 매커럴(McCulloch)[22]과 월터 피츠(Pitts)[23]는 신경망 이론에 관한 논문을 발표하였다. 이 논문은 뉴런을 논리적인 단위로 동작하는 기능으로 보는 형식 모델을 제시하였다. 이 신경망 모델에서 뉴런으로 구성되는 신경망이 기호논리학의 모든 논리들을 조작할 수 있는 가능성을 보여 주었다. 신경망 모델은 인간의 뇌를 그대로 반영하지는 못하였지만 뇌를 논리학의 원리에 따라서 동작하는 것으로 모형화 하는데 성공하였다.

(4) 컴퓨터 이론

현재 우리가 사용하고 있는 컴퓨터 기술은 제2차 세계대전 발발 전에 튜링에 의하여 태동되었으며, 제2차 세계대전이 끝난 후에 뛰어난 세 사람의 노력으로 본격적으로 발전하게 되었다. 이들 세 사람은 <표 7.6>의 폰 노이만(von Neumann), 노버트 위너(Wiener), 클로드 새넌(Shannon)이다.

22 Warren McCulloch(1898~1969): 미국 신경물리학자, 인공두뇌학자. Pitts와 함께 신경망 연구

23 Walter Pitts(1923~1969): 미국의 인지심리학자. McCulloch와 함께 신경망 연구.

〈표 7.6〉 주요 컴퓨터 이론

컴퓨터 이론	이름	내역
자동기계론	앨런 튜링	추상 기계를 이용하여 정보처리 기계를 모델링
컴퓨터 구조론	폰 노이만	프로그램 내장 방식으로 디지털 컴퓨터 설계
인공두뇌학	노버트 위너	신경과학을 이용하여 기계를 지능화
정보이론	클로드 섀넌	2진법의 비트를 이용하여 정보를 계량화

튜링이 디지털 컴퓨터의 이론 모델을 창안하였다면, 디지털 컴퓨터의 논리적 구조를 확립한 사람은 폰 노이만이다. 1946년에 미국 펜실베니아대학에서 모클리(Mauchly)와 에커트(Eckert)가 공식적으로 세계 최초의 컴퓨터인 에니악(ENIAC)[24]을 제작하였다. 폰 노이만은 이에 자극을 받아서 새로운 방식의 컴퓨터를 설계하였다. 에니악은 새로운 문제를 처리하려면 수천 개의 스위치를 며칠 동안 조작해야 하는 운영하기 힘든 구조였다. 폰 노이만은 스위치 조작 대신에 프로그램을 작성하여 기억장치에 넣고 프로그램과 자료를 차례대로 불러내서 처리하는 프로그램 내장(stored program) 방식의 모델을 발표하였다. 프로그램 내장 방식은 수많은 스위치 조작을 없애고 프로그램을 작성하면 즉시 실행할 수 있는 컴퓨터로 바꾸어 놓았다. 이후로 프로그램 내장 방식은 모든 디지털 컴퓨터의 표준이 되었다.

(5) 기호체계 가설

1956년에 다트머스대학(Dartmouth College)[25]에서 '사고 기계'에 대한 워크숍이 개최되었다. 이 워크숍에서는 인간처럼 사고할 수 있는 컴퓨터 프로그램을 개발하기 위하여 존 매카시, 마빈 민스키, 허버트 사이먼, 앨런 뉴웰 등 네 명이 모임을 가지고 인공지능 연구를 시작하였다. 앨런 뉴웰(Newell)은 인간의 마음을 정보처리 시스템으로 보았고, 허버트 사이먼(Simon)[26]은 인간의 마음을 기호 조작 시스템으로 보았으므로 두 사람의 생각은 동일하였

24 ENIAC(Electronic Numerical Integrator And Computer): 모클리와 에커트가 제작한 전자 컴퓨터. 18,000여개의 진공관과 1,500개의 릴레이가 있고 무게는 30톤에 150kw 전력 소요.

25 Dartmouth College: 미국 뉴햄프셔주에 있는 기독교에서 설립한 대학. 1769년 영국 식민지 시절에 설립. 명문 아이비리그 8개 대학 중의 하나.

26 Herbert Alexander Simon(1916~2001): 미국 경영학자. 카네기멜론대학 경영학, 행정학, 컴퓨터과학, 심리학 교수.

다. 뉴웰과 사이먼은 공동으로 연구하여 1956년에 LT(Logic Theorist)라는 프로그램을 개발하였다. 이것은 기호논리학의 정리를 증명하는 프로그램이다. 이들은 계속 연구를 진행하여 GPS(General Problem Solver)라는 프로그램을 개발하였다.

GPS는 인간이 문제를 해결하는 과정을 모형화한 프로그램이다. 두 사람은 인간과 컴퓨터가 문제를 해결할 때 둘 다 기호를 조작하는 방식이 비슷하여 이를 기호 조작 시스템이라고 결론지었다. 기호체계 가설을 요약하면 <표 7.7>과 같다.

기호체계 가설에서 컴퓨터는 인간의 두뇌, 프로그램은 인간의 마음에 해당한다고 본다. 뉴웰과 사이먼이 체계화한 기호체계 가설은 인공지능의 핵심적인 개념이 되었다.

〈표 7.7〉 기호체계 가설

번호	내역	주창
1	인간의 마음은 정보를 처리하는 시스템이다.	앨런 뉴웰
2	정보처리(마음)는 기호를 조작하는 과정이다.	허버트 사이먼
3	컴퓨터 프로그램은 기호를 조작하는 시스템이다.	기호논리학
4	인간의 마음은 컴퓨터 프로그램으로 모형화될 수 있다.	인지심리학

7.3 철학

철학은 현실 문제에 직접적인 도움은 되지 않지만 모든 문제를 근본적으로 해결하는데 큰 도움을 준다. 단기적으로는 도움이 안 되지만 장기적으로 중요한 문제를 해결하기 때문에 가치가 있다. 철학(哲學)에서 '哲'자는 다음과 같이 세 글자를 결합한 것이다.

哲 = 扌 + 斤 + 口

손 수변 '扌'에 도끼 근 '斤'에 입 구 '口'자로 합성되어 있다. 이것을 풀이하면 손으로 도끼를 잡아서 찍듯이 분명하게 말한다는 의미이다. 철학에서 가장 중요한 작업은 각 낱말의 정의를 분명하게 하는 것이다. 영문자 definition의 의미도 내려놓는다는 뜻의 접두사 'de'와 경계와 끝을 의미하는 라틴어 'fine'를 합한 말이다. 어떤 낱말의 뜻을 다른 낱말과의 경계를 분명하게 구분한다는 의미이다. 그리스 사람들이 철학은 지혜를 사랑하는 학문이라고 한 것은 지혜가 사물의 개념과 정의를 분명하게 설명하기 때문이다. 그리스에서 민주주의가 발전한 것도 그리스인들이 매사를 분명하게 정의하고 명확한 언어를 사용하며 생활하기 때문일 것이다.

7.3.1 철학의 분야

철학의 분야는 여러 가지 기준으로 분류할 수 있으나 여기서는 <표 7.8>과 같이 연구 대상을 기준으로 다섯 가지로 분류한다.

〈표 7.8〉 철학의 제 분야

분야	내역	비고
인식론	지식의 본질과 근거에 관한 내용	무엇을 알 수 있는가?
논리학	추론과 증명의 법칙에 관한 내용	무엇이 옳은가?
윤리학	선과 악에 관한 내용	무엇을 해야 하는가?
미학	아름다움, 감각, 예술 등에 관한 내용	무엇을 바라는가?
형이상학	궁극적인 원인에 관한 내용	나는 누구인가?

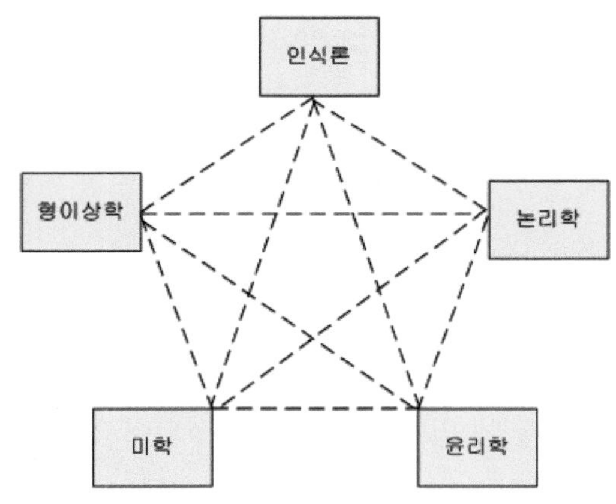

[그림 7.7] 철학적 사고의 흐름

[그림 7.7]은 철학의 각 분야들이 서로 깊은 관계를 가지고 있다는 것을 시각적으로 기술한 것이다. 첫째 관심 있는 사물과 사상을 인식하기 위하여 인식론이 필요하다. 둘째 자신의 생각과 논리의 타당성을 확립하기 위하여 논리학이 필요하다. 셋째 자신이 얻은 결론을 사회에 적용할 수 있는지 알기 위하여 윤리학이 필요하다. 넷째 자신의 결과물이 아름다운지를 알기 위하여 미학이 필요하다. 다섯째 세상을 보는 눈이 넓어졌을 때 궁극적인 문제를 해결하기 위하여 형이상학이 필요하다. 이들 각 분야는 다른 분야와 깊은 관계가 있으므로 다른 분야들을 잘 알아야 한다.

T·I·P 철학의 제 분야

인식론(認識論, epistemology)

'사람이 알 수 있는 것은 무엇인가', '어떻게 알 수 있는가'에 관한 것이 주제다. 즉, 지식을 얻는 과정과 생각하는 것에 관하여 연구한다. 무엇을 '안다'라고 하는 것이 무엇을 의미하는지 또 어떻게 알 수 있는지를 연구하므로 '앎'에 관한 학문이다. 이런 것들은 생각을 통해서 알 수 있으므로 '생각'에 관한 학문이다. 인식의 대상이 관념적이라는 관념론[27]과 실재적이라는 실재론[28]이 있다.

형이상학(形而上學, metaphysics)

그리스어 'meta'와 'physika'의 합성어로 자연의 세계를 넘어선 이데아(idea)[29]의 세계를 의미한다. 플라톤의 이데아는 영원불변의 실체이며 진실한 존재이고 궁극적인 목적이다. 이데아의 세계는 이성만이 파악할 수 있는 영원불변의 세계로서 경험의 세계를 존재하게 한다. 이데아와 인간과 세계의 궁극적인 원인을 연구한다.

미학(美學, esthetics)

아름다움을 연구하는 학문이다. 고전적인 미학은 아름다움이 무엇인지 아름다움의 본질을 묻는 형이상학이었으나 근대 미학은 감성적 인식에 의한 아름다움의 현상을 추구한다. 예술은 아름다움을 표현하고 행위하는 것이므로 예술도 미학에 속한다.

윤리학(倫理學, ethics)

도덕의 기원과 원리를 대상으로 인간의 행위에 대한 규범을 연구한다. 개인은 사회 구성원으로서 사회가 갖는 생활방식에 따라가야 하므로 윤리학은 사회생활을 위한 갈등해소와 의사소통 수단이다. 물리가 사물의 이치이듯이 윤리는 사람들 사이의 이치를 말한다. 사람들의 행위에 대하여 옳고 그름의 답을 준다.

논리학(論理學, logics)

추론과 증명의 법칙을 연구한다. 기존 지식에서 새로운 지식을 만드는 것이 추론이고, 추론의 정당성을 확인하는 것이 증명이다. 진리에 도달하려면, 추론이 정확해야 하고 추론의 정확성을 증명해야 한다. 진리를 얻기 위하여 정당성을 확보하는 방법이다.

이상과 같은 주제의 질문들은 삶에서 자주 부딪치는 문제는 아니다. 그러나 인생의 장기적인 행로에서 단편적인 일들을 모두 성공하고도 불행하게 삶을 마감하는 사람들이 있다. 이것은 전투(전술)에 승리하고도 전쟁(전략)에서 실패한 것과 같다. 철학은 전술적인 문제보다 전략적으로 인생의 기반을 쌓고 방향을 제시해주는 학문이다.

T·I·P 인식 방법론

일원론과 이원론

- 일원론(一元論, monoism)
  세계를 유일한 근본 원리로 설명한다. 몸과 마음은 떼어놓고 생존할 수 없으므로 본질적으로는 하나이다. 현실에 있는 몸이지만 열심히 노력하면 이상을 추구할 수 있기 때문에 몸과 마음을 하나로 본다. 사람은 누구나 현실에 살면서 노력하면 이상을 이룰 수 있다고 생각한다.
- 이원론(二元論, dualism)
  세계를 서로 독립적인 두 개의 근본 원리로 설명한다. 몸과 마음은 전혀 이질적인 것이기 때문에 별개라고 생각한다. 몸은 현실에 담고 있지만 마음은 이상을 추구할 수 있기 때문에 하나로 보기가 어렵다. 현실과 이상이 공존하는 세상이다.

합리론과 경험론

- 합리론(合理論, rationalism)
  우연을 배척하고, 이성적이고 논리적인 것을 중시한다. 현실 세계보다 이데아의 세계, 즉 형상[30]과 원리를 존중한다. 눈에 보이는 말(馬)과 마음의 눈으로 보이는 말이 따로 있으며, 눈에 보이는 말이 질료[31]이고 마음으로 보는 말이 형상이다. 플라톤은 모든 사람들은 일정한 지식이 프로그램으로 만들어진 상태로 태어난다는 본유 관념을 주장하였다.
- 경험론(經驗論, empiricism)
  인식의 근원을 오직 경험에서만 찾는다. 아리스토텔레스는 이데아의 세계보다 인간에 가까운 감각되는 자연물을 존중하는 현실주의 입장을 취하였다. 따라서 말(馬)은 구체적인 말밖에는 존재하지 않는다. 질료 이외에 형상이 따로 존재하지 않는다.

---

27 관념론(觀念論, idealism): 객관적인 실재보다 주관적인 정신, 이성의 우위를 주장하는 인식론.

28 실재론(實在論, realism): 주관보다 주관과 독립된 객관적인 존재를 인정하고 그것을 올바른 인식의 기준으로 삼는 인식론.

29 이데아(理念, idea): 플라톤 철학에서 영혼의 눈으로만 볼 수 있는 세계. 고귀한 인간의 이성만이 파악할 수 있는 영원불변하는 진리의 세계. 모든 존재와 인식의 근거가 되는 초월적 실재.

30 형상(形相, eidos): 경험의 세계에 있는 특정 사물을 그 사물답게 만드는 원인. 존재하는 사물에 내재하는 본질. 플라톤 철학에서의 이데아.

7.3.2 인식론과 논리학

인식론과 논리학의 관계를 살펴본다.

(1) 인식론

인식이란 대상을 아는 일이며, 인지는 대상을 알고 해석하여 판단까지 하는 일이므로 인식은 인지보다 작은 개념이다. 인식론이란 인식에 의하여 얻어지는 지식의 기원과 성질 그리고 그 범위를 연구하는 학문이다. 인식론은 인식의 기원을 이성(理性)에 두고 있는 합리론과 인식의 기원을 경험에 두고 있는 경험론으로 구분할 수 있다. 또한 사람이 인식을 하는데 중요한 요소가 두 가지라고 하는 이원론과 하나라고 하는 일원론으로도 구분할 수 있다. 이원론은 합리론과 통하고 일원론은 경험론과 통한다. 이 절에서는 이원론(합리론)과 일원론(경험론)을 중심으로 인식 방법론을 설명하고자 한다.

T·I·P 인지와 인식

인식

인식(認識)은 외부 정보를 수동적으로 수용하는 과정이므로 능동적인 지적 과정들을 다 포함하지 못한다. 사물을 인식했다는 것은 수동적으로 사물의 일부를 수용했다는 의미이므로 다 알았다고(사물을 인지했다고) 할 수는 없다.

인지

인지(認知)란 무엇인가? 인지의 기본 개념은 앎이다. 인지는 보다 능동적인 과정을 의미하며 지적 과정 전체를 포괄하는 심리적 과정이다. 따라서 인지는 인식을 포함하는 더 큰 개념이다. 인간의 인지란 육체적인 면과 정신적인 면이 모두 포함된다.

마음이 생물학적 신경계를 떠나서 생각할 수 없기 때문에 신경과학이 중요하고, 또한 마음이 정신을 떠나서 생각할 수 없으므로 심리학이 중요하다. 인간의 인지는 일종의 저장장치로 책과 노트 등을 활용하고 있다. 책이나 컴퓨터 앞에서 글을 읽고 있으면 인지 활동이 활발해지는 것을 알 수 있다.

31 질료(質料, matter): 형상을 구성하는 구체적인 재료. 아리스토텔레스 철학의 기본 용어.

[그림 7.8]에서 서유럽과 조선의 인식론을 비교하였다. 소크라테스와 조광조[32]는 열심히 학문과 이상을 추구하였으나, 현실에서는 뜻을 이루지 못하고 죄인이 되어 사형을 당하였다. 플라톤은 스승의 죽음을 겪으며 스승을 사형시킨 사람들을 증오하였고, 이퇴계[33]는 가장 존경하던 대선배의 억울한 죽음을 목격하고 낙향하여 학문과 교육에 전념하였다. 플라톤과 이퇴계는 매우 어려운 여건에서 살면서 이상주의자였던 스승과 선배의 죽음을 목격하고 이상은 현실과 다를 수밖에 없다는 이원론을 주장하였다.

아리스토텔레스는 알렉산더 대왕의 스승으로 풍요로운 궁정 생활을 하면서 기득권층에서 성장하였다. 이율곡(李栗谷)[34]은 아홉 차례의 과거에 모두 장원하여 벼슬길에 올랐으며, 국왕의 두터운 신임을 바탕으로 40세에 당시의 정국을 주도하게 된다. 아리스토텔레스와 이율곡은 현실 세계에서 책임을 져야 하는 지도자 입장이므로 현실적일 수밖에 없었다. 따라서 이상과 현실을 조화롭게 연결해야 하는 일원론을 주장하였다.

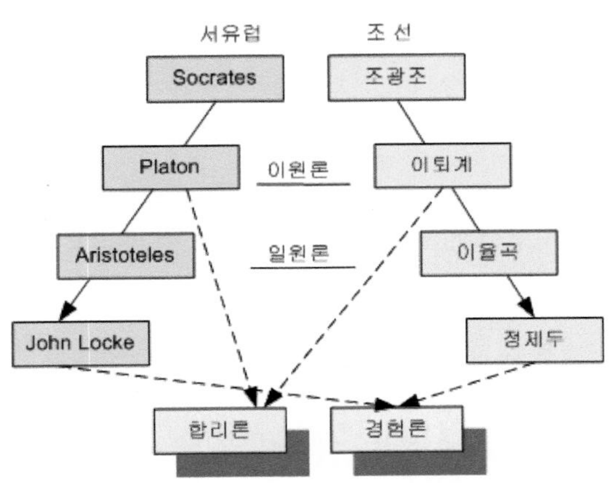

[그림 7.8] 서유럽과 조선의 인식론 비교

존 로크(locke)[35]는 플라톤의 본유 관념을 부정하고 경험론을 주장하였다. 본유 관념이란 사람이 태어나면서부터 가지고 나오는 선천적인 능력이다. 그는 인지는 감각과 반성이라는 경

32 趙光祖(1482~1519): 조선 중종 때 대사헌. 도학 정치 실현을 위해 개혁을 추진했으나 훈구 세력의 역습으로 사형 당함.

33 李滉(1501~1570): 조선 중기의 유학자, 문인. 이기호발설로 이기이원론 주장.

34 李珥(1536~1584): 조선 중기의 유학자, 정치가. 기발이승일도설로 이기일원론 주장. 성학집요, 격몽요결 집필.

35 John Locke(1632~704): 영국의 철학자 정치사상가. 계몽철학과 경험론의 원조.

험을 통하여 얻어지는 습득 관념이라고 주장했다. 정제두[36]는 처음에는 주자학[37]을 공부하였으나 뒤에 지식과 행동의 통일을 주장하는 양명학[38]을 연구하여 사상적 체계를 세웠다. 마음이 기(氣)이고 마음을 갖춘 도덕성을 이(理)라고 하는 주자학의 이원론에 반하여 양명학은 마음(氣)이 곧 이(理)라고 하는 경험론적 일원론을 주장하였다.

서양 철학은 이성을 중시하는 플라톤 철학과 경험을 중시하는 아리스토텔레스 철학으로 구분된다. 동양 철학의 유학은 이성을 중시하는 주자학과 경험을 주장하는 양명학으로 구분된다. 유럽에서 영국의 경험론과 대륙의 합리론이 인식론의 주류를 이루며 절충을 모색하고 있는 동안 신대륙(미국)에서는 프래그머티즘이라는 전혀 새로운 인식론이 자리를 잡고 있었다.

(2) 실용주의 : 프래그머티즘

관념이나 사상을 행위와 관련하여 파악하는 입장을 실용주의(實用主義, pragmatism)라고 한다. 실용주의는 미국의 철학 정신을 반영하는 사조로서 실제(practice)에 관심을 둔다. 인간의 사고는 실제 행위로 옮겨갈 수 있는 활동이다. 따라서 사고는 목적이 아니라 목적을 위한 수단이라고 본다.

실용주의 창시자인 찰스 퍼스(Peirce)[39]는 '무엇을 아는가(know-what)'보다 '어떻게 아는가(know-how)'에 관심을 두었다. 다시 말해 내용보다 실제 결과에 비중을 두고 있다. 퍼스에 의하면 개념이란 그 개념으로부터 나오는 실제 결과에 지나지 않는다. 퍼스의 인식론을 살펴보자. 퍼스는 모든 인식은 그 이전 인식의 제한을 받는다고 했다. 따라서 인식은 순간적으로 이루어지지 않고 예전의 인식을 상기하면서 해석하게 된다.

사람은 기존의 인식을 소재로 현재의 생각을 구성한다. 이것은 기호과정을 의미한다. 기호과정이란 이전 인식이 다음 인식의 소재로 연속되는 과정이다.

---

36 정제두(鄭齊斗, 1649~1736): 조선 후기 유학자, 양명학자. 지식과 행동의 통일을 주장하는 양명학을 체계화.

37 주자학(朱子學): 남송의 주희가 집대성한 유교 주류의 성리학. 이와 기의 개념으로 우주와 인간의 생성과 심성의 구조, 인간의 자세 등을 연구하는 학문.

38 양명학(陽明學): 명나라 중기의 양명 왕수인이 이룩한 신유가 철학. 인식과 실천은 하나라는 지행합일을 주장.

39 Charles Sanders Peirce(1839-1914): 미국의 철학자, 논리학자, 프래그머티즘 창시자.

갈색이며 우는 동물 → 닭 → 토종닭

이와 같이 인식은 기호를 매개하는 과정이다. 퍼스는 이런 관점에서 유럽의 합리론은 인간의 주체성이 개입할 여지가 없다고 보았다. 그는 인식과 행위가 결부된다는 점을 주목하였다. 어떤 개념을 이해하고자 한다면 그 개념이 어떤 효과나 결과를 가져오는지 고찰해 봐야 한다는 것이다. 기호과정에서 어느 것이 타당한가라는 질문은 의미가 없다. 중요한 것은 경험적으로 결과가 좋아야 한다는 점이다.

(3) 본질과 현상

우리가 어떤 것을 안다고 하는 것은 무엇을 안다는 것인가? 그 사물의 본질인가 현상인가? 본질과 현상은 같은 것인가 다른 것인가? 본질은 무엇이고 현상은 무엇인가?

본질과 현상의 두 가지 주제는 앞으로 논의할 모든 주제에서 끊임없이 제기될 것이므로 미리 이해해 둘 필요가 있다.

본질과 현상을 정의하면 다음과 같다.

- 본질은 사물에 존재하면서 사물의 존재를 가능하게 하는 필수 요소이다.
- 현상은 사물의 존재가 외부에 나타나는 모습이다.

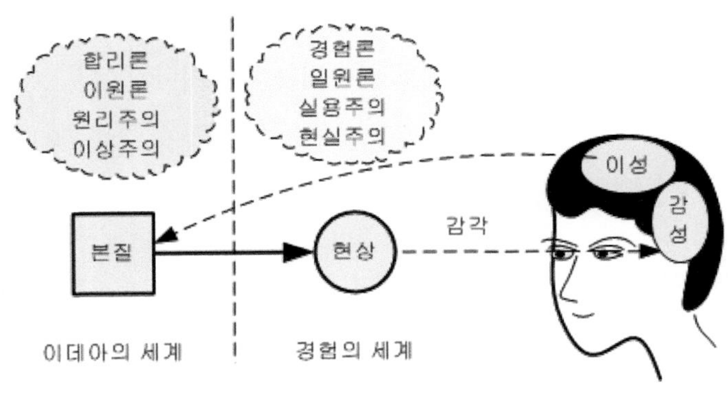

[그림 7.9] 본질과 현상

T·I·P 본질과 현상

본질(本質, essence)

어떤 사물이 그 사물로 존재하기 위해 없어서는 안 되는 핵심 성질이다. 따라서 본질은 그 사물에만 존재하는 고유한 존재이므로 실체(substance)라고도 한다. 인간의 본질은 무엇인가? 인간의 본질은 이성이므로 인간을 '이성적 동물'이라고 한다. 본질은 그 사물들의 공통성을 의미하는 것으로 사물에 존재하면서 그 사물을 구성하는 필수 요소이자 원인이다.

현상(現象, phenomenon)

일상적인 용어로는 외부에 나타나는 모양(象)을 의미하지만 철학에서는 두 가지 의미가 있다. 첫째, 사물이 외부에 나타나는 사실로 자연과학의 대상이 되는 모든 것을 의미하며 둘째, 인간의 의식 안에 존재하는 사실로 관념적인 사실을 의미한다. 형이상학에서는 어떤 사물이 있다면 본질은 그 사물의 참된 실재이고 현상은 참된 실재의 가상적인 모습(象)이라고 보았다. 따라서 [그림 7.9]와 같이 현상은 경험의 세계에 속하므로 감각적 인식으로 볼 수 있으나 참된 실재인 본질은 감각적으로 볼 수 없고 이성적 인식으로만 파악할 수 있다고 한다.

본질을 강조하면 원리주의자가 되기 쉽고 현상을 추구하면 실용주의자가 되기 쉽다. 본질을 더 추구하는 것이 합리론이라면 현상을 더 추구하는 것은 경험론이다. 본질에 더 가치를 둔 것을 이원론이라고 하면 현상에 더 가치를 둔 것은 일원론이라 할 수 있다. [그림 7.9]는 인간이 이성으로 본질을 파악하고, 감성으로 현상을 파악하는 기능과 함께 각각 관련된 사상들을 보여준다. 인간이 사물의 참된 실재인 본질을 알 수 없다고 주장하는 불가지론과 함께 사물의 존재를 기능으로 파악하려는 기능주의 이후에는 본질의 개념이 불명확해졌다.

인식론의 종류는 많으나 여기서는 인지과학의 관점에서 설명하였다. 합리론, 경험론, 실용론이 발전한 동기는 시대적 상황에 크게 좌우되었다고 할 수 있다. 송나라는 이민족의 침입과 전쟁 패배의 어려운 현실 속에서 주자학의 이원론을 주장하였으며, 중국을 통일한 명나라는 양명학의 일원론을 주장하는 것이 대표적인 실례다.

(4) 논리학

우리가 일상생활에서 하는 대화에는 논리에 맞지 않는 주장들이 종종 있다. 상대방의 주장이 틀린 것 같은데 틀린 점을 지적하지 못해서 억울한 경우가 있으며, 나의 주장이 옳은데 옳다는 것을 증명하지 못해서 억울한 경우도 있다. 이런 억울함을 해결할 수 있는 수단이 논리학이다. 서로 자신의 주장이 옳다고 주장할 때는 상대방의 추론 과정에 오류가 있다는 것을 지적해야 논쟁에서 이길 수 있다. 논쟁할 때 중요한 것은 자신의 주장이 논증에 의하여 진리가 보전되었음을 증명하는 것이다.

T·I·P 삼단 논법의 종류

정언적 삼단논법(定言的三段論法)

조건을 붙이지 않고 확정적으로 주장하는 세 개의 명제로 구성된다. "모든 사람은 죽는다"(대전제) "소크라테스는 사람이다"(소전제) "소크라테스는 죽는다"(결론)의 형식이다. 일반화하면, "모든 S는 P이다"(대전제) "어떤 A는 S이다"(소전제) "모든 A는 P이다"(결론)로 표현된다. <표 7.9>와 같이 S는 전제에서 쓰이나 결론에서는 사용하지 않는 것으로 두 전제를 매개(媒介)하는 개념이다. 정언(定言)이란 조건을 붙이지 않고 확정적으로 주장하는 명제라는 뜻이다.

가언적 삼단논법(假言的三段論法)

어떤 사건의 발생을 가정하고 결과를 주장한다. <표 7.10>과 같이 "비가 오면 소풍가지 않는다"(대전제) "비가 왔다"(소전제) "소풍가지 않았다"(결론)의 형식이다." 여기서 소전제가 "소풍갔다"라면 결론은 "비가 오지 않았다"로 된다. 가언적 판단은 전건이 성립하면 후건이 성립되는 것을 의미하기 때문에, 전건이 성립되지 않았을 때는 후건의 성립을 따지지 않는다. 예를 들어 소전제가 "비가 오지 않았다"라면 결론은 "소풍을 갔다"와 "소풍을 가지 않았다"가 모두 성립한다.

〈표 7.9〉 정언적 삼단논법

구분	명제
대전제	모든 사람은 죽는다.
소전제	소크라테스는 사람이다.
결 론	소크라테스는 죽는다.

〈표 7.10〉 가언적 삼단논법

구분	명제	
대전제	비가 오면 소풍가지 않는다.	
소전제	비가 왔다.	비가 안 왔다.
결론	소풍갔다(×) 소풍가지 않았다(○)	소풍갔다(○) 소풍가지 않았다(○)

논리학(論理學, logics)은 추론과 증명의 법칙을 연구하는 학문이다. 다른 말로 진리를 보증하는 논증의 학문이다. 추론(推論, reasoning)은 기존의 사실로부터 결론을 도출하는 과정이다. 결론이 정당하려면 추론 과정에서 오류가 없어야 하며, 오류가 없다는 것을 확인하는 과정이 증명이다. 증명(證明, proof)은 특정한 공리를 가정하고, 그 가정에서 어떤 명제가 참이라는 것을 확인하는 과정이다.

7.3.3 거짓말쟁이의 역설(liar paradox)

신약성서 <디도서> 1장 12절에 "그레데인 중에 어떤 선지자가 말하기를, 그레데인들은 항상 거짓말쟁이야"라는 말이 있다. 이 경우에 선지자 자신이 그레데인 이므로 그레데인이 거짓말쟁이라는 것을 긍정할 수도 부정할 수도 없는 모순을 낳는다. 또 다른 거짓말쟁이의 역설로 "한 남자가 자기는 거짓말을 하고 있다"고 말한다. 이런 경우 그가 말한 것은 참인가 거짓인가?는 고대 그리스 철학자의 역설이다.

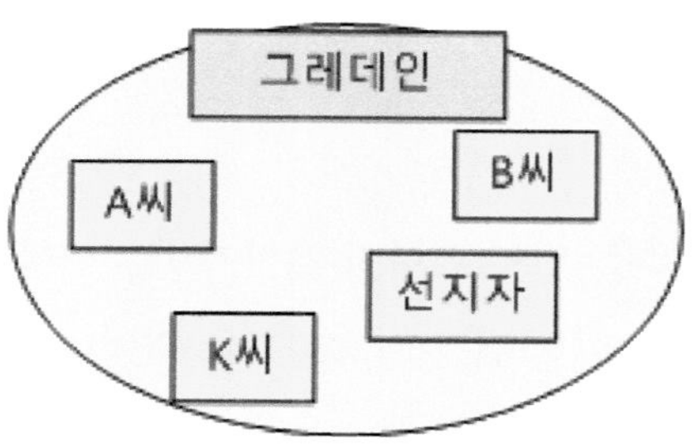

[그림 7.10] 거짓말쟁이의 역설

러셀은 거짓말쟁이의 역설을 집합 이론의 관점에서 체계적으로 정리하였다. 러셀은 이 문제를 집합과 집합의 원소 문제로 보았다. 러셀은 역설을 해결하기 위하여 유형이론(theory of types)을 고안하였다. 유형이론은 집합과 원소의 혼동을 금지한다. [그림 7.10]에서 그레데인의 집합에는 A씨, B씨, K씨, 선지자 등의 원소가 있는데 그 집합의 원소인 선지자가 '그레데인들은 항상 거짓말쟁이야'라고 자신의 상위 집합을 정의하는 것은 유형이론의 법칙을 위반한 것이다. 이런 잘못을 범하지 않는 것이 해결법이다.

7.4 언어학

언어학은 인간의 생각과 지식을 표현하는 학문이다. 사람은 언어로 생각하고, 언어로 말을 하고, 언어로 글을 쓴다. 언어가 없으면 생각도 못하고, 말도 못하고, 글도 쓸 수 없다. 언어는 어디서 온 것일까? 사람은 언어를 어떻게 습득하는가? 어느 날 언어를 모두 잊어버린다면 어떻게 생각하고 어떻게 대화를 할 것인가? 동물들은 언어 없이 어떻게 무리를 지어 공동생활을 하는가? 어휘가 많으면 생각이 넓고 깊을까? 지구상에는 여러 가지 언어가 있는데 모든 언어들의 기능과 어휘는 다 일대일로 대응이 될까? 언어와 사고는 어떤 관계가 있는가? 이런 질문에 답하는 것이 언어학이다.

언어는 여러 가지로 정의할 수 있으나 다음과 같이 두 가지로 요약할 수 있다.

- 소리와 문자를 이용하여 사람의 생각을 표현하는 의사소통 체계이다.
- 상호 의사를 전달하는 기호 체계의 하나이다.

언어 정의의 공통점은 모두 생각을 대상으로 하고 있다는 점이다. 의사(意思), 관념(觀念), 사고(思考) 등은 생각을 다른 말로 표현한 것이기 때문이다. 언어는 생각을 표현하는 도구이고 생각을 표현하는 구체적인 방법은 기호이므로 언어는 기호 체계라고 할 수 있다. 달리 말하면 언어는 관념을 표현하는 기호의 체계이다. 따라서 인간의 마음은 기호를 조작하는 체계라고 할 수 있다. 언어를 활용하는 측면에서 보면 언어는 인간의 사고와 세계관을 인식하고 이해하는 도구라고 할 수 있다.

언어학(linguistics)을 정의하면 다음과 같이 두 가지로 요약할 수 있다.

- 언어의 형태와 구조, 의미를 연구하는 학문이다.
- 인간의 마음의 구조와 성장, 성숙에 대해 연구하는 학문이다.

언어를 과학적으로 연구하는 것은 언어를 관찰하고 실험을 통하여 언어의 형태와 구조와 의미, 변화 과정을 이해하는 일이다. 사람은 언어로 생각하므로 정신적으로는 언어로 성장한다고 볼 수 있다. 따라서 인간의 언어를 연구하는 것은 인간의 마음의 형태와 구조, 의미와 성장 과정을 연구하는 것과 같다.

7.4.1 언어와 사고의 관계

사람은 언어로 사고한다. 언어결정론자들은 아무리 깊은 사고를 한다 해도 언어의 범위를 벗어나지 못한다고 주장하고 인지언어학자들은 사고가 깊어지면 언어 능력을 확장한다고 주장한다. 구조 언어학과 생성 언어학의 경우에 언어는 사고(마음의 작용 방식)와 독립된 자율적인 기호 체계라고 이해하여 그 의미나 문법을 언어 자체의 문제로 해결하려고 한다.

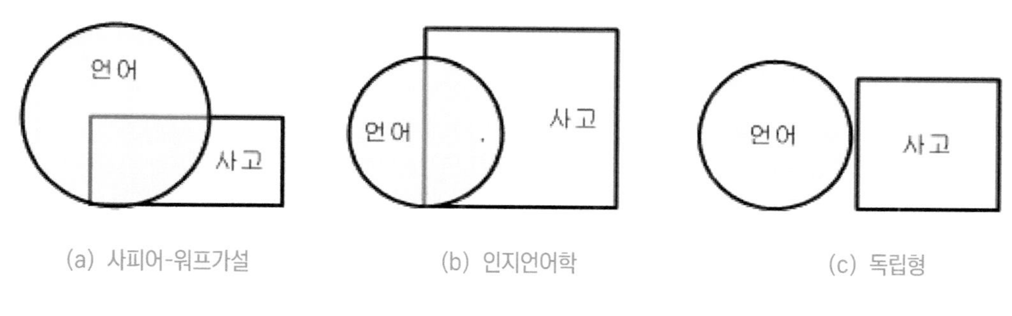

(a) 사피어-워프가설 (b) 인지언어학 (c) 독립형

[그림 7.11] 언어와 사고의 관계

〈표 7.11〉 언어와 사고의 관계 이론

이론	내역	비고
사피어-워프 가설	언어가 사고를 결정	Sapir, Whorf
사고-언어 독립	언어와 사고는 독립적	Noam Chomsky
인지언어학	사고가 언어 구조를 결정	George Lakoff

(1) 언어와 사고 관계 이론

언어와 사고의 관계는 여러 방법으로 연구되고 있으나 여기서는 인지과학의 입장에서 [그림 7.11] 및 <표 7.11>과 같이 대표적인 이론만 살펴본다. 언어와 사고의 주도권에 관한 이론에는 여러 가지 주장이 있다. 사고가 언어를 주관하는지 또는 언어가 사고를 생성하는지, 언어와 사고가 독립하는지에 관한 이론은 다양하다.

T·I·P 언어와 사고 관계 이론

사피어-워프 가설

사피어(Sapir)[40]와 워프(Whorf)[41]는 미국과 캐나다의 토착 언어들에 관하여 많은 연구를 한 끝에 결과를 내놓았다. 이들은 사람이 세상을 인식하는 방법은 어느 정도 언어 구조가 결정한다는 주장을 하였다. 문화와 언어가 달라서 다른 문법을 사용하는 사람들은 그 문법에 의하여 다르게 관찰하고 다른 평가를 하게 된다. 관찰 결과가 비슷해도 평가를 다르게 한다고 주장하였다. 이런 생각을 언어결정론 또는 언어상대설 등으로 부른다.

사고-언어 독립

언어와 사고는 독립적인 기능이며 언어 능력은 생득적으로 주어진 인간 특유의 기능이라는 입장이다. 언어 능력[42]이란 언어를 배우고 사용하는 능력이다. 노암 촘스키(Noam Chomsky)[43]는 언어의 심적 과정이 하나의 체계로서 사고 체계와는 독립적으로 작용한다고 주장하였다. 언어가 사고에 영향을 주지만 모든 경우가 아니고 특정한 수준에서 영향을 주며, 사고가 언어를 결정하는 것이 아니라 언어의 특정 수준에서 영향을 줄 가능성이 있다고 주장한다.

인지언어학(cognitive linguistics)

언어적 인지는 언어 현상과 관련되지만 인간의 모든 인지능력을 포함하고 있다. 인지언어학은 문법적 형식보다 실제 언어활동의 중심인 '의미'를 중시한다. 인간은 저마다 다르게 살기 때문에 같은 경험을 해도 결과가 다르고 의미는 인간에게서 나오므로 인간 중심의 연구를 한다. 조지 레이코프(George Lakoff)[44]의 인지언어학에서는 사피어-워프의 가설과 정반대의 관점을 가진다. 인지언어학은 사람의 사고가 부분적으로 언어 구조를 결정한다고 주장하고, 언어의 구조와 작용을 인간의 지각과 인지적 관점에서 이해하려고 한다.

(2) 구조주의

구조란 여러 개의 사물들이 연결되어 하나를 이룬 체계(system)를 말한다. 구조를 결정하는 것은 사물들을 연결하는 방식이므로 연결 방식이 다르면 다른 체계가 된다. 이것은 사물들 간의 관계(relation)가 구조를 결정하므로 구조에서 중요한 것은 관계이다. 엔진과 바퀴 등의 부품으로 자동차를 만들 수 있지만 선박이나 비행기를 만들 수도 있다. 같은 부품들로 부품

---

40 Edward Sapir(1884~1939): 미국의 언어인류학자. 독일 출생, 시카고대 및 예일대 교수.

41 Benjamin Lee Whorf(1897~1941): 에드워드 사피어의 제자. 언어결정론자.

42 언어 능력(言語 能力, linguistic competence): 언어 수행(읽기, 쓰기, 말하기, 듣기)과 구별되어, 언어의 문법성과 의미 판단의 토대가 되는 규칙에 대한 인간의 기저 지식.

43 Avram Noam Chomsky(1928~): 미국 언어학자. MIT 교수. 변형생성문법이론가. 사회운동에 참여하는 비판적 지식인.

44 George Lakoff(1941~): 미국 인지언어학자. 버클리대학 교수. 사고의 본질과 언어적 표현을 연구. 촘스키의 제자지만 견해가 다르다.

들을 연결하는 방법에 따라 다른 제품(구조)을 만들 수도 있다.

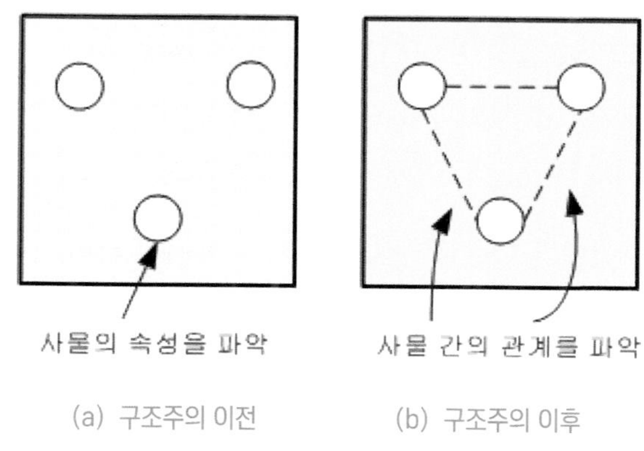

(a) 구조주의 이전 (b) 구조주의 이후

[그림 7.12] 구조주의와 사물의 관계

구조주의 이전에도 구조나 체계라는 개념이 있었지만, 이때는 [그림 7.12](a)와 같이 먼저 사물이 존재하고 그것에 연결된 구조나 체계가 가능하다고 생각하였다. 그러나 소쉬르는 [그림 7.12](b)와 같이 구조가 먼저 있고 그 구조를 통해서 사물이 인지 가능하다고 생각했다. 구조주의의 구조는 어떤 사물을 다른 사물과 구별할 수 있게 하는 관계이다. 관계는 두 사물의 차이에 의해서 형성된다고 생각하였다.

구조주의(構造主義, structuralism)는 사물의 의미를 개별 자체가 아니라 다른 사물과의 관계에 따라서 결정된다는 시각으로 세상을 인식하는 사상적 방법론이다. 즉, 사물의 참된 의미는 사물 자체의 속성과 기능에 의해서가 아니라 다른 사물과의 관계에 따라 결정된다는 주장이다.

(1) 구조주의 언어학

구조주의 언어학(言語學, linguistics)은 20세기 전반의 언어학계를 지배했던 페르디낭 드 소쉬르[45]의 이론이다. 당시에는 매우 새로운 이론으로 언어의 구성요소들 간의 관계에서 언어를 이해하려는 학문이다. 즉 언어는 구성요소들 간의 관계의 차이에 의하여 의미가 결정된다

45 Ferdinand de Saussure(1857~1913): 스위스의 언어학자. 제네바대학 교수. 구조주의 언어학의 선구자.

는 것이다.

소쉬르 이전에는 어원의 의미를 발견하기 위하여 언어의 기원을 추적하다가 어원의 늪에서 헤어나지 못하고 있었다. 소쉬르 이전의 언어학에서는 언어란 사물에 붙여지는 이름이므로 언어는 사물과 대응되는 개념으로 알고 당시에 진리란 머릿속의 관념이 실제 사물과 정확하게 일치할 때 성립하는 것으로 이해하고 있었기 때문이다.

반면에 소쉬르는 언어란 다른 것들과 관계의 차이에서 의미가 부여된다고 주장하였다.

(2) 구조주의 언어학의 문제점

구조주의 언어학은 언어학 발전에 지대한 공헌을 하였다. 언어학은 인간의 마음속에 세상에 대한 표상이 언어적 기호로 존재하는 것을 전제로 한다. 그러나 구조주의는 당시에 풍미하던 행동주의 심리학에 경도되어 마음을 언어학에서 제외시켜 버렸다. 마음이 언어학에서 제외되면서 여러 가지 한계에 부딪치게 된다.

구조주의는 통사론(syntax)[46]에서 중의성이 나타나는 것을 해명하지 못하였다.

예를 들어 다음 문장을 살펴보자.

I like her cooking.
Labour isn't working.

이 문장들은 여러 가지 의미를 가질 수 있다. 첫 번째 문장은 '그 여자가 요리하는 것을 좋아하는 것'인지 '그 여자의 요리를 좋아하다는 것'인지 애매하다. 두 번째 문장은 1970년대 영국 보수당의 선거 포스터에 있는 문구다. 포스터에는 실업 수당을 받으려는 노동자들이 길게 줄을 서서 기다리고 있다. 어떤 사람은 이 문장을 '노동은 힘든 것이 아니다'라고 이해하지만 다른 사람은 '노동당은 일하지 않는다'로 이해할 수 있다.

46 통사론(統辭論, syntax): 소리 단위들이 결합하여 단어를 구성하고, 단어들이 결합하여 문장을 구성한다. 각 요소들이 결합되어 문장을 구성하는 문법 규칙.

(3) 후기 구조주의

구조주의가 실존주의[47]에 대한 반발이었다면 후기구조주의(post-structuralism)는 구조주의에 대한 반발이다. 실존주의가 1900년대 초반에 합리주의와 실증주의에 대한 회의로 등장하였고 1950년대에 구조주의가 등장하였으며 후기구조주의는 1960년대 후반에 프랑스에서 등장하였다. 실존주의가 인간의 현실적인 존재 자체를 중시하고 관계를 경시한 것을 후에 구조주의가 비판하였다. 구조주의는 인간 주체보다 움직일 수 없는 '구조'와 '관계'를 강조함으로써 인간중심적인 사유와 대립하면서 성장하였다. 구조주의가 관계를 중시하고 인간 자체를 경시한 것을 후기구조주의가 비판하고 나왔다. 후기구조주의는 인간 자체는 물론이고 인간의 종교와 역사까지 중시하였다.

후기구조주의는 인간의 본질과 성격을 규명하고 인간 행위와 그 산물들을 설명하려 하기 때문에 구조주의와 여러 가지 면에서 충돌하고 있다. 후기구조주의는 여러 가지 차원에서 구조주의를 비판하고 있다. 후기구조주의자들은 하나의 근본적인 주체를 설정하는 목적론, 역사주의, 환원주의 등에 반대하고 있다. 이들은 체계적인 철학과 총체적이거나 일반적인 이론도 거부한다. 후기구조주의의 이러한 특징은 포스트모더니즘과 해체주의와 자연스럽게 연결된다.

T·I·P 후기 구조주의의 구조주의 비판

구조주의: 기표와 기표 대상과의 무관계

소쉬르의 언어학은 기표가 다른 기표들과의 차이에 의하여 규정되기 때문에 기표와 기표의 대상 사이에는 어떤 본질적 연관도 없다. 후기구조주의는 이런 언어의 지시적 기능에 대하여 비판한다.

구조주의의 고정성과 후기 구조주의의 유동성

소쉬르의 언어학이 구조를 통하여 고정된 의미를 창출하였다면 후기구조주의는 기표와 기의가 끊임없이 분리되고 새롭게 다시 결합하기도 하는 유동적인 의미를 창출한다고 보았다.

구조주의의 로고스 중심주의와 음성중심주의

소쉬르는 문자를 언어의 내적 조직과 무관한 것으로 간주하여 언어학을 말로 된 단어의 결합으로 규정하였다. 이것은 음성중심주의 입장으로 서양 문화의 전통적인 로고스 중심주의와 같은 것이다. 후기구조주의는 로고스 중심주의를 근본적으로 부정한다. 후기구조주의는 말과 글을 우위의 관계가 아니라 상호 보완적으로 얽혀있는 관계로

---

47 實存主義(existentialism): 인간 개인의 주체적인 존재를 강조하는 문예 사조. 19세기 전반에 독일과 프랑스에서 합리주의와 실증주의에 반대하여 나타났음.

본다. 언어로 의사소통을 하는 상황에서 말이나 글은 모두 기호로 작용할 수밖에 없는 같은 입장이라고 한다.

이성과 비이성
구조주의가 합리적인 이성을 기반으로 한다면 후기구조주의는 비합리적이고 자유롭고 분방한 감성 측면을 강조한다.

7.4.2 변형생성문법과 보편문법

행동주의 심리학자 스키너는 아이들이 어른들의 말을 듣고 모방함으로써 언어를 습득한다는 모방 학습 이론을 주장했다. 아이들은 모방을 잘하면 칭찬을 듣고 못하면 꾸지람을 들으며 언어를 효과적으로 습득한다고 주장했다. 당시에는 이 이론이 지배적이었다. 그러나 아이들은 이전에 한 번도 들어본 적이 없는 문장을 문법적으로 정확히 만들 수 있다. 촘스키[48]는 이 사실을 실험으로 확인하였다.

스키너의 주장대로라면 아이들은 어른 말의 근사치를 내어야 하며 얼마간의 무작위 실수를 해야 한다. 그러나 일반적으로 이와 같은 일은 일어나지 않는다.

아이들은 매우 정연한 방식으로 언어를 습득한다. 어른 말의 근사치를 내지도 않고 얼마간의 무작위 실수를 하지도 않는다. 아이들은 어른들의 말이 틀렸다고(문법이 틀렸다고) 지적하기도 한다.

아이들의 언어 능력은 타고나는데 다른 사람들로부터 일정량의 언어 자극을 받으면 언어 수행이 가능해진다. 즉 발화하는 언어 기능이 작동하는 것이다. 스키너 이후의 언어학에 대한 이론들을 살펴보기로 한다.

(1) 변형생성문법

촘스키는 오랜 연구 끝에 변형생성문법(變形生成文法, transformational generative grammar) 이론을 발표하였다. 변형생성문법은 생성문법과 변형문법을 합한 것이므로 생성문법부터 살펴보자. 생성문법은 영어 문장의 형성을 지배하는 규칙들을 명시적이며 기계적으로 철저

48 Avram Noam Chomsky(1928.12.7~): 미국의 언어학자. 변형생성문법 이론 주창. 비판적 지식인.

하게 기술하는 것이다.

변형문법은 언어 구조가 심층구조(deep structure)와 표층구조(surface structure)로 구성되는 것을 전제로 한다. 변형규칙에는 두 구조의 관계가 중요하다. 심층구조는 문장 요소들 간의 관계성을 나타내는 구절 구조로, 문장이 실제로 서술되는 방식과는 독립적이다. 표면구조는 문장의 음소 구조에 연결된 문장 통사구조로, 문장 요소들의 조직을 실제 발화되는 바와 가장 가깝게 명세화하는 구조이다. 사람 마음의 심층에는 언어 능력이 있으며 이 능력은 상황에 따라서 변형규칙에 의하여 표층에 나타난다는 것이다. [그림 7.13]에 있는 문장의 예를 살펴보자.

'김씨가 책을 책상 위에 놓았다'라는 문장과 '책은 김씨에 의하여 책상에 놓였다'라는 문장의 표면구조는 다르지만 의미적 심층구조는 같다고 볼 수 있다. 심층구조가 같은데 표면구조가 다른 것은 심층구조에 다른 변형규칙을 적용한 결과이다.

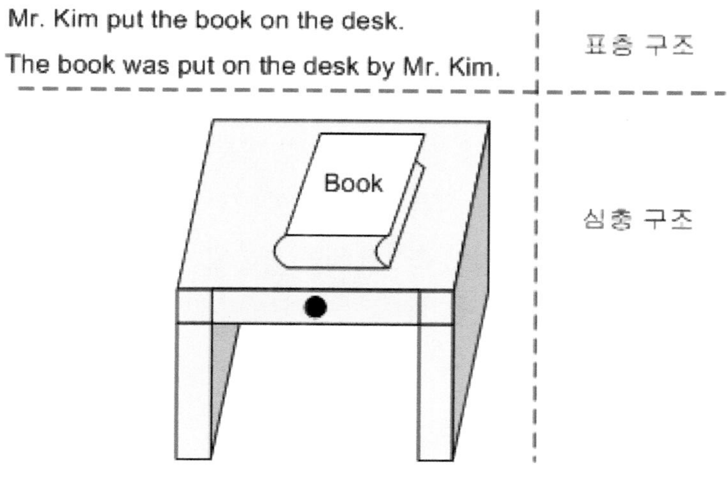

[그림 7.13] 변형 문법의 실례

변형생성문법의 성과는 다음과 같다.

> 첫째, 인간의 마음이 모듈로 조직되어 있다.
> 둘째, 인간의 지식은 경험에 의하지 않고 대부분 본유적이다.

(2) 보편문법

촘스키의 보편문법(普遍文法, universal grammar)은 사람들의 머릿속에 내장되어 있는 매우 특수한 문법 규칙을 말한다. 촘스키는 사람들의 언어 능력은 인간 생태의 일부이며 사람의 유전자에 내장되어 있다고 주장한다. 대부분의 언어학자들은 인류의 어떤 조상들이 언어 능력을 발전시켜 왔으며 모든 인간은 태어나면서 언어 능력을 갖게 되었다고 믿는다.

보편문법은 아주 특수해서 인간은 모든 언어들을 배우고 쓸 수 있는 보편적인 능력을 가지고 있다는 것이다. 사람들은 누구나 어느 나라에서 태어나든 그 나라의 언어를 배울 수 있으며, 이주를 하게 되면 다시 그 나라의 언어를 배울 수 있다. 다만 늦게 배울수록 학습 효과가 적을 뿐이다.

보편문법이 내재적이라는 촘스키의 견해를 '언어 생득설'이라고 한다. 그러나 언어 생득설은 아직까지 논란이 많고 인지과학의 주제와 크게 관련이 없으므로 더 이상 논하지 않는다.

(3) 언어와 뇌

외과의사 폴 브로카(Broca)[49]는 실어증이라는 언어 장애를 가진 환자들을 만나게 되었다. 실어증 환자들은 극소수의 문법을 사용하여 매우 힘들여서 천천히 말을 하는데 발음이 분명하지 않아서 알아듣기 어려웠다. 이런 증상을 보이는 환자들을 검사한 결과 [그림 7.14]와 같이 모두 왼쪽 두뇌의 특정한 부분에 손상을 입은 것을 알 수 있었다. 브로카는 이 영역이 문장의 문법적인 구조를 제공하며 음성기관을 통제하는 미세한 근육들에 대한 책임을 맡고 있다고 생각하였다. 이 생각은 사실로 확인되었다.

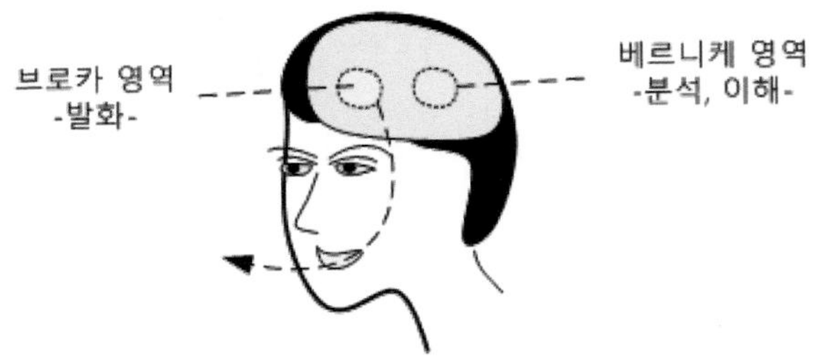

[그림 7.14] 뇌의 언어 영역

49 Paul Broca(1824~1880): 프랑스 외과의사. 언어 중추의 소재 발견.

신경과 의사 칼 베르니케(Wernicke)[50]는 매우 다른 형태의 실어증을 앓고 있는 환자들을 만나게 되었다. 이 환자들은 말은 빠르고 유창하게 하는데 그 내용은 의미가 통하지 않는 것이었다. 이들을 검사한 결과 왼쪽 두뇌의 특정한 부분에 손상을 입은 것을 알 수 있었다. 이 영역은 청각피질과 시각피질로부터 전달된 언어 정보를 해석하는 기능을 맡고 있다. 실제로 이해와 일상적인 어휘 사용을 주관하고 있는 영역으로 확인되었다.

7.5 심리학

심리학은 동물과 인간의 행동을 과학적으로 연구하는 학문이다. 심리학은 철학에서 비롯되어 늦게 독립하였기 때문에 역사는 짧지만 급성장을 이루었다. 최근에는 컴퓨터에서 영감을 얻어 인공지능을 위한 학문으로 발전하고 있다.

7.5.1 심리학의 발전

'너 자신을 알라'고 하는 소크라테스의 주장은 인간의 감각이 정확하지 않으므로 감각만으로는 신뢰할 수 있는 지식을 얻을 수 없다는 것이다. 인간의 감각은 오류를 많이 범하기 때문에 감각에 의한 지각은 불완전한 지식을 제공할 수 있다.

소크라테스는 합리적인 사고나 내성법(內省法, introspection)[51]을 써야 오류를 피하고 참된 지식을 얻을 수 있다고 생각했다.

플라톤(Platon)[52]은 마음은 신체와 분리될 수 있으며 신체가 죽은 후에도 영속되며, 지식은 태어날 때부터 가지고 나오는 것이라고 생각하였다. 이 사상은 헬레니즘(Hellenism)의 영혼불멸설[53]과 관련이 된다. 그는 지식이 선험적(a priori)[54]으로 얻어지는 것이라고 생각했다.

---

50 Carl Wernicke(1848~1904): 오스트리아 신경정신과 의사. 언어 중추의 소재 발견.

51 내성법(introspection): 의식의 내용을 알기 위하여 자신을 깊이 관찰하는 심리학 실험 방법.

52 Plato(BC 428~348): 고대 그리스 철학자. 소크라테스의 제자. 영원불변의 개념인 idea를 통해 존재의 근원을 찾으려 함. 이원론자.

53 영혼불멸설(靈魂不滅說): 사후 세계를 긍정하는 종교에서 영혼이 불멸한다는 신앙. ex) 기독교.

54 선험적(先驗的, a priori): 경험하기 이전에 알 수 있다는 의미. 칸트 인식론의 근본 개념.

아리스토텔레스는 두 스승의 생각과 달리 '영혼은 신체와 분리될 수 없다'고 생각했다. 아리스토텔레스는 지식은 선험적인 것이 아니라 경험으로부터 얻어진다고 생각했다. <표 7.12>와 같이 플라톤은 이원론[55]을 주장한 반면에 아리스토텔레스는 일원론[56]을 주장하였다.

아리스토텔레스 이후 2,000년간 주목할 만한 연구가 없다가 프랑스의 르네 데카르트가 다시 이원론을 주장하였다. 데카르트는 신체와 철저하게 분리된 마음이 신체 사망 후에도 존재할 수 있다고 주장하였다. 과학자였던 데카르트는 동물을 해부해보고 두개골 안에 있는 액체가 영혼을 담고 있다고 생각했다. 데카르트의 이원론은 대륙의 합리주의를 형성하는 계기를 만들었다.

〈표 7.12〉 플라톤과 아리스토텔레스의 세계관

주 제	플라톤	아리스토텔레스
세계의 근본원리	이원론	일원론
지식의 근원	선험적	경험적
시대 환경	전쟁으로 비참한 시기	안락한 궁전 생활
신분	귀족	알렉산더 대왕의 스승
계승자	데카르트	존 로크

현대에 이르러 심리학이 과학으로서 자리를 잡기 시작하였다. 현대 심리학의 태동부터 현재까지의 발전 과정 중에서 인지과학과 관련이 깊은 것들을 중심으로 <표 7.13>과 같이 살펴본다.

〈표 7.13〉 심리학 주제의 변천

심리학	주요 주제	비고
구조주의 심리학	마음에서 본질적인 요소를 찾는다.	마음 = 구조
기능주의 심리학	마음이 나타나는 현상에서 기능을 찾는다.	마음 ≠ 구조
행동주의 심리학	모든 행동(마음)은 자극에 대한 반응이다.	자극 → 반응
정신분석	마음은 무의식에서 큰 영향을 받는다.	의식 〈 무의식
인지심리학	마음은 정보를 처리하는 프로그램이다.	마음 = SW

55 이원론(二元論, dualism): 모든 존재는 상호 독립하는 두 개의 원리에서 비롯된다는 입장.

56 일원론(一元論, monism): 모든 존재는 하나의 원리나 기원에서 비롯된다고 생각하는 입장.

(1) 구조주의 심리학

빌헤름 분트(Wundt)[57]와 동료들은 마음을 자연에서 일어나는 현상과 마찬가지로 과학적으로 연구하고자 하였다. 물이나 햇빛, 고체에 대한 물리적 또는 화학적 실험을 통하여 마음을 연구하였다. 이들은 마음을 구조(構造)로 보고, 마음을 이루고 있는 본질적인 요소들을 파악하고자 했다. 마음을 연구하는 실험 과정에서 의식의 내부를 들여다보고 분석하고 기술하는데 전념하였다. 이런 실험 방법을 내성법이라고 한다. 분트는 실험실에서 사람이 어떤 소리를 듣고 건반을 누르는 시간을 측정하였다. 이것은 인지를 감각과 지각이라는 요소로 구성된 구조로 파악하고, 지각하는데 소요되는 시간을 측정하는 실험이었다.

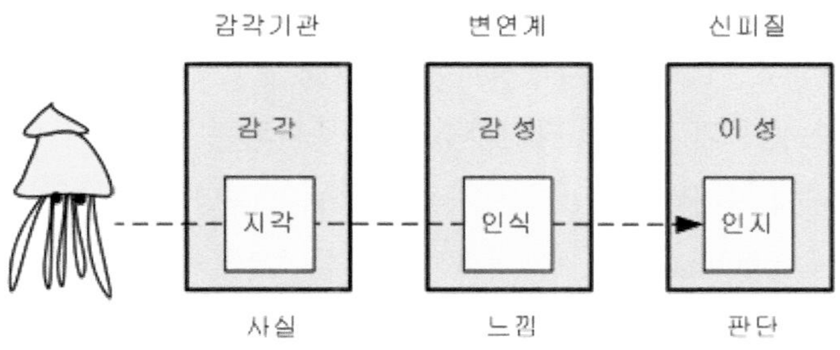

[그림 7.15] 사물의 지각, 인식, 인지 과정

[그림 7.15]와 같이 지각은 감각기관을 통하여 어떤 사물이 있다는 사실을 알게 된 것이고 인식은 그 사물로부터 어떤 느낌을 받은 것을 말하고 인지는 그 사물이 무엇이라는 판단까지 하는 것을 의미한다. 예를 들어, 내가 어떤 상자 속에 손을 넣었는데 차갑고 물컹한 물건이 손에 닿았다면 내가 지각한 것을 의미하고 그 사물이 어쩐지 기분 나쁘다는 느낌이 들면 나의 감성이 작용하여 인식된 것이며 그 사물이 오징어라는 사실로 판단이 되면 내가 오징어를 인지했다고 말할 수 있다.

(2) 기능주의 심리학

기능이란 기본적으로 '실체'에 대립하는 개념이므로 기능주의(機能主義)의 입장은 실체, 본질, 제일원인[58]의 인식을 불가능한 것이라 본다. 기능주의는 오직 기능, 작용, 현상으로 존재

57 Wilhelm Wundt(1832~1920): 독일 라이프치히대학 심리학자. 실험 심리학을 확립.

를 파악하고 인식이 가능하다는 불가지론의 입장이다. 기능주의 입장에서는 고정적인 '구조' 개념을 배제하고 관계, 작용, 발생, 변동 등의 동적 사상을 중시한다.

구조주의 심리학이 의식을 구조로 보고 이를 구성하고 있는 내용을 본질적인 요소로 분석하는 것이라면 기능주의 심리학은 구조 개념이 없으므로 의식을 요소로 분석하지 않고 의식의 기능을 분석하려고 한다. 기능주의 심리학은 정신을 별개의 조각으로 나눌 수 없는 하나의 것으로 보았다. 의식의 정적인 구성요소보다는 의식이 변화하는 환경에서 어떠한 행동과 기능을 하는지를 고려한다.

윌리엄 제임스(James)[59]는 의식의 흐름이 유동적이고 지속적이라고 생각하였으며, 의식은 기본 요소들로 분리될 수 없다고 확신하였다. 존 듀이(Dewey)[60]도 기능주의에 기여하였다. 제임스와 듀이는 다윈의 진화론의 영향을 크게 받았다. 특히 진화론에서 주장하는 '적자생존의 원칙'은 행동과 속성이 자연환경에 잘 조화되는 생물들이 살아남아서 다시 그 속성들을 다음 세대에 전해 줄 수 있다는 적응적 기능의 개념으로부터 영향을 받았다. 기능주의는 프래그머티즘(pragmatism)[61]을 위시하여 다른 학문들에도 영향을 주었다. 기능주의자들의 실험 방법은 구조주의와 마찬가지로 내성법이었다.

(3) 행동주의 심리학

러시아의 이반 파블로프(Pavlov)[62]가 실험실에서 개에게 먹이를 주는 실험을 했다. 파블로프는 종을 칠 때마다 개에게 먹이를 주면 개는 종이 울릴 때 침을 흘리도록 학습하는 것을 발견하였다. 파블로프의 실험실은 공개된 대상이며 실험 결과는 측정 가능하였다.

기능주의자들의 내성법에 회의를 가졌던 심리학자들은 실험을 과학적으로 관찰과 측정이 가능하고, 외적인 행동으로 제한해야 한다고 주장하였다. 행동주의(行動主義) 심리학의 창

---

58 第一原理(first cause): 신을 우주의 최초 창시자로 보는 견해. 원래는 자연계 최고의 원리로서 철학적 견해였으나 토머스 아퀴나스 이후에 종교적 개념으로 바뀌었다.

59 William James(1842~1910): 미국 심리학자. 빌헤름 분트와 함께 근대 심리학의 창시자.

60 John Dewey(1859~1952): 미국 철학자, 교육학자. 프래그머티즘 확립.

61 pragmatism: 실용주의. 관념의 의미는 관념이 초래하는 결과에 있다고 생각하는 입장.

62 Ivan Pavlov(1849~1936): 러시아 생리학자. 소화와 신경지배의 연구로 노벨생리·의학상 수상.

시자인 존 왓슨(Watson)[63]은 기능주의자들이 학습의 중요성을 강조하는데 동의했지만 학습의 범주는 더 과학적이어야 한다고 주장했다.

왓슨도 심리학의 연구 대상을 관찰과 측정이 가능한 행동에 국한해야 한다고 주장했다. 생물의 모든 행동을 자극에 대한 반응으로 보는 논리이다. 자극과 반응이 반복되면 신경계에 영향을 주고 습관이 되어 뇌 속에 저장된다. 따라서 저장된 다음부터는 생각만 해도 자극을 받은 것처럼 반응을 한다. 자극에 대한 모든 반응과 이 과정에서 얻은 습관을 [그림 7.16]과 같은 형식으로 이해할 수 있다.

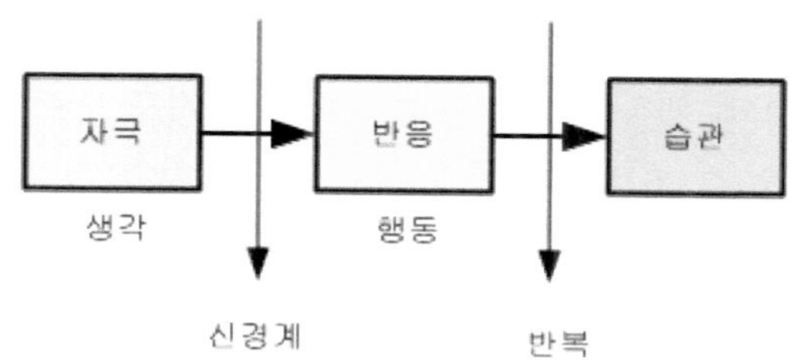

[그림 7.16] 자극과 반응에 의한 습관

심리학자들은 '심리학이 행동주의에 의하여 과학이 되었다'라고 말한다. 그 이유는 행동주의로 인하여 인간의 행동을 과학적으로 관찰하고 관찰한 자료를 객관적으로 분석하는 방법이 정착되었기 때문이다. 행동주의가 발전하면서 행동이 중심이 되고 인간의 마음은 연구 대상에서 제외되어 1940년대 말까지 심리학에서 완전히 배제되었다.

스키너(Skinner)[64]는 강화 개념을 이용하여 행동주의를 더욱 발전시켰다.

강화는 자극에 이어서 주어지는 자극인데 이 자극에 따라서 반응의 빈도가 증감된다. 스키너는 모든 생물들이 강화를 받아서 특정한 행동을 하도록 학습된다고 주장하였다. 코끼리와 곰이 서커스에서 재주를 부리고 축구를 할 수 있는 것은 모두 강화된 학습의 결과이다. 그러나 행동주의 심리학은 지나치게 기계론(mechanism)[65]적이라는 비판을 받기도 한다.

63 John Watson(1878~1958): 미국의 행동주의 심리학 주창자. 내성법에 반대하고 철저한 과학적 실험을 주장.

64 Burrhus Skinner(1904~1990): 미국의 행동주의 심리학자. 가설보다 선행 조건과 결과와의 관계만을 기술하는 입장.

65 기계론(機械論, mechanism): 모든 사상을 기계적 운동으로 환원해서 설명하려는 입장.

(4) 정신분석

정신분석(精神分析, psychoanalysis)은 지그문트 프로이드(Freud)[66]에 의하여 시작되었다. 프로이드는 신경과 의사로서 환자들을 진료하면서 인간의 행동과 마음에 대하여 이해하게 되었다. 다른 심리학자들은 실험실에서 연구를 진행한 반면에 프로이드는 직접 환자들을 치료하는 과정에서 연구를 진행하였다. 프로이드는 환자들이 자신의 행동에 대한 동기를 거의 모르고 있다는 사실에 주목하였다. 그는 의식으로 치료할 수 없었기 때문에 무의식에 중점을 두는 치료 방법을 연구하였다.

프로이드는 인간의 행동을 결정하는 것은 의식보다 무의식이 더 많은 영향을 줄 수 있다고 생각하였다. 인간이 수행하는 많은 행동 중에는 자기도 모르게 무의식적으로 수행하는 일이 적지 않다고 생각했다. 길에서 사람을 만나면 인사를 하고, 어른을 만나면 공손하게 인사하고, 부담스러운 사람을 만나면 자기도 모르는 사이에 불편해지는 것은 무의식의 발로라고 주장하였다.

정신분석에 의하면 [그림 7.17]과 같이 의식(consciousness)은 빙산에서 물 위에 있는 부분과 같고 무의식(unconsciousness)은 물에 잠겨 있는 부분과 같아서 크기가 1/7밖에 되지 않는다. 의식은 잠에서 깨어있는(각성) 상태이고, 무의식은 각성되지 않은 상태이다. 무의식은 오랜 역사 속에서 인간의 본능과 경험이 쌓여서 만들어진 욕망의 덩어리이다. 무의식적인 욕망(원초아, id)은 끊임없이 욕구를 분출하지만 현실 사회에서 살아야 하는 사람(자아, ego)은 이상(초자아, super-ego)을 실현하기 위하여 욕망을 억누르며 살아야 한다.

전의식은 의식과 무의식의 경계에 있으면서 쉽게 의식화될 수 있는 상태이다. 예를 들어 꿈속에서 본 사물들을 간신히 기억할 수 있는 상태를 말한다.

원초아(id)는 사람이 태어날 때 가지고 나오며 가장 먼저 나타나는 정신 요소이다. <표 7.14>와 같이 원초아는 타고나는 것이며, 태어나서 이삼 년 동안은 원초아만 존재한다. 원초아는 본능적인 욕구이므로 쾌락 원칙에 따라 움직인다. 사람은 본능적으로 생존에 필요한 것을 추구하며 아닌 것은 회피한다. 원초아는 이기적이며 즉각적인 만족을 원한다.

자아(ego)는 사고, 감정, 의지의 주체로서의 '나'이다. 사람은 현실 사회를 살기 때문에 현실

---

66 Sigmund Freud(1856~1939): 오스트리아 신경과 의사, 정신분석 창시자. 꿈의 해석 집필.

적이어야 하고 미래를 계획해야 한다. 의식 상태에서 살아가는 자아는 충동적인 욕망인 원초아를 적당하게 눌러야 한다. 원초아를 무조건 누르기만 하면 갑자기 한꺼번에 분출될 수 있으므로 적당히 충족시켜가며 눌러야 한다.

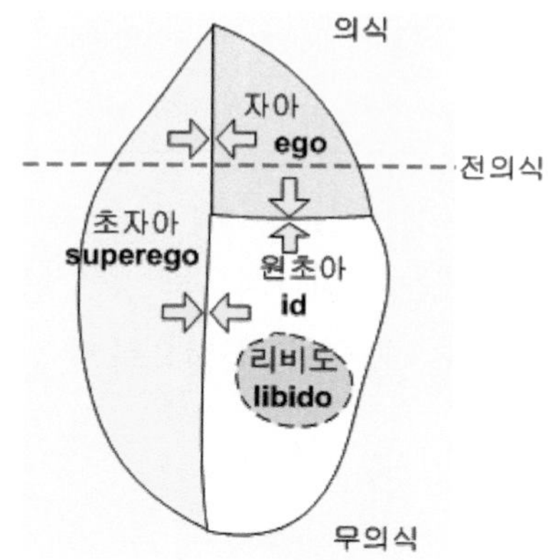

[그림 7.17] 인간의 정신 구조

초자아(superego)는 세 살부터 발달하여 사춘기 이후에 완전히 성숙된다. 초자아는 이상적인 삶을 살아가려는 욕망이므로 무의식적인 욕망을 누르려고 한다. '세 살적 버릇이 여든까지 간다'는 속담은 정신분석에 근거를 두고 있다고 할 수 있다. 원초아와 자아가 이기적인데 반하여 초자아는 이타적으로 타인도 고려한다.

리비도(libido)는 '성적인 본능과 성적 에너지'라고도 한다. 프로이드의 수제자인 구스타브 융(Jung)[67]은 프로이드가 성욕의 비중을 너무 크게 생각한다고 판단하여 스승과 결별하였다. 사람에게는 살아가기 위하여 생동하는 에너지가 있다. 리비도는 자자손손 번창하고 번영하고 싶은 생득적인 에너지이며 성욕을 포함한다.

원초아(id)는 자아(ego)를 통하여 욕망을 실현할 수 있지만 이상을 추구하는 초자아(super-ego)도 자아를 통하여 이상을 실현해야 한다. 자아는 이상과 욕망을 동시에 추구하기 때문에 선택적 판단을 해야 한다. 따라서 자아는 초자아와 원초아의 압력 속에서 최선의 타협점을 찾아가면서 갈등을 지속한다.

67 Carl Gustav Jung(1875~1961): 스위스의 정신과 의사. 억압된 것을 입증하고 '콤플렉스'라는 이름을 붙였다. 성격을 '내향형'과'외향형'으로 나누었다.

〈표 7.14〉 정신분석의 핵심 4요소

핵심 요소	내역	비고
초자아(super-ego)	양심과 이상을 추구하는 주관자로서의 나	의식/전의식/무의식
자아(ego)	사고, 감정, 의지의 주관자로서의 나	의식/전의식/무의식
원초아(id)	욕구가 있는 본능적인 에너지	무의식
리비도(libido)	자손을 번창하게 하고 싶은 생동하는 에너지	무의식

사람들은 낮에 깨어있는 동안에는 무의식적으로 일상생활을 하는 경우가 많고 일상적이지 않은 일을 할 때는 정신을 차려야 하므로 의식적으로 행동하게 된다.

(6) 인지심리학

인지심리학은 '인간의 마음이 어떻게 동작하는가'를 연구하는 학문이다. 구체적으로 '인간의 마음이 어떻게 환경과 나를 알고 지식을 갖게 되는가와, 그 지식으로 어떻게 문제를 해결하는가'를 연구한다. 인간은 대상을 인식하고, 기억하고, 학습하고, 언어를 사용하고, 문제를 해결하는 등의 마음을 움직이는 활동으로 생활을 영위한다. 마음이란 인간이 내적이나 외적인 자극으로 정보를 획득하고, 가공하고, 표현하는 두뇌의 정신활동이다. 마음은 이러한 정보처리 활동과 그 대상이 되는 정보들로 이루어진다. 마음의 활동에 의해 두뇌에 표현되는 정보를 표상(表象, representations)이라고 한다.

인지심리학에서는 여러 가지 학문들의 영향을 받아서 정보처리적인 관점을 수용하였다. 정보처리적 관점이란 컴퓨터가 정보를 처리하는 도구이며, 인간의 마음도 정보를 처리하는 도구(프로그램)로 보는 것이다. 따라서 인지심리학자들은 인간의 마음을 컴퓨터라고 정의한다. 여기서의 컴퓨터는 소프트웨어를 말한다. 인지심리학자들은 컴퓨터가 숫자 계산의 의미를 넘어 상징(symbol)을 조작하는 체제로 파악한다. 마찬가지로 인간의 마음도 상징을 조작하는 체계로 개념화할 수 있다고 생각한다. 인간의 사고과정은 명확하고 구체적인 절차로 기술될 수 있으며, 이렇게 기술된 것을 컴퓨터가 실행할 수 있다고 생각한다.

7.5.2 정보처리체계

정보처리체계란 사물을 상징으로 표상하고, 상징을 조작하며, 사물의 표상은 상징 구조로 표현하는 체계이다. 상징을 표상하고, 표상을 조작하고, 표상을 상징으로 출력하는 것이 정보처리과정이다.

[그림 7.18]은 사람이 외부에 있는 사물을 보고 '빌딩'이라고 인지하는 과정을 보여준다. 사물이 감각기관인 눈을 통하여 감각 신호를 두뇌에 전달하며, 두뇌에서는 신경세포를 거쳐서 전달된 신호를 '빌딩'이라는 상징으로 바꾸어 인식한다. 사물 자체가 두뇌에 들어올 수 없으므로 시신경으로 감각된 신호를 두뇌의 정보처리체계에 맞추어 상징이 되어 내부 형식으로 표현된 것을 표상(representation)이라고 한다. 두뇌가 사물을 '빌딩'이라고 이해하는 것을 인지라고 한다. 사람이 사물을 입력해서 '빌딩'이라는 표상을 만들고 입으로 '빌딩'이라고 출력하는 전체 과정을 정보처리체계라고 한다.

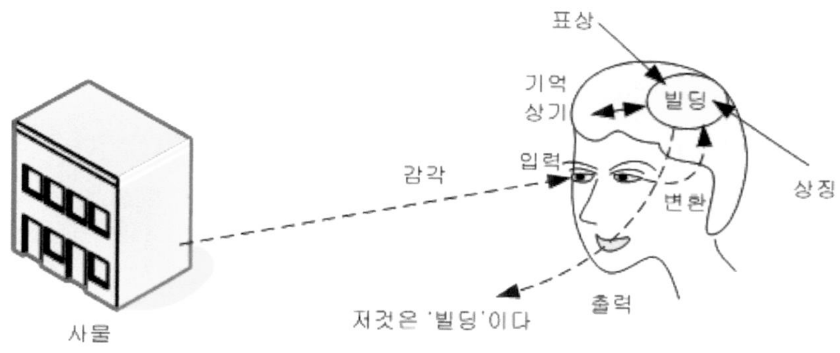

[그림 7.18] 표상의 입·출력 절차

7.6 인지과학과 융합

인간이 초기에는 능력이 매우 미약했지만 많은 노력과 진화를 거쳐 지적인 능력을 통해 만물의 영장이 되었다. 인간의 지적 능력이 성장하게 된 근저에는 이성이라는 도구가 있었고 이와 함께 경험을 축적하고 전승하여 얻은 공동체의 문명이 있었다. 인지 능력을 기반으로 하는 인지과학은 성장을 거듭하여 컴퓨터 중심의 지식정보사회라는 거대 문명을 이룩하였다.

7.6.1 지식과 이성

세계를 움직이는 원동력은 무엇인가? 현대사회를 움직이는 것은 지식이고 지식을 만드는 것은 이성이다. 우리는 지식과 이성을 통하여 현대사회를 움직이는 원동력을 이해할 수 있다. 지식과 이성이란 무엇인가? 지식의 의미는 '알고 있다'는 것이므로 지식인이란 많은 것을 알고 있는 사람이라고 할 수 있다. 지식정보사회에서는 지식의 중요성이 강조됨으로 그 의미를 자세히 살펴볼 필요가 있다.

(1) 지식의 구조와 종류

지식은 [그림 7.19]와 같이 정보, 자료 등과 함께 계층적으로 구조화되어 있다. 앎에 관한 가장 기본적인 소재는 기호(sign)이다. 기호란 인간이 사물을 인식할 수 있는 최소 단위이다. 기호가 적절히 배열되는 순서에 의해서 인간은 기호를 의미 있는 자료(data)로 인식할 수 있다. 자료는 인간에게 의미 있는 사물로서 문자, 숫자, 기호, 그림 등의 특정한 사실(fact)을 의미한다. 정보(information)는 이것들 중에서 사용할 가치가 있는 의미가 부여된 자료이다. 지식(knowledge)은 기존의 정보를 이용하여 새로운 정보를 만들거나 의사결정에 활용할 수 있는 능력이다. 따라서 지식인은 새로운 정보를 만들 수 있는 사람이다. 지혜(wisdom)는 다방면의 지식을 종합하여 판단을 내릴 수 있는 최고의 능력(통찰력)이다.

지식은 선언적 지식과 절차적 지식으로 구분된다. 선언적 지식이 없어도 절차적 지식이 있을 수 있으며, 반대로 절차적 지식이 없어도 선언적 지식이 있을 수 있다. 예를 들어, 자동차의 구조와 설계 내용 등을 아는 것은 선언적 지식이지만 자동차를 운전할 수 있는 것은 절차적 지식이다. 택시 기사가 자동차의 구조나 설계 내용을 전혀 몰라도 택시를 잘 운전할 수 있듯이 스포츠 자동차 설계 기사가 설계는 잘할 수 있지만 경주용 자동차는 잘 운전할 수 없는 것과 같은 의미이다.

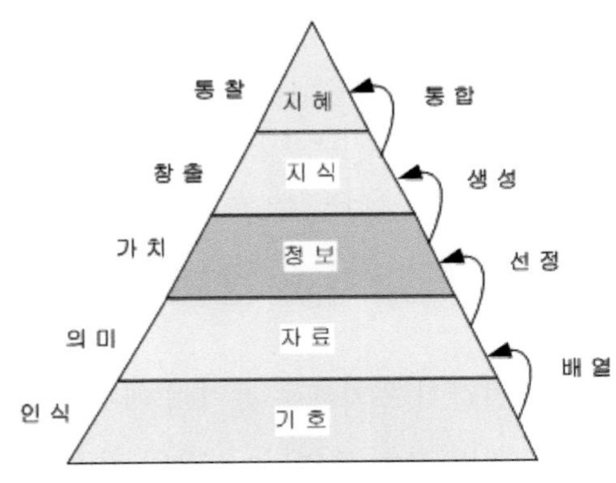

[그림 7.19] 지식의 계층 구조

(2) 이성의 구조와 성장

인간을 동물과 구별하는 의미에서 '이성적인 동물이다'라고 한다. 이성(理性, reason)은 인간의 역사 발전과 문명 건설의 주역이라고 하는데 과연 이성이란 무엇인가? 이성이란 참된 것과 거짓된 것을 구분하고, 선한 것과 악한 것을 구별하고, 아름다운 것과 추한 것 등을 식별할 수 있는 정신적인 능력이다.

이런 능력으로 인하여 사람은 사물을 옳게 판단할 수 있고 사리를 분별하게 되었다. 이성의 어원은 그리스어 logos로 언어와 논리라는 뜻이고, 라틴어로 ratio는 비례와 균형이라는 뜻이다. 어원에서 알 수 있듯이 이성은 논리적이며 비례와 균형이 잘 잡혀 있어서 언어로 설명될 수 있는 것이다.

이성은 합리론을 중시하는 유럽대륙에서 발전하였다. 칸트는 경험하기 전에 이미 진리를 터득할 수 있는 능력을 이성이라고 하면서 선험적[68] 인식을 주장하였다. 이성의 대표적인 정의들을 정리하면 <표 7.15>와 같이 세 가지로 분류할 수 있다.

〈표 7.15〉 이성의 대표적인 정의

구분	정의
1	사물을 올바르게 인식하는 능력
2	세계를 지배하는 근본 원리
3	진리를 표현하는 언어 능력

T·I·P 지식의 종류: 선언적 지식과 절차적 지식

선언적 지식(declarative knowledge)

무엇이 어떻다고 단언하는 지식이다. 무엇을 알고 있다면 언어로 설명(선언)할 수 있어야 한다. 진위를 가릴 수 있으므로 명제적 지식, 결론을 설명하므로 결과적 지식, 내용을 설명하므로 내용에 관한 지식이라고도 한다. 어떤 명제를 아는 것이므로 'know what'을 의미한다. 선언적 지식을 알기 위해서는 그것의 성질이나 관계를 아는 것이 중요하다.

절차적 지식(procedural knowledge)

어떤 문제를 해결하기 위하여 수행하는 과정과 절차를 기술한다. 문제 해결 방법을 설명하므로 방법적 지식, 수행 과정을 중시하므로 과정적 지식이라고도 한다. 어떤 문제를 해결하는 방법을 안다는 것이므로 'know how'를 의미한다. 자전거 타기와 같이 절차를 익힘으로써 수행 능력을 발휘하는 지식이다. 절차적 지식을 알기 위해서는 실행 조건과 행위규칙을 알아야 한다.

68 先驗的 a priori : 경험적 인식의 전제조건이 되는 보편타당한 인식. 경험하지 않고도 알 수 있는 선천적 능력.

이성을 설명하기 위하여 비교되는 기능이 감성이다. 이성을 빛과 이상이라고 한다면 감성적인 욕망은 어둡고 맹목적인 에너지다. 사람은 땅에 발을 딛고 별을 바라보면서 승천하려고 하는 존재라고 한다. 현실 세계에 살면서 이상 세계를 꿈꾸는 것이 사람이다. 이성은 욕망을 충족시키도록 노력하면서 과도한 욕망을 자제해야 하는 생존 수단이다.

인간의 이성은 언제부터 가능하게 되었는가? 뇌과학에 의하면 감성을 관장하는 뇌는 변연계이고 이성을 관장하는 뇌는 신피질이다. 변연계는 포유류부터 생성되었으므로 약 2억년의 역사를 가지고 있고 신피질은 고급 영장류부터 생성되었으므로 약 500만년의 역사를 가지고 있다. 따라서 인간의 이성은 약 500만년동안 진화를 거듭해온 결과물이다.

7.6.2 이성과 비이성의 융합

플라톤이래 서양의 전통 문명은 로고스 중심주의[69]에 의하여 이성이 인간의 역사를 주도하는 방식이었다. 근대 이후에 이성이 사회를 어떻게 주도하였을까? 현대사회에서 이성의 역할은 어떻게 바뀌었을까? 앞으로 융합의 시대에 이성이 어떻게 작용할 것인가? 하는 점을 살펴본다.

(1) 이성과 사회

서양에서 근대에 이르러 사회를 개혁하기 위한 방안으로 이성에 대한 입장이 두 가지로 구분된다. 첫째, 이성의 능력을 강조하여 이성의 힘으로 사회를 개혁할 수 있다고 주장한다. 둘째, 이성은 경험을 통해야 유익한 사회를 건설할 수 있다고 주장한다. 모두 이성의 힘을 빌렸지만 전자는 이성에 매우 긍정적인 힘을 기대하였고 후자는 이성이 사회 경험 속에서 발전하는 진화의 산물이라는 회의적인 입장이었다.

대륙의 사상가들은 이성을 이용하는 합리론적인 사상을 개발하였으나 영국의 사상가들은 이성에 대한 기대보다는 경험을 중시하는 경험론적인 사상을 개발하였다. [그림 7.20]과 같이 합리론자들이 간섭주의를 주장하여 정부의 기능을 분배와 복지로 강조하였으나 경험론자들은 자유주의를 주장하여 자유시장의 자생적인 질서를 강조하였다. 합리론자들이 사회

69 logocentrism: 로고스(logos: 이성, 언어, 합리성 등 불변의 절대적 권위)가 서양문화의 중심을 이루고 있다. 자크 데리다가 처음 사용한 용어로 그는 로고스의 해체를 주장함.

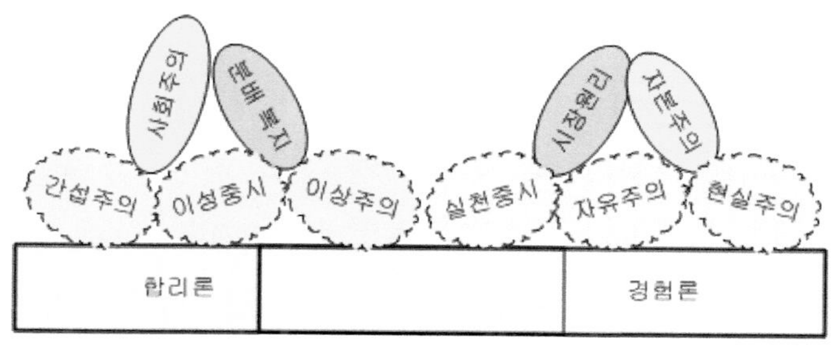

[그림 7.20] 합리론과 경험론의 융합

주의를 발전시켰다면 경험론자들은 자본주의를 발전시켰다. 합리론자들의 생각에 이성은 선험적으로 이상주의가 깔려있으나 경험론자들이 생각하는 사회는 시장의 자생적 질서에 의하여 발전한다는 현실주의가 깔려 있었다.

구조주의 이후에 후기구조주의는 역사와 사회를 합리적인 이성의 세계로만 보지 않고 비합리적인 요소들을 부각하기 시작하였다. 포스트모더니즘[70]은 세계를 이성이 지배하는 획일적인 논리적 세계로 보지 않고 다양한 원인과 욕구에 의하여 변화하는 모습으로 본다. 자크 데리다[71]의 해체주의는 이성을 중심으로 구성된 서양의 문명을 근원적으로 해체할 것을 주장하였다. 구조주의 이후에 나타난 다양성과 비합리적인 요소들의 중요성이 부각되기 시작하였다. 세상은 논리적으로만 돌아가는 것이 아니고 다양한 욕구와 충동이 지배하는 비합리적인 세계와 함께 돌아가는 것이다.

포스트모더니즘 이전에는 균형과 조화가 중요했기 때문에 사람들이 입고 다니는 복장에도 좌우대칭과 균형이 반드시 요구되었지만 이후부터는 좌우대칭이 되지 않는 디자인의 옷을 입기 시작하였다. 예전에는 상상할 수도 없는 디자인과 기능들이 다양한 방식으로 등장하기 시작하였다. 이성의 역할이 무너지고 점차 새로운 비논리가 등장하기 시작하였다.

70 postmodernism: 1960년대에 일어난 문화운동. 18세기 계몽주의 이래 진행되어온 이성주의와 합리주의에 대한 반발로 생겨난 사상. 개성 자율성 다양성 대중성을 중시하고 절대 이념을 배격한 탈이념을 주장함.

71 Jacques Derrida(1930.07.15~2004.10.08): 구조주의 이후를 대표하는 프랑스의 철학자. 서양 문명의 로고스 중심주의에 반대하고 해체주의를 주장.

(2) 비이성과 융합

로고스 중심주의에서는 모든 것이 이성에 의하여 낱낱이 분석되고 해석되어 재조립될 수 있고 미래의 계획도 완벽하게 설계할 수 있었다. 현미경이 발명되어 물질의 성분이 분석되고 성질이 파악되기 시작하였다. 전자현미경이 발견된 후에는 물질의 구성이 화학원소 단위로 분석되고 밝혀지기 시작하였다. 학문은 날이 갈수록 분화되었으며 세분화될수록 전문성이 확보된다고 생각하였으므로 학문마다 자신의 체계를 성처럼 구축할 수 있었고 학문 간의 거리는 점차 멀어졌다. 과학에 의하여 이 세상은 완전하게 파악되고 재구축될 수 있다고 믿었다. 그러나 아무리 과학적으로 분석하고 계획을 세우고 대비를 해도 인류의 불행을 막을 수가 없었다. 두 번의 세계 대전을 겪으면서 인류는 대재앙과 좌절을 맛보았다. 그동안 신에게 의지했던 많은 희망들도 한꺼번에 무너져 내리고 말았다.

그 결과 인간은 이성 밖에서 새로운 희망을 찾기 시작하였다.

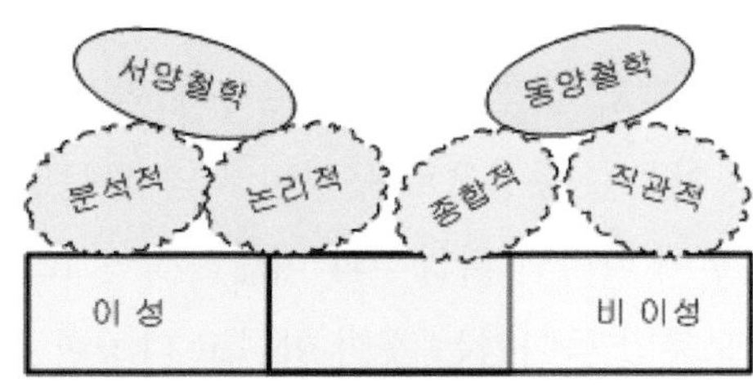

[그림 7.21] 동양과 서양 사고의 융합

[그림 7.21]과 같이 서양의 과학이 분석적이고 논리적이라면 동양의 사고는 종합적이고 직관적이다. 서양의 합리주의가 두 번의 세계대전을 거치면서 동양의 문화가 새롭게 인식되기 시작하였다. 과학적이고 분석적 사고에 의존하던 사상가들이 점차 동양적인 종합적 사고를 수용하게 되었다. 불교의 선문화가 서양세계에 전파되고 유교문화에 대한 관심이 높아졌다. 이렇게 동양 문화와 서양 문화가 만나면서 이성과 비이성이 융합하게 되었다. 이성에 의하여 갈라진 세계를 비이성에 의하여 융합하기 시작한 것이다.

지금까지는 이성으로 구축된 문명의 내부에서 융합이 있었다면 앞으로는 이성을 중심으로 구축된 문명과 비이성을 중심으로 구축된 문명 간의 융합을 할 것이므로 그 효과가 훨씬 크고 획기적일 것으로 예상된다.

CHAPTER 8
뇌과학과 융합

4차 산업혁명은 초 지능과 초 연결을 기반으로 성장하고 있으므로 인공지능에 대한 기대가 클 수밖에 없다. 사물 인터넷에 연결되는 모든 전자장치들은 고도화된 인공지능으로 소통하고 기능해야 한다. 높은 수준의 인공지능을 기계에 적용하려면 인간 지능에 대해 깊이 이해하고 이를 구현해야 한다. 그러기 위해서는 뇌과학과 인지과학을 연구해야 한다. 인간의 뇌는 우주와 같은 미지의 세계이므로 무한한 가능성을 내포하고 있다. 뇌과학에 근접함으로써 인공지능 시대를 앞당겨야 한다.

인지심리학에서 인간의 마음을 컴퓨터(프로그램)라고 하므로 두뇌 동작의 원리는 컴퓨터의 원리이다. 컴퓨터를 이해하려면 인간의 마음을 알아야 하고, 인간의 마음을 이해하려면 컴퓨터를 알아야 한다. 요즈음 새로 출시되는 제품들은 스마트 폰, 스마트 카, 스마트 팜 등 스마트라는 말이 접두사처럼 붙는다. 스마트라는 뜻은 영어에서 '맵시 있다', '깔끔하다' 등의 뜻이지만 여기서는 컴퓨터를 사용하는 것처럼 정확하고 깔끔하게 일을 처리한다는 의미이다. 인간처럼 생각하고 행동하는 컴퓨터를 만들기 위해서는 인간의 행동을 연구하는 심리학과 두뇌의 원리와 지능을 연구해야 한다.

8.1 뇌의 정체성

나는 누구인가? 뇌인가 정신인가? 뇌 안에 있는 정신인가 아니면 몸인가? 뇌는 우리에게 무엇을 의미하는가? 머리가 좋다는 것은 지능을 의미하는데 과연 지능은 무엇인가? 지능은 고정된 것인가? 지능은 향상될 수 있는 것인가? 이와 같이 뇌에 대한 기본적인 질문들에 대한 이해를 하기 위하여 뇌과학을 살펴본다.

8.1.1 지능과 뇌

(1) 지능 : 머리가 좋다는 것은 무엇이 좋다는 뜻인가?

우리는 머리가 좋은 사람은 암기력이 뛰어나다고 생각하는 경향이 있다. 과거에는 많은 시험들이 주로 암기식 문제들로 출제되었다. 암기력이 좋으면 머리의 다른 능력들도 좋을 가능성이 크다. 그러나 전혀 그렇지 않을 수도 있다. 실례로 자폐증[1] 환자들의 암기력은 매우 뛰어

1 자폐증(自閉症): 사회적, 신체적, 언어적으로 이해 능력을 저하시키는 신경발달 장애.

나지만 다른 기능들은 그렇지 않은 경우가 있다. 그러므로 머리가 좋다는 것은 암기력이 아니라 지능이 높다는 것을 의미한다.

지능을 정의하면 다음과 같이 다양하다.

- 정보처리 능력이다.
- 추상적 사상을 다루는 능력이다.
- 합리적으로 사고하고 문제를 해결하는 능력이다.
- 목적 있게 행동하고 합리적으로 사고하며 환경을 효과적으로 다루는 능력이다.

인간의 삶은 문제를 계속 만나고 해결해가는 과정의 연속이다. 문제를 해결하려면 추론, 계획, 추상화, 이해, 학습과 같은 능력이 필요한데 이들은 모두 두뇌에서 마음이 수행하는 일이다. 마음이 수행하는 능력을 지능이라고 한다.

지능은 앞에서와 같이 여러 가지로 정의할 수 있다. 레위스 터먼(Terman)[2]은 지능을 '추상적 사상을 다루는 능력'이라고 정의하였다. 컴퓨터 과학에서는 지능을 정보처리 능력이라고 한다. 로버트 스턴버그(Sternberg)[3]는 지능을 분석력, 통찰력, 대응력 등 세 가지 능력으로 구분한다<표 8.1>. 스턴버그는 성인이 될수록 상황을 판단하고 무엇을 할 것인지 결정하는 대응력이 중요하다고 생각한다. 대응력은 실제적이고 현실적인 능력이다.

〈표 8.1〉 스턴버그의 세 가지 지능

종류	내역
분석력	정보의 내용을 단순한 요소로 나누어 이해하는 능력
통찰력	기존의 정보를 새로운 정보와 비교하고 경합하는 능력
대응력	환경에 대처하는 능력

2 Lewis Madison Terman(1877~1956): 미국의 심리학자. 스탠퍼드대학 교수. 스탠퍼드-비네 지능검사법 제작.

3 Robert Jeffrey Sternberg(1949~): 미국 심리학자. 예일대학 교수. 사랑의 삼각형 이론가.

■ 다중지능

1970년대까지의 초기 이론가들은 지능을 하나의 요인으로 인식하고 지능 검사와 요인 등을 중심으로 연구하였다. 그러나 지능이 단순하지 않고 다양한 능력의 지능들이 있다고 생각하는 연구자들이 나타났다. 인간의 지능은 문화 의존적이고 상황 의존적이라는 것이다. 예를 들어 수렵시대에는 신체의 민첩성과 이동 능력이 중요했고, 농경사회에서는 자연을 잘 이해하고 적응하는 능력이 중요했으며, 현대사회에서는 언어, 논리수학 능력이 더 중요하게 인식되었다. 그 시대에 필요한 것을 잘하는 사람이 높은 지능을 가진 것으로 평가된다는 이론이다.

하워드 가드너(Gardner)[4]는 지능을 <표 8.2>와 같이 언어, 논리수학, 음악, 시각공간, 신체운동, 자연탐구, 대인관계, 자기성찰 지능 등 여덟 가지로 구분된다고 주장하였다. 가드너는 지능을 문화권에서 가치가 있다고 인정되는 문제를 해결하고 산출물을 생성하는 능력이라고 보았다. 이들 각 지능은 고유한 생물학적인 기반과 상이한 발달 과정 그리고 각기 다른 전문성과 능력을 가진다고 한다. 이들 각각의 기본적인 잠재력을 성숙한 단계로 끌어올리기 위해서는 오랜 교육기간이 필요하다고 한다. 다중지능 이론은 기존 IQ 중심의 지능이론에서 벗어나 다양성과 문화와의 상호작용을 강조함으로써 두뇌의 영역을 넓혔다. 개인마다 가질 수 있는 다양한 지능 중에서 강점과 약점을 파악하여 개인의 가능성을 폭넓게 인식하는 큰 변화

〈표 8.2〉 가드너의 다중 지능

종류	내역
언어	언어 사용 능력
논리수학	논리적 사고력과 수리 능력
음악	음악을 듣고 구사할 수 있는 능력
시각공간	공간을 지각하고 구성할 수 있는 능력
신체운동	몸을 제어하고 운동을 하는 능력
자연탐구	자연을 관찰하고 파악할 수 있는 능력
대인관계	다른 사람들과 좋은 관계를 유지하는 능력
자기성찰	인간의 내면적인 문제를 잘 관리하는 능력

4 Howard Gardner(1943~): 미국 발달심리학자. 하버드대학 교수. 한국을 포함하여 26개 대학으로부터 명예박사.

를 제공하였다

우리가 운동 연습을 열심히 하는 것은 단순히 손과 발을 연습하는 것보다 뇌를 연습하는 것으로 본다. 의식하지 않아도 자동적으로 동작이 정확하게 돌아가는 것은 머릿속에 정확한 신경회로가 만들어졌기 때문이다. 실제로 양궁 선수들은 상상력을 발휘해서 마음으로 활을 쏘고 골프 선수들은 상상으로 공을 홀에 넣는 것이 큰 도움이 된다. 손가락을 잃어도 피아노를 계속 칠 수 있지만 뇌를 다치면 열 손가락이 멀쩡해도 피아노를 칠 수 없다고 한다.

T·I·P　가드너의 8대 다중 지능

언어 지능(linguistic)

말이나 글을 사용하고 표현하는 능력과 외국어를 습득하는 능력이다. 시, 소설 등 문학 작품을 창작할 수 있다.

논리수학 지능(logic mathematics)

숫자, 기호, 상징 등을 습득하고 논리적이고 추상적인 사고를 하는 능력이다. 수학과 논리 문제를 해결한다.

음악 지능(musical)

화성, 음계와 같은 음악적 요소와 여러 가지 소리를 듣고 표현하며 악기를 연주하는 능력이다.

시각공간 지능(visual spatial)

그림이나 지도, 입체물 등 공간과 관련된 상징을 인식하는 능력이다. 새로운 물리적 공간에서 방향과 거리와 지형지물을 잘 파악한다. 주로 시각적으로 주변 환경을 파악하는 능력이다.

신체운동 지능(bodily kinesthetic)

신체를 자유롭고 능숙하게 사용할 수 있는 능력이다. 신체의 균형 감각과 섬세한 움직임, 운동이나 무용을 잘 할 수 있는 능력이다.

자연탐구 지능(naturalist)

자연 환경에 관심이 많고 자연을 잘 이해하고 상호작용하고 파악하는 능력이다. 동식물 채집과 분류를 잘 한다.

대인관계 지능(interpersonal)

다른 사람들의 기분, 생각, 감정 태도 등을 잘 이해하고 다른 사람들의 입장에서 생각하는 능력이다. 결과적으로 다른 사람들을 잘 파악하고 좋은 인간관계를 맺을 수 있다.

자기성찰 지능(intrapersonal)

삶의 의미와 희로애락 등 인간의 내면적이고 실존적인 문제를 잘 이해하고 관리한다. 자신의 능력을 최대로 발휘할 수 있는 능력이다.

(2) 뇌의 기본 동작 : 뇌는 기본적으로 어떤 일을 하는가?

뇌가 하는 일은 외부에서 정보를 수집하고 처리하여 외부로 다시 내보내는 일이다. 여기서 말하는 외부란 몸의 바깥뿐만 아니라 뇌의 바깥이므로 몸 안의 내장들도 포함된다. 배가 고프다든가 어디가 아프다든가 하는 것은 몸 안의 정보지만 뇌에서 보면 모두 뇌 바깥에 있는 일이다. 위장에서 배가 고프다는 정보가 오면 음식을 먹기 위해 몸을 이동하는 것도 모두 뇌가 정보를 접수하여 처리한 결과이다.

뇌는 기본적으로 두 가지 형태의 일을 수행한다.

- 몸 안에서 요구하는 것을 해결하기 위하여 운동한다.
- 외부 환경에 대응하기 위하여 운동한다.

첫째, 배가 고프면 배가 고프다는 정보가 뇌에 전달되고 뇌는 음식을 먹어야겠다는 판단을 하고 음식을 먹기 위한 행동을 시작한다. 뇌는 음식을 얻기 위한 동작을 하기 위해 거리를 계산하고 몸을 움직이는 일을 해야 한다.

둘째, 외부에서 포식자가 나타나면 뇌는 포식자를 피하기 위해 이동해야 한다. 뇌는 몸 안에서 요구하는 정보와 외부 환경에서 오는 정보를 종합하여 처리하는 정보처리 기관이다.

(3) 공포와 불안 : 뇌가 공포를 느끼는 이유는 무엇인가?

호랑이를 한 번도 본적이 없는 멧돼지도 호랑이 털의 냄새를 맡거나 호랑이 울음소리만 들어도 공포에 떤다. 고양이를 본적이 없는 생쥐도 고양이털만 봐도 공포에 떤다. 도시의 아이들이 처음 보는 뱀을 보고 무서워서 도망치는 이유는 무엇인가? 들에서 뱀을 보는 순간 뱀이라는 정보가 뇌의 시각 영역으로 올라가는 동시에 편도체로 정보가 들어가 즉시 공포반응을 일으킨다. 만약에 같은 상황에서 공포를 느끼지 않는 멧돼지나 생쥐나 사람이 있다면 어떻게 될까? 모두 잡아먹혀서 유전자를 남기지 못할 것이다.

(4) 통증과 기쁨 : 없어진 다리의 통증을 느낄 수 있는가?

교통사고를 당한 환자들에 의하면 이미 수술하여 없어진 다리의 통증이 심하다고 한다. 없는 다리에 대한 통증이 가능한 일일까? 통증을 느끼는 것은 다리에 있는 신경세포가 다리의 상태를 두뇌에 전달하였기 때문에 두뇌의 체감각피질의 다리 부분이 활성화된 것을 의미한다. 체감각 피질이 활성화되면 두뇌의 통증반응과 관련된 부분이 활성화되어 통증을 느끼는 것이다. 따라서 다리가 이미 없어져도 두뇌에 기억되어있는 다리 정보가 통증 반응부분을 활성화하면 통증을 느낄 수 있다.

어떤 의사는 환자를 바라보고 있으면 환자의 통증 부위와 동일한 자신의 신체 부위가 아파서 환자를 진찰할 수 있다고 한다. 이런 능력이 있는 사람은 그 환자의 환부를 마음으로 치료할 수 있다고 한다. 아기가 아프면 엄마가 고통을 함께 느끼는데 이런 고통을 동감고통이라고 한다.

8.1.2 뇌와 정체성

뇌는 식물에는 없고 동물에만 존재한다. 그것도 고등 동물에만 존재한다. 왜 그럴까? 뇌가 구체적으로 무엇인지 생물학적인 존재 측면에서 살펴보기로 한다.

(1) 나의 정체성 : 나는 무엇인가? 뇌인가? 몸인가? 정신인가?

사람은 누구나 자신이 무엇인지 또는 누구인지 존재에 관한 생각을 한다. 우리 몸의 팔다리와 여러 가지 장기들은 다른 것과 바꾸어도 '나'인 것이 분명하므로 팔, 다리, 장기들은 분명히 고유한 내가 아니다. 그러나 머리를 바꾸면 뇌가 바뀌는 것이고 내가 바뀌는 것이므로 뇌가 '나'라고 할 수 있다.

몸과 뇌라고 하는 말은 몸과 뇌를 분리할 수 있다는 의미이다. 그러나 과연 몸과 뇌를 분리할 수 있을까? 팔과 다리 그리고 신장과 같은 장기들은 분리가 가능하지만 뇌와 몸을 분리하는 것은 불가능하다. 뇌가 몸에서 분리되는 순간 뇌와 몸의 의미가 사라진다고 보기 때문이다. 뇌는 신경계의 한 부분이며 신경계는 온 몸에 걸쳐서 분포하면서 하나의 시스템으로 움직이고 있기 때문에 뇌를 분리하여 교체한다는 것은 불가능한 일이다.

(2) 신체의 정체성 : 뇌란 무엇일까?

뇌는 신경세포(neuron)들의 집합이므로 신경계(nerve system)라고 한다. 신경이 최초로 나타난 동물은 강장동물로 해파리에서 신경그물을 볼 수 있다.

신경그물은 신경세포들이 몸체의 각 부분에 배치되어 그물처럼 연결되어 있는 통신선로이다. 신경그물에 연결되어 있는 세포들은 한꺼번에 팽창하고 수축하기 쉽도록 구성되어 있다. 신경그물이 없었을 때는 아메바와 같이 헛발을 내밀어서 세포들이 천천히 이동하는 수준이었다. 신경그물로 인하여 다세포동물이 조직적으로 움직이기 시작하였다. 신경그물에는 중앙에서 관리하는 별도의 신경세포가 없다. 신경은 [그림 8.1]과 같이 강장동물에서 처음 출현하여 척추동물로 진화하면서 복잡한 신경계를 구축하였다.

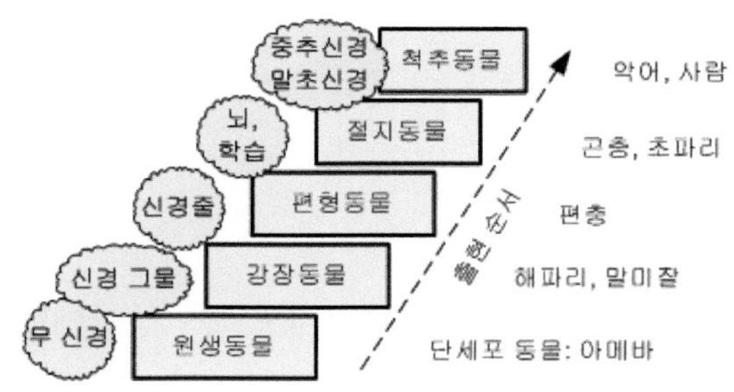

[그림 8.1] 신경계의 출현

편형동물의 몸은 좌우 대칭이므로 방향성이 있어서 강장동물보다 복잡한 운동을 한다. 정보의 양이 많아지므로 신경그물을 더 많이 연결하여 신경줄을 만든다. 신경줄이 있는 편형동물에는 머리 부분에 정보를 처리하는 뇌가 있다. 척추동물은 앞뒤좌우 모든 방향으로 움직일 수 있어서 행동이 더욱 복잡하게 되어 정보의 양이 훨씬 많아져서 신경줄이 척수로 대폭 확장되고 뇌의 크기가 더 커진다.

뇌는 온몸에 있는 신경세포들로부터 정보를 받아서 처리하는 신경계의 중심이다.

(3) 뇌의 고정성 : 뇌는 고정 불변하는가?

얼마 전까지 뉴런은 소멸되기만 할 뿐 새로 만들어지지 않는다고 알고 있었다. 그러나 최근 해마(기억을 관리)와 뇌실(뇌척수액을 생산하는 공간) 주변에서 새로운 뉴런의 탄생이 목격되었다. 뉴런과 시냅스로 이루어지는 뇌신경계는 고정 불변하는 것이 아니라 스스로 변화하고 교체된다. 이런 성질을 뇌의 가소성[5]이라고 한다. 뇌의 가장 큰 특성은 가소성에서 나오는 유연함이다. 뇌는 스스로 변화하면서 새로운 세포를 생산하고 새로운 환경에 잘 적응하는 기관이다. 뇌는 인류에게 무한한 가능성을 제공하고 있다.

(4) 뇌와 컴퓨터 : 뇌는 컴퓨터와 어떻게 다른가?

뇌와 컴퓨터가 하는 일이 정보처리라는 점에서 비슷하지만 구성 면에서 상당한 차이가 있다. 컴퓨터는 하드웨어와 소프트웨어가 완벽하게 분리되지만 뇌에서는 분리되지 않는다. 컴퓨터는 동일한 하드웨어에서 소프트웨어를 바꾸어 실행하면 전혀 다른 일을 한다. 뇌에서는 소프트웨어가 만들어지면서 회로를 새로 구성한다. 뇌에 새로운 정보를 입력하여 소프트웨어를 만드는 것이 바로 새로운 회로를 만드는 것이기 때문에 하드웨어와 소프트웨어는 분리되지 않는다. 뇌의 하드웨어에 소프트웨어가 포함되어 있다. 뇌의 신경세포는 정보처리 과정에서 다른 신경세포들과 연결하여 새로운 회로를 만들어 나간다.

(5) 뇌와 생물 : 식물과 동물은 무엇이 다른가?

식물에는 뇌가 없는데 동물에는 있는 이유는 무엇일까? 식물과 동물의 차이를 살펴보면 해답이 나올 것 같다. 식물과 동물의 차이는 먹이를 자체 생산할 수 있는지와 신경의 존재 여부에 있다. 식물은 엽록소를 이용하여 탄소동화작용[6]을 함으로써 에너지(유기탄소화합물)를 자체에서 생산하고 있다. 동물의 세포에는 엽록소가 없기 때문에 다른 생물을 잡아먹어야 살 수 있다. 초식 동물은 식물을 먹어서 에너지를 해결하고 육식 동물은 다른 동물을 먹어서 해결한다.

동물은 먹이를 먹기 위하여 먹이 쪽으로 이동해야 하고, 약한 동물은 포식자를 피하기 위해서 이동해야 한다. 동물은 번식하려면 배우자를 만나야 하고 만나려면 이동해야 한다. 이동하지 못하면 생존할 수 없으므로 살기 위하여 신경계를 만들었다. 동물은 효과적으로 신체와 신경계를 제어하기 위하여 뇌를 만들고 계속 발전시켰다.

---

5 가소성(可塑性, plasticity): 외력에 의해 변형된 물체가 외력이 없어져도 원래의 형태로 돌아오지 않는 물체의 성질. 탄성 한계를 넘는 힘이 작용할 때 나타남.

6 탄소동화작용(carbon dioxide assimilation): 녹색 식물과 일부 세균이 햇빛 에너지를 흡수하여 이산화탄소(CO_2)와 물을 탄수화물로 만들면서 산소(O_2)를 배출하는 작용. 일명 광합성.

8.2 뇌의 발생

뇌는 발생 과정에서 뇌의 구조를 만들어 가기 때문에 뇌의 발생은 뇌를 이해하는데 많은 도움이 된다.'생물의 개체발생은 계통발생을 거듭한다'는 주장이 있다.

개체발생이란 수정란이 세포분화 과정 등을 거쳐 성체와 같은 형태를 가진 개체로 성장하는 일이고, 계통발생이란 생물이 진화해온 과정을 의미하는 것으로 하인리히 헤켈(Haeckel)[7]이 주장한 이론이다. 계통발생이란 개체가 발생하는 과정이 그 조상이 복잡한 체제를 가진 생물체로 진화하여 온 모습을 다시 연출하면서 발생한다는 이론이다. 예를 들어 고등 동물인 원숭이가 태어날 때는 원시 다세포 동물에서 어류, 양서류, 파충류, 포유류의 과정을 거치면서 영장류로 태어난다는 것이다.

생물의 발생 과정을 살펴보면 뇌의 발생 과정도 확인할 수 있다. 동물에서 뇌가 나타나는 것은 좌우대칭 형태가 시작되는 편형동물부터이다. 좌우대칭은 앞뒤가 구별되고 방향성을 부여하기 때문에 뇌가 좀 더 복잡한 운동을 해야 한다. 학습이 가능한 뇌가 나타나는 것은 지렁이와 거머리로 대표되는 환형동물부터이다.

곤충과 같은 절지동물에 이르면 뇌가 뚜렷하게 발달한 것을 볼 수 있다. 초파리는 동물 실험에서 학습, 수면, 의식 작용을 할 수 있을 정도로 뇌가 발달한다. 척추동물에 이르면 뇌의 구

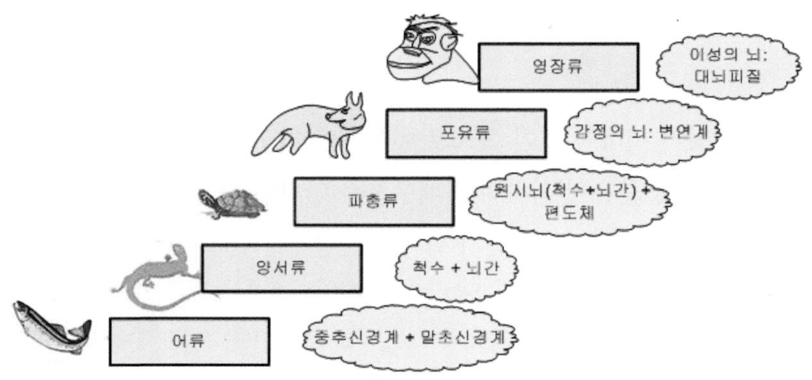

[그림 8.2] 척추동물 뇌의 진화

7 Ernst Heinrich Haeckel(1834~1919): 독일의 생물학자, 철학자. '개체 발생은 계통 발생을 거듭 한다'는 생물발생법칙을 발견.

조에 큰 변화가 생기고 크기가 대폭 커지는 것을 볼 수 있다.

(1) 척추동물의 뇌

척추동물은 어류로 시작하여 양서류, 파충류, 조류, 포유류로 진화하면서 [그림 8.2]와 같이 뇌도 함께 진화한다. 척추동물의 뇌는 구조가 크게 바뀌어 중추신경계와 말초신경계로 구분된다. 중추신경계는 뇌와 척수로 구성되고 말초신경계는 중추신경계와 신체 각 부분을 연결하는 신경들이다. 척수(spinal cord)는 두뇌와 말초신경계를 연결하는 신경다발이다.

어류의 뇌는 가늘고 길게 생겼는데 어류가 양서류로 진화하면서 척수는 크게 변화하지 않고 척수 위의 두뇌가 조금 커진다. 양서류가 파충류로 진화하면서 뇌간(brain stem)이 발달한다. 뇌간은 동물의 생명을 유지하는데 필수적인 기능을 수행하여 '생명의 뇌'라고 한다. 예를 들어 숨쉬기, 피돌기, 소화하기 등은 동물이 의식하지 않아도 생존을 위하여 자동적으로 처리된다. 척수와 뇌간을 합하여 원시뇌라고 하는데 뇌간은 어류에서 포유류로 진화하는 동안 거의 변함이 없다.

파충류에서 포유류로 진화하면 뇌간 위에 변연계(limbic system)라는 대뇌가 발달한다. 변연계는 감정과 기억을 주로 다루는 기관이다. 생존에 위협적인 천적이 나타나면 감정을 흥분시켜서 공포를 조성하고 이런 사실을 해마를 통하여 두뇌에 저장한다. 따라서 감정의 편도체와 기억의 해마는 기능적으로 관련된 일을 하고 있다.

개구리나 도롱뇽과 같은 양서류[8]를 손위에 올려놓으면 체온에 아무런 변화가 없으나 도마뱀을 손위에 올려놓으면 도마뱀의 체온이 올라간다. 이것은 도마뱀이 파충류[9]로서 편도체가 있어 감정적 흥분(emotional fever)을 하기 때문이다. 편도체는 동물이 위험을 만나면 공포심을 야기하게 하여 빨리 도망가는 생존전략을 제공하는 변연계의 한 기관이다. 위험으로부터 공포를 야기하게 하는 편도체는 위험한 정보를 잘 활용하기 위하여 기억을 관장하는 해마와 연결되어 있다.

---

8 양서류(amphibian): 어릴 때는 아가미로 호흡하면서 물에서 살고 성장하면 허파와 피부로 호흡하면서 육지에서 사는 척추동물.

9 파충류(reptile): 양서류가 발전한 척추동물로서 포유류와 조류의 모체. 피부가 각질로 덮여 있어서 물이 빠져나가지 않아 건조지대에서 생존 가능.

포유류에서 영장류로 진화하면서 대뇌의 발달이 폭발적으로 이루어진다. 대뇌피질이 특히 발달하는데 두뇌의 뼈에 막혀서 크기가 더 커질 수 없으므로 대뇌피질에 주름을 잡아서 면적을 확장한다. 가장 최근에 진화한 대뇌피질의 표면을 신피질 이라고 한다. 동물이 생존하는 데는 뇌간만 있어도 되는데 크기가 더 큰 변연계가 추가되어 감정을 처리하고 그 위에 크기가 더 큰 대뇌피질이 추가되어 이성적인 사고를 하고 논리적으로 판단하는 능력이 배가된다.

(2) 인간 뇌의 발생

뇌의 발생 과정을 살펴보면 뇌의 구조를 이해하는데 도움이 된다. 정자와 난자가 수정하여 만들어진 수정란은 세포분열을 계속하여 포배[10]를 형성하고 생장하여 복잡한 형태의 낭배[11]를 만든다. 발생 13일째에 낭배는 다시 외배엽, 중배엽, 내배엽을 만들고 계속 분화와 생장을 계속한다. 외배엽은 장차 피부, 손톱, 발톱 등과 신경계를 만들고, 중배엽은 근육, 골격, 혈액, 생식기관을 만들며, 내배엽은 소화기관과 간, 이자 등을 만든다.

수정된 지 3개월째 태아의 뇌에는 소뇌와 시상이 상당히 커지고 4개월째는 연수와 교뇌가 보이면서 전반적으로 성인의 뇌 형태를 갖추게 된다. 뇌의 발생 순서를 정리하면 처음에 척수가 만들어지고 다음에 뇌간, 소뇌, 대뇌의 순서로 만들어진다.

수정란 → 포배 → 낭배 → (외배엽, 중배엽, 내배엽) → 신경관 → 척수 →
뇌간(연수 → 뇌교) → 소뇌 → 대뇌(변연계 → 신피질)

척수는 척추동물이 출현한 약 5억 년 전에 신경 줄들이 척추 뼈 안에 모여서 생성되었다. 개체 발생 시에는 발생 18일 만에 생성되기 시작하는데 중추신경 다발로 구성된다.

뇌간은 파충류의 뇌라고 하는데 5억 년 전 이후에 척수에서 발생하여 계속 팽창하여 진화해 왔다. 뇌간은 약 200g의 무게로 생명을 유지하는 일을 한다. 대뇌, 소뇌, 뇌간이 살고 죽는 것에 따라서 다음과 같이 식물인간과 뇌사 상태로 구분된다. 뇌간이 죽으면 스스로 호흡을 할

10 포배(胞胚): 동물의 수정란이 세포분열을 계속하여 안쪽에 빈 공간이 생기는 배의 형태.

11 낭배(囊胚): 동물 발생 시 포배기 다음에 나타나는 주머니 모양의 배(胚, embryo).

수 없으므로 인공호흡기가 필요하다.

① 식물인간 : 대뇌와 소뇌가 죽고 뇌간이 살았을 때
② 뇌사 : 대뇌, 소뇌, 뇌간이 모두 죽었을 때

소뇌가 생성되기 시작한 것은 약 4억 년 전이며 개체발생 5주가 지나면 후뇌에서 생성되기 시작한다. 소뇌는 대뇌의 약 10%에 해당한다. 소뇌는 몸의 평형을 유지하는 중추이며 조건반사와 감각기관을 관리한다.

대뇌는 전체 뇌의 90%에 해당하며 변연계와 대뇌피질로 구성된다. 구피질이라고 하는 변연계는 약 2~3억 년 전에 발생되어 진화하고 있다. 본능적인 정서 기능을 담당한다. 대뇌피질은 영장류가 출현한 1,000만 년 전에 생성되었다. 대뇌피질은 이성적인 사고와 의지를 담당한다.

사람의 두뇌는 [그림 8.3]과 같이 발생 순서로 보면 뇌간, 소뇌, 대뇌의 세 부분으로 구성되어 있다. 대뇌와 소뇌는 인간의 의식적인 활동을 지배하고 뇌간은 호흡과 심장 박동과 같은 무의식적인 활동을 지배한다. 뇌간은 뇌에서 대뇌와 소뇌를 뺀 나머지 부분이다. 대뇌는 사고하고 판단하는 일을 하고 소뇌는 운동하는 일을 맡는다. 변연계는 감정과 기억을 관장하는 대뇌의 한 부분이다. 시상은 정보를 전달하는 중계소 역할을 수행하고 시상하부는 식욕, 갈증, 체온 등의 조절을 맡는다.

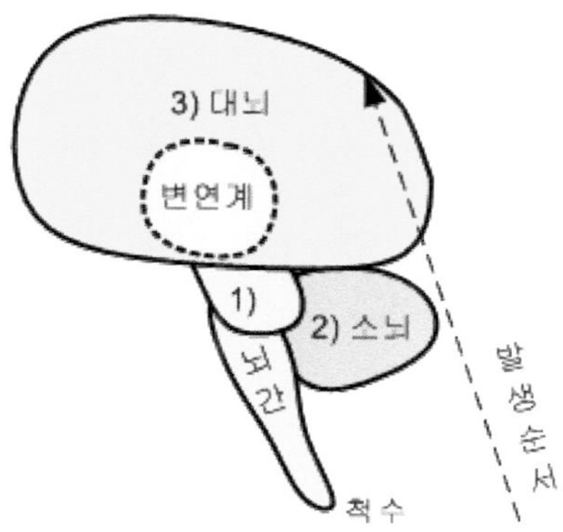

[그림 8.3] 뇌의 발생순서와 구조

아기가 태어나서 울고 웃고 하는 것은 변연계가 동작하기 때문이다. 아기가 가족들을 잘 알아보지 못하는 것은 아직 변연계의 해마가 발달하지 못해서이고, 아기가 일어서지 못하는 것은 소뇌가 발달하지 못해서다. 아기의 뇌 기능이 정상적으로 동작하는 것은 태어나서 18개월이 지나야 된다. 이때부터 걷기도 하고 말도 배우기 시작한다. 다른 동물들은 태어나자마자 뛰어다니는데 사람은 아기 때 왜 누워서 잠만 자는 것일까?

척추동물에서 척추 뼈 안에 척수가 생성되어 신경 신호를 전달하는 것은 [그림 8.4]와 같이 인간이 가상기계로 만들어졌다는 것을 의미한다. 척추동물의 신경계 특징은 다음과 같다.

① 근육이 밖으로 나오고 뼈가 안으로 들어가다.
② 신경계가 뼈 안에 갇혀 있다.

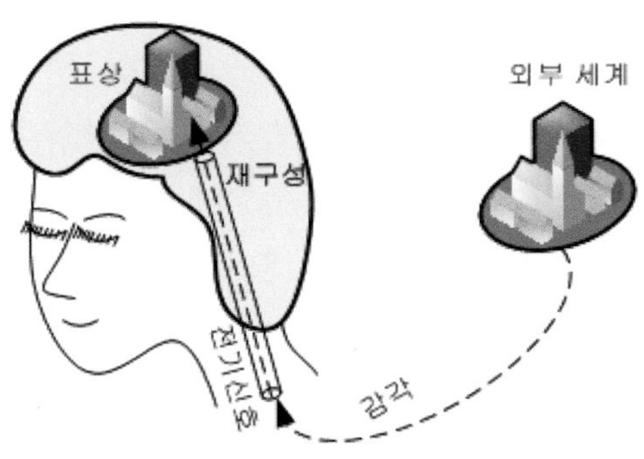

[그림 8.4] 인간은 뼈에 갇힌 가상기계

8.3 뇌의 구조와 기능

뇌의 발생 과정을 보면 진화 과정과 발생 순서에 따라 생성된 구조와 함께 각 부분의 기능과 서로의 관계 등을 알 수 있다.

8.3.1 뇌의 구조

뇌의 구조를 이해하기 위하여 [그림 8.5]의 아래 부분부터 살펴보기로 한다. 척추에 있는 척수로부터 연수가 연결된다. 연수와 뇌교를 합하여 생명의 중추인 뇌간이라고 한다. 뇌교 위에 중뇌가 있고, 중뇌 위에 간뇌가 있다. 간뇌는 대뇌와 소뇌 사이에 위치한다. 간뇌는 시상과 시상하부로 구분되며 자율신경계를 조절하는 중추이다. 간뇌 옆에 해마가 있어서 기억을 관장하고 해마 위에 편도체가 있어서 공포와 불안을 관리한다. 해마, 편도체 등을 합하여 변연계라고 한다. 변연계 위에 대뇌피질이 있어서 이성적인 사고를 하게 한다. 대뇌피질은 구역으로 나뉘어 일을 분담하고 있는데 앞부분이 전두엽이고, 뒷부분이 후두엽, 윗부분이 두정엽, 옆 부분이 측두엽이다. 각 엽들의 기능은 다시 설명하기로 한다.

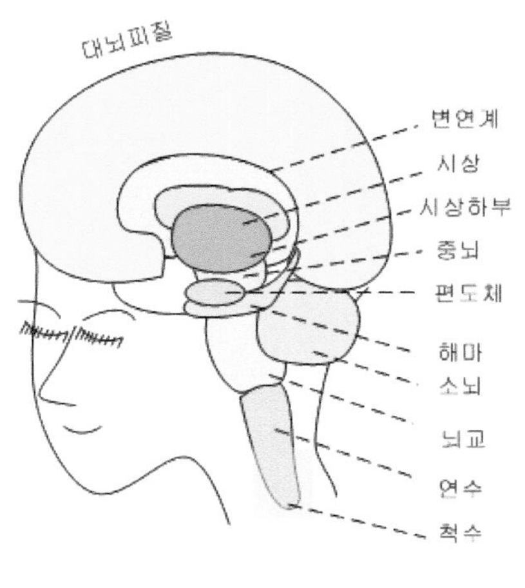

[그림 8.5] 뇌의 구조

[그림 8.6]은 뇌의 구조에 대한 이해를 돕기 위하여 정면에서 본 그림이다. 뇌의 각 기관들의 기능을 <표 8.3>에서 간단하게 설명하기로 한다.

척수는 두뇌와 말초신경계 사이에서 자극을 감각 신호로 전달하는 통로이며 긴급한 자극에 대한 반사운동을 관리한다. 척수만 있는 하등동물은 자극에 대해 반복적인 반사활동만 한다.

두뇌는 [그림 8.6]에서 보는 바와 같이 두 개의 좌우반구로 나뉘어 있으며 대뇌피질로 구성되어 있다. 대뇌피질(celebrum cortex)은 대뇌 표면의 회백질로 고등동물일수록 주름이 많다. 감각 입력을 처리하며 운동을 출력하고 중요한 정보는 기억으로 저장한다. 면적은 2,200cm^{2}이고 1/3은 표면에, 2/3는 고랑에 분포되어 있다.

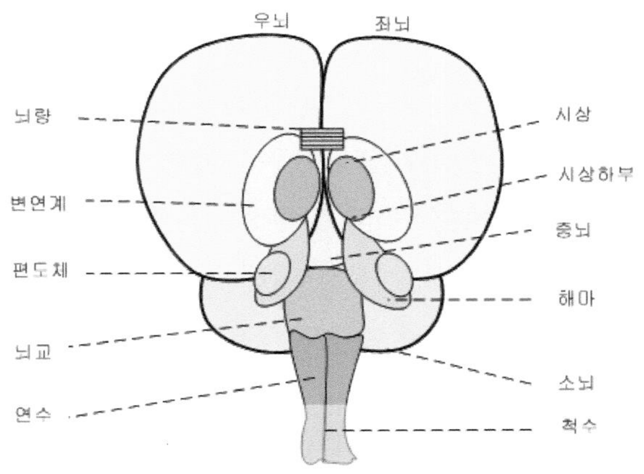

[그림 8.6] 뇌의 정면

대뇌 무게의 40%로 100에서 150억 개의 뉴런이 분포되어 있다.

〈표 8.3〉 두뇌 각 기관의 명세

구분	이름		기능
대뇌	좌반구		논리, 언어, 분석, 귀납적, 이성적, 능동적, 공격적 능력
	우반구		직관, 공간, 비언어, 연역적, 감성적, 수동적, 방어적 능력
	뇌량		좌반구와 우반구를 연결하는 통로
변연계	해마		경험을 학습하고 장단기 기억 관리
	편도체		공포, 불안, 기쁨, 싫어함 등을 관리, 부정적인 정서의 기억과정 관리
	간뇌	시상	대뇌피질과 뇌간 사이의 정보를 전달
		시상하부	불수의근 조절. 호르몬 조절.
	중뇌		안구 운동과 홍채 수축과 이완을 조절
소뇌	소뇌		신체의 평형감각과 근육 운동을 조절
뇌간	뇌교		연수와 합하여 생명의 중추신경 역할
	연수		호흡, 심장박동, 소화기관의 운동 등을 조절
척수	척수		두뇌와 말초신경계를 연결하는 통로 (두뇌와 말초신경계를 연결)

대뇌피질은 신피질과 변연피질로 구분되는데 신피질은 고등동물에서 발달하여 대뇌 표면을 덮고 있으며 변연피질을 대뇌변연계(또는 변연계)라고 한다. 대뇌변연계는 대뇌 반구 안쪽과 아래쪽에 위치하며 구피질로 구성되어 있다. 변연계는 시상, 시상하부, 해마, 편도체 등을 포함하며 주로 식욕, 성욕, 마시기, 수면, 공포, 불안, 즐거움 등의 본능적인 감각과 정서를 관장한다.

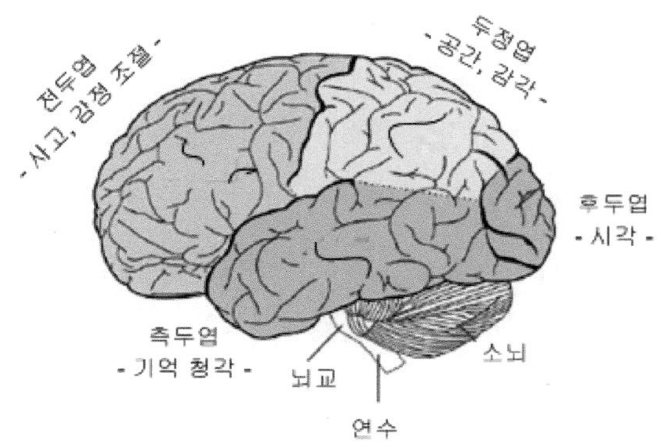

[그림 8.7] 대뇌피질의 기능

두뇌 반구는 상당부분 중복 역할을 수행한다. 두 개의 반구 중에서 우세한 뇌가 언어능력과 많이 사용하는 손을 결정한다. 이런 이유로 인하여 오른손잡이와 왼손잡이가 있는데 왼손잡이는 전체의 7~10%라고 한다. 두뇌 반구는 옆에서 보면 [그림 8.7]과 같이 앞부분의 전두엽, 윗부분의 두정엽, 뒷부분의 후두엽, 옆 부분의 측두엽으로 나뉘어 일을 담당한다. 전두엽은 사고와 감정과 운동을 담당하고, 두정엽은 공간을 인지하고 감각 정보를 조절하며 측두엽은 기억을 유지하고 청각 정보를 처리하고, 후두엽은 시각 정보를 처리한다.

8.3.2 뇌의 기능

뇌의 기능은 감각, 운동, 기억 세 개의 영역으로 나눌 수 있다. 동물은 생존에 필요한 것이 모두 외부에 있으므로 외부 정보를 감각 기관을 통하여 파악하고 필요한 것을 가져오기 위해 운동을 해야 한다. 동물이 효과적으로 생존하기 위해서는 감각과 운동 과정에서 얻은 중요한 정보들을 다음에 활용하기 위하여 저장해야 한다.

대뇌피질이 하는 일은 영역별로 구분되어 있다. 전두엽은 정보를 비교하고 예측하고 판단하는 등의 지능적인 일을 하면서 근육 운동을 명령한다. 두정엽은 신체의 감각을 감지하고 공간 지각을 인식하며 종합적으로 운동 명령을 지시한다.

측두엽은 청각과 기억을 담당하며 사람의 얼굴을 기억하는 일을 한다. 후두엽은 주로 시각에 관한 일을 한다.

대뇌피질의 일을 성격별로 구분하면 감각 영역, 연합 영역, 운동 영역으로 구분된다. 신체의 각 부분의 수용체로부터 감각 신호가 접수되면 이를 감각 영역에서 처리하고, 하나의 감각만으로 판단할 수 없으므로 연합영역에서 종합한 다음에 행동 여부를 판단하여 운동 영역을 통하여 운동을 하게 하는 역할을 수행한다.

대뇌피질은 [그림 8.8]과 같이 감각 영역별로 구분되어 있다. 시각 정보는 후두엽의 시각 영역으로, 청각 정보는 측두엽의 청각 영역으로, 후각 정보는 측두엽의 후각 영역으로, 피부의 체감각 정보는 체감각 영역으로 전달되어 전두엽에서 종합적으로 판단하고 운동 영역

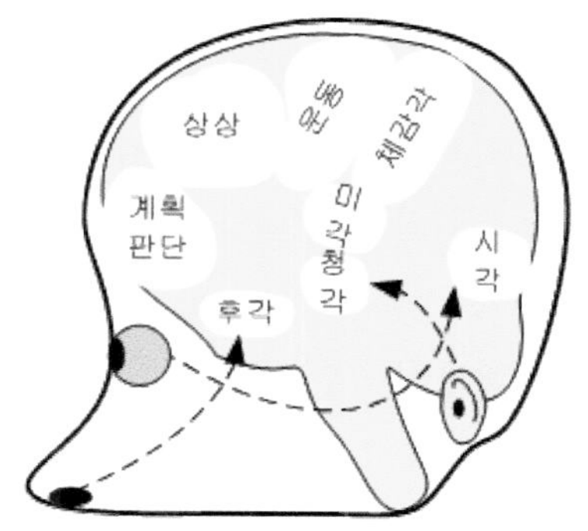

[그림 8.8] 뇌의 영역별 기능

을 통하여 행동에 옮긴다.

변연계는 종족의 유지 본능과 관련된 식욕, 성욕, 수면욕, 체온 유지 등의 일을 한다. 생존하기 위하여 불안과 공포를 야기하고 생존에 중요한 정보를 기억하는 일을 한다. 생존에 도움이 되는 일을 보상하기 위한 수단으로 도파민[12]과 같은 물질을 분비하여 즐거움을 제공한다.

8.4 의식의 흐름

동물은 생존하기 위하여 운동하는 과정에서 정보를 처리한다. 정보처리 능력이 우수할수록 생존능력이 우수할 것이다. 인간은 마음을 통해 정보처리 능력이 고도화된다. 루돌프 이나스(Llinas)[13]에 의하면 마음이란 '자기 자각을 포함해 감각운동 이미지가 발생하는 전역적인 뇌 기능 상태'라고 한다. 감각 운동 이미지란 행동을 일으키는 상태를 만들어내는 모든 감각 입력이다. 마음이 효과적으로 동작하려면 기억을 유지하고 관리하는 능력이 필요하다. 기억 과정과 함께 의식 과정을 살펴보기로 한다.

8.4.1 기억과 상기

동물이 생존하기 위해서는 기억력이 필수적이다. 기억에는 <표 8.4>와 같이 감각기억, 단기기억, 장기기억 등이 있다. 감각기억은 일시적으로 정보를 통합, 처리, 삭제, 재생하는 기능이 있다. 경험을 수초 동안 의식 속에 유지하는데 단어를 7개 내외로 기억하는 정도이다.

〈표 8.4〉 기간별 기억의 종류

기억종류	기 간	용 량	장 소	내 역
감각기억	수 초	단어 7개 정도	감각 영역	일시적. 확인하면 단기기억으로
단기기억	수 일	단어 7개 이상	해마	작업 기억. 확인하면 장기기억
장기기억	수개월 이상	무제한	측두엽 등	

12 dopamine: 호르몬의 일종. 뉴런의 신경전달 물질로 작용. 뇌신경세포 흥분 역할.

13 Rodolfo R. Llinas(1934~): 콜럼비아 출신. 호주국립대학 박사. 뉴욕대학 의대 교수.'꿈꾸는 기계의 진화'저자.

감각기억은 확인하지 않으면 18초 후에 소멸되지만 확인하면 단기기억으로 저장된다. 단기기억은 음향에 영향을 크게 받으므로 운율에 따라서 소리 내어 기억하면 효과적이다. 단기기억은 생각하는 일(작업) 을 할 때 사용하므로 작업 기억이라고도 한다.

단기기억은 며칠 동안 유지되는 기억인데 소멸되기 전에 다시 확인하면 장기기억으로 저장된다. 장기기억은 수개월 이상 유지되는 기억이다. 용량도 무제한이다. 장기기억은 해마와 편도체의 내부, 간뇌의 핵, 전뇌 기저부 등 여러 곳에 분산되어 저장된다. 장기기억은 다음과 같은 요령을 이용하면 효과적으로 상기할 수 있다.

- 감정과 관련된 기억
- 서로 관련된 정보를 조직화할 때
- 기억할 때와 저장할 때의 상황이 비슷할 때
- 반복적이고 지속적으로 학습할 때

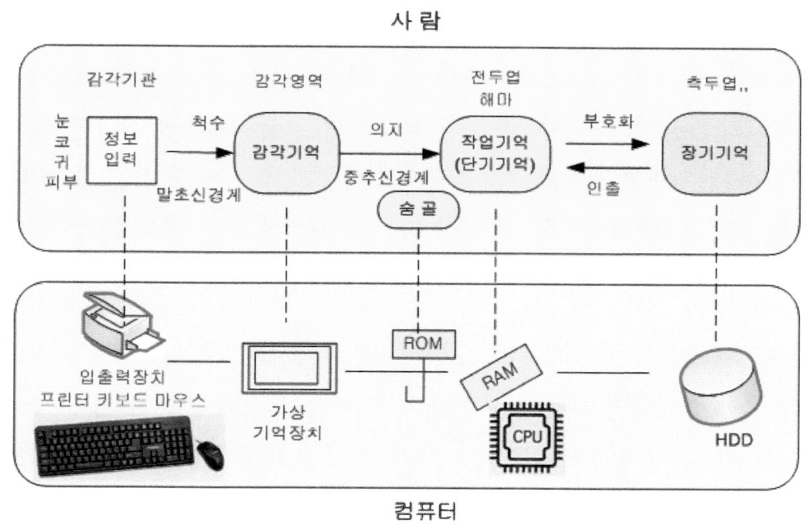

[그림 8.9] 기억장치의 기능

[그림 8.9]와 같이 사람과 컴퓨터의 정보처리 방법은 비슷하다. 컴퓨터에서 정보를 처리하기 위해서는 자료가 입력 장치를 통하여 주기억장치(RAM[14])에 적재되어야 하고, 주기억장치의 내용이 순차적으로 중앙연산처리장치(CPU)에 적재되면서 연산이 실행되고, 연산 결과

는 다시 주기억장치에 일시적으로 저장된다. 이것은 외부 정보가 사람의 감각기관을 통하여 입력되면 이들 정보를 처리하기 위해서 전두엽으로 이동하여 처리하고 처리 결과를 운동 영역에 일시적으로 저장하는 것과 유사하다.

뇌의 감각기억 영역은 컴퓨터의 가상기억장치와 비슷한 방식으로 운영된다.

외부의 정보를 두뇌의 감각 영역(시각 영역, 청각 영역, 후각 영역 등)에 일시적으로 보관하는 이유는 컴퓨터에 입력된 정보를 가상기억장치(VM[15])에 일시적으로 저장하는 것과 같이 신속한 처리를 위해서 두뇌의 일부분을 감각기관별로 할당하여 사용하기 때문이다.

CPU의 연산 결과는 주기억장치를 거쳐 출력장치를 통하여 출력된다. 이것은 전두엽에서 처리한 정보의 결과를 가지고 운동 영역을 통하여 손과 발 등의 근육을 움직이게 하는 것과 같다. 다시 사용할 필요가 있는 정보는 단기적으로는 해마에 저장하고 장기적으로는 측두엽 등에 나뉘어 저장한다. 이것은 장기적으로 저장할 자료를 하드디스크(HDD)에 저장하는 것과 같다.

8.4.2 의식의 흐름

마음을 뇌과학 용어로 의식이라고 한다. 의식은 동물이 운동하기 위하여 정보를 처리하는 상태이다. 동물은 세 가지 일을 해야 생존이 가능하다. 첫째 먹이를 찾아야 하고, 둘째 포식자를 피해야 하고, 셋째 이성을 만나야 하는데 이것은 모두 이동(운동)을 함으로써 가능하다. 식물의 생존활동이 탄소동화작용이라면 동물의 생존활동은 동적인 운동이다.

의식이란 뇌가 운동을 하기 위하여 감각기관을 통하여 정보를 전달받고 기존 기억을 활용하면서 근육에게 운동을 명령하는 상태이다. 뇌는 감각과 운동과 기억 사이에서 판단 기능이 필요한데 하등동물일수록 이 기능이 적어지고 고등동물일수록 커진다. 판단 기능이 동작하는 것을 의식 상태라 하고, 동작하지 않는 상태를 의식이 없는 상태라고 한다. 예를 들어 강장동물은 신경계는 있으나 판단 기능이 없는 상태지만 영장류의 신경계는 추론 등의 사고가

---

14 RAM(random access memory): 읽기와 쓰기를 모두 실행할 수 있는 휘발성 기억장치.

15 VM(virtual memory): 주기억장치의 용량 부족을 해결하기 위하여 보조기억장치의 한 부분에 정보를 저장해두는 특별 영역.

가능한 상태이다. 정보의 입력에서 판단과 운동을 거쳐서 환류하는 전체 과정을 우리는 의식이라고 부른다.

의식에는 감정, 상징, 언어가 포함되며 생각은 언어로 진행된다. 뇌의 활동에서 언어가 아닌 부분은 무의식이다. 뇌 활동의 5%만 의식되고 95%는 무의식 상태이다. 낮 동안에 하는 일의 대부분은 무의식적인 운동이다. 동일한 자극이 계속되면 우리는 습관대로 의식하지 않고 자동적으로 처리하지만 자극이 바뀌는 순간에는 의식이 돌아온다.

의식을 설명하는 대표적인 표현들을 정리하면 다음과 같다.

- 신경계가 운동을 하기 위하여 신경세포들이 40Hz로 함께 진동하는 상태
- 신경계가 정보를 처리하는 일련의 과정
- 신경계가 언어로 외부와 내부 세계를 반영하는 상태

이상과 같은 표현들을 살펴볼 때 의식은 운동과 밀접한 관련이 있으며 신경계가 운동을 하는 상태라고 정의할 수 있다.

[그림 8.10]과 같이 내부 감각은 몸 안에서 유발되어 뇌간을 통하여 뇌에 전달된다. 외부 감각은 외부 정보가 시상에 전달되어 변연계에서 내부 감각과 만나게 되고 전두엽에서 절충하여 판단을 내리고 운동을 명령한다. 의식은 1차 의식과 고차 의식으로 구분된다.

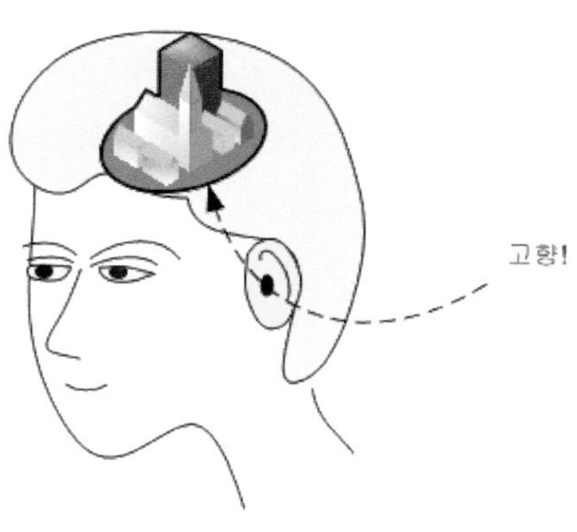

[그림 8.10] 1차 의식

(1) 1차 의식

1차 의식은 외부에서 실시간으로 입력되는 정보와 기존의 기억들이 양방향으로 연결되는 상태이다. 예를 들어 '고향'이라는 말을 들으면 [그림 8.10]처럼 어릴 때 살던 마을의 풍경이 떠오른다. 1차 의식은 언어가 생성되기 전에 형성되는 의식이다. 예를 들어 포유류 동물이 갖고 있는 수준의 의식이다. 1차 의식은 장면들이 연속적으로 흐르지 않고 하나의 장면만 떠오른다. 예를 들어 쥐를 쫓던 고양이는 쥐가 구멍으로 사라지면 이동했다가 돌아와도 그 사실

을 기억하지 못한다.

1차 의식의 결과가 중요한 정보라면 해마에 저장되어 나중에 활용된다. 1차 의식은 외부 환경을 감각 입력 신호로 받아들여 하나의 인과로 연결된 장면을 구성할 수 있는 능력이다. 1차 의식이 가능하기 위한 조건은 다음과 같다.

① 시상-피질의 발달

시상은 외부의 감각 정보를 대뇌피질에 전달하는 중계소이며 전전두엽은 사고하고 판단하는 신피질이다. 시상은 외부의 신호를 신속하게 중계하여 신피질에서 처리할 수 있도록 해야 한다. 시상이 발달되어야 외부 정보를 신속하게 신피질에 전달할 수 있고 신피질이 발달되어야 계획, 추론, 판단 등을 신속하게 수행할 수 있다.

② 뇌간-변연계의 발달

뇌간은 동물의 본능적인 욕구를 유발하는 기관이며 변연계는 감정을 관리하는 기관이다. 뇌간은 내부 정보를 전달하고 변연계는 생존 관련 정보인 내부 신호처리를 관장하면서 중요한 정보는 해마를 통하여 기억으로 저장한다.

이런 기억을 가치-범주 기억이라고 한다. 가치-범주 기억이란 내부에서 요구되는 정보와 외부에서 필요한 정보를 절충하여 기억으로 저장한 것을 의미한다. 뇌간의 가치를 충족시켜주면 변연계는 도파민으로 쾌감을 제공하고 충족시키지 못하면 불안을 야기한다.

③ 시상-피질계와 뇌간-변연계의 연결

시상-피질계는 외부 정보를 처리하는 신경계의 일부이고 뇌간-변연계는 내부 정보를 처리하는 신경계의 일부이다. 두 신경계가 만나서 절충해야 자신의 욕구를 외부에서 해결할 수 있고 외부의 위험을 내부적으로 대응할 수 있다.
뇌간-변연계는 쾌락계라고 하며 이를 충족시켜야 생존할 수 있다. 시상-피질계는 쾌락계의 요구를 충족시키기 위하여 운동하는 체계로서 쾌락계가 생성된 다음에 진화되었다. 시상-피질계는 절제 의지를 통하여 쾌락계를 조절한다.

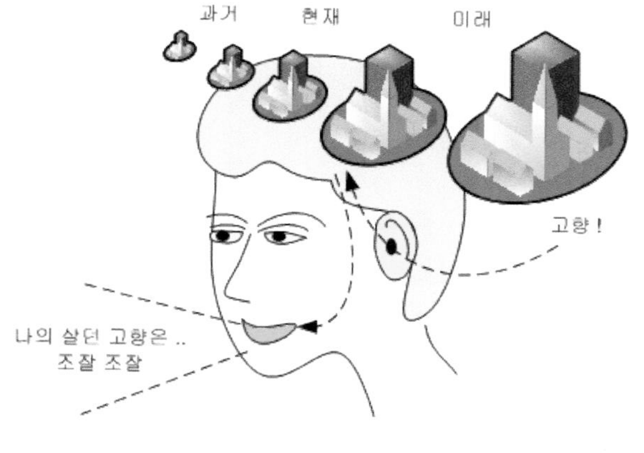

[그림 8.11] 고차 의식

(2) 고차 의식

1차 의식만 가진 동물들은 현재 진행 중인 장면과 지각 활동을 연결시키지 못한다. 쥐를 쫓는 고양이는 현재 상태만 인식하고 먹이를 추적한다. 사람이 쥐를 쫓는다면 종합적으로 상황을 그려보고 예측함으로써 생각을 복합적으로 수행한다.

과거와 현재, 미래를 연결하는 장면들을 여러 가지 측면에서 추론을 해보고 판단을 한다. 동물들은 현재 기억된 장면만을 가지고 매 순간 행동을 결정한다.

사람은 현재 상황은 하나지만 과거의 여러 기억들을 상기하여 미래와 연결함으로써 장면들의 흐름을 만들어내고 지우기를 반복하여 가장 효과적인 장면을 추론하고 판단하여 행동으로 옮긴다. 여기에 언어가 추가된 것이 바로 고차 의식이다.

1차 의식이 하나의 장면이라면 고차 의식은 [그림 8.11]과 같이 장면의 흐름이다. 장면들이 연속적으로 흐르면서 가장 효과적인 결과들을 예측하고 행동한다. 고차 의식은 과거 기억의 장면을 떠올리고 미래를 예상하여 여러 가지 장면의 흐름을 만들어보고 언어를 이용하여 최종적으로 판단한다. 인간의 가장 뛰어난 능력이 있다면 상상력이며 상상력은 경험에 비추어 내일을 예측하는 기능이다. 고차 의식은 인간을 만물의 영장으로 만들어준 최고의 기관이다. 의식의 흐름은 과거와 현재와 미래를 연결하는 사고의 원동력이다.

〈표 8.5〉 1차 의식과 고차 의식

구분	1차 의식	고차 의식
장면	1개	스트림
시간	현재	과거 현재 미래의 연결
언어	없음	사용
구성	뇌간-변연계와 시상-피질계의 연결	좌동 + 신피질과 언어 영역의 추가 연결
기능	현재 상태에서 판단	계획, 추론, 판단 등

고차 의식이란 말이 가능한 상태로 의사소통을 할 수 있는 상태이다. 고차 의식은 [그림 8.11] 및 <표 8.5>과 같이 언어를 매개로 여러 장면들이 인과적으로 연결되어 장면의 흐름을 생성하는 것이다. 언어를 사용하기 위하여 대뇌피질은 두 개의 언어 영역을 사용한다. 브로카 영역은 언어를 구사하는 발음을 만드는 운동 영역이다. 베르니케 영역은 언어를 이해하고 분석하는 영역이다. 두 개의 언어 영역들이 연합하여 전전두엽의 판단 기능에 활용되는 것이 고차 의식이다.

(3) 의식의 갈등

뇌는 항상 뇌간의 욕구와 신피질의 이성 사이에서 갈등한다. 이 갈등을 잘 해결하지 못하면 죽음에 이를 수도 있다. 뇌간은 3.7억 년 전에 파충류에서 완성되었다고 해서 파충류의 뇌 또는 원시의 뇌라고 한다. 변연계는 2억 년 전에 포유류에서 완성되어 감정을 지배하므로 감정의 뇌 또는 포유류의 뇌라고 한다. 신피질은 500만 년 전에 고급 영장류에서 발달하여 이성을 지배하므로 이성의 뇌 또는 영장류의 뇌라고 한다. 뇌간과 변연계를 합하여 동물의 뇌라고 하며 무의식적으로 동물적 본능을 추구한다. 영장류의 뇌는 의식적으로 이성을 추구한다.

인간은 무의식적으로 본능을 추구하지만 의식적으로는 이상을 추구한다. 정신분석학으로 보면 뇌간-변연계는 원초아(id)에 해당하고 신피질계는 초자아(superego)에 해당하며 의식 상태의 자아(ego)는 둘 사이의 경쟁 속에서 갈등을 겪는다.

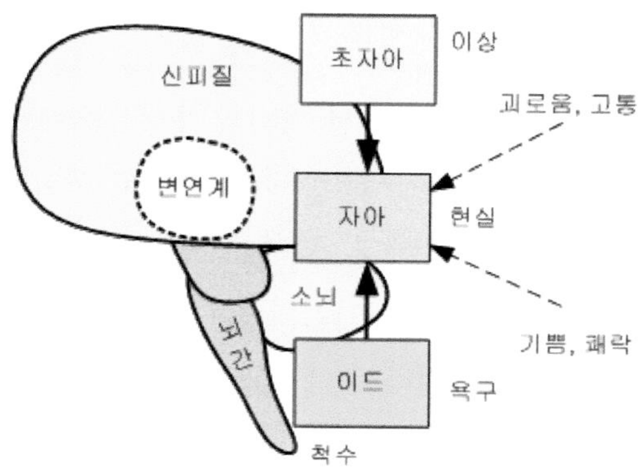

[그림 8.12] 두뇌의 갈등

〈표 8.6〉 뇌와 정신분석

구분	속칭과 내역	갈등	정신분석
뇌간	파충류의 뇌 : 생존 추구	욕구 분출	리비도 원초아
변연계	포유류의 뇌 : 본능, 감정 추구	절충	
대뇌피질	영장류의 뇌 : 이상 추구	욕구 억압	자아
			초자아

뇌간-변연계의 원초아는 공격성, 잔인성 등 각종 욕망을 채우려고 하며 초자아는 이상을 실현하기 위하여 노력한다. [그림 8.12] 및 <표 8.6>과 같이 의식적인 자아는 현실 문제를 해결해야 하기 때문에 욕망과 이상 사이에서 조화를 이루려고 갈등을 겪는다. 그러나 자아가 문제를 잘 해결하면 도파민[16]이라는 보상이 주어져서 기쁨을 만끽할 수 있다.

(4) 의식과 소프트웨어

신경계의 의식과 컴퓨터 프로그램은 유사한 점이 많다. 컴퓨터의 입력, 출력, 저장은 각각 신경계의 감각, 운동, 기억과 대응되며 컴퓨터에서 정보를 처리하는 프로그램을 신경계에서는 의식 또는 마음이라고 한다. 두뇌가 운동 결과를 감각계로 환류(feedback)하는 것은 컴퓨터에서 CPU가

16 dopamine: 신경전달물질. 화학식 C_8H11NO_2

제어장치를 통하여 입·출력 장치들과 정보를 주고받는 과정과 대비된다.

사람은 감각기관으로부터 자극을 받아서 두뇌의 해당 감각영역에 기억하고 전두엽이 관련된 정보를 단기기억이나 장기기억에서 찾아서 비교하고 적절한 조치를 내리면 해당 운동영역에 전달되어 연합 뉴런을 통하여 해당 근육에 전달되고 근육에서 운동이 실행된다. 근육의 운동 결과는 다시 감각기관에 의하여 입력되고 필요하면 다시 운동 명령을 내린다. 자신의 실행 결과에 따라서 스스로 재조정하는 기능을 환류(feedback)라고 한다. 이상과 같이 정보가 입력되어 처리되고 운동이 일어나는 두뇌에서의 신경세포들의 처리동작을 의식이라고 한다.

컴퓨터의 정보처리 작업도 두뇌와 유사한 방법으로 진행된다. 컴퓨터의 입력장치와 출력장치는 CPU에 비하여 속도가 느리기 때문에 입력정보와 출력정보를 임시로 가상메모리에 저장하면서 프로그램을 실행한다. 컴퓨터의 실행결과를 출력한 후에 결과에 따라서 다시 작업을 재조정하는 환류작업을 실행한다. 컴퓨터에서 실행되는 소프트웨어(프로그램)는 사람의 의식과 유사한 방식과 과정을 거쳐서 처리된다.

신경계의 두뇌와 컴퓨터가 다른 점이 있다면 컴퓨터는 하드웨어가 고정되어 있으므로 소프트웨어 프로그램을 교체하여 실행시키면 전혀 다른 일을 할 수 있다. 프로그램은 하드웨어 위에 떠있는 상태와 같다. 그러나 인간의 의식은 두뇌에 저장될 때 단순하게 신경세포에 저장되는 것이 아니라 신경세포의 시냅스들을 새롭게 연결하면서 새로운 신경 회로(하드웨어)를 만들어 나간다는 점이 다르다. 컴퓨터 프로그램은 자신을 실행시키고 있는 하드웨어를 변경하거나 만들지 못한다.

8.5 의식 조절 물질

사람이 머리가 좋다는 것은 두뇌 신경계가 잘 동작한다는 뜻이다. 신경계가 잘 동작한다는 것은 한 신경세포의 신경전달물질이 다른 신경세포로 잘 전달되는 것이다. 뇌를 비롯한 신경계가 수행하는 기본 동작은 신경 세포에서 다른 신경 세포로 정보를 전달하는 일이며, 신경세포가 정보를 전달하는 것은 신경세포 사이에 신경전달물질을 이동하는 것이다. 우리가 물질세계와 정신세계를 둘로 나누어 생각하는데 사실상 정신세계도 신경전달물질이 있어야 가능하기 때문에 정신세계도 물질세계에 속한다고 볼 수 있다.

8.5.1 생각을 출현시킨 신경전달물질

한 개의 신경세포는 수많은 다른 신경세포와 연결되어 정보를 주고받는다. 20세기 초까지는 신경세포와 신경세포 사이에는 세포질이 서로 전깃줄처럼 연결되어 정보를 전달하는 것으로 생각하였다. 그러나 현미경으로 관찰한 결과 신경세포 사이에는 일정한 간격이 있다는 사실이 밝혀졌다. 세포 사이의 간격을 넘어서 정보가 전달되기 위해서는 어떤 매개물질이 필요하다는 추론이 제시되었다. 오토 뢰비[17] 박사는 1921년에 미주신경[18]을 연구하는 과정에서 아세틸콜린(acetylcholine)이라는 신경전달물질의 존재를 처음으로 밝혔고 이 공로로 노벨상을 받았다.

특정 분야의 신경전달물질이 잘 발생되면 그 분야의 머리가 좋다고 할 수 있고 그렇지 않으면 그 분야의 머리가 나쁘다고 할 수 있다. 따라서 신경전달물질의 종류와 기능을 잘 이해하

〈표 8.7〉 신경전달물질의 종류

성분 분류	신경전달물질	기능
아미노산류	아세틸콜린	인지, 학습, 기억 등 지적인 활동에 관여
	GABA	억제성 물질, 불안장애, 항우울, 혈압 강하 등
	글루타메이트	흥분성 물질. 과다하면 신경독소로 작용
	글라이신	억제성 물질. 경련 유발, 에너지 생산
아민류	도파민	보상체계, 의욕체계, 운동, 쾌락과 관계
	아드레날린	혈압 상승, 대사촉진, 당 분해 촉진
	노르아드레날린	혈압 상승, 대사촉진, 당 분해 촉진
	세로토닌	수면과 각성에 관여, 불안감, 식욕 및 정서에 관여
	히스타민	알레르기와 염증에 관여, 심혈관과 체온 조절
펩타이드류	엔돌핀	진통제 기능과 사랑의 감정에 관여
	옥시토신	기억과 감정에 관여. 여성의 성 기능에 관여

17 Otto Loewi(1873~1961): 독일 출생의 미국 약리학자. 1936년에 노벨 의학상 수상.

18 미주신경: 10번째 뇌신경. 연수 바깥쪽에서 나와 경부, 흉부 및 복부내장 등에 분포하는 신경.

는 것은 곧 뇌의 활동을 이해하는 것이다.

(1) 신경전달물질의 종류

신경전달물질은 수십 종류가 발견되었으며 크게 아미노산류[19], 아민류[20], 펩타이드류[21] 등의 세 가지로 분류한다. 아미노산류에는 아세틸콜린, GABA, 글루타메이트, 글라이신, 아스파라진산 등이 있고 모노아민(monoamine)류에는 도파민, 아드레날린(에피네프린), 노르아드레날린, 세로토닌, 히스타민 등이 있고 펩타이드류에는 엔돌핀, 옥시토신 등이 있다. 이 중에서 대표적인 신경전달물질들의 역할과 기능을 살펴본다. <표 8.7>에 대표적인 신경전달물질의 종류와 기능이 기술되어 있다.

지금까지 발견된 신경전달물질은 수백 가지가 넘는다고 하지만 그 기능이 자세히 밝혀진 것은 수십 개에 지나지 않는다. 지금까지 밝혀진 종류와 기능만으로도 우리는 인간의 정신이 육체와 긴밀하게 연결되어 움직이고 있다고 믿게 되었다. 점차 심신이원론에서 심신일원론으로 비중이 옮겨가고 있다.

(2) 신경전달물질의 전달 과정

신경전달물질은 [그림 8.13]과 같이 보통 때는 신경세포 축색돌기의 소포체[22]에 저장되어 있다. 신경정보가 전기적 신호로 축색돌기의 말단부로 전파되어 오면 소포체가 신경세포막과 결합한 후 터져서 신경전달물질이 시냅스 간격에 방출된다. 신경전달물질은 시냅스를 거쳐서 다른 신경세포의 수용체[23]로 전달된다. 수용체는 신경전달물질을 모두 수용하지 않고 자신에게 적합한 물질만 선택적으로 받아들인다.

---

19 아미노산(amino acid): 아미노기(-NH_2)와 산성인 카르복실기(-COOH)를 모두 가지고 있는 화합물. 대표적인 양성 전해질로서 단백질을 구성하는 중요 성분이다.

20 아민(amine): 암모니아의 수소원자를 탄화수소기로 치환한 형태의 화합물.

21 펩타이드(peptide): 아미노산의 카르복실기(-COOH)와 다른 아미노산의 아미노기(-NH_2)가 탈수해서 결합한 화합물.

22 소포체(小胞體): 진핵세포에서 단백질, 스테로이드 등을 합성하는 세포 안의 소기관.

23 수용체(receptor): 세포 안에서 세포 외의 물질 등을 신호로 하여 선택적으로 수용하는 물질.

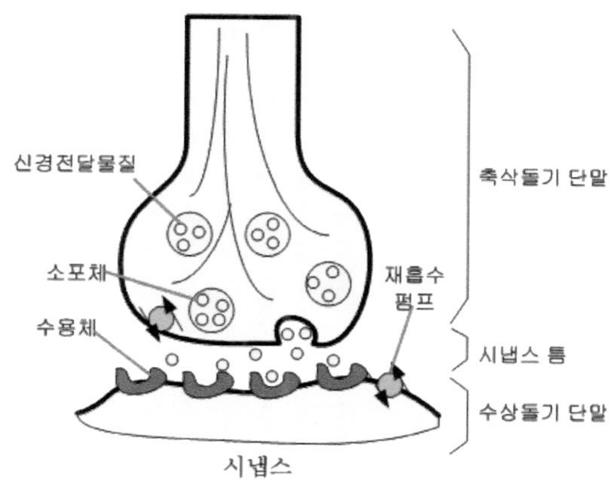

[그림 8.13] 신경전달물질의 이동 과정

신경전달물질이라고 하는 열쇠가 수용체라고 하는 자물쇠를 만나서 적합하면 수용체의 대문이 열려 정보가 전달되고, 적합하지 않으면 전달되지 않는다. 각각의 신경전달물질들은 각자 특유의 수용체 분자하고만 결합하여 특정정보를 전달하므로 사람마다 사고 능력이 다를 수 있다. 신경전달물질이라는 화학물질과 이 물질을 받아들이는 수용체의 단백질 분자의 특성이 맞아서 상호결합 할 수 있으면 정보를 전달하는 것이다. 이런 방식으로 정보가 전달되어 고도의 정신기능부터 사소한 감정에 이르기까지 인간의 모든 사고와 행동이 결정되는 것이다.

8.5.2 생각을 바꿔주는 호르몬

신경전달물질이 인간에게 생각을 하게 해준다면, 호르몬은 생각을 다르게 하게 할 수도 있다. 신경전달물질이 같은 사람이라도 인위적으로 호르몬의 분비를 바꿔주면 결과적으로 다른 생각을 하게 되고 다른 행동을 하게 된다. 성 호르몬의 분비에 따라서 여성스럽게 성장하기도 하고 남성스럽게 성장하기도 한다. 신경전달물질과 호르몬(hormone)은 둘 다 생체 내의 항상성과 관련 있다. 신경전달물질은 신경세포 사이에서 정보를 전달하는 화학물질로서 운동, 기억, 중독, 정서, 인지 등의 포괄적인 기능을 수행한다. 호르몬은 내분비계로 혈관을 통해 분비되어 표적기관으로 이동하는 화학물질이다. 호르몬의 전달 속도는 느린 반면 효과가 지속되는 시간이 길다. 표적기관은 주로 내장기관이며 영향을 준 결과는 환류(feedback)하여 다시 호르몬의 분비량을 조절하게 된다. 신경전달물질은 신경세포의 축색돌기를 통하여 시냅스로 분비된다. 따라서 속도가 빠르고 효과가 지속되는 시간도 짧다. 신경계를 통해 분비되므로 불연속적이며, 분해하는 화학물질도 따로 존재한다.

(1) 호르몬의 종류

T·I·P 뇌에 영향을 주는 호르몬

바소프레신(vasopressin)

수분을 재흡수하고 체액량을 조절하고 혈압과 혈당을 높인다. 테스토스테론과 함께 남성성을 강화한다. 신장에서 배뇨를 조절한다. 일부일처제의 호르몬으로 한 사람의 배우자에게 헌신하고 자식을 보호하고 방어한다.

멜라토닌(melatonin)

빛의 양을 감지하여 생식활동과 함께 생체 리듬을 조절하고 관리한다. 겨울철에 몸무게가 늘고 잠을 많이 자고 육체 활동을 줄이고 성욕이 감퇴하는 계절정서장애의 원인이 되기도 한다.

뮬러관억제물질(mullerian duct inhibiting substance)

뮬러관[24]에서 분비하는 물질로서 임신 6주부터 남자 아기를 만들기 위하여 남자에게서 여성의 특성과 여성 생식기를 억제하고 제거한다. 남성 생식기와 남자의 뇌 회로를 만드는데 도움을 준다.

테스토스테론(testosterone)

남성 호르몬의 대표로서 남성성이 강한 뇌를 만들어서 지배적이고 공격적인 행동을 한다. 원하는 짝을 찾기 위하여 또는 원하는 목표를 달성하기 위하여 큰 집중력을 발휘한다. 자신감과 용기를 발휘하여 성공하기도 하지만 너무 무뚝뚝하고 난폭해질 수 있다.

에스트로겐(estrogen)

여성 호르몬의 대표로서 여성성이 강한 뇌를 만들어서 부드럽게 공감하는 행동을 한다. 남자의 옥시토신을 자극하여 대화하고 포용하는 자세를 만들게 한다.

대표적인 호르몬으로 성 호르몬과 성장 호르몬이 있다. 성 호르몬은 남자와 여자의 생식선에서 분비되는 것으로 생식기를 발육시키고 그 기능을 유지시키는 역할을 한다. 여성 호르몬 에스트로겐(estrogen)은 여성 생식기를 발육시키고 배란에 관여하여 생식주기를 조절하며 여성성을 강화한다. 남성 호르몬 테스토스테론(testosterone)은 남성의 생식기를 발육시키고

24 뮬러관(mullerian duct): 태생 초기에 여성의 생식기로 발전하기 위한 원시기관. 남성 생식기로 발전하기 위한 원시기관은 볼프관(wolffian duct)이다. 태생 초기의 아기에게는 뮬러관과 볼프관이 모두 다 존재한다. 남성 호르몬이 분비되면 뮬러관을 억제하여 남자를 만들고 분비되지 않으면 볼프관을 억제하여 여자를 만든다.

생식 기능을 유지하고 남성성을 강화한다. 성장 호르몬은 뇌하수체 전엽에서 분비되는 것으로 뼈, 연골 등의 성장과 지방 분해와 단백질 합성을 촉진시키는 물질이다. 성장 호르몬은 깊은 잠이 들었을 때 많이 분비되는 특징이 있으며 시간적으로는 오후 10시에서 새벽 2시 사이에 많이 분비된다. 따라서 성장기에는 규칙적인 습관이 중요하다.

[표 8.8]에서는 뇌에 영향을 주는 호르몬의 종류와 기능, 호르몬이 분비되는 샘을 설명하고 있다. 아세틸콜린, 옥시토신, 바소프레신, 아드레날린 등은 호르몬뿐만 아니라 신경전달물질로도 사용된다. 남성 호르몬과 여성 호르몬은 남성과 여성 모두에게서 분비되지만 성별에 따라서 분비되는 양이 크게 차이난다. 남성이 늙으면 남성 호르몬이 줄어서 여성화되고 여성이 늙으면 여성 호르몬이 줄어서 남성화된다.

〈표 8.8〉 뇌에 영향을 주는 호르몬의 종류

분비샘	호르몬	기 능
뇌하수체	옥시토신	여성 성기능
	바소프레신	신장 기능과 혈압 상승, 남성성 증대
송과샘	멜라토닌	수면과 생활 리듬
부 신	아드레날린	혈류 증가, 혈당 증가, 대사 촉진
정 소	테스토스테론	남성 성징 발달과 남성성 유지
	뮬러관억제물질	여성 생식기 제거 물질
난 소	에스트로겐	여성 성징 발달과 여성성 유지

옥시토신은 남녀가 사랑에 빠질 때 많이 나오며 여자에게 모성애를 일으키게 하고 남자에게 좋은 아빠가 되게 한다. 뿐만 아니라 인간관계에서 미움과 다툼을 확연하게 줄여준다.

(2) 남자의 뇌와 여자의 뇌

남자와 여자가 다르다면 무엇이 다른 것일까? 남자의 행동과 여자의 행동에는 큰 차이가 있는데 그 원인은 무엇일까? 아기들은 남자와 여자 사이에 큰 차이가 없으나 사춘기가 되면 크게 달라지는데 왜 그럴까? 남자들이 이해하지 못하는 여자의 세계가 있고 여자들이 이해하지 못하는 남자의 세계가 있다. 남자와 여자가 서로를 이해할 수 있어야 소통이 될 수 있는데 어떻게 남자와 여자를 잘 이해할 수 있을까? 이런 질문에 대한 답은 바로 뇌에 있다.

남자와 여자는 같은 사람이지만 행동이 너무 다르기 때문에 다른 인종이라는 말이 있다. 그것은 여자의 뇌와 남자의 뇌가 전혀 다르기 때문이다. 여자들은 모여서 사소한 주제로도 한없이 대화를 즐기지만 남자들은 큰 주제가 없으면 말을 많이 하지 않고 지내려 한다. 남자 아이들은 가만히 있지 않고 쉴 새 없이 움직이며 거친 놀이를 즐기지만 여자 아이들은 모여 앉아서 조용하게 논다. 여자 아기들은 사람의 얼굴을 오래 바라보고 아무하고나 눈을 맞추지만 남자 아이들은 다른 상대에게 눈을 자주 돌린다. 남자 아기들은 자동차 같이 움직이는 것을 좋아하지만 여자 아이들은 인형과 같이 예쁘고 정적인 것을 좋아한다. 이 모든 차이는 뇌의 회로가 다르기 때문이다. 뇌의 회로는 인류 역사 400만년 동안 진화되어 온 것이므로 뿌리가 매우 깊다. 남자는 사냥꾼으로 여자는 채집꾼으로 살아온 경험이 온전하게 뇌의 회로에 반영되어 있는 것이다.

T·I·P 동성애와 성전환

동성애

사람은 임신 12주부터 생식기에 차이가 생기기 시작하여 16주가 되면 온전한 생식기 형태를 갖추게 된다. 그런데 이 시기에 xx 염색체를 가진 여자 아기에게 어떤 잘못으로 인하여 남성 호르몬이 분비될 수 있다. 예를 들어 임신 중에 당뇨약, 감기약 등을 잘못 먹어서 호르몬에 이상이 오는 경우가 있었다. 여자 아기에게 남성 호르몬이 잘못 분비되면 남성 생식기가 만들어지고 부모는 남자 아이로 키우게 된다. xy 염색체를 가진 남자 아기에게 어떤 잘못으로 인하여 남성 호르몬이 분비되지 않으면 여성 생식기가 만들어지고 부모는 여자 아이로 키우게 된다. 여기서 성 정체성의 혼란이 야기된다. 생식기는 남성(여성)이지만 유전자가 여성(남성)인 사람은 두뇌에서 여자(남자)라고 생각하므로 여자(남자)로 살려고 한다. 외모는 여성(남성)이지만 마음은 남성(여성)이므로 여성(남성)을 좋아하게 된다.

성전환

사람은 유전자에 의한 심리적인 성이 있으며 생식기에 의한 신체적인 성이 있는데 이들이 서로 다를 수 있다. 뇌 속의 생각과 신체가 일치하지 않는 것이다. 유전자가 남성인 사람은 외관이 여성이어도 여성을 좋아하고, 유전자가 여성인 사람은 외관이 남성이어도 남성을 좋아하게 된다. 이것은 당사자의 잘못이 아니며 당사자의 의지로 해결할 수 없는 문제이다. 이런 사람들이 자신의 성 정체성을 찾으려면 심리적인 성을 따르기 위하여 신체적인 성을 수술을 통하여 바꾸려고 한다. 즉 뇌 속의 생각과 신체의 차이를 해소하기 위하여 성전환 수술을 하는 것이다.

남자와 여자의 성이 구별되는 것은 임신 6주부터이므로 이때부터 남자의 뇌와 여자의 뇌가 달리 성장한다. 부모로부터 xx 염색체를 물려받으면 여자로 성장하고 xy 염색체를 물려받으면 남자로 성장하므로 사람의 성별은 유전자가 결정한다.

그러나 유전자만이 사람의 성을 결정하는 것은 아니다. 호르몬의 작용에 따라서 성별이 영향을 받는다. 사람의 기본형은 여자이기 때문에 아기가 xy 염색체를 가지면 남성 호르몬과 뮬러관 억제물질을 분비해서 여성 생식기를 제거하는 대신에 남성 생식기를 만들고, 아기가 xx 염색체를 가지면 남성 호르몬을 분비하지 않으므로 자연스럽게 여성 생식기를 만든다.

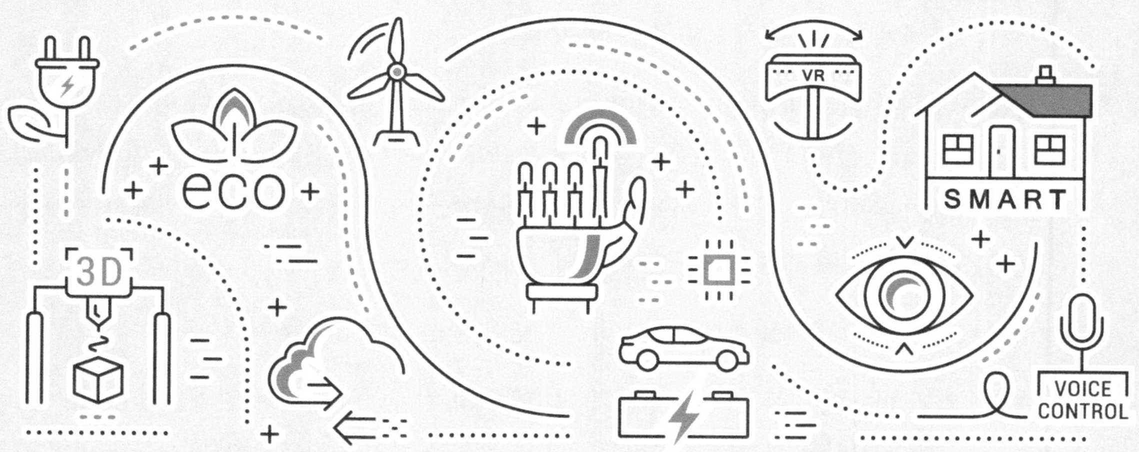

CHAPTER 9
컴퓨터와 융합

9.1 소프트웨어
9.2 컴퓨터의 진화
9.3 신경망 모델
9.4 컴퓨터의 철학적 이해

3차 산업혁명과 4차 산업혁명은 모두 컴퓨터를 기반으로 성장하고 있다. 인간이 원하는 컴퓨터의 목표는 인간처럼 생각하고 행동하는 기계이다. 컴퓨터는 수학과 논리학, 생물학, 전기, 전자공학, 컴퓨터과학 등이 융합하여 계속 진화하고 있다. 그러나 사람처럼 생각하고 행동하는 기계가 되기에는 매우 부족한 상태이다.

사람의 두뇌를 모방한 신경망 모델이 여러 차례 기대와 붐을 몰고 왔으나 아직까지 만족할 수준이 아니다. 그러나 계산 모델의 전통 컴퓨터와 마찬가지로 신경망 모델도 발전하고 있으므로 언젠가는 인간이 원하는 목표를 이룩할 것이다. 산업혁명을 지속하기 위해서는 계산 모델과 신경망 모델이 계속 관련 학문과 융합해야 한다.

컴퓨터가 프로그램으로 정보를 처리하듯 사람은 마음으로 정보를 처리한다.

프로그램과 마음이 모두 언어로 정보를 처리하므로 컴퓨터와 사람은 인과율에 따라 서로 소통할 수 있다. 사람은 보편 문법이라는 공통의 문법을 가지고 자연 언어를 사용하고, 컴퓨터는 기계어 문법을 가지고 프로그램을 실행한다. 인간의 마음과 컴퓨터 프로그램이 서로 소통할 수 있는 이유는 두 언어가 모두 인과적 구조를 기반으로 동작하기 때문이다.

9.1 소프트웨어

인간의 마음은 어디에 있는가? 우리는 마음이 아프다고 하면 가슴과 심장을 생각하게 된다. 기분 좋은 일이 생기면 가슴이 뛴다. 가슴이 뛰는 일은 마음이 행복해지는 것이다. 가슴속에 있는 말을 하면 매우 솔직하다고 생각한다. 마음속에 있는 말은 머릿속에 있는 말과 다를 수 있고 머릿속에서 나온 말은 왠지 조작되었다는 느낌이 든다. 사람들의 마음은 가슴, 즉 심장에서 나오고 정신은 두뇌에서 나온다고 생각한다. 왜 그럴까? 고대 중국인들은 마음이 심장에서 나온다고 생각했기 때문에 한자에서 '心' 자를 마음과 심장의 의미로 표현했다.

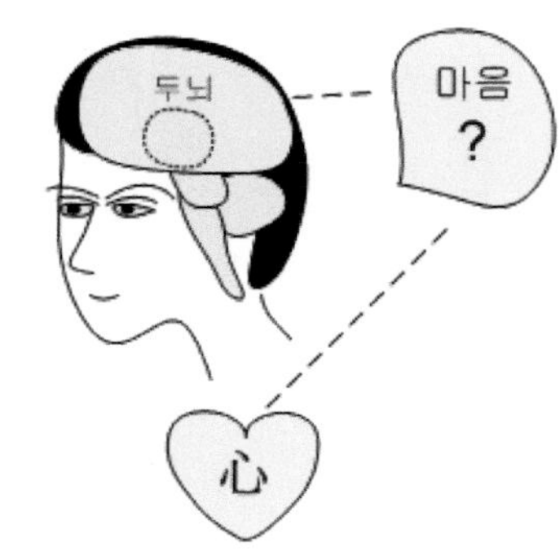

[그림 9.1] 마음: 뇌인가 심장인가?

언어는 심장에서 하는 일인가, 두뇌에서 하는 일인가? 언어가 두뇌에서 하는 일이라면 마음도 두뇌에서 하는 일이다. 우리의 마음은 언어로 생각하기 때문에 심장에서 할 수 있는 일이 아니다. 우리는 언어로 생각하고 언어로 의사소통한다.

우리가 살아있다는 것을 알 수 있는 것은 생각하고 있다는 것을 확인할 수 있기 때문이다.

9.1.1 마음과 컴퓨터

인지심리학자들은 컴퓨터를 유추하여 인간의 마음을 설명하려고 한다. 심리학은 인간의 행동을 결정하는 마음에 관한 학문이기 때문에 마음에 해당하는 소프트웨어를 주목하고 인지심리학을 발전시켰다.

T·I·P 마음과 컴퓨터 프로그램과 인지과학

마음

마음은 기호를 조작하는 과정이다. 마음이 기호체계를 구성하고, 특정 정보를 처리하거나 다른 정보로 전환시키는 과정을 계산이라고 한다. 따라서 정보를 처리하는 절차를 마음이라고 한다.

컴퓨터 프로그램

프로그램은 특정한 일을 수행하는 순서와 방법을 지시하는 컴퓨터 명령어들의 집합이다.
다른 말로 정보를 처리하는 절차를 컴퓨터 언어로 기술한 것이다. 인지 심리학은 인간의 마음을 컴퓨터라고 정의하였다. 여기서 컴퓨터는 소프트웨어이다.

인지과학

인지과학은 인간의 정신과정을 계산으로 간주하고 마음을 설명한다. 이것은 인간의 마음을 규명하는 것이며, 최종적으로는 인간의 행동을 구사하는 알고리즘을 컴퓨터로 구현하는 것이다.
인지과학의 일차적인 목표는 인간의 정신현상을 마음의 표상인 기호와 계산으로 설명하는 것이다.

인지심리학은 지금까지 개발된 심리학 이론 중에서 가장 강력한 이론이다. 인지심리학은 애매한 개념들로 구성된 심리학을 진정한 과학으로 바꾸어 놓았다.

인지심리학의 주요 개념은 다음의 두 가지이다.

- 행동은 마음에 의해 야기된다.
- 인간의 마음은 컴퓨터이다.

인지심리학자들은 인간의 마음을 컴퓨터라고 생각하였다. 여기서 컴퓨터는 하드웨어가 아니라 소프트웨어이다. 컴퓨터의 본질은 컴퓨터를 만드는 재료가 아니라 컴퓨터를 실행시키는 프로그램이기 때문이다. 인지심리학에서는 앨런 튜링의 연구를 매우 중요한 의미로 받아들였고 컴퓨터는 정보를 처리하는 일련의 연산이라고 정의한다. 이들은 앨런 튜링처럼 컴퓨터를 물리적인 기계가 아니고 가능한 기계에 대한 추상적인 설계도라고 생각한다.

인지심리학에서 볼 때 마음은 하나의 소프트웨어이다. 다만 이 소프트웨어는 아주 복잡한 프로그램이다. 인지심리학에서는 이 프로그램을 정보처리 언어로 묘사할 수 있다. 두뇌는 마음이라는 프로그램을 작동시키는 물리적인 기계이다.

두뇌는 하드웨어이고 마음은 소프트웨어이다.

(1) 마음과 소프트웨어

데카르트는 "나는 생각한다. 고로 존재한다"라고 주장하였고, 촘스키는 "언어는 마음의 구조와 성장 그리고 성숙에 대한 연구다"라고 정의했다. 인간의 존재는 마음에 있으며 언어 자체가 마음이라는 앞의 두 개의 문장을 정리하면 인간의 존재 근거는 언어에 있다고 볼 수 있다. 인간 존재의 근거인 언어는 컴퓨터의 언어와 마찬가지로 사고와 정보처리 수단이다. 촘스키에 의하면 모든 인간은 보편 문법을 가지고 언어를 사용하고 컴퓨터는 기계어 문법을 가지고 언어를 사용한다. 정보처리의 근원이 되는 보편 문법과 기계어 문법의 관계를 <표 9.1>과 같이 살펴보기로 한다.

〈표 9.1〉 인간과 컴퓨터의 정보처리

구분	인간	컴퓨터
문법	보편 문법	기계어 문법
언어	한국어, 영어, 중국어,,	C, Java, BASIC,,
정보처리 수단	사고(생각)	프로그램
처리 기반	두뇌	하드웨어(CPU, Memory)

① 보편문법과 기계어 문법

경험론자들은 사람의 머리는 빈 서판(blank slate)과 같아서 경험하는 대로 언어와 지식을 배울 수 있듯이 컴퓨터도 언어를 배울 수 있다고 생각하였다. 촘스키에 의하면 사람은 태어날 때 언어를 습득할 수 있는 능력, 즉 '언어 습득 도구'를 가지고 있다고 한다. 인간의 언어는 간단한 기본적인 구조를 가지고 있으며 이것을 '보편 문법(universal grammar)'이라고 한다. 아기가 말을 배울 때는 아무 것도 없는 상태에서 시작하는 것이 아니다. 아기는 보편 문법을 가지고 있으므로 엄마와 아빠의 말을 듣고 모국어의 언어 규칙을 배울 수 있다.

독일에서 태어난 아기는 독일어를 자꾸 들으면서 독일어 규칙을 머릿속에 정착시킨다. 한국에서 태어난 아기는 한국어를 듣고 한국어 규칙을 머리에 정착시킨다. 어느 나라에서 태어나든지 그 나라 언어를 익힐 수 있는 이유는 모든 사람들이 인류 공통의 보편 문법을 가지고 있기 때문이다.

[그림 9.2](a)와 같이 컴퓨터 하드웨어를 구동하기 위해서는 그 기계를 설계한 기계어로 작성된 프로그램을 실행해야 한다. 예를 들어 IBM PC는 인텔 8080 계열의 CPU를 사용했으므로 이 CPU에 맞는 기계어 문법을 사용해야 한다. 그러나 응용 프로그래머들은 C로 프로그램을 작성하기도 하고 Pascal로 작성하기도 한다. C나 Pascal로 작성된 응용 프로그램들은 모두 인텔 8080 기계어로 변환되어 실행된다. 기계마다 언어가 약간씩 다르기는 하지만 모두 폰노이만 모델을 기반으로 하는 기계어이기 때문에 개념적으로 큰 차이가 없고 구조적으로 동일하다고 볼 수 있다.

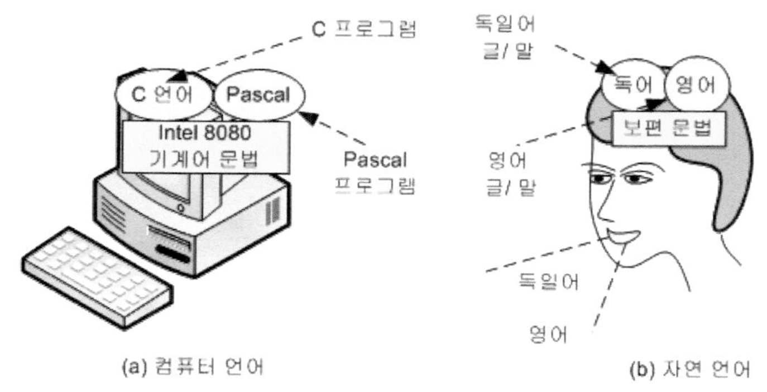

[그림 9.2] 언어와 프로그램의 관계

[그림 9.2](b)와 같이 사람은 태어날 때 신체의 일부에 보편 문법을 지니고 있다. 아기가 독일어를 접하면 독일어 규칙을 배우고 영어를 접하면 영어 규칙을 배운다. 영어나 독일어의 규칙은 모두 보편 문법의 기반 위에서 실행되기 때문에 사람들은 여러 가지 언어를 구사할 수 있다.

② 마음과 소프트웨어의 원리

소프트웨어의 본질은 인과적 구조[1]에 있다. 소프트웨어가 하드웨어에서 실행하는 역할이 바로 인과적인 역할, 즉 원인과 결과의 구조를 연결하는 역할이다.

키보드에 단어를 입력하면 어떤 내적 상태를 생성하고 이것이 다시 처리과정을 야기하고 화면과 인쇄기에 적절한 출력을 반응하게 한다. 마이크로소프트사의 운영체제인 윈도우 시스템은 사건(event)을 기반으로 다른 사건을 야기하는(event-driven) 방식으로 정보를 처리한다.

하나의 소프트웨어가 여러 하드웨어에서 실행될 수 있는 이유는 소프트웨어의 인과적인 구조가 하드웨어의 인과적인 구조에 대응할 수 있기 때문이다.

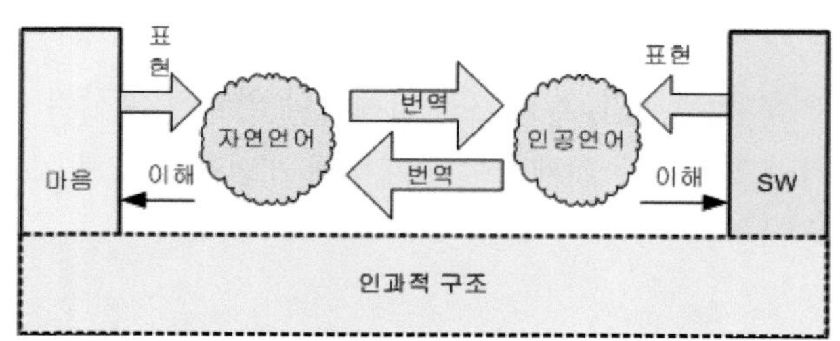

[그림 9.3] 마음과 소프트웨어의 원리

마음과 소프트웨어는 기본적으로 '인과적 구조'라는 측면에서 동일하다고 할 수 있다. [그림 9.3]과 같이 마음과 소프트웨어의 원리가 같기 때문에 마음을 언어로 표현하면 소프트웨어가 이해될 수 있으며 그 반대 방향으로도 가능하다. 마음과 마음이 언어로 소통하듯이 마음과 소프트웨어도 언어로 소통이 가능하므로 사람은 자신의 언어로 프로그램을 작성하여 컴

---

1 인과적 구조(因果的 構造, causal structure): 모든 결과(존재나 사건)에는 그것을 야기한 원인이 있다고 생각하는 사고. 현재 상태를 정확하게 알고 있다면 미래의 모든 상태를 계산할 수 있다는 고전 물리학 결정론(인과율)의 기반.

퓨터를 마음대로 움직일 수 있다.

9.1.2 의식

마음을 과학 용어로 의식(意識, consciousness)이라고 한다. 동물은 운동하기 위하여 신경계를 만들었고 운동을 잘 하기 위하여 의식을 만들었다. 강장동물은 운동하기 위하여 신경그물을 이용하여 몸을 움직이고, 편형동물은 신경줄을 이용하여 보다 신속하게 움직이고, 척추동물은 뇌의 정보처리 능력을 이용하여 상황을 판단하고 신체를 움직인다. 마음은 운동을 잘하기 위한 뇌의 작용이다. 마음은 신체가 감각기관을 통하여 외부의 자극을 접수하고 뇌에서 기존의 기억을 이용하여 필요한 결정을 내리고 근육을 통하여 운동하는 과정이다. 마음을 간단하게 정의하면 신경계가 외부 세계를 경험하는 과정이다.

인간의 마음은 의식과 무의식으로 구별된다. 의식은 마음이 깨어 있는 상태이고 무의식은 마음이 쉬는 상태에서 단순 반복적인 운동을 하는 상태이다. 인간의 의식은 언어를 이용하여 수행하지만 무의식은 언어를 필수적으로 사용하지는 않는다. 의식을 광의로 표현하면 동물이 운동하기 위하여 신경계가 대상을 주관적으로 체험하는 상태이다. 반면에 협의로 표현하면 다음과 같이 설명할 수 있다.

- 의식은 두뇌의 신경세포들이 대상을 체험하는 상태이다.
- 의식은 신경계가 언어로 외부 세계를 반영하는 상태이다.
- 의식은 뇌에서 정보를 처리하는 일련의 연산이다.

의식의 핵심적인 문제는 주관적인 심적 상태와 두뇌 속에서 객관적으로 실행되는 사건들과 어떻게 연관되는지를 설명하는 것이다. 자신이 사물에 대해 어떤 감정을 갖는 것과 실제 뇌 속에서 그 사물이 처리되는 것은 다를 수 있다.

(1) 의식 이론의 발전

의식을 연구하는 인지과학자들에 따르면 의식 이론은 의식의 구성 요소들에 따라 이원론과 일원론으로 구분되고, 추가로 신비주의가 있다. 이들의 간략한 이론은 <표 9.2>와 같다.

T·I·P 의식의 3대 이론

이원론(二元論, dualism)

이원론은 의식과 두뇌 활동을 별개로 인식한다. 의식은 주관적이므로 객관적인 두뇌 활동과 구분된다는 입장이다. 의식과 두뇌가 실재하는 영역은 심리적인 영역과 물리적인 영역으로 구분되어 있다. 르네 데카르트가 대표적으로 주장하였다. 이원론의 문제점은 주관적인 요소들이 객관적인 요소들과 어떻게 상호작용하는지를 설명하는 것이다.

일원론(一元論, monoism)

주관적인 마음과 객관적인 두뇌가 겉으로는 다르게 보이지만 실제로는 하나라는 입장이다. 두뇌 활동 자체가 의식이며 두뇌와 의식이라는 두 가지 현상은 배후에 하나의 통일성이 있다고 생각한다. 독일의 유물론자 포이어바흐(Feuerbach)[2]는 의식을 두뇌의 분비물이라고 주장하였다. 일원론의 문제점은 마음과 두뇌가 어떻게 동일할 수 있는지 근거를 밝히는 것이다.

신비주의(mysticism)

일원론은 마음과 두뇌를 동일시하는 근거가 결여되었고, 이원론은 비물질적인 의식 상태가 독립적인 영역에서 물질에 대한 인과적 힘이 결여될 수밖에 없다. 두 이론의 문제점을 바탕으로 신비주의자들은 의식은 완전히 알 수 없는 미스터리라고 주장한다.

〈표 9.2〉 의식의 3대 이론

이론	내역	비고
이원론	의식과 두뇌는 독립적	물심이원론자, 데카르트
일원론	의식과 두뇌는 하나	유물론자, 포이어바흐
신비주의	의식은 알 수 없는 것	신비주의자, 포더

의식에 대한 입장은 이상과 같은 세 가지 이론을 주축으로 [그림 9.4]와 같이 이원론과 일원론 사이를 주기적으로 왕복하면서 발전하였다. 이들 두 이론의 문제점을 피하기 위하여 신비주의가 나왔다.

2 Ludwig Feuerbach(1804~1872): 독일의 철학자. 헤겔철학을 비판. 유물론적 인간중심의 철학을 제기.

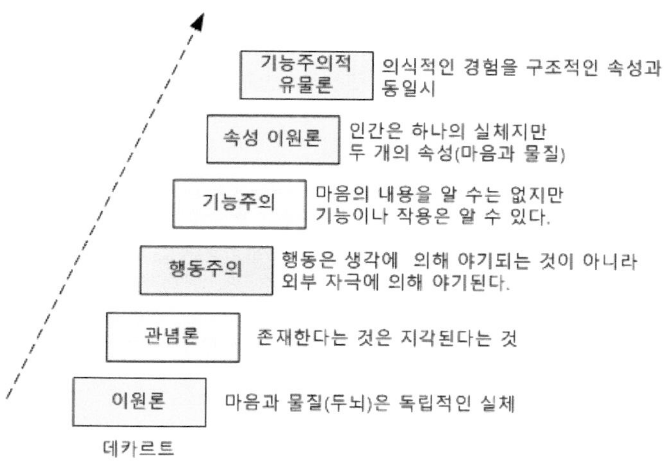

[그림 9.4] 근대 이후의 마음의 역사

T·I·P 근대 이후 마음의 역사

이원론(二元論, dualism)

데카르트는 의식적인 마음이 독립적인 비물리적 영역에 존재한다는 이원론을 주장하였다.

관념론(idealism)

조지 버클리[3]는 "존재한다는 것은 지각된다는 것"이라고 말했다. 버클리의 관념론은 데카르트의 이원론의 문제를 해소하였다. 마음과 상호작용해야 하는 물질세계가 없으므로 마음과 물질 상호작용 문제가 사라진 것이다. 물리적인 세계라는 것은 지각을 통하여 아는 감각 재료로부터 사람들이 논리적으로 구성한 것으로 간주한다.

행동주의(behaviorism)

관념론은 심적인 영역에서 주관적으로 이루어지므로 객관성을 얻기 힘들었다. 따라서 행동주의 심리학이 부상하였다. 스키너(Burrhus Skinner)는 쥐의 조건반사 행동을 연구하기 위하여 '스키너 상자'라는 것을 만들었다. 쥐가 지렛대를 누르면 먹이라는 보상이 주어진다. 보상은 쥐가 레버를 계속 누르도록 강화시킨다. 인간의 마음의 구조는 유전적인 본성이 아니라 양육을 통하여 결정된다고 보았다.

기능주의(functionalism)

행동주의는 인간의 행동을 설명하는데 신념이나 욕구를 완전히 배제할 수 없었기 때문에 퇴조하였다. 마음이 다시 주제로 등장하였고 기능주의가 대두되었다. 기능주의는 실체, 본질 등의 내용을 인식하는 것은 매우 어렵기 때문에 오직 기능, 현상 등으로 존재를 파악해야 한다는 입장이다. 기능주의는 마음의 본질보다 마음의 역할을 중시한다. 따라서 기능주의는 이원론과 관념론 모두와 양립이 가능하다.

속성 이원론(property dualism)

이것은 심리적 역할에 대한 기능주의와 물리주의적인 설명이 결합한 것이다. 심리 상태는 인과적인 구조이며 물리적인 메커니즘에 의하여 실현된다는 주장이다. 즉, 물질로 이루어진 인과적 구조로 마음을 이해하는 것이다. 데카르트는 마음과 물질을 완전히 독립적으로 생각하였고, 속성 이원론은 통일된 실체가 서로 다른 두 개의 속성을 가진다고 주장한다.

기능주의적 유물론(functional materialism)

마음과 두뇌를 동일시하는 유물론자들은 의식적인 경험을 엄격한 물리적, 생리적 속성이 아니라 구조적인 속성과 동일시한다. 예를 들어 사람과 문어가 통증이라는 동일한 기제를 갖춘 것은 물리적으로 같은 구조적인 속성을 공유하고 있기 때문이라는 것이다.

9.1.3 의식과 소프트웨어

운동이 신경계로 내면화된 것을 의식이라고 한다. 운동을 잘 관찰하면 의식으로 가는 지름길을 찾을 수 있다. 운동은 자신의 몸을 이동하는 것이기 때문에 운동할 때는 이동할 위치를 잘 관찰하고 이동해야 한다. 운동을 잘하기 위하여 뇌는 예측을 잘해야 한다. 운동과 의식은 비슷한 점이 많다. 사람이 물건을 집어서 옮길 때는 팔을 뻗어서 손가락을 오므려서 집었다가 다시 손가락을 벌리면 된다. 이렇게 하기 위해서는 여러 근육들이 서로 협동하여 집단으로 행동하고, 행동이 끝나면 근육들은 다시 협동을 풀게 된다. 이때 근육만 함께 협동하고 해제하는 것이 아니라 실제로 마음도 함께 집중했다가 해제하게 된다.

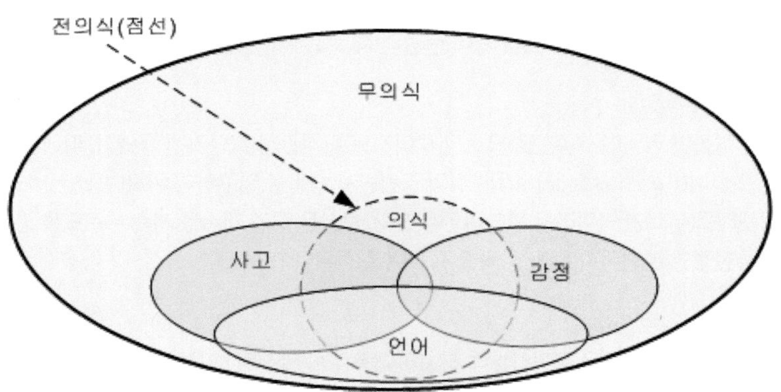

[그림 9.5] 의식과 무의식의 관계

3 George Berkeley(1685~1753): 영국의 철학자. 아일랜드 클로인의 주교. 고전경험론의 대표자.

[그림 9.5]와 같이 의식은 무의식에 포함되므로 우리는 무의식적으로 생각할 수 있고 감정을 느끼거나 표현할 수 있다. 무의식은 의식의 6배 크기이며, 대뇌피질의 생각과 변연계의 감정이 의식의 대부분을 서로 공유하며 차지하고 있다. 언어는 의식의 대부분과 무의식의 일부를 차지하고 있으므로 언어는 무의식의 세계에서도 동작한다. 무의식과 의식의 경계에 있는 전의식(점선)은 애매한 경우가 있을 수 있다. '꿈인가 생시인가?' 라는 말은 전의식에 해당한다.

의식이 실행되기 위해서는 두뇌에서 정보를 비교하고 판단하고 예측하고 운동을 명령하는 단계가 필요하다. 의식에서 중요한 것은 언어를 사용하여 여러 장면들을 인과적으로 연결하여 흐름을 만드는 것이다. [그림 9.6]에서 언어1 영역은 브로카 영역이고 언어2 영역은 베르니케 영역이다. 베르니케 영역은 언어를 이해하는 영역이고 브로카 영역은 언어를 입으로 말하는 영역이다.

의식의 가장 대표적인 상태는 말을 할 수 있는 상태이다. 눈으로 시각 신호가 들어와서 말을 하는 과정을 살펴보기로 한다. [그림 9.6]에서 시신경의 시각 신호는 후두엽의 시각 영역으로 전달되고 다시 베르니케 영역으로 전달되어(1) 언어를 산출하게 된다. 베르니케 영역의 신호는 브로카 영역으로 전달되어(2) 언어를 발화할 수 있는 신호가 산출되고 전두엽에서 책을 읽는 행위가 운동 영역으로 전달된다(3). 운동 영역에서는 턱, 안면, 입술, 혀 등의 관련 근육을 운동시키는 신호를 근육에 전달한다(4). 이 과정에서 기억으로 저장된 정보를 상기하여 장면을 만들고 판단과 예측 등의 사고를 하는 것이 의식이다.

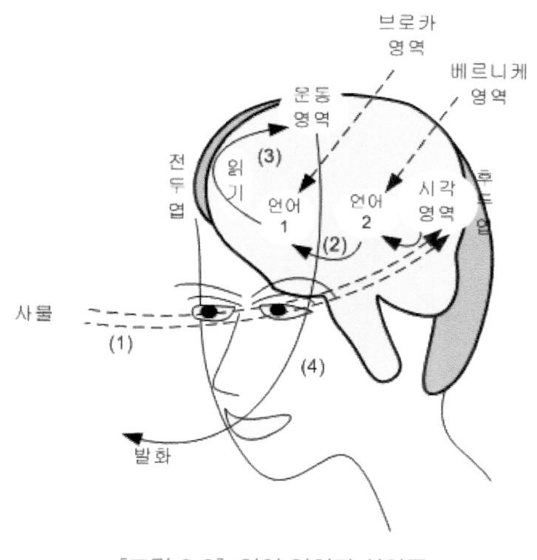

[그림 9.6] 언어 영역과 실어증

베르니케 부분에 손상이 가면 환자는 말을 많이 하는데 말만 많고 부적절한 어휘를 사용한다. 심하면 의미 없는 말들을 청산유수처럼 쏟아내기도 한다. 이런 언어장애를 베르니케 실어증이라고 한다. 브로카 영역에 손상이 가면 환자는 말을 이해할 수는 있으나 명료하게 표현하지 못하는 언어장애를 겪는데 이것을 브로카 실어증이라고 한다.

9.1.4 두뇌와 소프트웨어

문어와 사람은 생체 구조가 각각 다르지만 큰 자극에 대해 통증을 느끼고 반응하는 것은 동일하다. 왜 그럴까? 그 이유는 기능주의로 설명할 수 있다. 통증은 구조와 관련된 소프트웨어의 문제이기 때문이다. 사람이나 문어는 신체에 손상이 가면 더 이상 손상을 막기 위해 통증을 야기하여 손상을 중지시키려고 한다. Unix 프로그램을 Sun이나 IBM에서도 실행할 수 있는 이유는 물리적인 구조는 다르지만 소프트웨어에 대한 구조적인 속성을 공유하기 때문이다.

[그림 9.7]에서 개가 상처를 입었을 때 사람도 동일하게 통증을 느낀다. 뿐만 아니라 아기의 손이 아프면 엄마의 손도 아픈 경우가 있는데 이런 통증을 '동감고통'이라고 한다. 통증을 느끼는 것은 뇌로 하여금 신체의 손상을 중단시키기 위한 수단이므로 뇌는 통증에서 벗어나기 위한 조치를 취할 것이다. 동물에게서 통증의 기제는 컴퓨터에서 소프트웨어의 원리와 동일하다. 원인과 결과에 따라서 조치가 실행되는 인과적 구조가 소프트웨어의 원리이다. 마음을 컴퓨터에서 실현하는 것은 소프트웨어의 원리를 이용하는 것이다.

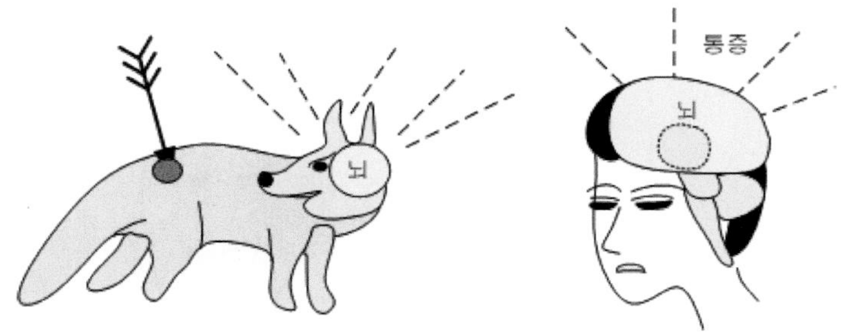

[그림 9.7] 통증과 소프트웨어의 인과적 구조

9.2 컴퓨터의 진화

튜링은 1930년대에 생각하는 기계의 모델을 제안했다. 튜링 기계는 내부 상태와 입력과 출력되는 문자들과 입력에 따라서 내부 상태를 바꾸고 출력하는 제어기로 구성된다. 튜링은 이 모델을 확장하여 '콜로서스(Colossus)[4]'라는 세계 최초의 컴퓨터를 제작하였다. 당시에도 여러 사람들이 컴퓨터를 만들었으나 크기가 너무 크고 부품 수가 많아서 운영하기 매우 힘들었다. 프로그램을 처리한 다음에는 수천 개의 릴레이와 스위치들을 물리적으로 조작해야 하는 불편이 컸다.

1940년대에 폰 노이만(von Neumann)[5]이 컴퓨터 구조와 운영방식을 대폭 개선하여 새로운 모델을 제안했다. 이것은 기억장치(main memory)에 프로그램을 저장하고 중앙처리장치(CPU)에서 명령을 처리하는 방식이다. 이 모델을 프로그램 저장(stored program) 방식이라고 부른다. 폰 노이만은 1949년에 이 방식을 이용하여 EDSAC(Electronic Delay Storage Automatic Calculator)이라는 새로운 개념의 컴퓨터를 제작하였다. 이후에 사용하는 모든 컴퓨터들은 튜링 모델을 기반으로 하는 폰 노이만 모델을 사용하고 있다.

폰 노이만 모델은 [그림 9.8]과 같이 중앙처리장치(CPU)에 프로그램을 올리기 전에 주기억장치(main memory)에 저장해 두었다가 차례대로 명령어와 자료들을 연산논리기구(ALU, Arithmetic Logic Unit)에 있는 레지스터(register)[6]와 누산기(accumulator)[7]에 올려서 연산을 실행한다. 입력과 출력은 주변처리장치(PPU, peripheral processing unit)가 입·출력장치를 제어하고 실행하는 방식이다. 연산 자체는 처리기 안에 있는 연산논리기구에서 실행하고 모든 작업이 주기억장치를 중심으로 이루어지도록 설계하였다. 폰 노이만 모델은 큰 호응을 얻어서 전통적 정보처리의 패러다임이 되었다. 이 패러다임의 특성은 마음을 컴퓨터 정보처리의 특성에 따라서 유추하여 컴퓨터로 구현한 것이다. 즉 다음과 같은 전제를 조건으로 설계하였다.

---

4 Colossus: 1943년에 영국에서 앨런 튜링이 진공관으로 만든 세계 최초의 컴퓨터. 독일군의 에니그마(Enigma) 암호기의 암호를 해독. 1초에 5,000 단어 속도로 해독에 성공.

5 Johann von Neumann(1903~1957): 헝가리 출신 수학자. 프린스턴대학 교수.

6 register: CPU 안에서 연산을 위하여 일시적으로 정보를 저장하는 기억장치.

7 누산기(累算器, accumulator): CPU에 있는 레지스터의 하나. 누적되는 연산 결과를 일시적으로 저장하는 기억장치.

① 계산주의 : 인간은 컴퓨터 알고리즘 식으로 규칙적으로 계산한다.
② 표상주의 : 마음의 내용 요소들은 모두 의식에서 정보로 표현된다.

컴퓨터는 플라톤 이후에 발전되어온 표상주의의 최대 걸작이 되었다.

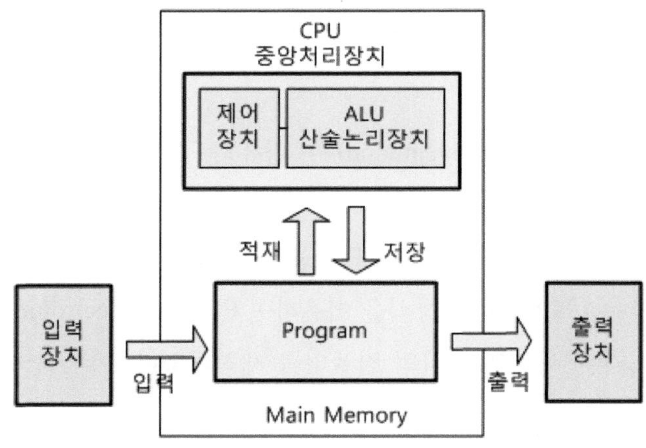

[그림 9.8] 폰 노이만 모델

9.2.1 개인용 컴퓨터의 진화

초창기의 컴퓨터들은 크기도 크고 가격도 비싸서 메인 프레임이라고 불렀다. 초기의 컴퓨터는 진공관으로 만들었으나 점차 트랜지스터를 거쳐 집적회로로 만들었다. 컴퓨터 기술자들은 집적회로를 이용하여 컴퓨터를 소형화하는데 매진하였다. 1971년에 인텔은 Intel 4004라고 하는 4비트 크기의 마이크로컨트롤러(MCU, Microcntroller Unit)를 출시하였다. 이후로 MCU는 발전을 거듭하여 처리기의 속도를 높이고, 처리기의 크기를 8비트, 16비트, 32비트로 늘리고, 메모리와 입·출력장치를 부착하여 초소형 컴퓨터로 진화하였다.

1970년대 후반에 마이크로컴퓨터 시장에는 [그림 9.9]와 같이 Motorola 68000, Intel 8080, Z80 CPU, MOS 6502 등이 경쟁하고 있었다. 이 때 스티브 잡스가 PC(개인용 컴퓨터) Apple II를 보급하여 크게 성공하였다. 당시 최대 컴퓨터 회사인 IBM도 PC의 전망을 예측하고 IBM PC를 개발하였다. IBM은 CPU를 Intel 8080으로 결정하고 운영체제를 찾고 있었다.

Microsoft사의 빌 게이츠가 운영체제를 공급하기로 IBM과 계약하였다. Microsoft사는 Zilog의 Z80 CPU에서 동작하는 CP/M 운영체제를 Digital Research사에서 구입하였다. CP/M은 우수한 사무용 소프트웨어들을 잘 구동하는 운영체제였다.

Microsoft사는 CP/M에 기능을 추가하고 개선하여 MS-DOS를 만들었다. MS-DOS가 설치되어 1983년에 출시된 것이 IBM PC-XT이다. Microsoft사는 멀티태스킹[8]을 지원하는 Windows 운영체제를 개발하여 1985년에 출시하였다. 여기에는 Intel 80386 CPU가 탑재되었다. Windows 운영체제는 버전을 달리하면서 계속 진화하고 있다. 하드웨어 성능이 향상되면 거기에 맞는 운영체제가 필요했고, 운영체제가 향상되면 거기에 맞는 CPU와 메모리 등이 필요했기 때문에 하드웨어와 소프트웨어는 서로의 요구에 따라 계속 진화하고 있다.

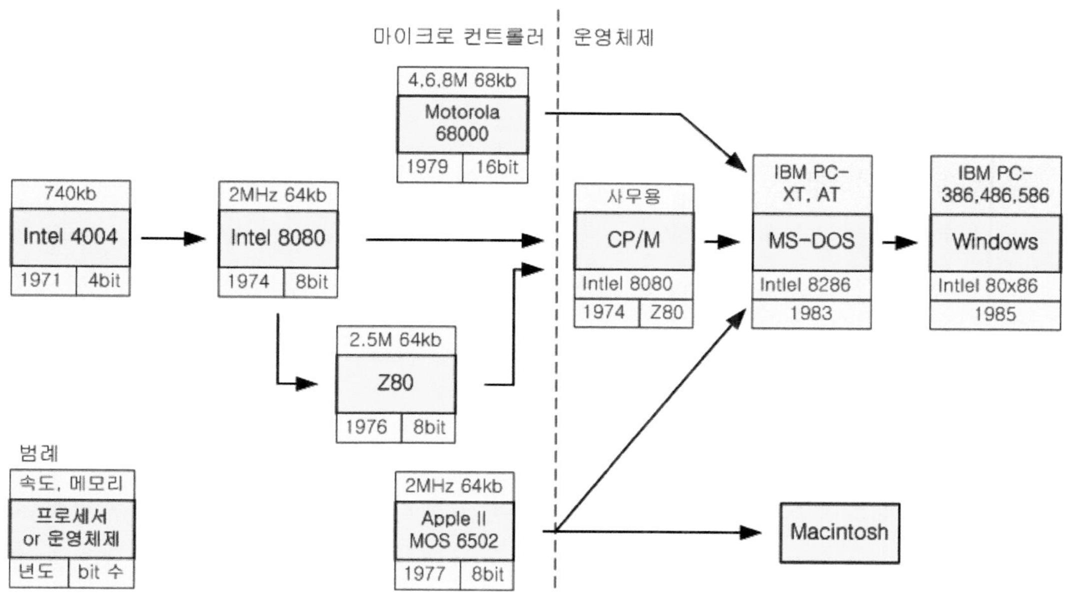

[그림 9.9] 개인용 컴퓨터의 진화

8 Multitasking: 한 대의 컴퓨터에서 동시에 2개 이상의 프로그램을 실행시키는 기능.

개인용 컴퓨터의 시작은 Intel 4004였으나 Z80, Motorola 68000, MOS 6502 등이 경쟁하면서 하드웨어 성능을 향상하고 운영체제를 개발하였다. Microsoft사는 처음에 MS-DOS 운영체제를 만들었고, IBM은 PS/2라는 운영체제를, Apple은 매킨토시를, Microsoft는 다시 Windows를 개발하였다. 이들은 서로 경쟁하면서 각자의 운영체제를 발전시키고 있다. 컴퓨터는 여러 회사들이 서로 경쟁과 융합을 반복하면서 진화의 법칙에 따라 발전하고 있다.

9.3 신경망 모델

신경망 컴퓨터(neural computer)는 인간의 신경망을 하드웨어로 실현한 컴퓨터로 두뇌의 신경세포와 시냅스를 칩(chip)으로 구현한 것이다. 그 장점으로 학습 능력이 있으며 자기학습, 영상인식, 음성인식, 필기체 인식, 자연어처리, 로봇제어, 패턴 인식 등의 인공지능 분야에 매우 유용하다. 현재 사용되는 폰 노이만 모델에 비하여 신경망 컴퓨터의 가장 큰 장점은 학습 능력이다.

신경망은 반복적으로 입력된 정보에 대하여 각 입력 신호의 가중치를 목적에 맞도록 변화시킴으로써 학습할 수 있다. 학습을 수행한 신경망 컴퓨터는 입력된 정보를 기억할 수 있으며 사람의 두뇌와 같이 비결정적인(non-deterministic) 특성을 갖고 있기 때문에 오류에 강한 장점이 있다.

9.3.1 신경망의 구조

신경망 모델의 시초는 1943년에 맥컬러크(McCulloch)와 피츠(Pitts)가 발표한 논문이었다. 이들은 인간의 두뇌가 수많은 신경세포들로 이루어진 컴퓨터라고 생각하였다. 이들은 단순한 논리적 업무를 수행하는 모델을 보여주었으며 패턴 인식 문제가 인간의 지능을 규명하는 데 매우 중요하다고 생각하였다. 헵(Hebb)[9]의 학습 규칙은 두 개의 뉴런이 반복적이며 지속적으로 점화(fire)하면 양쪽에 변화가 발생되어 점화 효율이 커지는 작용을 이용하여 만든 것이다. 두 뉴런 사이의 연결강도(weight)를 조정할 수 있는 최초의 규칙이었다. 이 규칙은 학습에 관한 신경망연구를 크게 발전시켰다. [그림 9.10]과 같이 반복적인 자극과 생각에 의하여 신경계의 변화가 이루어지는 학습을 헵의 학습(Hebbian learning)이라고 한다.

9 Donald Hebb(1904~1985): 캐나다 심리학자. 학습과 같은 심리적 처리에 대한 뉴런 연구.

신경망은 뉴런으로 구성된 네트워크이다. 인공신경망은 뉴런과 시냅스 대신에 칩을 기억소자로 사용하여 네트워크를 구축한 것이다. [그림 9.11]은 가장 간단한 신경망 모델이다. 여기서 기억소자 A, B, C는 뉴런에 해당하며 A, B는 C에게 입력으로 작용하고 C는 출력으로 작용한다. A와 B가 활성화되어 각각 +0.7과 -0.3을 C에게 전달하면 C는 입력을 가감하여 +0.4를 출력한다. 실제 뉴런은 뉴런마다 시냅스가 수백 개 이상 되므로 매우 복잡한 네트워크를 구성하지만 여기서는 간단한 모델을 대상으로 한다.

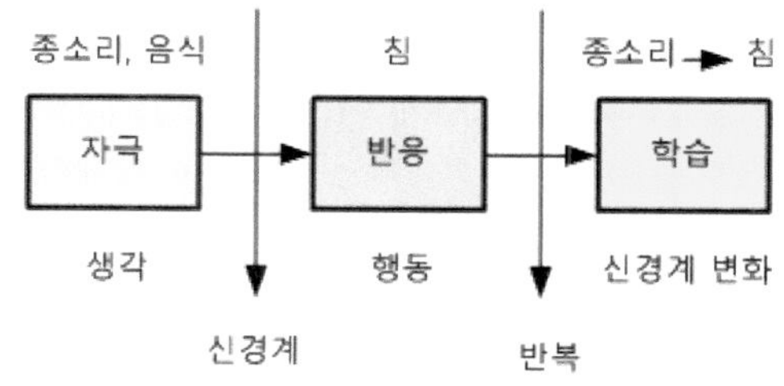

[그림 9.10] 헵의 학습

실제 인공신경망을 구축할 때는 [그림 9.11](b)와 같이 신경망의 최소 단위가 되는 PE (Processing Element)를 칩으로 망을 구축한다. [그림 9.11](a)의 신경망 구조에서 몇 가지 주목할 사항이 있다. 뉴런에 에너지가 충전되어 발화하는 것은 뉴런마다 일정한 기준이 있다. 이 기준을 역치(문턱값)[10]라고 한다. 뉴런이 발화한다는 것은 그 뉴런의 입력의 합계가 역치를 넘어서 다른 뉴런으로 활동전위가 전송되는 것을 말한다. 뉴런의 연결은 강도에 의하여 결정되며 연결 강도는 흥분성과 억제성을 모두 가진다. 따라서 뉴런의 전이 함수는 다음과 같이 계산할 수 있다.

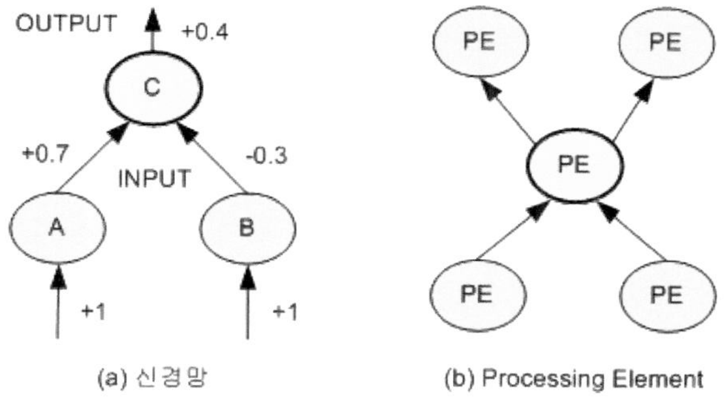

[그림 9.11] 간단한 신경망 실례

10 역치(閾値, 문턱값, threshold value): 생물이 외부 자극에 대해 반응을 일으키는 데 필요한 최소한의 자극의 크기. 눈의 역치는 400~700nm의 가시광선, 귀의 역치는 20~20,000Hz의 음파.

기본적인 신경망 모델은 현실 문제 해결에 도움이 되지 않지만 이후에 점차 발전하여 현실 문제를 해결하게 된다. 신경망의 특성과 함께 퍼셉트론과 은닉층 모델 등을 살펴보기로 한다.

(1) 신경망의 특성

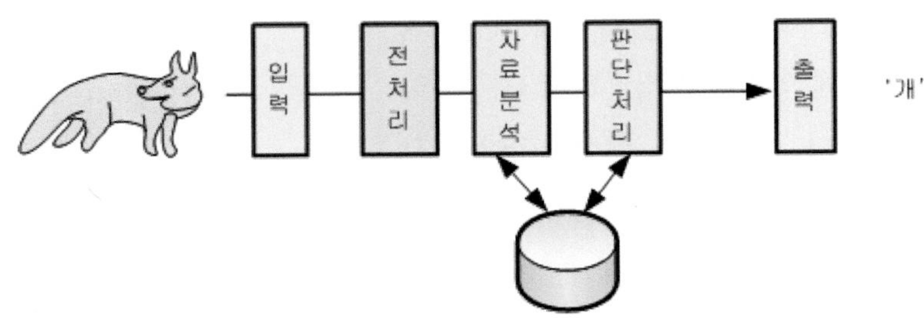

[그림 9.12] 전통 패러다임 방식의 인식

폰 노이만 모델을 기반으로 하는 전통적 패러다임으로 어떤 영상 정보가 입력되었을 때는 [그림 9.12]와 같이 영상장비를 이용하여 정보를 얻어서 전처리 작업을 거쳐서 이미지의 형태를 확보하고 정보의 속성들을 분석하고 최종적으로 그 물체가 무엇인지를 결정하게 된다. 이 시스템에서는 정확성을 높이기 위하여 데이터베이스에 관련 속성 정보를 많이 확보하고 유사한 영상을 검색하는 프로그램의 알고리즘을 개선해야 한다.

신경망 방식에서는 영상으로 입력된 자료를 토대로 어떤 물체인지를 판단하는 것이 아니라 특정한 영상이 입력되면 특정한 결과물로 연결시키도록 가중치를 조절한다. 예를 들어 [그림 9.13]에서 개 이미지가 입력되면 개가 출력되도록 가중치를 조절하고 원숭이 이미지가 입력되면 원숭이가 출력되도록 가중치를 조절하는 방식이다. 이 그림을 자세히 보면 개와 원숭이를 인식하는 연결선들이 다른 것을 알 수 있다. 학습을 통하여 정확한 결과를 얻기 위하여 연결선들이 변경된 것이다. 신경망에서는 자료가 들어오면 결정적으로 어떤 물체인지를 판단하는 것이 아니라 학습에 의하여 이런 정보가 들어오면 이런 출력을 하도록 연습하는 것이다.

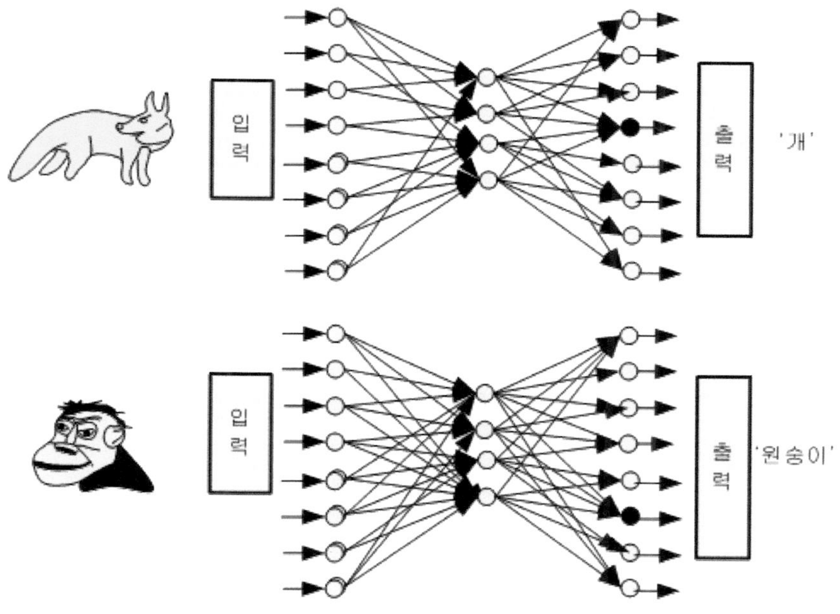

[그림 9.13] 신경망 방식의 인식

시간이 갈수록 신경망에서는 입력과 출력이 대응되는 확률이 높아질 것이다.

이와 같은 방식을 패턴 분류 방식이라고 한다.

(2) 퍼셉트론

로젠블라트(Rosenblatt)[11]는 1957년 퍼셉트론(perceptron)이라는 최초의 신경망 모델을 발표하여 학습을 강화할 수 있는 길을 열어놓았다. 퍼셉트론의 중요성은 어떤 형태의 패턴이 입력층에 주어지면 이 모델이 반응하게 하는 연결강도의 집합을 스스로 발견하는 자동적인 학습 능력에 있다.

11 Frank Rosenblatt(1928~1971): 미국 심리학자, 컴퓨터과학자. 퍼셉트론 완성.

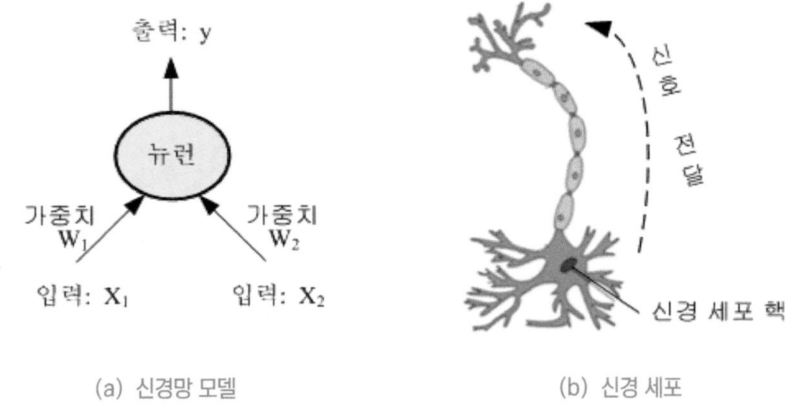

(a) 신경망 모델　　　(b) 신경 세포

[그림 9.14] 퍼셉트론

퍼셉트론이 동작하는 방식은 기존과 크게 다르지 않다. [그림 9.14](a)에서 각 노드의 가중치(weight)와 입력(input)을 곱한 것을 모두 합한 값이 활성함수에 의해 판단되는데, 그 값이 역치(threshold; 보통 0)보다 크면 뉴런이 활성화(fire)되고 결과값(output)을 출력한다. 뉴런이 활성화되지 않으면 결과값으로 -1을 출력하게 된다. [그림 9.14](b)는 실제 신경 세포의 신호 전달 과정이다.

퍼셉트론의 특징은 훈련을 반복할수록 가중치가 가감되어 점차 원하는 목표를 달성하여 학습 효과가 높아진다는 점이다. 퍼셉트론은 구조가 단순하면서 가능성이 예견되어 열렬한 환영을 받았다. 그러나 1969년에 민스키(Minsky)와 파퍼트(Papert)가 문제점을 비판한 이후에는 열기가 급속하게 냉각되었다. 단순 퍼셉트론의 대표적인 문제는 선형분리의 단순한 실례인 XOR을 해결할 수 없었다. 이 때문에 퍼셉트론의 주요 특징인 자동학습이 부족하게 된다.

① 다층 퍼셉트론

1980년대에 퍼셉트론에 은닉층(hidden layer)을 두어서 다층화하고 역전파(back propagation) 알고리즘을 사용하는 다층 퍼셉트론을 제시하여 기존의 문제점들을 해결하였다. 다층 퍼셉트론은 입력층과 출력층 사이에 하나 이상의 중간층을 두어 계층 구조를 만들었다. 다층 퍼셉트론은 은닉층을 이용하여 XOR 등의 문제를 해결하였다.

[그림 9.15]는 문자를 인식하는 다층 퍼셉트론이다. 입력 문자는 3 x 4 = 12개의 픽셀(pixel)

로 구성되는 숫자이다. 입력층에는 문자 이미지 자료의 비트값이 0과 1로 입력되며 가중치가 은닉층을 거쳐서 출력층에 반영된다. 문자 이미지가 6으로 나타나도록 가중치를 적절하게 조절해 나가면 점차 출력 노드의 6번 노드에 가장 큰 값으로 표현될 것이다. 가중치 값을 조절하는 과정이 바로 학습이며 이것은 훈련을 통하여 숙달된다.

[그림 9.16]에는 세 가지 형태의 문자 이미지가 입력되는데 각각의 이진수 값들이 비슷하다. 이것을 디지털 컴퓨터에서 처리하려면 한 가지 코드 이외에는 모두 오류로 처리해야 하지만 신경망에서는 모두 숫자 '6'으로 인식할 수 있으므로 오류에 강하다는 장점이 있다.

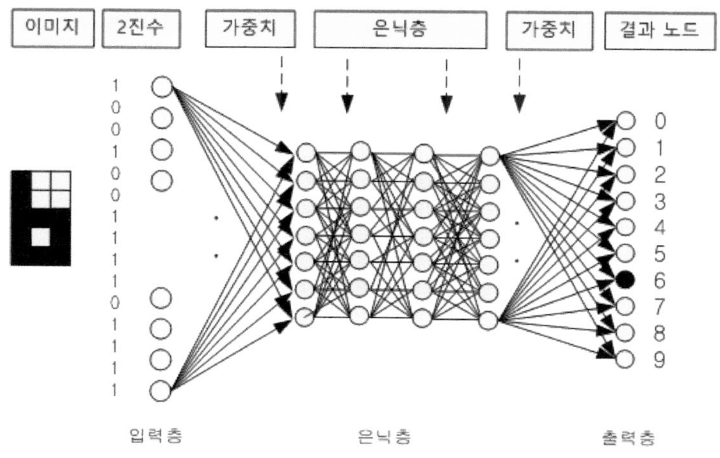

[그림 9.15] 다층 퍼셉트론의 문자 인식 실례

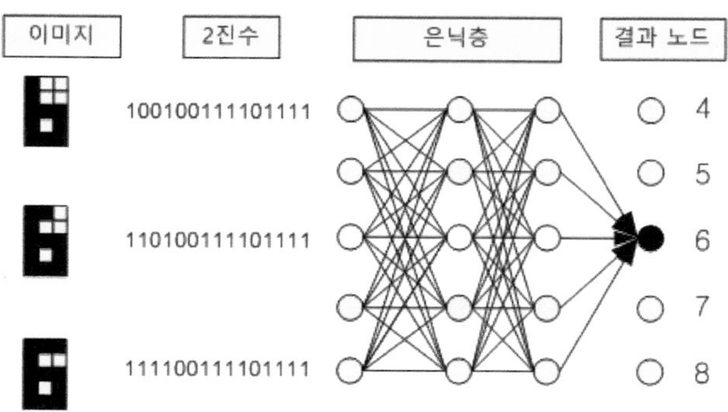

[그림 9.16] 유사한 문자 이미지 인식

② 역전파 알고리즘

지금까지의 실례에서 본 것은 모두 출력층에서 입력층으로 직접적인 연결은 존재하지 않는 전방향(forward) 네트워크이다. 출력층의 결과를 입력층으로 역전파한다면 입력의 결과를 즉시 확인하고 가중치를 조절할 수 있으므로 학습 효과가 증대한다. 이와 같이 학습에 사용되는 대표적인 알고리즘이 역전파 알고리즘(back propagation algorithm)이다. 이것은 학생들이 문제를 풀고 난 다음에 정답을 확인하여 문제 풀이 능력을 강화하는 것과 동일한 방법을 적용한 것이다.

인공신경망은 기존 컴퓨터와 달리 명령어에 의해서 프로그램도 작성하지 않고 특정한 입력에 특정한 출력을 산출하는 학습 기능에 의하여 수행된다. 그러나 신경망은 기존 방식에 비하여 다음 <표 9.3>과 같은 단점들이 있다.

〈표 9.3〉 신경망 모델의 단점

항목	내역	비교
기계 제작	복잡하고 수많은 노드 설치와 배선 곤란	하드웨어 문제
산술 연산	정확한 계산 곤란	튜링기계에 적합
내부 이해	설계 및 결과 예상 곤란	알고리즘 설계 어려움

폰 노이만 모델과 신경망 모델을 비교하면 전반적으로 신경망 모델이 우수한 항목들이 더 많아 보인다. 그러나 신경망 모델의 최대 약점은 실제 신경망 컴퓨터로 구현하는 것이 간단하지 않다는 것이다. 수없이 많은 PE(뉴런)들을 설치하고 수많은 통신선로(시냅스)를 연결하는 것은 현재 기술로는 어려운 일이다. 지금까지는 폰 노이만 모델을 사용하는 것이 일반적이지만 신경망 모델의 역사적인 발전 과정을 감안하면 멀지 않아 획기적인 변화가 올 것으로 기대된다.

9.4 컴퓨터의 철학적 이해

인간이 컴퓨터를 만들 수 있었던 가장 큰 원동력은 이성(理性, reason)의 힘이다. 컴퓨터가 하는 일은 정보를 처리하는 일이며 정보를 처리하는 일은 기호를 조작하는 일이다. 컴퓨터는 기호를 조작하고 사람은 표상(表象, representation)을 조작한다. 인간과 컴퓨터가 정보를 처리하는 원리는 바로 기호를 조작하는 인과율이다. 컴퓨터가 정보를 처리하는 논리 세계와 인간이 정보를 처리하는 표상 세계는 심리학적으로 동일하므로 철학적 이해가 필요하다.

9.4.1 로고스 중심주의와 기호논리학

플라톤의 형이상학이 극단적으로 발전한 형태가 현재의 사이버 세상이다. 플라톤의 이데아(idea) 세계에는 실물이 없고 이상적인 관념만 존재하므로 현재 인터넷과 컴퓨터로 이루어진 사이버 세계와 유사하다. 플라톤의 이데아 세계가 사이버 세계로 발전하게 된 이유는 무엇인가? 한 마디로 말해서 로고스를 기반으로 하는 이상주의(합리적 사고와 이데아)가 자신의 실현을 위하여 사이버 세계로 출현한 것이다.

서양의 합리주의(rationalism)가 최고로 꽃을 피운 것이 헤겔의 절대정신이다. 헤겔[12]의 주장은 한 마디로 '역사란 절대정신의 자기실현 과정'이다. 조각가가 작품을 만드는 과정을 살펴보자. 처음에 조각 작품은 조각가의 머릿속에 있었지만 도구를 이용하여 돌을 파내는 순간부터 상상속의 작품이 실체로 드러나기 시작한다. 절대정신이란 '신의 섭리'와 비슷하다. 처음에는 작은 상상에 불과하지만 점차 자신의 모습을 구체적으로 드러낸다. 프랑스 혁명은 자유, 평등, 박애라는 추상적인 이상이 역사를 통해 구체적으로 실현된 사례였다.

헤겔의 절대정신의 대표적인 표현은 '논리적인 것은 현실적인 것이고 현실적인 것은 논리적인 것이다'이다. 헤겔은 이데아가 절대적이고 순수한 사상이기 때문에 현실적이라고 주장하면서 이성의 절대성을 주장한다. 헤겔은 세계를 이념(정신)의 자기발전으로 보았는데, 이 발전의 주체인 정신은 주관적 정신, 객관적 정신, 절대적 정신으로 구분된다. 주관과 객관을 동일화하는 단계에 이르는 것은 정신이 완전하게 자기인식에 도달하는 과정이다. 주관과 객관이 동일화한 정신이 바로 절대정신이다. 헤겔의 철학은 이러한 발전을 통하여 인간의 정신이

12 Hegel, Georg Wilhelm Friedrich(1770-1831): 독일 관념 철학자, 형이상학자, 베를린 대학 교수.

절대적 진리에 도달할 수 있다고 주장하였다.

인간의 논리적 사고로부터 발전한 대표적인 학문이 대수학이라면, 대수학이 기계에 사람의 사고능력을 구현한 것이 컴퓨터 알고리즘이다. 로고스(logos)는 이성이며 언어이므로 언어에 의한 논리가 대수학을 거쳐서 컴퓨터 알고리즘(algorithm)으로 발전하였다. 로고스가 알고리즘으로 발전하기 위해서는 사람들이 생각하는 관념들을 컴퓨터에 전달해야 하는데 관념을 표현하는 수단이 기호(sign)이므로 기호와 기호논리학이 컴퓨터의 중요한 기반이다.

(1) 논리학과 컴퓨터: 소크라테스에서 튜링까지

고대 그리스(기원전 4-5세기)에 설득을 목적으로 하는 논변술을 강조하는 사상가들이 있었는데 이들이 소피스트(sophist)다. 이들은 진리와 정의를 상대적인 기준으로 바라보았고 설득을 위하여 논리를 위장했기 때문에 궤변가라고 한다. 궤변은 사고의 법칙에서 벗어나지만 타당한 것처럼 보이는 논리를 이용하여 자신의 주장에 맞는 결론을 이끌어내기 때문에 사람들의 판단을 흐리게 하였다. 궤변의 실례를 들면 다음과 같다.

> "당신이 무엇을 잃어버리지 않았다고 하는 것은 당신이 그것을 가지고 있다는 뜻이다.
> 그러므로 당신이 금화를 잃어버리지 않았다면 금화를 가지고 있는 것이다."

이것은 '잃어버리다'라는 말의 두 가지 의미를 혼동하도록 사용한 궤변이다. 궤변의 특징은 구체적이고 다양한 관련 사항들 중에서 외관으로 유사하거나 사소한 관련 사항을 부각시키는 데 있다. 사물을 총체적으로 보지 않고, 한 부분만을 강조하거나 한 부분에만 타당한 것을 전체에 적용하는데 있다.

소크라테스는 궤변을 물리치기 위하여 절대적으로 올바른 지식을 얻을 수 있는 방법을 고찰하였다. 소크라테스는 귀납적인 방법으로 보편적 개념을 정확하게 규정하려고 하였다. 귀납법은 특수한 경우로부터 보편적인 진리를 이끌어내는 추리 방식이며 그 결과로 얻어진 보편 개념을 정확하게 규정하는 것이 정의(定義)다.

소크라테스의 귀납법은 아리스토텔레스에 의하여 완성된다. 소크라테스는 학문의 최종적인 목적은 단어를 정확하게 정의하는 것이라고 주장하였다.

아리스토텔레스는 내포와 외연을 이용하여 유개념[13]과 종개념을 확립하고 서양 논리학의 기초를 세운다. 그는 명제에서 명제를 이끌어내는 추론을 제시하고, 정언적 삼단논법[14]과 가언적 삼단논법[15]의 형식을 발견하였다. 아리스토텔레스 이후에 서양의 논리학은 아리스토텔레스 논리학을 서술하는 정도의 정체기를 거치면서 근대에 이른다. 근대에서는 논리학이 새로운 지식을 얻을 수 있는 학문이 아니고 단순한 방법론에 불과하다고 해서 경시되었다. 그러나 수학이 발전하면서 귀납법이 경험과학의 방법론으로 인정되어 다시 중요시 되었다.

라이프니츠는 명제들을 대수학의 방정식(a2 + b2 = c2)처럼 처리할 수 있다는 생각을 발견하였다. 방정식은 좌측과 우측이 동일하다는 것을 나타내기 위해서 등호 '='를 사용한다. 그는 의미를 나타내는 대수(代數, 문자 기호)를 사용하여 논리 표현 방식을 재구성하였다. 즉 명제를 임의의 대수 a, b 등으로 나타내고, 이것들의 결합을 산술 연산자(+, -) 기호로 표현하였다. 참인 명제는 1, 거짓 명제는 0으로 표현하여 명제의 결합을 1과 0으로 이뤄진 산술식으로 만들었다. 그는 논리학에 대수학을 접목함으로써 현대 기호논리학의 기초를 닦았다.

부울(Boole)은 라이프니츠 논리학을 기반으로 기호논리학의 첫 번째 체계인 부울 대수(Boolean algebra)를 만들어서 컴퓨터 과학의 기반을 확립하였다. 부울 대수의 핵심은 라이프니츠와 같이 1과 0을 참과 거짓의 진리값 으로 해석하고 동시에 집합 1을 전집합 으로 0을 공집합으로 보는데 있다. 이렇게 1과 0을 이중적으로 보는 방법으로 인하여 두 가지 진리값의 계산이 집합의 계산과 완전히 일치하게 되었다.

---

13 유개념(generic concept , 類概念): 개념 A가 다른 개념 B를 내포할 때, A는 B의 유개념이고 B는 A의 종개념이다. A는 B의 외연이므로 동물은 사자의 유개념이고 사자는 동물의 종개념이다.

14 정언적 삼단논법(定言的三段論法): 세 개의 개념과 세 개의 정언 명제로 구성되는 삼단논법의 가장 기본적인 형태. "모든 사람은 죽는다"(대전제) "소크라테스는 사람이다"(소전제) "그러므로, 소크라테스는 죽는다"(결론)의 형식으로 된 논법.

15 가언적 삼단논법(假言的三段論法): 가정문에서 전건이 성립하면 후건이 성립하는 논리. "비가 오면 소풍가지 않는다"에서 비가 오지 않으면 소풍을 가도 되고 가지 않아도 되는 것과 같은 논리다. 전건을 부정함으로써 후건을 부정하든지, 후건을 긍정함으로써 전건을 부정하는 것은 오류다.

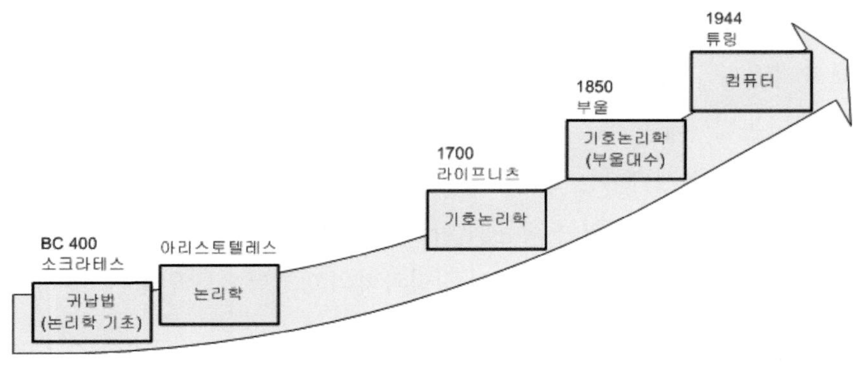

[그림 9.17] 철학과 컴퓨터

부울 대수를 만든 부울의 업적은 아리스토텔레스 논리학의 틀을 벗어났다는 것이다. 그 이유는 부울이 논리학을 분석하기 위해서 대수 논리학을 창시했기 때문이다. "a 또는 b이다"라고 말한 인간의 표현을 기호(AND, OR, NOT 등의 논리연산자)를 사용하여 대수적으로 취급하였고, 부울 대수를 응용하여 컴퓨터 논리회로를 설계할 수 있었으며, 논리회로들을 결합하여 컴퓨터를 만들 수 있었다. 인간의 표현을 대수 논리로 표현한 것은 매우 큰 업적이다.

앨런 튜링은 인간이 수를 계산하는 사고과정을 관찰하여 기계가 정보를 처리할 수 있는 논리 모델(유한 상태 기계)을 고안하였다. 유한한 수의 상태를 가진 기계에 1과 0으로 작성된 자료가 기억된 테이프가 입력되면 미리 약속된 논리대로 기계의 상태가 변화하고, 테이프에 1 또는 0을 출력한다. 자료의 입력 값에 따라서 기계 상태가 변화하고 테이프에 새로운 자료를 출력하는 기계는 인간이 수행하던 셈을 대신 수행할 수 있게 되었다(제5.2절 생각하는 기계: 튜링기계 참조). 튜링은 자신이 만든 논리 모델을 이용하여 1943년에 진공관 컴퓨터(Colossus)를 만들고 암호 해독용으로 사용하였다.

결론적으로 [그림 9.17]과 같이 기원전 약 400년에 소크라테스가 절대적인 진리를 구하려고 귀납법을 연구하였고, 아리스토텔레스가 귀납법을 발전시켜 서양 논리학의 기초를 세우고, 라이프니츠가 대수를 이용하여 참과 거짓 명제를 구분하는 기호논리학의 기초를 세우고, 부울이 기호논리학(부울 대수)을 만들어 컴퓨터 과학의 기반을 만들고, 앨런 튜링이 1943년에 부울 대수를 활용하여 최초의 컴퓨터를 만든 것이다.

(2) 기호학(semiology)과 컴퓨터

컴퓨터는 정보를 처리하는 기계이므로 사람들이 사용하는 정보(기호)를 받아들인다. 컴퓨터가 받아들이는 기호는 과거에는 숫자와 문자에 불과했지만 이제는 텍스트, 소리, 영상, 동영상 등 모든 기호들을 받아들일 수 있다.

소쉬르는 기호체계로서의 언어가 어떤 본질적 특성에 의해 규정되는 것이 아니라 다른 기호들과의 차이에 의해 정의된다고 보았다. 이것은 진리에 대한 개념의 차이를 가져온다. 전통적으로 진리는 "관념이 실재와 일치하는 것(진리대응설)"이라고 생각했었다. 어떤 짐승이 호랑이라고 하는 것은 그것이 진짜 호랑이이기 때문이라고 생각했던 것이다. 그러나 소쉬르의 생각은 달랐다.

소쉬르에 의하면 기호(記號, sign)는 기표(記標, signifiant)와 기의(記意, signifié)와 기호 자체 등 세 가지 기본적인 요소에 의해서 성립한다. 그렇기 때문에 기호와 기호가 표상하는 대상 사이에는 어떤 연관도 본질적으로는 존재하지 않는다. 소쉬르는 기호를 기표와 기의의 결합으로 보면서, 기호가 다른 것은 차이에 의한 것이라고 설명한다. 이전의 언어학자들은 언어의 어원에 대한 본질적인 연구에 집중한 반면에 소쉬르는 언어의 차이를 집중적으로 본 것이다.

9.4.2 표상주의(presentationism)와 컴퓨터

컴퓨터는 인공언어로 정보를 처리하는 전기기계이고, 두뇌는 자연언어로 정보를 처리하는 생체기관이다. 컴퓨터가 정보를 처리하려면 대상 자료를 주기억장치에 입력해야 하고, 두뇌가 정보를 처리하려면 대상 자료를 전두엽에 입력해야 한다. 주기억장치에 들어온 자료는 메모리 자료이고 전두엽에 들어온 자료는 표상(representation)이다. 표상이란 두뇌가 정보를 처리하기 위하여 전두엽에 올려놓는 자료이므로 사람이 사고를 하려면 반드시 표상이 필요하다. 따라서 사람이 어떤 대상을 인식하고 사고하는 것은 그 대상 자체가 아니라 전두엽에 떠올린 표상(表象)이다.

쇼펜하우어[16]는 1819년에 '의지와 표상으로서의 세계'를 집필하여 세상의 관심을 모았다. 그는 생을 맹목적인 삶의 의지로 보고 이성은 이 의지의 시녀로 보았다. 표상은 이성의 합리성을 의미하며 의지는 인간의 근원적인 욕망을 의미한다. 의지가 뇌간과 연관이 있다면 표상은 두뇌 신피질과 연관이 있다. 뇌간이 생명을 유지하기 위하여 강력한 의지로 욕망을 추구한다면 대뇌 신피질은 냉정한 이성으로 표상을 관리하여 욕망을 적절하게 수용한다. 의지와 표상은 서로 협력하면서 견제하는 관계지만 현실에서는 표상이 의지를 이성적으로 지배하는 구조이다.

쇼펜하우어는 합리주의 철학이 최고조에 달하던 시기에 세계의 일체를 인간의식의 표상으로 해소시키는 노력을 발표한 것이다.

(1) 표상과 표상주의

브렌타노[17]에 의하면 인간의 사고 작용은 표상, 판단, 정의(情意) 등 세 가지 활동으로 구분된다. 표상은 어떤 대상이 의식에 나타나는 활동이며, 판단은 표상의 대상을 과거에 기억된 자료와 비교하여 인정하거나 거부하는 활동이고, 정의는 그 대상과 판단에 대하여 좋거나 싫은 감정적인 느낌을 갖는 것이다. 결국 모든 사고 작용은 표상이든가 표상을 기초로 하는 것에 의하여 움직이고 있다는 주장이다. 이와 같은 표상 제일주의는 서양 사회 발전의 근간이 되었다. 후설[18]은 “모든 작용은 표상이든가 표상을 기초로 하든가 이다”라고 주장하였다. 표상에 대한 중요한 정의들을 정리하면 다음과 같다.

- 지각 또는 기억에 근거하여 두뇌에서 의식할 수 있게 표현된 것.
- 신경으로 감각된 신호를 두뇌 정보처리체계에 맞추어 내부 형식으로 표현된 것.
- 신경계가 대상을 상징으로 바꾸어 표현한 것.

이상과 같이 표상의 정의를 정리해보면 사람이 정보를 다룰 때 실제 대상을 그대로 머릿속으로 가져와서 다룰 수 없기 때문에 그 대상을 어떤 상징이나 다른 형태로 추상화하여 다루려는 것이 바로 표상이다. 따라서 표상은 심적 이미지와 거의 동의어라고 할 수 있다. 표상이란

16 Schopenhauer(1788~1860): 독일의 허무주의 철학자. 경험적 현상 세계는 단순한 표상에 불과하고, 물자체는 맹목적인 생명에 대한 의지라고 주장.

17 Franz Brentano(1838~1917): 오스트리아 뷔르츠부르크대학 철학 교수. 현상학의 선구자.

18 Husserl, Edmund(1859~1938): 독일 프라이브르크대학 철학 교수. 현상학파 창설.

인지 작용의 필수적인 요소이므로 우리는 표상을 관리하는 인지의 본질에 대해 더 깊이 살펴보기로 한다.

표상주의는 사고하기 위하여 모든 대상들을 머릿속에서 표상으로 표현해야 한다는 의미일 뿐만 아니라 인간이 마음으로 세계의 모든 사물을 인식할 수 있다는 입장이다. '진리는 머릿속의 관념과 실재가 일치하는 것'이라는 진리대응설은 전형적으로 표상주의적인 주장이다. 언어학은 인간의 마음속에 세상에 대한 표상이 언어적 기호로 존재하는 것을 전제로 한다. 따라서 표상주의는 언어학과 기호학에 깊이 관련되어 있다.

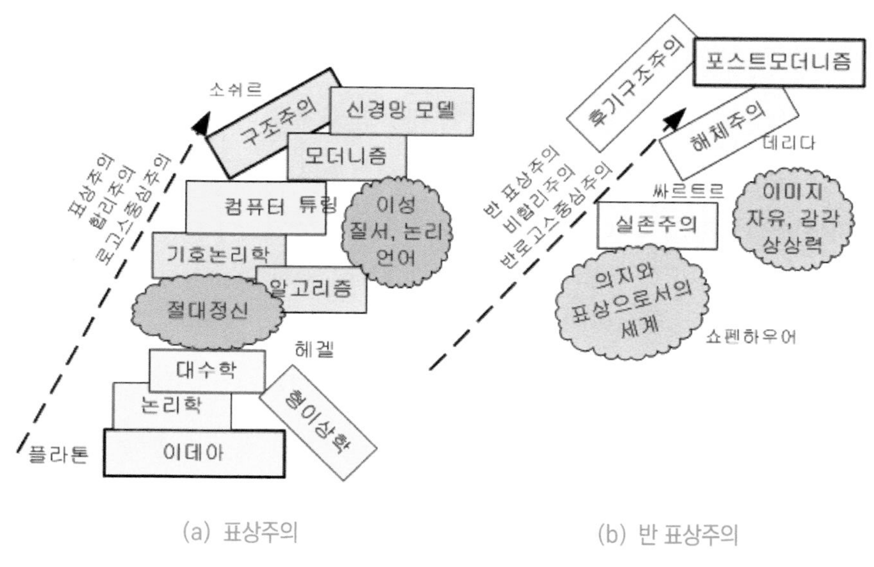

(a) 표상주의 (b) 반 표상주의

[그림 9.18] 표상주의와 반 표상주의

표상주의에 의하면 인간들은 표상 속에서 표상과 함께 살고 있다. 세계의 모든 것을 두뇌의 의식 안에 가두어 생각하려고 하는 데카르트 이후의 관념 철학은 칸트의 '순수이성'을 거쳐서 쇼펜하우어의 '의지와 표상'에서 최고의 정점에 도달했다. 플라톤의 이데아, 로고스 중심주의, 그리고 헤겔의 절대정신은 합리주의적 기술문명의 최고봉인 컴퓨터를 구상했다. 인간은 [그림 9.18](a)와 같이 두뇌에 표상이 존재하며 표상주의가 매우 합리적이라는 것을 전제로 표상을 조작하는 컴퓨터를 만들었다.

(2) 반 표상주의

자크 데리다[19]가 주창한 해체주의[20]는 로고스 중심주의에 내재된 이원론적 사고방식을 비판하는 것이다. 데카르트는 정신과 물질의 이원론을 주장했으나 현대 철학은 점차 일원론 쪽으로 향하고 있다. 로고스 중심주의는 질서의 구축을 위해 신(神)과 이성, 표상과 존재, 사물과 언어, 중심과 주변 등으로 모든 것을 이원화 하였는데, 데리다는 이와 같은 이분법적 대립을 없애는 다원론을 주장한다. 데리다의 해체주의는 기존의 구조주의에서 내세운 사회적 질서를 이루는 구조 자체가 중심이라는 것을 비판하고 모든 중심, 근원, 로고스 중심주의 등을 해체해야 한다고 주장하였다.

표상이란 머릿속으로 세상을 분류하는 기준이며 이러한 표상적 사고를 따르는 것을 표상주의하고 한다. 화가들이 자신의 머릿속에 대상의 체계를 미리 정해놓은 다음에 그것을 그림 속에 표현하려는 사고방식이 바로 표상주의(재현주의)이므로 틀에 박힌 표상주의적 사고방식을 버려야 한다고 주장한다. 왜냐하면 표상주의는 현실의 모든 존재에 잠재해 있는 저마다의 독특하고 개성적인 목소리를 거부하고 억압하는 폭력성을 지니기 때문이다. 해체주의는 세상을 표상으로만 파악한다면 세상의 다양성이 사라지기 때문에 표상주의를 해체해야 한다고 주장한다. 해체주의는 후기구조주의와 포스트모더니즘이라는 용어가 항상 따라 다닌다.

소쉬르의 구조주의 언어학은 기표와 기의의 임의적인 결합을 통해 고정된 의미를 창출한다고 주장함으로써 안정되게 기호를 통일할 수 있었다. 후기구조주의[21]는 이러한 언어의 지시성과 고정된 의미 부여에 반대한다. 기표와 기의는 끊임없이 분리되기도 하고 새롭게 다시 결합하기도 한다. 언어체계는 근본적으로 임의적인 성격을 가지기 때문에 철학, 자연, 문학 등 특정한 기호체계가 더 이상 특권을 가질 수 있는 근거가 존재하지 않는다는 것이다. 인식이라는 것이 근본적으로 임의적인 기호체계인 언어에 의해서만 가능하기 때문에 인식에 있어서 고정 불변의 지점을 찾으려는 노력은 잘못된 것이라고 주장한다.

---

19 Jacques Derrida(1930~2004): 프랑스 후기 구조주의 철학자. 형이상학의 로고스 중심주의를 비판.

20 deconstructivism(解體主義): 데리다가 주창한 후기구조주의의 문학이론. 유럽의 전통적 형이상학과 이원론을 부정하고 다원론을 주장한다. 이성으로 구성된 서양 문명은 인간의 개성을 거부하고 억압하기 때문에 해체해야 한다는 주장.

21 후기구조주의(poststructualism): 구조의 역사성과 상대성을 강조하는 사상. 실존주의가 인간 자체를 중시하고 관계를 경시한 것에 대한 비판으로 구조주의가 출현하였다면 후기구조주의는 구조주의의 인간 경시를 비판하여 출현하였다. 후기구조주의는 종교, 역사, 다원론의 역할을 중시한다.

포스트모더니즘[22]은 모더니즘[23]에 대한 비판으로부터 출발한다. 서구의 모더니즘은 로고스 중심주의가 계몽주의 등으로 꽃을 피운 근대의 사상이다. 종교나 외적인 힘보다 인간의 이성을 강조했던 계몽사상은 합리성과 객관성을 중시하였다. 그러나 헤겔의 절대정신과 합리주의가 최고조에 이른 후에 데리다, 푸코, 라캉, 리오타르 등에 의하여 합리성과 이성이 도전받기 시작하였다. 니체와 프로이드의 영향을 받은 이들은 서구의 합리주의 역사를 반성하면서 하나의 논리가 서기 위해 어떻게 반대논리를 억압해왔는지를 비판하기 시작하였다.

데리다는 말하기가 글쓰기를, 이성이 감성을, 백인이 흑인을, 남성이 여성을 매우 억압했다고 주장한다. 푸코는 지식이 권력에 저항해왔다는 주장을 일축하고 지식과 권력은 적이 아니라 동반자라고 주장하였다. 지식과 권력은 인간에 내재된 본능이기 때문에 권력은 위에서의 억압이 아니라 밑으로부터 생겨나는 것이므로 이성으로 제거되지 않는다는 것이다. 철학에서의 포스트모더니즘은 근대 모더니즘에 대한 반기였다.

해체주의, 후기구조주의, 포스트모더니즘 등은 서양 사상의 중심이었던 표상주의에 대한 반발로 일어난 사상들이다. 따라서 이들 반 표상주의는 로고스 중심주의의 최종 결정체인 컴퓨터 세계와는 거리가 먼 사상으로 자리 잡고 있으며 컴퓨터 세계의 모순과 그 결과로 발생하는 문제점들을 해소하기 위하여 노력하고 있다. 이들은 [그림 9.18](b)와 같이 비합리적인 의지와 욕망을 기반으로 로고스 중심주의와 구조주의를 비판하고 포스트모더니즘을 주장하였다.

---

22 포스트모더니즘(postmodernism): 1960년대에 모더니즘에 대한 반발로 일어난 정치, 문화, 경제 등 모든 분야에 관련된 이념. 구조를 보편적이고 선험적으로 인식. 지나친 합리성에 대한 비판과 예술 각 장르 간의 폐쇄성 타파를 주장함.

23 모더니즘(modernism): 1920년대에 일어난 예술상의 경향. 교회의 권위, 봉건성을 비판하고 과학과 합리성을 중시하며 기계문명과 도시적 감각을 중시..

CHAPTER 10

산업혁명과 예술

과거에는 산업혁명을 이어가기 위해서 지속적인 기술 혁신과 함께 경영, 행정 등 사회과학 분야의 혁신과 융합이 동반되어야 했다. 지금도 이런 경향은 변함이 없지만 산업화가 고도화 될수록 먹고 사는 문제를 넘어서 다양한 디자인과 문화 예술이 매우 중요한 요소가 되고 있다. 선진국에서는 농업의 비중이 2% 이하로 떨어지는 반면 저작권 산업[24]의 비중은 8% 이상으로 점점 커지고 있다. 과거에는 귀족들만 누리던 문화 예술이 대중문화와 예술로 탈바꿈 되고 있으며 산업에도 지적재산권의 비중이 커지고 있다.

혁신은 기존 사고를 깨고 새로운 아이디어를 도입하는 것이므로 창의성이 뒷받침 되어야 한다. 융합도 기본적으로는 창의력을 바탕으로 성립한다. 서로 다른 분야의 개념들을 하나로 연결하는 작업은 새로운 아이디어를 요구하기 때문이다. 새로운 아이디어와 추진하려는 원동력이 없으면 기존의 틀을 벗어나지 못하고 현실에 안주하기 쉽다. 창의력은 아름다움을 창조하는 힘이고 아름다움을 창조하는 것은 예술이다. 융합에서 창의성과 예술, 윤리를 요구하는 이유는 다음과 같다.

첫째, 미래 산업사회에서는 기술보다 예술적 감성과 창의성이 더 요구된다.
둘째, 디지털 기술로 인하여 완벽한 대량 복제가 가능하므로 윤리가 더 요구된다.

10.1 창의성

예술가가 작품을 만드는 원동력은 아름다움을 추구하고 실현하려는 창의력이다. 예술가가 자신이 추구하는 이상을 꿈꾸고 머릿속에 이념을 만들고 그 이념을 구현하는 것은 일련의 창조 작업이다.

과거에는 우수한 기술을 갖춘 기업의 제품들이 시장을 지배하였으나 산업화가 지속되면서 기업 간의 기술 격차는 크게 줄어들었다. 이제는 품질보다 가격과 디자인 등의 다른 요인들이 시장을 지배한다. 중국 상품이 국제 시장을 지배하는 이유는 가격 때문이고 유럽 상품이

24 2018년 한국의 산업별 명목 GDP 비율이 농림어업은 1.75%, 저작권산업은 8.91%, 공공행정 및 국방이 6.05%, 제조업 26.64%였다. 미국의 2017년 저작권 산업의 비중은 11.59%(.한국저작권위원회)

명품 시장을 지배하는 까닭은 디자인 때문이다. [그림 10.1]과 같이 수요자들의 경제력이 낮을 때는 가격이 시장을 결정하지만 경제력이 좋아지면 품질을 찾게 되고 기술력과 경제력이 더 향상되면 디자인을 찾게 된다. 상품의 경쟁력은 가격으로 시작하여 품질을 거쳐 디자인으로 귀결된다.

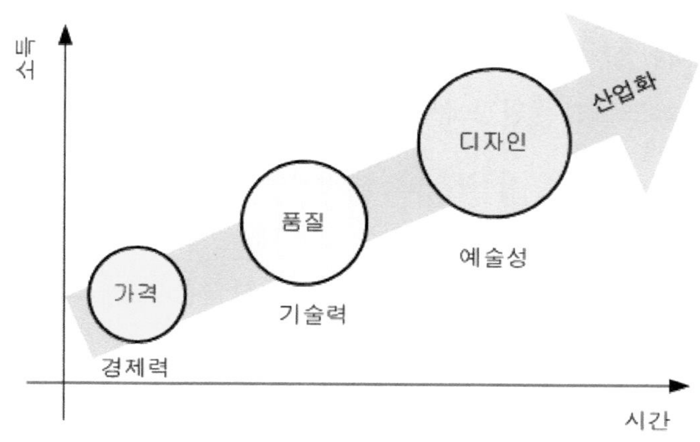

[그림 10.1] 상품의 경쟁력

과거의 예술은 소수의 귀족들이 즐기던 영역이었지만 지금은 대중화되어 많은 사람들이 작품을 즐기고 예술성을 추구하고 있다. 작은 소품 하나에도 아름다움을 추구하고 모든 자연과 인공물에도 예술성이 있어야 환영을 받는다. 예술은 아름다움을 추구하기 때문에 사람들의 사랑을 받는다. 진부하면 예술성을 잃기 때문에 예술에는 항상 창의성이 요구된다. 이런 창의성을 가능하게 하는 것은 상상력이다.

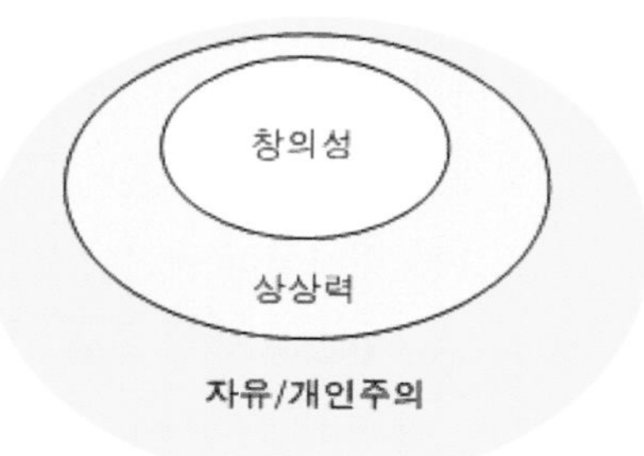

[그림 10.2] 창의성과 상상력과 자유의 관계

창의성은 상상력에서 나오고 상상력은 [그림 10.2]와 같이 자유가 주어질 때 잘 발휘된다. 자유는 개인주의가 어느 정도 허용될 때 얻어지는 감정이다. 엄격하고 경직된 분위기는 자유를 억압하기 때문에 창의성이 발현되기 어렵다. 주어진 임무를 철저하게 수행해야 하는 군인들은 제복을 입고 근무하며 개인의 자유를 상당히 제한받는다. 까다로운 금융 규정을 지켜야 하는 금융회사들은 흰색 아니면 푸른색 와이셔츠에 점잖은 넥타이를 매고 근무한다. 창의력이 생명인 게임 회사 직원들은 간편 복장으로 근무하고 근무 시간도 자유롭다. 상상력과 창의성은 자유롭고 개방된 환경에서 발휘된다.

상상력은 경험하지 않은 사실을 경험한 것처럼 생각하는 것으로 인간의 능력 가운데서 가장 뛰어난 능력이다. 아름다움을 창조하는 것은 예술이므로 창의성이 예술의 전제 조건이고 다른 사람의 창의성을 인정하는 것이 윤리이므로 예술은 간접적으로 윤리의 기반 위에 성립할 수 있다. 예술의 목적이 아름다움을 표현하는 것이므로 창의성과 윤리도 아름다움을 지녀야 한다.

윤리(倫理, ethics)란 무엇인가? 윤리가 필요한 이유는 무엇인가? 도덕은 불편하고 번거로운 것 아닌가? 윤리를 지키지 않으면 누가 손해를 보는가? 예의범절이 반듯한 사람은 왜 환영을 받는가? 사람은 왜 겉모습만으로 존경을 받기도 하고 미움을 받기도 하는가? 겉모습은 사람의 내면을 얼마나 반영하는가? 윤리적인 사람이 환영을 받는 이유는 무엇인가?

윤리는 사람이 마땅히 행하고 지켜야 할 도리이다. 윤리를 지키지 않으면 도리에 어긋난다. 도리에 어긋나지 않기 위하여 윤리를 지키는 것인가? 윤리란 우리에게 무엇인가? 예술과 윤리는 무슨 관계인가?

예술이란 아름다움을 표현하려는 인간의 활동과 작품을 말한다. 사람들은 아름다운 것을 좋아한다. 자연도 아름다워야 좋아하고 인공물도 아름다운 것을 좋아한다. 어떤 사람은 외모가 아름답다고 하고 어떤 사람은 마음이 아름답다고 한다. 아름다운 것이란 무엇인가? 아름다움은 창의력을 발휘하기 위한 중요한 동기이며 원인이 된다. 창의력이란 아름다운 이념을 물질세계에서 구현하는 힘이다. 예술품을 창조하기 위해서는 아름다움을 이해하고 구현할 수 있는 창의성을 키워야 한다. 아름다움의 내용을 살펴보고 시대에 따라서 어떻게 변천하는지 살펴보기로 한다. 창의성은 아름다움을 추진하는 원동력이다.

10.1.1 아름다움

아름다움(美, beauty)을 정의하는 것은 쉽지 않다. 우리가 아름다움을 느끼게 되는 사례를 살펴보면 자연의 사물 등에 대하여 감각적으로 소박하게 느끼는 즐거움부터 예술 작품에 대해 갖게 되는 감동적인 감정도 있고 인간이 행하는 윤리적인 행위에 대하여 갖게 되는 감격도 아름다움이 될 수 있다. 이런 사례들로부터 아름다움의 공통적인 특징을 살펴보면 모두 감성적이라는 것을 알 수 있다. 사례들을 기준으로 아름다움의 종류를 구분하면 [그림 10.3]과 같이 인간의 행위로서의 가치와 예술 작품이나 자연의 경치 등의 현상[1]을 감상하는 것과 예술 활동에 참여하여 아름다움을 직접 체험하는 것으로 나눌 수 있다. 아름다움이란 우리의 마음을 끌어당기는 조화로운 상태에서 감성적인 즐거움을 주는 것이다.

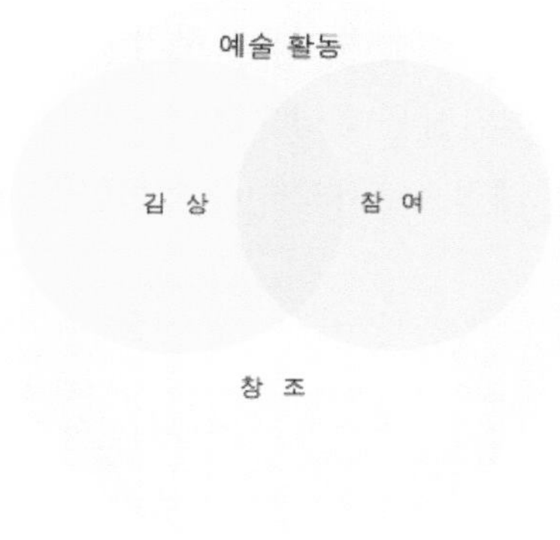

[그림 10.3] 예술 활동의 구성

많은 사람들이 자연의 아름다움을 노래하고 여러 가지 형식으로 표현하고 있다. 그렇다면 인공적인 아름다움, 즉 인공물도 아름답다고 할 수 있나? 공장에서 기계로 만든 자동차도 아름다울 수 있는가? 사람이 자연에 조작을 해도 아름다운가? 예를 들어 한국의 정원은 자연스러운데 일본의 정원은 매우 인위적이라고 한다. 인위적인 일본의 정원도 아름다운가? 아름답지 않은 사람이 성형 수술을 하면 아름다워지는가?

아름다움의 정의를 사람에 따라서 '대상이 감각적으로 기쁨과 만족을 주는 상태'라고도 하고, '마음을 끌어당기는 조화의 상태'라고도 한다. 세계미학학회에서는 아름다움을 다음과

1 현상(現象, phenomenon): 본질이나 객체의 외면에 나타나는 상(image).

같이 정의하였다.

아름다움이란 보다 완전한 상태로 나가는 과정이다.

지금 성적은 나쁘지만 열심히 공부해서 실력이 향상되는 것은 아름답다. 비만했던 사람이 열심히 운동해서 몸의 균형이 좋아지고 있는 것도 아름답다. 이런 정의에 의하면 아름다움은 절대적인 기준이 아니고 상대적이다.

미학(美學, aesthetics)은 아름다움, 감각, 예술 등을 다루는 철학의 한 분야이다. 미학은 예술에 대한 철학적 반성이며, 아름다움이라는 특수한 가치의 의미를 밝히는 학문이다. 논리학이 이성에 관한 학문이라면 미학은 감성에 관한 학문이다. 미(美, 아름다움)는 가치로서의 미가 있고, 현상으로서의 미가 있으며, 체험으로서의 미도 있다. 윤리적인 행위는 가치로서의 미를 의미하고, 음악과 미술 감상은 현상으로서의 미를 의미하며, 음악을 연주하는 활동과 그림으로 표현하는 행위는 체험으로서의 미를 의미한다.

〈표 10.1〉 미의 분류

구분	분류	아름다움의 기준	비고
1	절대주의	아름다움은 완전한 상태	객관적 합리성
	상대주의	아름다움은 보다 완전한 상태로 가는 과정	주관적 경험
2	객관주의	아름다움은'나'밖에서 실재하는 존재	절대적 합리성
	주관주의	아름다움은'나'안의 마음에 존재	상대적 경험
3	합리론	아름다움은 이성으로 판단	절대적 객관성
	경험론	아름다움은 현상으로 판단	상대적 주관성

아름다움을 <표 10.1>과 같이 절대적인 미와 상대적인 미로 구분하듯이 객관주의와 주관주의로 구분하기도 한다. 객관주의는 아름다움의 기준이 '나' 밖에 있는 것이고 주관주의는 기준이 '나' 안에 있는 것이다. 합리론자인 플라톤은 이데아를 통하여 완벽하고 관념적인 아름다움을 추구하였다. 이데아는 완전한 존재이므로 절대적이고 영원한 아름다움을 가진다. 경험론자들은 '아름다움은 바라보는 사람의 마음속에 있다'라고 생각한다. 객관적인 아름다

움은 절대적인 아름다움으로 통하고 주관적인 아름다움은 상대적인 아름다움으로 통한다. 합리론자들이 미의식의 기초를 선험적인 이성에 두었다면, 경험론자들은 미의식의 기초를 감성에 두었다.

10.1.2 창의성의 정의

인간의 가장 뛰어난 능력은 무엇일까? 여러 가지 능력이 거론되지만 상상력이야말로 인간의 가장 뛰어난 능력이다. 인류 역사에서 상상력이 가장 뛰어난 사람은 누구일까? 그런 인물들이 많이 있지만 대표적으로 징기스칸[2]이 거론된다.

징기스칸은 보통 사람들이 상상할 수 없는 어려운 환경 속에서 상상력을 활용하여 그 상황을 이겨내고 성공을 거듭했던 인물이다. 징기스칸의 상상력은 창의성의 표본이라고 할 수 있다. 융합은 기존의 학문과 기술의 벽을 허물고 새로운 공간에서 새로운 개념을 구축하는 것이므로 창의성이 많이 요구된다.

창의성이란 '새롭고 가치 있는 유용한 일을 만드는 능력'이라고 한다. 길포드(Guilford)[3]는 창의성이란 문제를 재정의하는 능력, 문제에 대한 민감성, 답을 결정하기 전에 그것을 평가하는 능력, 문제를 분석하고 요약하는 능력, 직관력 등을 요구하는 개념이라고 생각하였다.

창의성에 대한 대표적인 정의는 다음과 같다.

> 창의성이란 참신함과 적합성을 갖춘 작품을 생산할 수 있는 능력이다.

참신하다는 것은 독창성을 의미하는 동시에 예측이 불가능하다는 것이며, 적합성이란 용도에 부합하고 목표에 의해 설정된 한계에 부합됨을 의미한다. 이 정의는 창의성의 두 가지 측면인 '구상'과 '구현'을 모두 반영했다는 점에서 바람직하다. 다음은 건축학자 존 커티지(John Kurtich)의 정의를 살펴본다.

---

2 칭기즈칸(成吉思汗, 1155?~1227): 부족이 붕괴되어 억압과 빈곤에서 출발하여 사상 최대의 제국을 건설.

3 Joy Paul Guilford(1897~1987): 미국의 심리학자. 미 육군 심리연구부대 대령. 남부 캘리포니아대학 교수. 수렴적 사고와 확산적 사고, 정신력 측정 연구로 유명.

> 창의성은 우리의 내면을 찾아내고 해방시키고자 하는 일종의 몸부림이다.

존 커티지는 창의성을 '찾아내는' 것과 '해방시키는' 것으로 설명하고 있다.

우리의 내면을 찾아내고 해방시키는 것은 바로 작품의 주제이자 중요 요소이며 우리의 관심사이다. 창의성은 내면의 신비로운 세계를 찾아내서 밝히려는 욕망의 표현임을 알 수 있다.

창의성이 필요하다는 것은 누구나 다 알고 있지만 창의성을 증진시키는 것은 어려운 일이다. 그 이유는 창의성과 창의성 기법을 혼동하기 때문이다. 학교에서 창의성을 교육하고 있지만 브레인스토밍(brainstorming)[4]과 대안적 사고와 같은 것을 창의성으로 생각하는 경우도 있다. 기업에서는 경영효과를 위하여 창의성을 강조하지만 과정보다는 결과에 치중하고 있다. 창의성의 진정한 의미를 알아야 창의성 기법을 잘 이해하고 창의력을 증진할 수 있을 것이다.

(1) 굳어버린 창의성

예전에는 학교에서 해마다 삼일절, 6.25, 개천절, 불조심 등의 주요 행사가 있으면 으레 미술시간에 그것을 주제로 포스터를 그리게 하였다. 학교성적을 걱정하는 부모들은 아이들 대신 그려주기도 하고 미술시험 시간에는 미리 암기한 그림을 열심히 복제해서 제출하기도 한다. 대만에서도 같은 일이 벌어진다. 미술학과 입학시험에서 수험생들은 짧은 시간에 미리 암기해둔 그림을 척척 그려서 제출했다고 한다. 창의성으로 유명한 대만의 라이성촨 교수[5]는 자국의 대학 입학시험에서 낙방하고, 대신 미국 버클리대학에 가서 공부하여 그 분야의 훌륭한 인물이 되었다.

창의성을 막는 언행은 우리 주위에서 많이 볼 수 있다. 강제로 공부시키는 것과 아이들의 질문을 막아버리는 것이 대표적인 실례이다. '나중에 다 알게 돼, 쓸데없는 생각하지 말아'라고 말하면 창의성 신경회로는 닫히고 감정의 뇌가 활성화되는 부작용이 있다.

---

4 brainstorming: 여러 사람들이 회의에서 특정한 주제를 가지고 자유 발언을 통하여 아이디어를 제시하고 좋은 아이디어를 찾아내려는 기법. 1941년 미국 광고회사의 부사장 알렉스 오즈번이 제창.

5 라이성촨(賴聲川, Stan Lai): 대만의 극작가. 국립 대만예술대학 교수. 스탠포드대학 객원교수 및 교내 예술가.'어른들을 위한 창의학 수업'저자.

(2) 열린 창의성

〈표 10.2〉 열린 창의성

훈련법		내역	비고
바꾸기	대체하기	다른 것으로 아이디어를 바꾼다.	다르게 활용하기
	적용하기	아이디어를 조건에 맞추어 조정한다.	용도 변경하기
추가하기		아이디어에 다른 것을 추가한다.	결합하기, 확대하기
없애기		아이디어에서 필요 없는 것을 삭제한다.	단순화하기, 축소하기
거꾸로 하기		아이디어를 거꾸로 적용한다.	역발상하기

창의력은 노력과 고통 없이 저절로 생겨나지 않는다. 고로 창의성을 길러주는 것도 노력해야 한다. 마음대로 생각하고 자유롭게 이야기할 수 있는 분위기를 만들어야 한다. 어떤 생각이든 떠오르는 대로 자유롭게 발표함으로써 창조의 뇌 속에 있는 신경회로를 활짝 열어주어야 한다. 발표한 아이디어에 대해서 비판하지 말아야 한다. 비판하거나 말문을 막으면 창의성 신경회로가 닫혀 버린다. 내용이 부족하면 발표한 아이디어를 수정하거나 재조합하게 한다. 아이디어를 스스로 고치게 하면 비판력도 증가된다. <표 10.2>와 같은 목록을 이용하여 변형시키는 과정을 훈련한다.

10.1.3 창의성 계발

창의력이란 창의성을 발휘하는 힘이다. 창의력을 강화하기 위해서는 상상력, 호기심, 자료관리 등으로 기반을 갖추고 유연성과 감수성을 활용하여 정신력을 집중하는 것이 중요하다.

(1) 창의성 요소

창의력을 발휘하기 위해서는 호기심, 자료관리, 상상력을 기반으로 감수성과 유연성을 가지고 문제를 해결하기 위하여 모든 역량을 집중해야 한다. 창의성을 키우려면 생각하는 습관부터 바꾸어야 한다. 창조적인 사람이 되려면 일상적인 생활에서부터 남다르게 상상력을 키우는 노력을 해야 한다. 다음은 창의성을 키우는 네 가지 습관이다.

① 고정 관념에서 빠져나오는 습관을 가진다.
② 눈에 보이지 않는 것을 찾아보려고 노력한다.
③ 창조적으로 생각하는 것을 습관화한다.
④ 문제를 해결하기 위해서 극단적으로 생각한다.

(2) 창의적 사고

창의적 사고력을 향상하기 위하여 <표 10.3>과 같이 상상력을 키우는 습관과 사고방식을 훈련하고 연습할 필요가 있다.

〈표 10.3〉 창조력 향상을 위한 습관

순서	창의적 사고방식	비고
1	고정 관념에서 벗어나기	대안적 사고, 이미지 해체, 역발상
2	보이지 않는 것을 보기	질문하기, 다르게 생각하기
3	창조적으로 생각하기	왜 그럴까 계속 상상하기
4	극단적으로 노력하기	될 때까지 하기

■ 고정 관념 탈출

고정 관념에서 벗어나기 위해서는 대안적 사고를 해야 한다. 어떤 문제에 빠져서 해결하기 힘든 경우에는 시각을 바꾸어 대안을 찾아보고 벗어날 수 있는 길을 찾아본다. 이미지 해체는 본래 가지고 있던 이미지를 벗어던지는 것이다.

- 창의성 사례 1
  노란 색의 카레를 붉은 색의 카레로 바꾼다.
  막걸리의 색을 무지개 색으로 다양화한다.
- 창의성 사례 2
  일본의 아오모리현(青森縣)에서는 어느 해 태풍 때문에 과일의 96%가 떨어져 모든 농가가 실의에 빠졌었다[6]. 이때 어떤 주민이 떨어지지 않은 나머지 4%에 주목하자고 제안하였다. '초강풍에도 떨어지지 않는 과일'이라고 선전하여 입시를 앞둔 수험생들을 대상으로 30배의 가격으로 팔았다. 이처럼 역발상이란 거꾸로 생각하는 방법이다.

■ 보이지 않는 것 보기

보이지 않는 것을 보기 위해서는 호기심을 갖고 자꾸 질문하는 것이 좋다. 내가 당연하다고 생각해서 묻지 않을 수 있지만 다른 사람은 다르게 생각할 수 있기 때문이다.

• 창의성 사례 3

소니에서 워크맨(Walkman)[7]을 개발할 때의 일이다. 열심히 만들다 보니 음질은 좋은데 녹음이 안 되는 이상한 제품을 만들게 되었다. 신제품을 버릴 수밖에 없었는데 어떤 직원이 "음질이 좋은데 음악을 듣기만 하는 단말기로 팔면 안 되나요?"라고 질문하였다. 이것으로 소니는 전 세계에 워크맨 광풍을 몰고 오게 되었다.

■ 창조적으로 생각하기

창조적으로 생각한다는 것은 모든 것을 당연하게 여기지 않는 것이다. 그 방법은 '왜 그런가?'하고 원인을 찾아보고 답이 나오면 그것은 또 '왜 그런가?'라고 의문을 갖고 계속 원인을 찾는 것이다.

• 창의성 사례 4

미국에서 우주선을 개발할 때의 일이다. 우주선의 무게를 줄이기 위해 노력하는데 아무리 줄여도 쉽지가 않았다. 이때 어떤 사람이 '우주 공간에서 왜 의자가 필요한가?'라는 의문을 던졌다. 의자의 필요성에 대해 계속 의문을 갖고 고민하다가 결국 우주선에서 의자를 제거하여 무게를 줄일 수 있었다.

---

6 1991년 일본 혼슈(本州)의 최북단에 있는 아오모리현(青森縣)에 초고속의 태풍으로 과실의 96%가 유실됨. 평상시 태풍에는 약 10%의 손실만 있었음.

7 Walkman: 1979년 발명한 소니의 등록상표. 원래는 휴대용 카세트 레코더의 이름. 워낙 유명해져서 보통 명사가 되었고 모든 초소형기기에 워크맨이라는 상표를 붙인다.

■ 극한적으로 노력하기

극한적으로 노력하는 것은 필사즉생(必死卽生)[8]의 사고로 문제 해결에 임하는 자세이다.

- 창의성 사례 5

  매독을 치료하는 Salvarsan 606호는 에를리히(Ehrlish)[9]가 화학실험을 606번 만에 성공했기 때문에 붙여진 이름이다. 극단적인 자세로 노력할 때 이룰 수 없는 목표도 해결할 수 있다.

마르셀 푸르스트(Marcel Proust)[10]는 창의성을 다음과 같이 설명하였다.

> 새로운 풍경을 찾는 것이 아니라 새로운 시각을 갖는 여정이다.

새로운 시각을 가져야 새로운 시야를 확보할 수 있다. 창의성을 가지려면 창의성을 얻으려고 노력하는 것보다 창의성을 가로막는 장벽부터 걷어내야 한다. 우리 안에는 원래 창의성이 있었는데 여러 가지 장벽에 막혀서 빛을 보지 못하고 있다는 것이다. 그렇다면 우리는 무엇을 걷어내야 하는가? 경험과 습관은 창의성을 길러줄 수 있는 반면에 우리의 생각을 고착화시킬 수 있는 기능이다.

경험과 습관에 빠지지 말고 달리 생각하는 것이 창의성의 장벽을 걷어내는 일이다.

길포드가 주장하는 확산적 사고(divergent thinking)란 다음과 같다.

> 상상력을 동원하여 다양한 해결책을 많이 만드는 사고이다.

---

8 필사즉생(必死卽生): 1957년 9월 15일에 명량해전을 앞두고 이순신 장군이 '필사즉생 필생즉사(必死卽生, 必生卽死)'라는 말을 함.

9 Paul Ehrlish(1854~1915): 독일의 세균학자, 화학자. 살바르산 발견. 1908년 노벨 생리의학상 수상.

10 Marcel Proust(1871~1922): 프랑스 소설가. '잃어버린 시간을 찾아서'의 작가. 콩쿠르상 수상.

확산적 사고의 주요 기반은 다음 세 가지가 있다.

① 유창성: 되도록 많은 답을 산출하도록 유도.
② 융통성 : 다양한 범주의 답을 산출하도록 유도.
③ 독창성: 남과 다른 답을 산출하도록 유도.

[그림 10.4](a)의 정육면체를 보고 있으면 약간 위에서 아래로 내려 보이던 물체가 갑자기 아래에서 위로 올려 보이게 된다. [그림 10.4](b)는 루빈의 꽃병[11]으로 흰색을 보면 꽃병으로 보이고 검은색을 보면 사람으로 보인다. 이것은 시각 정보가 두뇌에서 재구성되는 과정에서 일어나는 변화이다. 다시 말하면 문제를 재구성하는 과정이 과거의 경험과는 독립적으로 진행된다는 것을 의미한다. 바로 이 '문제의 재구성'이 창의적 사고를 연구하는데 문제 해결의 핵심요소로 생각된다.

재구성이란 문제에 대해 갖고 있는 표상(representation)을 바꾸는 과정이다.

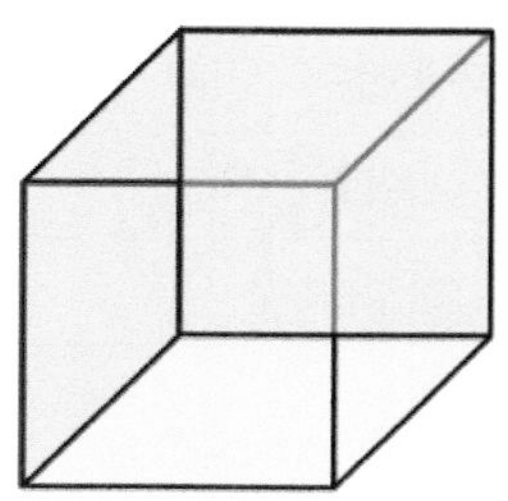

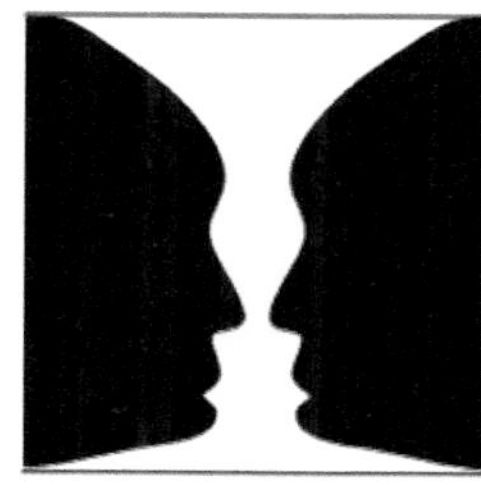

(a) 정육면체 (b) 루빈의 꽃병

[그림 10.4] 시각 정보의 재구성

10.1.4 창의성 교육과 학습

창의성 교육은 왜 필요한가? 교육이란 무엇인가? 창의적 학습이란 무엇인가?

교육의 한자는 '敎育'으로 매로 아이를 때려서 가르친다는 뜻이다. 영어, 독어, 프랑스어의

11 Rubin's vase: 덴마크 심리학자 Edgar Rubin(1886-1951)가 1915년에 개발한 인지적인 시각적 환각 현상.

어원은 모두 라틴어의 'educatio'로서 사람의 내부에 있는 능력을 찾아서 끌어낸다는 뜻이다. 중국에서는 교육의 수단으로 매를 강조하였고 유럽에서는 학생이 잘할 수 있는 것을 개발시킨다는 점을 강조하였다. 교육이란 잠재 능력을 개발하고 가능성을 키워줌으로써 개인이 보다 나은 삶을 영위하도록 인도하는 것이다.

창의성은 교육의 효과를 극대화시키는 도구이며 창의성 계발 자체가 교육의 중요한 기능 중의 하나이다. 창의성 계발이란 개인이 가지고 있는 능력을 최고조로 발현되도록 도와주는 과정이다. 학습이란 경험한 결과가 지속되는 유기체의 행동의 변화이다.

(1) 창의적 교육과 학습의 원리

창의성 신장을 위한 교육과 학습의 원리는 <표 10.4>와 같이 다음 4가지이다.

〈표 10.4〉 창의성 교육과 학습의 원리

종류	내역	비고
개방성	새로운 영역을 탐색하려는 능력	사고 영역 확대
다양성	많은 아이디어 산출, 다각적 접근	사고의 한계 철폐
판단 유예	많은 정보를 확보한 다음에 평가	상상력 확대
통합성	기존 자료와 새로운 자료의 결합	새로운 관점 확대

(2) 창의적 사고 기법

사람은 창의성을 갖고 태어나는가 아니면 훈련으로 얻는 것인가? 지금까지 여러 가지 설들이 있으나 확실한 것은 사람은 누구나 창의성을 가지고 태어난다는 점과 노력하면 창의성이 증진된다는 점이다. 창의성이란 어려운 능력이 아니다. 과거 경험에 비추어 다른 것을 미루어 짐작하는 것이 창의성이다. 처음 보는 휴대폰을 사용할 때 과거에 다른 것을 사용하던 경험을 기반으로 여러 가지 기능을 시도하는 것이 창의성이다. 이런 창의적 사고 기법을 늘 염두에 두고 적용하면 창의성이 증진될 수밖에 없다.

창의적 사고 기법을 계발하는 데는 다음과 같이 두 가지 방법이 있다.

① 창의성이 뛰어난 사람들이 아이디어를 찾는 방법을 배우는 것이다.
② 현재 사용되고 있는 창의적 사고 기법들을 이용하는 것이다.

첫째 방법은 에디슨, 워싱턴, 허준과 같은 위인들의 기록(위인전, 소설, 역사 서적 등)을 많이 읽고 그 내용을 깊이 익혀서 사용하는 방법이다. 존경하는 인물을 많이 연구하고 그 인물이 내 경우에는 어떻게 행동했을까를 연구하는 것도 한 가지 방법이다.

둘째 방법은 다음과 같은 기법들이 있다.

- 유추적 사고와 은유적 사고를 한다.
- 현재의 아이디어를 변형, 조합, 개선한다.
- 목표를 설정하고 필요한 조건들을 줄여가면서 역순으로 문제를 해결한다.
- 주어진 문제가 수백 년 후에 어떻게 해결될지 자문한다.

구체적인 창의적 사고의 기법을 살펴보면 <표 10.5>와 같다

〈표 10.5〉 창의적 사고 기법

창의적 기법	내역	비고
브레인스토밍	많은 사람들이 자유 토론	판단 유보, 비판 불허
속성열거법	다양한 속성 열거	변형과 개선
장점과 단점열거법	장점과 단점의 새로운 조합	새로운 변화
체크리스트법	모든 경우의 나열과 점검	아이디어 창출

10.1.5 창의성과 뇌과학

창의성이 활발하게 성과를 내려면 뇌가 잘 돌아가야 한다. 뇌는 각자 역할을 담당하고 있는 여러 개의 뇌로 구성되어 있으므로 이들이 협동하는 것이 중요하다. [그림 10.5]와 같이 기억을 담당하는 해마 옆에 공포와 기쁨을 담당하는 편도체가 있고, 그 위의 전두엽에 동기의 뇌

가 있고 두뇌를 덮고 있는 신피질이 이성적인 사고를 담당한다. 감정의 뇌인 변연계는 포유류 시절에 만들어졌으므로 구피질[12]이라고도 한다.

창의성을 잘 발휘하려면 감정의 뇌인 변연계가 기억 활동을 잘하고 이성의 뇌인 신피질이 사고력을 잘 구사해야 한다. 신피질의 사고력과 구피질의 기억력이 협력해야 한다. 해마가 기억 활동을 잘하기 위해서는 그 옆에 있는 편도체가 기분 좋게 돌아가야 한다. 구피질이 잘 돌아가면 이성의 뇌가 활성화되고, 신피질이 활성화되면 구피질이 기억 활동을 잘할 수 있다. 이와 같이 두뇌는 서로 연관되어 돌아가는데 중요한 것은 기분이 좋고 긍정적일 때 활성화가 잘된다.

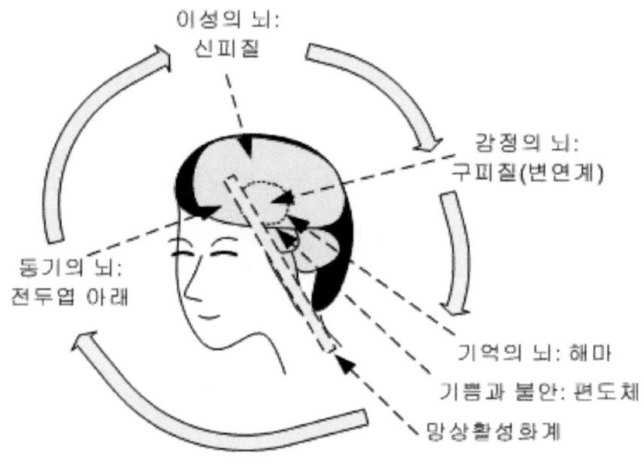

[그림 10.5] 창의성과 뇌의 활성화

[그림 10.5]와 같이 동기의 뇌가 이성의 뇌와 함께 활성화되기 때문에 공부나 일을 잘하려면 동기 부여가 중요하다. 강제로 공부나 일을 시키면 신경전달 물질이 부족해서 성과가 오르지 않는다. 지도자의 역할은 동기 부여를 잘해서 모든 사람들의 뇌를 활성화시키는 일이다. 엉뚱한 말을 한다거나 틀린 말을 한다고 말을 막는 것은 창의성을 막는 일이다.

망상활성화계는 신피질이 정보를 처리할 때 구피질, 시상 등의 다른 조직과 정보를 통신하기 위하여 사용하는 정보고속도로이다. 망상활성계는 신피질이 정보를 처리할 때 깨어 있으면서 맑은 정신을 유지하고 각성시키는 역할을 한다. 수면제를 먹으면 잠이 오는 것은 망상활

12 구피질(paleocortex): 대뇌피질은 계통 발생적으로 구피질, 고피질, 신피질의 순서로 생성되었다. 구피질과 고피질을 합하여 변연피질이라고 한다.

성화계를 억제시키는 것이고, 각성제를 먹으면 정신이 깨는 것도 망상활성화계를 활성화시키는 것이다. 감정이 복잡해지고 어려워지면 망상활성화계도 억제되어 주의력이 산만해지고 기억 기능도 감소한다.

법구경[13] 제1장 쌍서품(雙徐品) 1절과 2절에 다음과 같은 구절이 있다.

1절
마음은 모든 일의 근본이다.
마음이 주가 되어 모든 일을 시키나니
마음속에 부정적인 생각을 하면
그 결과도 그러하리라
그 때문에 괴로움이 그를 따르리
마치 수레를 따르는 수레바퀴처럼

2절
마음은 모든 일의 근본이다.
마음이 주가 되어 모든 일을 시키나니
마음속에 긍정적인 생각을 하면
그 결과도 그러하리라
그 때문에 즐거움이 그를 따르리
마치 형체를 따르는 그림자처럼

법구경에 나오는 이 말들은 현대 뇌과학으로 보았을 때 매우 적절한 말이다. 2천 년 전 옛 사람들도 뇌의 역할과 기능을 과학적으로 이해하고, 긍정적/부정적인 생각과 신경전달 물질과의 관계 그리고 신경전달 물질의 사회적 역할을 이미 알고 파악한 것 같다.

---

13 법구경(法句經): 서기 원년 전후의 인도의 법구(法救)가 인생에 지침이 될 만큼 좋은 시구(詩句)들을 모아 엮은 불교 경전.

10.2 예술

예술이란 무엇인가? 고대사회에서 예술이란 재료를 이용하여 물건을 만드는 기술을 의미했다. 그리스어로 'teche'나 라틴어로 'ars'는 모두 기술을 의미하는 단어이다. 고대에는 공업이 발달하지 못했기 때문에 물건을 만드는 기술이 귀하고 중요했을 것으로 생각된다. 따라서 사람이 물건을 생산하고 제작하거나 재주나 기교를 부리는 것을 높이 평가하여 기술이라고 하였다. 기술자들이 만드는 물건은 대부분 귀족 등의 권력자들을 위한 것이므로 높은 수준의 기술이 필요했을 것이다. 이러한 높은 수준의 기술이 후대에 이르러 예술로 승화했을 것이다.

(1) 예술의 의미

예술과 기술의 차이는 무엇인가? 예술은 사람의 미적 감각을 자극하는 작품을 만드는 활동과 결과이고, 기술은 정신 외적인 것을 만드는 능력이다. 그런데 예술의 어원을 보면 기술을 의미하기도 하고, 요즈음 사용하는 말로 미술을 의미하기도 하며, 예술가들이 벌이는 작업을 의미하기도 한다. 기술이 과학 이론을 인간 생활에 적용하여 물질을 풍요롭게 하는 수단이라면 예술은 기술에 아름다움을 부가하여 인간의 정신을 풍요롭게 하는 수단이라고 할 수 있다.

예술과 외설의 차이는 무엇인가? 예술과 외설의 시비는 오랜 역사를 가지고 있다. 예술은 아름다움을 표현하려는 인간의 활동과 그 결과물인데 외설도 활동 과정과 결과가 크게 다르지 않다. 다만 외설의 목적은 사람의 성욕을 함부로 자극하는데 있다고 한다. 그러나 외설을 만든 사람이 자신의 작품이 성욕을 함부로 자극했다고 인정하겠는가? 예술품도 인간의 성욕을 함부로 자극할 수 있다고 주장하면 다시 애매해진다.

중국에서는 예술(藝術)의 의미가 조금 다르다. 중국의 육예(六藝)는 禮, 樂, 射, 御, 書, 數로서 예절, 음악, 궁술, 마술, 서도, 수학 등을 의미한다. 술(術)은 나라 안의 길(道)을 의미하며 어려운 과제를 해결할 수 있는 능력으로 기술을 의미한다. 중국에서 관리(士)가 되기 위해서는 육예를 공부해야 했다. 공자(公子)[14]가 살았던 춘추전국시대(春秋戰國時代)[15]에는 문

14 공자(公子, BC551~BC479): 중국 노나라 출생으로 유교의 시조.

15 춘추전국시대(春秋戰國時代): 기원전 8세기에 기원전 3세기까지. 중국의 주(周)나라에서 한(漢)나라가 건국하기 이전까지의 전쟁과 혼란의 격변시대.

(文)과 무(武)의 구별이 없었으므로 선비들도 말을 타고(御,) 활을 쏘아야(射) 했다.

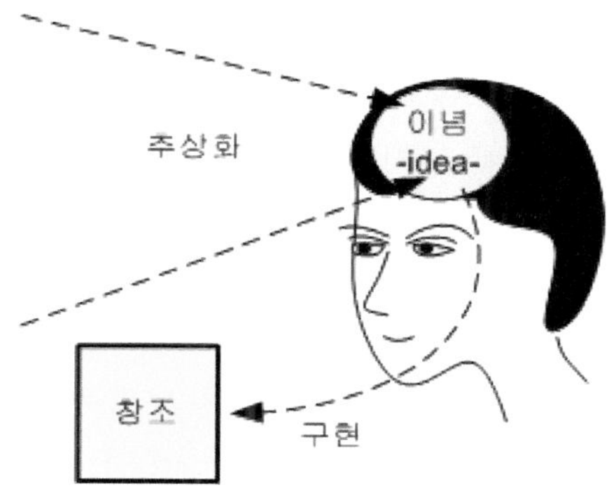

[그림 10.6] 이념과 창조

기술이 발달하면서 예술은 공업화된 기술과 거리를 두고 발전하기 시작하였다. 현대사회에서 예술은 인간이 자신의 미적 이념을 경험의 세계에서 나타내는 표현 활동과 그 결과물이라고 한다. [그림 10.6]과 같이 이념(理念, idea)이란 순수한 이성이 추상화 과정을 통하여 얻는 최고의 개념이고 창조(創造)란 이념을 현상계에서 구현하는 것을 말한다. 추상화(抽象化, abstraction)란 사물들의 공통점을 찾아서 그 사물들을 대표할 수 있는 하나의 완벽한 이념으로 만드는 과정이다. 이것을 정리하면 예술이란 완전하고 아름다운 이념을 현상계에서 창조하는 활동이다.

(2) 예술의 정의와 역할

예술에 대한 정의는 수천 년 전부터 있었으나 조금씩 변화하고 있다. 플라톤은 국가론(Republic)[16]에서 예술을 다음과 같이 정의하였다.

> 예술이란 열등한 것을 모방해서 더 열등한 것을 만드는 것이다.

16 국가론(國家論, Republic): 철학과 정치에 관한 플라톤의 저서. 소크라테스 주도의 대화체로 작성.

여기서 '열등한 것'이란 참된 실재의 세계와 대립되는 현상계에 있는 사물을 말한다. 현상계란 우리가 감각적으로 느끼고 활동할 수 있는 경험의 세계이다. 플라톤(Platon)[17]의 이데아론에 의하면 본체계는 실재하면서 이상적이며 합리적인 정신세계이고 우리가 경험하는 현상계는 감각적이고 육체적인 물질세계이다. 플라톤은 정신적인 이데아의 세계를 존중한 반면에 육체적인 경험의 세계를 경시하였으므로 예술을 포함하여 모든 물질과 물리적인 활동은 열등하다고 보았다.

플라톤이 생각하는 예술이란 감각의 세계만 대할 뿐 단지 흉내에 그치고, 이데아에는 근접조차 할 수 없다고 본다. 예술가는 아름다운 것을 그럴듯하게 모방할 수는 있으나 아름다움 자체에 이를 수는 없다고 생각했다. 결론적으로 예술가들이 하는 일이란 열등한 것을 모방해서 완벽하게 모방하지도 못하고 더 열등한 것을 만든다고 평가한 것이다.

아리스토텔레스(Aristoteles)[18]는 그의 저서 시학(Poetica)[19]에서 시는 역사보다 더 철학적이기 때문에 중요하다고 주장했다. 역사가 개별적인 것을 말한다면 시는 보편적인 것을 말하기 때문이라고 했다. 아리스토텔레스는 시를 포함하여 예술은 개연성과 보편성을 가지고 있으므로 철학이 될 수 있다고 주장하였다. 아리스토텔레스의 입장은 플라톤의 입장과 상당한 거리가 있다. 플라톤은 예술이 정열을 불러일으키고 이성을 해치고 여성적인 태도를 취하게 하므로 이성적인 철학과 상반된다고 생각했다. 아리스토텔레스는 플라톤의 모방론을 받아들여 상당히 확장된 개념으로 발전시켰다. 그리고 지식의 습득도 모방에서 출발하는 것이며 모방을 통하여 쾌감을 얻는다고 하는 미적 쾌감에 대한 경험주의적인 주장을 하였다. 중세에 파스칼(Pascal)[20]은 예술을 다음과 같이 정의하였다.

> 감탄하지 않는 실물을 그려서 사람들을 감탄하게 만드는 일이다.

파스칼은 예술을 이와 같이 높이 평가하였고 근세의 칸트(Kant)[21]는 예술을 사물에 대한 아

---

17 Platon(BC 428~BC 348): 고대 그리스 아테네 출신의 철학자. 소크라테스의 제자. 초월적인 이데아의 세계를 존중.

18 Aristoteles(BC384~BC322): 고대 그리스 철학자. 플라톤의 제자로서 현실주의적 입장.

19 시학(詩學, Poetica): 아리스토텔레스의 저서. 예술의 모방설 등을 수록.

20 Blaise Pascal(1623~1662): 프랑스 철학자, 수학자, 물리학자. 파스칼의 법칙과 적분법 창안자.

름다운 표현이라고 평가하였다.

19세기에 들어서 기술이 발전하고 예술품에 대한 복제가 보다 완벽해지고 대량화가 가능해지면서 예술에 대한 시각이 변하게 되었다. 카메라가 보급되자 정밀한 그림을 대량 복제하게 되었으며 영사기가 보급되자 어느 영화가 원본이고 어느 영화가 복제본인지 알 수 없게 되었다. 예술품의 원본이 가치를 잃게 되고 예술에 대한 전반적인 검토와 함께 극적인 변화가 찾아온다.

예술은 사람들에게 감정이나 사상을 전달하고 사람들을 결합시키는 수단이 된다. 과학이 같은 역할을 한다고 해도 과학은 개념으로 설명하고 예술은 미적 형상으로 설명한다. 예술의 핵심은 '아름다움'이므로 아름다움이 결핍되거나 상실되면 예술이라고 할 수 없다. 그러나 아름다움만으로는 예술이라고 할 수 없으며 어떤 '형상'에 의해 표현되어야만 예술이라고 할 수 있다.

이 장에서는 발터 벤야민과 장 보드리야르의 사상을 중심으로 현대사회에서 예술품의 기술복제와 윤리를 살펴보기로 한다.

10.2.1 복제 시대의 예술

〈발터 벤야민(Walter Benjamin)[22]의 '기술복제시대의 예술품'을 중심으로〉

예술 작품은 오래 전 종교적 의식의 일환으로 탄생하였으므로 오랫동안 일회적이고도 신비로운 독창성(originality)이라는 권위를 지니고 있었다. 독창성은 관객과 거리감을 두게 하는 일종의 권위로 처음부터 관객은 이런 권위를 인정할 수밖에 없었다. 신의 얼굴을 함부로 쳐다볼 수 없듯이 예술 작품 속의 종교적인 상도 쉽게 접근할 수가 없었다.

카메라가 출현하여 화가의 그림보다 더 정확하게 사실을 묘사할 수 있게 되었고 한 장의 원판으로 많은 사진을 복제할 수 있게 되었다. 화가의 역할은 자연을 있는 그대로 그림으로 표현하는 것이었는데 사진 기술의 발달로 회화가 상실된 것이다. 그렇다면 사진은 예술성이 있

21 Immanuel Kant(1724~1804): 독일의 철학자. 근세의 철학(경험론과 합리론)을 집대성.

22 Walter Benjamin(1892~1940): 유태계 독일의 철학자, 문학평론가, 마르크스주의자. 1936년'기술 복제 시대의 예술 작품'논문 발표.

는 것인가? 원본과 사본의 차이도 없고 동일한 사진이 수없이 많은데 모두 예술품이라고 할 수 있는가?

기차가 발달하면서 영상에 커다란 변화를 가져왔다. 기차가 달릴 때 차창 밖으로 보이는 풍경이 파노라마처럼 끊임없이 바뀌며 변화한다. 창밖의 무한한 풍경의 파노라마는 움직이는 영상에 대한 욕구를 가져왔고 영상장비의 개발을 이끌었다. 1800년대 후반에 개발되기 시작한 영상장비는 1891년에 에디슨의 거대한 영상장비를 거쳐서 1895년에는 뤼미에르(Lumière)[23]의 '시네마토그래프'라는 현대식 촬영장비가 개발되었다. 영사기가 출현하여 창밖의 파노라마와 같은 풍경을 동일한 활동사진으로 수없이 만들 수 있게 되었다.

수천 수백 개의 영화관에서 동시에 개봉되는 영화는 어느 것이 진짜이고 어느 것이 가짜인가? 영상장비가 발전하자 공산주의와 파시즘이 적극적으로 영화를 정치 선전에 이용하였다. 영상장비와 시설은 고가였으므로 독점적으로 촬영하고 편집할 수 있었다. 공산당은 프롤레타리아 계급의 의식화를 차단하기 위하여 영상장비를 활용하였고 자본가는 기득권을 유지하기 위하여 영상장비에 투자하였다.

과거의 예술 작품은 목판화, 동판화, 주조처럼 수공업적으로 재생산이 가능하였지만 대량 복제는 어려웠다. 그러나 사진술과 인쇄술의 발달로 이제는 대량으로 복제할 수 있게 되었다. 디지털 시대가 되면서 모든 자료가 디지털 매체로 환원되어 기술복제는 더욱 가속화되었다. 전에는 숫자와 문자만 디지털로 처리되었으나 요즘은 소리, 영상, 동영상 등의 매체가 모두 디지털화 되면서 거의 모든 정보가 컴퓨터로 가공될 수 있게 되었다. 이것은 모든 예술품을 완벽하게 대량으로 복제할 수 있다는 것을 의미한다. 과거에는 영화를 찍으면 원본 필름으로 복제 필름을 만들어 배포하였는데 아날로그 자료이므로 복제할수록 영상 품질이 나빠져서 복제에도 한계가 있었다. 그러나 지금은 디지털 자료이기 때문에 아무리 복제해도 품질이 동일하므로 원본과 복제본의 차이가 없다.

(1) 아우라

아우라(aura)는 사람이나 물체에서 발산하는 기운이나 영기(靈氣)를 의미했으나 예술 작품에서는 흉내 낼 수 없는 고고한 분위기를 말한다. 다시 말하면 예술품이 살아 숨 쉬는 생명

23 Auguste et Louis Lumière(1862-1954): 프랑스의 영화기 발명가 형제.

력, 영혼이 교감되어 몰입할 때 일회적으로 나타나는 분위기라고 한다. 아우라는 원래 후광, 광채 등의 의미를 가진 그리스어이다. 예배의 대상물이 가진 장엄함을 나타내는 종교 용어였다. 벤야민은 이 아우라를 "아무리 가까워도 아득히 멀리 존재하는 하나뿐인 현상"이라 불렀다. 예술작품은 원래 종교와 깊은 관계에서 출발하였다. 교회에 있는 그림을 보는 것은 절대적인 신을 마주하는 것이며 아우라를 경험하는 것이다.

이상과 같은 여러 가지 의미를 정리하면 아우라의 정의는 다음과 같다.

예술 작품의 원본이 내뿜는 고고한 예술적 향기이다.

과거에는 예술품의 아우라가 존재하고 인정받았지만 현대사회에서는 원본이 없어졌으므로 아우라가 상실되어 예술이 붕괴된 사회라는 것이다. 과거에는 '모나리자'의 복제가 아무리 많아도 원본은 하나였으므로 루브르 박물관에는 사람들이 구름처럼 몰려서 관람을 했다. 그러나 현대사회는 처음부터 원본이 없는 사회다.

가수가 음반에 노래를 취입하기 위하여 녹음을 하려면 같은 소절을 수없이 나누어 부른다. 가장 잘 부른 소절을 취사선택하여 음반을 만들기 때문에 처음부터 원본이란 존재하지 않는다. 편집실에서 수없이 짜깁기 하는 과정에서 수많은 노래가 생산되므로 원본이 있다면 수없이 많이 있다. 영화를 찍을 때도 같은 장면을 수없이 반복해서 찍어놓고 편집실에서 짜깁기해서 필름을 만들어내므로 처음부터 원본은 없었다.

연극과 영화에서는 배우와 관객 사이에 마이크가 끼어들고 카메라가 개입하여 배우와 관객들 사이에 교감이 사라지고 아우라가 상실되었다. 연극과 영화가 통일된 예술 활동이 아니라 조각난 에피소드의 집합처럼 되어 버렸다. 가수가 노래를 부르지 않고 립싱크(lip sync)하는 것과 영화배우 대신에 성우가 대사를 연기하는 것이 대표적인 실례이다. 연극과 영화는 전통적인 예술 작품이 지니는 아우라를 상실하였다.

오디오산업과 영화산업에서 흔히 대두되는 '스타 숭배 현상'은 오로지 사라진 아우라를 대신하기 위해서 나타난 현상에 불과하다. 가수는 관객 앞에서가 아니라 마이크라는 기구 앞에서 연기를 한다. 영화배우는 카메라 앞에서 연기한다. 카메라가 영화배우를 기술적으로 테스트해야 관객은 그 배우의 연기를 접할 수 있다.

(2) 예술의 미래

예술의 특성은 독창성(originality)에 있는데 벤야민이 말한 대로 복제기술은 독창성의 신화를 깨뜨리고 근대 사회 시민들의 평등의식으로 연결되었다. 아우라는 예술이 종교적 숭배의 대상이었던 시절의 유물이 되었다. 벤야민은 아우라의 파괴를 긍정적으로 보았다. 예배 가치를 잃은 원작은 이발소에 걸린 밀레의 '이삭줍는 여인' 같은 복제 그림처럼 전시 가치(상품 가치)만 갖게 되었다. 그러나 보수적 예술 관념에 억눌린 인간의 창조력을 해방시켜주었다. 벤야민은 새로운 미디어가 대중의 지각을 훈련시키고, 비판 의식을 일깨우며, 대중을 예술적 수용과 연출의 주체로 세울 것이라고 예상했다. 벤야민은 보드리야르와 다르게 복제에 대해 매우 긍정적인 주장을 하였다.

사진은 하나의 과학이기 때문에 표현상의 새로운 분야를 개척하여 복제 예술이라는 장르를 형성하고 있다. 카메라는 인간의 고정된 시점을 해방시켜 먼 공간을 끌어당기고 늘리기도 한다. 카메라는 각도에 따라 대상의 모습을 다양하게 변화시키고 의미도 다르게 전달한다. 정밀한 표현력을 이용하여 다른 세계로 감정이입을 촉발하기도 한다. 사진은 새로운 기호로 역할을 수행하고 있으며 이와 함께 영화도 새로운 기호로 더 많은 역할을 수행하고 있다. 3D 영화의 출현은 이와 같은 역할을 더 많이 할 것으로 예상된다. 이것이 바로 벤야민이 기대하는 예술 세계이다.

10.2.2 소비 시대의 예술

〈장 보드리야르(Jean Baudrillard)의 '소비의 사회', '시뮬라크르와 시뮬라시옹'을 중심으로〉

장 보드리야르는 현대인은 물건의 기능보다 기호를 소비한다는 소비 이론과 복제된 가짜가 현실을 대체한다는 모사 이론을 주장하였다. 원본과 복사본, 현실과 가상현실의 경계와 구분이 없어진 현대사회를 '복제의 시대'라고 평가하였다. 그는 '포스트모더니즘의 큰 별' 또는 '하이테크 사회이론가'라고 불리는 포스트모더니즘(postmodernism)[24]의 대표자이다.

24 postmodernism: 1960년대에 일어난 문화운동. 후기구조주의에서 시작하여 근대 합리주의에 반기를 든 시대 이념. 데리다, 푸코, 라캉, 리오타르에서 시작.

(1) 소비의 사회

장 보드리야르[25]에 의하면 현대사회는 생산이 아니라 소비가 중심인 사회라고 한다. 과거에 산업화가 이루어지지 않았을 때는 모든 나라의 국민들이 가난하게 살았다. 1789년에 프랑스 혁명이 일어났던 시대를 배경으로 하는 자료들을 보면 그 당시 프랑스 국민들이 매우 가난하게 살았음을 알 수 있다. 산업혁명은 1700년대 중반에 영국에서 시작하여 유럽 국가에서 천천히 진행되고 있었으므로 프랑스 혁명 때에는 경제적으로 어려운 시기였다. 인류 역사의 대부분은 생산 부족으로 고생하던 사회였다. 그러나 산업화가 진행되면서 원료 공급이 원활하게 되어 생산하기만 하면 판매는 걱정할 필요가 없게 되었다. 생산 부족을 해결하는 방법이 소품종 대량생산체제였다.

20세기 들어서는 산업화가 많이 진척되어 생산이 너무 잘되더니 오히려 생산 과잉이 문제가 되는 사회가 되었다. 산업화된 선진국들은 공급과잉으로 인한 불황과 공황을 걱정하게 되었다. 공산주의자들은 자본주의는 체제상의 모순 때문에 멸망한다고 주장하였는데 그 모순이란 불경기와 공황을 의미하였다.

산업사회에서는 공급과잉을 해소하는 방안으로 소비를 미덕으로 찬양하더니 소비가 중심인 사회로 변모하였다. 상품을 실용적인 차원에서 구매하고 소비하는 것이 아니라 소비를 통하여 성공과 권위를 과시하고 즐기는 사회가 되었다. 상품은 효용성이 아니라 지위와 위세를 나타내는 일종의 기호가 되었고 소비는 사회적 존재를 인정받기 위한 물화[26]의 핵심이 되었다. 우리가 매일 접하는 상품이란 공해, 레저, 섹스, 광고, 대중매체 등이며 현대인들은 그런 재화의 소비를 통해 성공과 권위를 과시하고 즐긴다.

보드리야르의 사물에 대한 기호론적 사고는 마르크스의 가치론에 대한 비판으로부터 시작된다. 마르크스의 가치론은 사용가치와 교환가치 두 가지가 있다.

사용가치는 사물의 유용성의 측면이고 교환가치는 상품가치 자체를 의미한다. 실생활에서 사용하는 부엌칼이나 연필 깎는 칼은 사용가치가 있고 백화점이나 상점에서 파는 칼은 상품

---

25 Jean Baudrillard(1929~2007): 프랑스의 철학자, 사회학자. 낭테르대학 사회학과 교수. 미디어와 소비 이론으로 유명. '소비의 사회', '시뮬라크르와 시뮬라시옹'의 저자.

26 物化: 인간이 유기적 통일체가 되지 못하고 물건처럼 소유할 수도 있고 내다 팔 수 도 있는 사물로 변하는 현상. 상품이 노동의 가치가 아니라 단순한 교환 가치로만 존재하는 현상.

으로 교환가치가 있다. 보드리야르는 사용가치나 교환가치로 바꿀 수 없는 상징가치와 기호가 있다고 주장한다. 예를 들어 결혼 반지는 사용가치나 교환가치로 설명할 수 없는 상징적인 의미를 가지고 있다. [그림 10.7]과 같이 조선시대 양반들의 필수품인 은장도는 선비와 여성의 정절을 상징한다. 장군으로 승진하면 대통령으로부터 하사받는 삼정도는 어느 가치로도 설명할 수 없는 기호품이다.

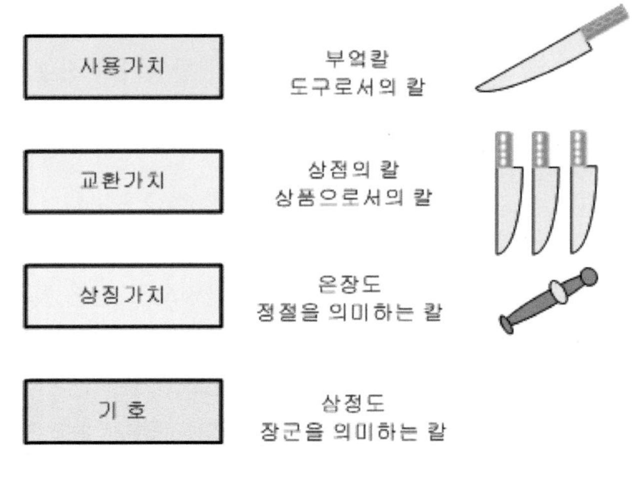

[그림 10.7] 보드리야르의 기호론

(2) 시뮬라크르와 시뮬라시옹

보드리야르는 저서 '시뮬라크르와 시뮬라시옹(Simulacre et Simulation)'에서 현대사회는 모사된 가짜가 실재를 대체하는 사회라고 주장하였다. 영화, 방송, 광고 등 모두가 원작이 아니라 복제된 영상이다. 다시 말하면 가짜가 진짜처럼 행세하는 사회라는 것이다. 진짜보다 더 진짜처럼 보이는 것을 만들어서 대중을 속이면 권력을 놓치지 않을 것이라고 한다. 이 세상의 모든 가치는 모사되었으며 진짜는 보이지 않고 진짜처럼 보이는 것만 존재한다는 것이다. 어느 곳에도 진실은 존재하지 않고 속이는 것의 연속이다. 돈에 속고 사람에 속고 사랑에 속고 권력에 속는다. 사람의 능력 중에서 가장 뛰어난 능력이 남을 속이는 것이라는 주장도 있다.

사진은 시뮬라크르이다. 화가가 제작한 판화에도 원판에 가까운 순서대로 번호를 매기는데 필름에서 인화한 수많은 사진들에서는 어느 것이 원본이고 어느 것이 복제본인가? 원본이 없거나 모든 것이 원본이다. 이렇게 원본이 없는 복제나 복제한 것의 복제를 시뮬라크르라고 한다.

신문과 방송은 매 시간마다 무엇을 보도하는데 이것도 조작의 연속이다. 무엇을 보여주고 보여주지 말지를 선택적으로 한다. 존재한다고 해도 사실이 아니고 사실이라고 해도 존재하는지 알 수가 없다. 사실이 존재하려면 보도되어야 하고 카메라에 복제되어야 하는데 미디어로 복제되지 않으면 사실이 존재하지 않는다.

원본의 형태보다 복제의 형태가 더 중요해지면서 현실이 복제를 베끼는 사태가 발생한다. 보드리야르는 가상이 현실을 위협하는 것을 얘기했다. 보드리야르는 가상 세계가 먼저 있고 현실이 가상 세계를 위협하는 거꾸로 된 신세가 되었다고 주장한다.

영화 '매트릭스(Matrix)'에서 현실세계의 네오, 트리니티, 모피어스 등은 가상세계의 스미스 일당에게 쫓긴다. 네오와 같은 현실세계의 주인공들은 가상세계에 침범한 벌레가 되고 가상세계의 스미스 일당은 벌레를 잡기 위하여 공격한다. 영화에서 책 한 권을 건네주는 장면이 있는데 그 책의 제목이 바로 보드리야르의 '시뮬라크르와 시뮬라시옹'이다. 영화 '매트릭스'의 사상적 배경이 바로 이 책의 저자이다. 보드리야르는 가상으로 인하여 현실이 위협받고 있다는 사실을 인지하지 못하는 현대사회를 비판하고 있다. 가짜들이 진짜를 위협하므로 진짜가 저항하는 사회다.

10.3 지적재산권과 윤리

한국의 산업별 명목 GDP 비중을 보면 2013년에서 2018년까지 5년간 농림어업비중은 2.12%에서 1.75%로 18%가 감소하였고, 저작권 산업의 비중은 8.44%에서 8.91%로 6%가 증가하였다[27]. 미국은 같은 기간에 11.47%에서 11.59%로 증가하였다. 선진국일수록 저작권의 비중이 높다. 따라서 산업혁명이 진행될수록 지적재산권의 중요성이 증가하고 있으므로 이를 위한 창의성과 독창성 개발이 더욱 요구된다.

좋은 사람이란 어떤 사람인가? 어떤 사람의 주장에 의하면 얼굴과 낙하산은 펴져야 산다고 한다. 무표정, 무관심, 무반응은 좋은 사람과는 거리가 멀다. 사랑과 애정과 인간미가 풍기는 사람이 좋은 사람의 기본적인 조건이다. 좋은 사람 또는 좋아 보이는 사람에게는 적이 없다.

27 한국저작권위원회: https://www.copyright.or.kr/information-materials/statistics/GDPByIndustry/index.do

좋은 사람의 특징은 다른 사람과 갈등이 적다는 점이다. 예의바른 사람이란 다른 사람과 갈등을 만드는 일이 적은 사람이다.

긍정적인 표정은 긍정적인 사고를 야기하고 긍정적인 사고는 신경전달 물질을 원활하게 생산하여 사고력을 높이고 좋은 결과를 가져온다. 부정적인 사고는 그 반대이다.

윤리는 왜 필요한가? 윤리가 없으면 어떻게 될까? 윤리를 지키고 따르자고 하는 것은 왠지 자유를 억제하는 것 같아서 답답하다는 기분이 든다. 어떤 사람들은 윤리를 지키지 않으면 다른 사람들에게 피해가 가기 때문에 남을 위해서 지킬 필요가 있다고 말한다. 과연 그럴까? 윤리는 '사람으로서 마땅히 행하거나 지켜야 할 도리'라고 하는데 내가 지키지 않으면 다른 사람이 손해를 볼까? 그렇다면 나를 위해서는 지킬 필요가 없는 것이 윤리란 말인가?

T·I·P 미국인과 이민자의 'I am sorry'

미국의 한 여론 조사에 의하면 'I am sorry'라는 말을 많이 하는 사람들일수록 소득수준이 높다고 한다. 자신이 잘못하지 않았어도 먼저 'I am sorry'라는 말을 많이 하는 사람들 역시 소득수준이 높았다고 한다. 왜 소득이 높은 사람일수록 남에게 미안하다는 말을 먼저하고 잘못을 하지 않았어도 잘못했다고 말하는 것일까?
미국에 사는 교포들의 말에 의하면 가급적 'I am sorry'라는 말을 하지 말라고 한다. 그 이유는 그 말을 하면 모든 사고의 책임을 져야 하기 때문이라고 했다. 책임을 회피하라는 의미에서 무조건 미안하다는 말을 하지 말라는 것이었다.
이것은 여유 있는 사람들의 자세와 초기 이민자들의 어려운 현실을 반영하는 것이다.

■ 예절의 사례

1980년에 IBM은 개인용 컴퓨터(PC) 시장에 진출하기 위해서 운영체제를 납품할 소프트웨어 회사를 찾고 있었다. 당시의 IBM은 세계에서 최고로 영향력이 큰 기업이었다. 이 업무를 맡은 담당 이사는 유수한 소프트웨어 회사들을 조사하고 최종 결정을 앞두고 어느 회사를 방문하였다. 그런데 방문을 받은 회사의 사장은 얼굴도 내비치지 않았다. 상대방의 무례한 태도에 실망하고 다른 회사를 찾아다니게 되었다. 어느 날 담당 이사는 설립 된지 얼마 안 되어 지명도가 덜한 MS사를 방문하게 된다.

그 당시 빌 게이츠(Bill Gates)[28]는 이제 막 시작하는 스타트업 회사의 젊은 기술자로 청바지를 입은 간편한 차림으로 근무하고 있을 때였다. 그러나 보수적인 IBM 간부가 방문한다는 말을 듣고 정장을 입고 정중하게 맞이했다고 한다. 그런 빌 게이츠의 태도에 감동을 받은 IBM 이사는 그에게 일을 맡겼고 MS-DOS가 탄생한다. 그 이후 빌 게이츠는 탄탄대로를 걷게 된다.

도덕이란 '인간이 지켜야 할 도리 또는 바람직한 행동의 기준'이라고 하는데 윤리와 도덕은 어떻게 다른가? 도덕이란 말이 유교에서 종교적인 용어로 사용된 것을 제외하면 실제 의미는 윤리와 다르지 않다. 도덕과 윤리는 자연환경에 적응하고 집단생활에서 구성원으로 살아가는 방식과 습성에서 유래한다. 도덕(윤리)의 목적은 사회 구성원으로 공존하기 위하여 집단의 질서와 규범을 지키는 것이다. 하버마스(Habermas)[29]는 윤리란 사회적 갈등을 해결할 수 있도록 의사소통과 연관된 능력들을 작용하게 하는 역량이라고 설명하였다.

윤리와 도덕에 대한 지금까지의 이해를 바탕으로 다음과 같이 윤리를 정의할 수 있다.

더불어 생활하는데 필요한 갈등 해소와 의사소통 수단이다.

사람이 혼자 살아간다면 특별한 윤리와 도덕이 필요 없을 수도 있으나 다른 사람들과 공간을 공유하면서 사회생활을 한다면 갈등 해소와 의사소통을 위하여 마땅히 지켜야할 도리가 있을 것이다. 갈등을 잘 해소하고 의사소통을 잘하기 위해서는 사회마다 적절한 수단과 나름대로의 규칙이 필요할 것이다. 사람들이 모여서 잘살기 위하여 만든 것이 문화이므로 윤리는 문화를 유지하기 위한 수단이라고 할 수 있다.

사회 규모가 커지고 복잡해짐에 따라 법은 사회의 외적 규제로 작용하고 도덕은 개인의 내적 규제로 작용하는 것으로 분화되었다. 따라서 법은 국가권력을 지배하고 도덕은 사회의 보편적 원리를 지배하는 영역이 되었다.

---

28 Bill Gates(1955~): 미국 기업가, 자선 사업가. 폴 앨런과 함께 BASIC 언어 개발. 1975년 MS사 설립. 개인용 컴퓨터 운영체제인 DOS 개발.

29 Jürgen Habermas(1926~): 독일의 철학자, 사회학자. 프랑크프르트대학 교수. 아도르노, 마르쿠제가 주축인 프랑크프르트학파의 계승자.

10.3.1 지적재산권

산업혁명을 지속하기 위해서는 지적재산권 확보가 중요하다. 현재 산업사회에서는 특허권 분쟁에 의한 국제 소송이 난무하고 있다. 기술력이 아무리 좋아도 특허가 없으면 제품을 생산할 수 없으므로 생기는 일이다. 삼성전자와 애플의 스마트 폰 디자인에 대한 특허 분쟁은 한 때 전 세계를 뜨겁게 달구었다. 지적재산권은 지적 창작물에 부여된 재산권에 준하는 권리로 산업재산권[30]과 저작권[31]으로 구분된다. 산업재산권은 <표 10.8>과 같이 발명, 상표, 의장 등 산업관련 업계의 무형의 재산을 보호하기 위한 권리이고 저작권은 문학, 음악, 미술, 작품, 컴퓨터 소프트웨어 등의 재산을 보호하기 위한 권리이다. 지적재산권은 국제적으로 세계지적재산권기구(WIPO)[32], 세계무역기구(WTO)[33] 등 여러 기구에서 관장한다. 국내에서는 산업재산권을 특허청에서 저작권은 문화체육부 저작권위원회에서 관장하고 있다.

최근에 음악이나 저술 등에 관련된 표절 사건이 가끔 언론에 보도되어 비난을 받고 있다. 장관과 같은 고위 공직자들을 추천하는 과정에서 표절로 인하여 낙마하는 사건이 발생하기도 한다. 주로 서적이나 논문을 집필하는 과정에서 남의 저작물을 표절하거나 자기 표절로 인하여 곤란한 처지가 되는 것을 볼 수 있다. 표절 사건이 우리나라에서 자주 발생하는 이유는 두 가지가 거론되고 있다. 첫째, 어려서부터의 가정환경에서 비롯된다는 분석이 있다. 학교에서 수행 평가를 하기 위한 과제물을 부모와 가족들이 대신 작성해주는 것에 익숙해진 환경에서 자연스럽게 표절을 배운다는 주장이다. 둘째, 빈곤했던 시절 먹고사는데 급급해서 남의 저작물을 몰래 표절했던 경험이 습관화되어 계속 표절한다는 주장이다.

글을 쓰다가 남의 글을 인용할 때 원전을 밝히지 않으면 표절이 된다. 남의 글을 인용할 때는 반드시 어디에 있는 누구의 글을 인용했는지를 자세히 밝혀야 한다. 표절을 하면 저작권을 침해하기 쉽다. 그러나 인용한 원전을 자세히 밝혀서 표절을 면한다 해도 저작권의 기간을 위배한다면 저작권 침해가 된다. 따라서 남의 글을 인용할 때는 표절과 저작권 침해를 염두

---

30 산업재산권 industrial property: 산업 상의 이용가치를 특허법, 실용신안법, 디자인법, 상표법 등의 법률로 보호.

31 저작권 copyright: 인쇄술의 발전으로 생산된 출판물을 보호하기 위하여 1517년 베네치아에서 처음 법률로 보호.

32 WIPO(World Intellectual Property Organization): 1967년 설립. 1974년 UN의 전문기구.

33 WTO(World Trade Organization): 세계무역질서를 세우고 우루과이 라운드 협정의 이행을 감시하는 국제기구. 1995년 설립.

에 두고 조심해야 한다. 자신이 쓴 글이라도 원전을 밝히지 않으면 자기 표절이 된다. <표 10.8>은 지적재산권과 침해에 관련된 내용이다.

〈표 10.8〉 지적재산권 관련 용어

용어	내용
지적재산권	창작된 저작물의 경제 가치를 보호하기 위한 권리
산업재산권	산업 상 이용가치를 갖는 저작물에 대한 권리
저작권	학술과 예술 분야에 독창성이 있는 저작물을 보호하기 위한 권리
특허권	발명, 실용신안, 의장, 상표를 독점적으로 이용할 수 있는 권리
저작권 침해	남의 저작물을 법적으로 보호받는 기간 안에 사용하는 행위
표절	다른 사람의 저작물을 복제하여 자신의 저작물인 것처럼 공표하는 행위
자기 표절	자신이 이미 저술한 저작물을 새로운 창작물인 것처럼 공표하는 행위

지적재산권을 보호하는 법률은 많이 있으나 제대로 보호받지 못하는 이유는 국민들이 법을 지키고 권리를 보호해 주려는 노력이 부족하기 때문이다. 저작권은 예술, 학술, 기술 분야의 창작물인 저작물에 대하여 배타적인 독점적 권리를 인정하는 권리이다. 과거의 컴퓨터 프로그램보호법은 저작권법으로 통합되었다. 산업재산권은 산업 상 이용가치를 보호하기 위한 권리로서 특허법 등의 여러 가지 법률로 구성되어 있다. 지적재산권을 법률을 이용하여 적극적으로 보호하자는 저작권 보호(copyright) 운동과 달리 지적재산권을 공유하자는 저작권 공유(copyleft) 운동도 활발하다. CC(크리에이티브 커먼즈)[34]가 대표적인 기관으로 CCL[35] 라이선스를 제정하여 저작권 공유 활동을 펴고 있다.

10.3.2 윤리

윤리(倫理)는 사람이 살아가면서 마땅히 행하거나 지켜야 할 도리이다. 윤리학은 사회에서 사람과 사람의 관계를 규정하는 규범, 원리, 규칙과 같이 올바른 행동과 선한 삶을 다루는 학

34 CC(Creative Commons): 저작권의 부분적 공유를 목적으로 만든 비영리 기관.

35 CCL(Creative Commons Library): 자신의 창작물을 일정한 조건하에 자유롭게 이용하게 하는 라이선스.

문이다. 도덕의 목표는 개인적으로 인격을 함양하는 것이고 사회적으로 인간관계를 함양하는 것이다. 메타 윤리학이란 모든 윤리적 판단을 배제한 채 갈등과 대립을 해소시키기 위한 대화에서 사용되는 언어를 상호이해에 적합한 도구로 만드는 일이다.

〈표 10.6〉 상황윤리

분류	내역	비고
율법주의	모든 상황에서 보편적 윤리 규범을 따라야 한다.	절대주의
무법주의	특수 상황에서는 개인의 양심을 따른다.	상대주의, 상황윤리를 대표

상황윤리(狀況倫理, situation ethics)는 보편적인 윤리 규범을 부정하고 구체적인 상황에서는 개인이 처한 윤리적 상황을 스스로의 직관을 통해 식별해야 하는 무법주의와, 윤리 규범을 글자 그대로 따라야 한다고 주장하는 율법 제일주의로 구분된다. 율법 제일주의는 어떠한 상황에서도 적용될 수 있는 보편적인 윤리 규범이 있으므로 이 규범을 따라야 한다고 주장한다. 반면에 무법주의는 개인의 양심 판단을 유일하고 절대적인 행동 규범으로 인정하기 때문에 구체적이고 특수한 상황에서는 개인의 양심을 따라야 한다고 주장한다. 상황윤리는 <표 10.6>과 같이 두 가지로 구분하기도 하지만 보통은 무법주의를 의미한다.

프로이드의 정신 모델에서는 초자아와 무의식적인 요구 사이에서 의식적 자아가 조정을 해야 한다고 주장하였다. 인간은 시상-피질계의 초자아와 뇌간-변연계의 욕구 사이에서 [그림 10.8]과 같이 자율적으로 조정하는 기능이 있는데 이것이 바로 자아의 도덕적 자율성이라고 한다. 인간은 본능의 일부를 희생하고 부정해야 사회적 존재가 될 수 있다고 보았다.

윤리는 통시적인가 공시적인가? 인간이 사는 사회는 수렵사회에서 농경사회, 산업사회, 정보사회, 지식사회로 진화하고 있다. 인간의 윤리는 수렵사회에서나 지식사회에서나 변함없는 상태인가 아니면 사회에 따라서 윤리의 기준이 달라지는가? 어느 시대에는 절대 권력을 가진 왕에게 충성하는 것이 정의였는데 지금도 절대 권력자를 위하여 충성하는 것이 과연 정의인가? 2,000여 년 전에 공자는 부모에게 잘못이 있어도 자식이 우선적으로 부모를 따르는 것이 정의라고 가르쳤는데 지금은 어떻게 달라졌는가?

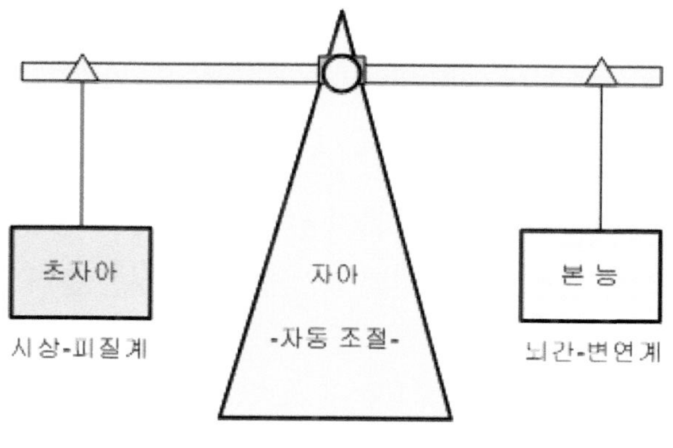

[그림 10.8] 도덕의 자율 기능

윤리에도 상대주의와 절대주의가 있어서 서로 상반된 주장을 하고 있다.

(1) 윤리적 상대주의

윤리적 상대주의는 윤리적 신념과 관습의 폭넓은 다양성을 인정한다. 시대와 상황에 따라서 가장 적합한 규범이 적용되어야 한다는 주장이다. 고대 그리스에서 소피스트(sophist)[36]들은 가치의 상대주의를 주장하였다. 소크라테스는 소피스트들이 상황에 따라서 이랬다가 저랬다 하는 것이 못마땅하였다. 소피스트들의 상대적인 생각을 비판하고 가치의 절대성을 주장하였다. 윤리적 상대주의는 상황윤리의 무법주의와 연관된다. 윤리적 상대주의의 문제점은 주관적이고 감성적인 주체들이 어떻게 보편적 합의에 이를 수 있는지를 설명하는 일이다.

(2) 윤리적 절대주의

윤리적 절대주의는 어느 시대 어느 사회에도 적용 가능한 보편적 도덕규범을 주장한다. 절대주의자들을 통칭하여 보편주의자, 실재론자라고 한다. 소크라테스는 윤리란 '올바른 행동이나 정의와 같이 사물의 본질에 관한 것이므로 그런 지식은 궁극적으로 자기 스스로 발견해야 한다'고 주장하였다. 윤리적 절대주의는 상황윤리의 율법주의와 연관된다. 절대주의의 문제점은 자신들만의 도덕적 가치를 모든 문화에도 적용하는 것이다. 예를 들어 이슬람과 기독교

---

36 sophist: 고대 그리스(BC 5세기~BC 4세기)에서 활약한 지식인들. 변론술과 입신출세에 대한 지식을 가르쳤으며 궤변론자라고도 함.

는 자신의 지배 지역의 주민들에게 종교를 강요한 반면에 몽고와 로마는 지배 지역의 주민과 국가에게 종교의 자유를 부여하였다.

윤리를 실생활에 적용하기 위해서는 도덕규범을 만들고 적용하는 실천 과정이 필요하다. 상황에 따라 가장 적합한 규범을 만들고 적용하는 것도 합리론자와 경험론자에 따라서 <표 10.7>과 같이 다르게 적용된다. 윤리의 통시성과 공시성은 윤리의 절대주의와 상대주의에 해당하는 개념이다.

〈표 10.7〉 윤리 적용방식의 분류

구분	분 류	아름다움의 기준	비 고
1	절대주의	보편적 도덕규범을 적용	합리론
	상대주의	상황에 따라 가장 적합한 규범을 인정	경험론
2	율법주의	모든 상황에 적용되는 보편적 규범 적용	합리적 절대주의
	무법주의	상황에 따라 개인의 양심이 규범을 적용	경험적 상대주의

오늘날 세계는 자살 테러의 공포에 휩싸여있다. 제2차 세계대전에서 일본군이 자살 공격을 감행하여 세상을 놀라게 하더니 이제는 중동과 러시아, 체첸에서 자살 공격이 다반사 되고 있다. 자신의 가치는 최고이고 남의 가치는 거들떠보지 않는 것이 과연 윤리적 절대주의인가?

10.4 창의성과 융합

창의성은 흔히 예술이나 디자인 분야에서와 같이 번뜩이는 아이디어가 적용되는 것이므로 다른 분야에서는 거리가 먼 것으로 생각하기 쉽다. 미술, 광고, 디자인 같은 창작 분야에서 획기적인 아이디어가 특히 필요하기 때문인 것 같다. 우수한 두뇌에서 순간적인 재치나 발상이 불현 듯 나오는 것으로 생각하기도 한다. 그러나 창의성은 꾸준한 노력과 열정으로 오랫동안 추진한 결과로 나오는 것이다.

(1) 창의성의 시작

세상을 바꾸는 획기적인 생각을 '코페르니쿠스적 발상의 전환'이라고 부른다. 하지만 코페르니쿠스의 지동설은 완전히 새로운 이론이 아니라 세 가지 아이디어를 조합해 만든 결과물이다. 고대 그리스 로마 시대부터 내려온 '태양 중심설'과 대항해 시대를 맞아 발달한 '삼각함수', 그리고 '천문학 데이터'를 조합해 보니 지구가 돌고 있다는 사실을 발견한 것이다.[37] 오랫동안 천문학에 몰두한 결과로써 여러 분야의 지식이 쌓이고 협력하여 서서히 나온 생각이다. 창의성이 나오려면 10년 이상 해당 분야에서 연구하는 노력이 필요하다고 한다. 따라서 창의성은 여러 분야의 지식이 서로의 벽을 허물고 연결해야 얻어질 수 있다.

스티브 잡스는 창의성이란 "연결하는 것에 불과하다"는 주장을 하면서 새로운 것을 만드는 것이 아니고 기존의 것들을 연결한 결과라고 하였다. 창의성이 발휘되기 위해서는 여러 가지 분야를 융합하는 것이 필요하다. 융합을 하기 위해서는 기존의 것들을 녹여서 하나로 합하는 것이므로 서로의 경계를 허물고 소통하는 자세가 필요하다. 창의성을 발휘하기 위해서는 어제의 적이라도 오늘은 동맹을 맺을 수 있다는 긍정적인 자세가 필요하고 상대방을 인정할 수 있는 여유가 있어야 한다.

(2) 창의성과 융합

논어 위정편(爲政篇) 11절에 다음과 같은 말이 있다.

子曰 "溫故而知新, 可以爲師矣."
공자께서 말씀하셨다. "옛 것을 배우고 익혀서 새로운 것을 알면 스승이 될 수 있다."

이 말씀에는 두 가지 뜻이 있다. 첫째, 옛 것을 배우고 익혀야 새로운 것을 알 수 있다는 것과 둘째, 새로운 것을 아는 자가 스승이 될 수 있다는 뜻이다. 즉, 새로운 것이란 옛 것을 잘 연결하면 알 수 있다는 창의성을 언급한 것과 창의성이 있는 사람이라야 스승이 될 수 있다는 뜻이다. 새로운 것은 근거 없이 만들어지는 것이 아니고 꾸준히 노력해온 것들의 연장선 위에서 만들어진다. 옛 것에서 새로운 것을 아는 방법은 옛 것을 잘 연결하는 것이며, 잘 연결하기 위해서는 옛 것을 잘 알아야 한다고 유추할 수 있다.

37 인간과 컴퓨터의 어울림, 신동희 저, 커뮤니케이션북스, 2014

참고문헌

Appignanesi 저, 김오성 옮김, 프로이드, 이두, 1995.

David G. Myers 저, 마이어스의 심리학개론, 시그마프레스, 2008.

Goodwin, C. James 저 김문수외 3인 옮김, 현대심리학사, 시그마프레스, 2004

Hawkins, Jeff 저, 이한음 옮김, 생각하는뇌, 생각하는 기계, 멘토르, 2010.

Llinas, Rodolf 저, 김미선 옮김, 꿈꾸는 기계의 진화, 북센스, 2007.

Michal Miller 저, 정보람 옮김, 사물 인터넷, 영진닷컴, 2016

기 소르망 저, 한위석 옮김, 20세기를 움직인 사상가들, 한국경제신문사, 1991.

김경용 저, 기호학이란 무엇인가?, 민음사, 1994년

김광수 외, 융합 인지과학의 프론티어, 성균관대학교출판부, 2010.

김문환 저, 예술과 윤리의식, 소학사, 2003.

김용규 저, 생각의 시대, 살림, 2014

김진수 자, Human Computer Interaction 개론, 안그라픽스, 2005.

김진호 저, 빅데이터가 만드는 제4차 산업혁명, 북카라반, 2016

김현택 외 18인 공저, 현대심리학 이해, 학지사, 2004.

김혜숙 저, 김혜련, 예술과 사상, 이화여대출판부, 1995.

낸시 에트코프 저, 미, 살림, 2000

닐 슈빈 저, 내안의 물고기, 김영사, 2009.

댄 크라이언 저, 논리학, 김영사, 2005.

데이비드 M. 버스 저, 김교헌 외 옮김, 마음의 기원, 나노미디어, 2005.

데이비드 퍼피뉴 저, 의식, 김영사, 2007.

딜런 애반스 저, 이충호 옮김, 진화심리학, 김영사, 2001.

레리 커즈와일 저, 윤영삼 옮김, 마음의 탄생, 크레센도, 2016

롤랜드 버거 저, 김정희, 조원영 옮김, 4차 산업혁명, 다산, 2017

루스 실로 저, 은영미 옮김,유태인의 천재교육, 나라원, 1988

리처드 도킨스 저, 홍영남 옮김, 이기적 유전자, 을유문화사, 1993.

매기 하이드 저, 방석찬 옮김, 융, 김영사, 2000.
민경국 저, 경제사상사 여행, 21세기북스, 2014년
박문호 저, 뇌, 생각의 출현, 휴머니스트, 2008.
박종인 저, 대한민국 징비록, 와이즈맵, 1919
발리스 듀스 저, 남도현 옮김, 그림으로 이해하는 현대사상, 개마고원, 2002.
봅 로드, 레이 벨레즈 공저, 이주형, 조은경 옮김, 융합하라, 베가북스, 2014
숀 게리시 저, 이수겸 옮김, 기계느 ㄴ어떻게 생각하는가?, 이지스 퍼블리싱, 2019
수전 그린필드 저, 정병성 옮김, 브레인 스토리, 지호, 2004.
슈몰리 보테악 저, 정수지 옮김, 유태인 가족대화, 랜덤하우스, 2009
스탠 라이 저, 어른들을 위한 창의학 수업, 에버리치홀딩스, 2007.
신동희 저, 인간과 컴퓨터의 어울림, 커뮤니케이션북스, 2014
안광복 저, 철학, 역사를 만나다, 웅진지식하우스, 2005년
앤 무어, 데이비드 제슬 공저, 곽윤정 옮김, 브레인 섹스, 북스넛, 2009년
요시다 슈지 저, 심윤섭 옮김, 마음의 탄생, 시니어 커뮤니케이션, 2008
이대근 외, 새로운 한국경제발전사, 나남출판, 2005
이대열 저, 지능의 탄생, 바다출판사, 2017
이만열 저, 한국인만 모르는 다른 대한민국, 21세기북스, 2013년
이병욱 저, 드론 소프트웨어, 21세기사, 2019
이승훈 저, 포스트모더니즘 시론, 세계사, 1991.
이영훈 저, 한국경제사, 일조각, 2016
이와타 슈젠 감수 박지운 옮김, "지도로 읽는 땅따먹기 세계사', 시그마북스, 2012
이인식 저, 지식의 대융합, 고즈윈, 2008.
이정모 저, 인지과학, 성균관대학교출판부, 2009.
이정모 저, 인지심리학, 학지사, 2009.
이한구 저, 지식의 성장, ㈜살림출판사, 2004년
이홍 저, 창조습관, 더숲, 2010.
장 보드리야르 저, 이상률 옮김, 소비의 사회, 문예출판사, 2004.
정광, 한글의 발명, 김영사, 2015
정재민 저, 제5차 산업혁명의 진화론적 예측, 그려의학, 2020
정현모 저, 유태인의 공부, 새앙뿔, 2011
조르주 장 저, 이종인 옮김, 문자의 역사, 시공사, 1995
최재천외 19인, 21세기 다윈 혁명, 사이언스북스, 2009.
최진기 저, 한권으로 정리하는 4차 산업혁명, iZi이지퍼블리싱, 2018

카터 J 에커트 저, 주익종 옮김, 제국의 후예, 푸른역사, 2008
캐럴 저, 김명주 옮김, 한 치의 의심도 없는 진화 이야기, 2008.
클로테르 라파이유 저, 컬처코드, 리더스북, 2007.
토비 월시 저 ,이기동 옮김, 생각하는 기계, 프리뷰, 2018
트래스크 저, 언어학, 김영사, 2000.
프란시스코 바렐라 외 저, 석봉래 옮김, 몸의 인지학, 김영사, 2013
하워드 가드너, 문용린유경재 옮김, 다중지능, 웅진지식하우스, 2007
한국경제TV 산업팀 저, 4차 산업혁명 세상을 바꾸는 14가지 미래기술, 지식노마드, 2016
한순미 외 5인 저, 창의성, 학지사, 2005.
후지와라 마사히코 저, 천재 수학자들의 영광과 좌절, 사람과책, 2003.

INDEX

숫자

A

B

C

ㅇ

ㅊ

ㅋ

ㅌ

이병욱
- 연세대학교 공학사
- George Washington University 전산학 석사
- 중앙대학교 전산학 박사
- 가천대학교 컴퓨터공학과 명예교수
- 한국인터넷정보학회 명예고문
- T&S 드론연구소 대표

[저서]

- 융합의 이해, 융합 개론, 드론 소프트웨어, 자작 드론 설계와 제작, 정보검색 등

산업혁명과 융합

1판 1쇄 인쇄 2022년 01월 05일
1판 1쇄 발행 2022년 01월 10일
저 자 이병욱
발 행 인 이범만
발 행 처 **21세기사** (제406-00015호)
경기도 파주시 산남로 72-16 (10882)
Tel. 031-942-7861 Fax. 031-942-7864
E-mail : 21cbook@naver.com
Home-page : www.21cbook.co.kr
ISBN 979-11-6833-008-5

정가 30,000원